기독교문서선교회 (Christian Literature Center: 약칭 CLC)는 1941년 영국 콜체스터에서 켄 아담스에 의해 시작되었으며 국제 본부는 미국 필라델피아에 있습니다.
국제 CLC는 59개 나라에서 180개의 본부를 두고, 약 650여 명의 선교사들이 이동 도서차량 40대를 이용하여 문서 보급에 힘쓰고 있으며 이메일 주문을 통해 130여 국으로 책을 공급하고 있습니다. 한국 CLC는 청교도적 복음주의 신학과 신앙 서적을 출판하는 문서선교기관으로서, 한 영혼이라도 구원되길 소망하면서 주님이 오시는 그날까지 최선을 다할 것입니다.

나는 데이비드 햄튼(David N. Hempton) 박사와의 대화를 통해 그에게 존 웨슬리의 신학과 감리교회의 역사를 누구보다도 탁월하게 풀어가는 능력이 있다는 것을 알게 되었다. 기본적으로 그의 신학 바탕에는 하나님과 감리교회에 대한 사랑이 녹아져 있다. 그러나 사랑하는 것이 진정한 가치를 잃고 병들어가는 것을 안타까워하는 정의로운 신학자이다. 그래서 그는 '복음'이라는 말로 모든 것을 합리화시키지 않고, '이성'이라는 것으로 우리가 가진 영적인 문제를 가치 없는 것으로 만들지도 않는다. 그는 냉철한 이성과 뜨거운 신앙으로 우리의 마음과 뇌를 자극한다.

감리교회의 4대 표준인 성경, 이성, 전통, 그리고 체험을 연결해주는 것은 균형과 조화이다. 한쪽으로 치우치면 문제가 생긴다. 햄튼 박사는 사람들이 균형과 조화를 잃은 복음주의에 환멸을 느끼는 것에 가슴 아파하며, 다시 기독교가 아름답고 순수한 신앙을 회복하기를 바라는 마음으로 『복음주의 환멸』(Evangelical Disenchantment)이라는 책을 쓰게 되었다. 본서는 복음주의에 환멸을 느낀 사람들의 이야기를 통해, 개선해야 할 신앙의 문제를 가감 없이 이야기하고 있다. 본서를 읽다 보면, 믿음과 이성 사이에서 올바른 균형을 잡을 수 있는 통찰력을 발견하게 되며, 현실적인 문제에 대한 대안을 발견하게 될 것이다.

우리의 아픈 부분을 숨기지 않고 수술대 위에 올려놓음으로 신앙의 새 지평을 열어준 햄튼 박사의 복음주의를 향한 용기와 사랑에 감사를 드린다. 많은 신학자, 목회자, 평신도 지도자들이 본서를 통해 진정한 복음을 체험하고, 개인적인 신앙의 문제와 의문점들이 해소되기를 바란다. 또한, 우리가 속한 기독교 공동체가 언제나 진리 위에 든든히 서는 건강한 공동체가 되기를 바란다.

김선도 감독 | 광림교회 원로목사

본서의 원제인 *Evangelical Disenchantment*에서 Disenchantment는 환상에서 깨어남, 실망, 환멸, '어떤 것의 문제점을 발견하고 더 이상 그것을 믿지 않음' 등을 의미한다. Enchantment는 황홀감, 마법에 걸린 상태다. 본서의 제목을 '복음주의에 실망한 사람들'쯤으로 의역할 수도 있다. 기독교는 복음을 받아들이는 '거듭남'을 통해 이전과는 전혀 다른 새로운 인생을 살아가는 길을 제시한다. 그런 경우가 다수다. 하지만 그 반대 사례도 있다. 자신이 한 때 수용했던 복음을 거부하고 새 삶을 찾는 사람들도 있는 것이다.

왜 그럴까?

저자인 데이비드 햄튼 하버드대학교 신학부 학장은 개신교 신앙의 핵심인 복음주의에서 이탈한 9명의 인물을 통해 이 문제를 조명한다. 본서에 나오는 9명은 역사적인 위인들이다. 그 중 영국 작가 조지 엘리엇, 네덜란드 화가 빈센트 반 고흐, 영국 평론가 에드먼드 고스, 미국 사회심리학자 제임스 볼드윈은 우리 국어사전에 등재될 정도로 유명한 사람들이다. 그들은 모두 한 때 복음에 흠뻑 빠졌던 사람들이다. 하지만 그들은 모두 믿음에 회의를 품게 됐다. '회심'했다가 '변심'한 것이다. 독자들은 본서와 더불어 그 이유를 추적하는 가운데 복음주의 운동의 역사, 복음주의의 다양한 유형에 대해서도 공부하는 소중한 기회를 얻게 될 것이다.

기독교사, 사회사 분야에서 세계적인 석학인 저자는 본서를 복음주의 신앙을 유지하고 있는 사람들과 이탈한 사람들 모두를 위해서 집필했다. 믿는 것도 안 믿는 것도 아닌 어정쩡한 상태에 놓인 신앙인들도 자신의 신앙을 재점검하기 위해 눈여겨볼만한 책이다.

번역서의 경우 저자와 독자가 올바르게 만나게 하려면, 역자의 가교 역할이 지극히 중요하다. 본서는 방대한 인문학·신학 배경 지식이 없으면 제대로 번역하기 힘든 역작이다. 다행히 본서는 믿을 수 있는 역자를 만났다. 본서를 번역한 최상준 한세대학교 신학부 역사신학과 교수는 미국 남부캘리포니아 지역에 있는 5개 신학교에서 15년 동안 역사신학과 인문학을 가르쳤다. 최상준 교수의 전작으로는 『미국 기독교의 어제와 오늘』(2016)과 『한국 교회 이대로 좋은가?』(1997) 등이 있다.

김환영 | 중앙일보 논설위원

복음주의 환멸

복음주의를 떠난 거인들

복음주의 환멸: 복음주의를 떠난 거인들

2018년 8월 31일 초판 발행

지 은 이 | 데이비드 햄튼
옮 긴 이 | 최상준

편　　집 | 변길용, 곽진수
디 자 인 | 서민정, 신봉규
펴 낸 곳 | (사)기독교문서선교회
등　　록 | 제16-25호(1980.1.18)
주　　소 | 서울특별시 서초구 방배로 68
전　　화 | 02-586-8761~3(본사) 031-942-8761(영업부)
팩　　스 | 02-523-0131(본사) 031-942-8763(영업부)
이 메 일 | clckor@gmail.com
홈페이지 | www.clcbook.com

ISBN 978-89-341-1855-8 (94230)
ISBN 978-89-341-1854-1 (세트)

이 도서의 국립중앙도서관 출판시 도서목록(CIP)은
서지정보유통지원시스템 홈페이지(http://seoji.nl.go.kr)와 국가자료공동목록시스템
(http://www.nl.go.kr/kolisnet)에서 이용하실 수 있습니다. (CIP제어번호: CIP2018024283)

이 책의 한국어 저작권은 EYA(Eric Yang Agency)를 통해 Yale University Press와 독점계약한
(사)기독교문서선교회에 있습니다.
신저작권법에 의하여 한국 내에서 보호받는 저작물이므로 무단 전재와 무단 복제를 금합니다.

복음주의 시리즈 13

복음주의를 떠난 명사인들

Evangelical Disenchantment

복음주의 환멸

데이비드 햄튼 지음
최상준 옮김

CLC

Evangelical Disenchantment: Nine Portraits of Faith and Doubt
Written by David Hempton
Translated by Sang Joon Choi

Copyright © 2008 by David Hempton
Originally published by Yale University Press of
47 Bedford Square, London, WC1B 3DP, United Kingdom.
Korean translation rights arranged with Yale University Press
Through EYA (Eric Yang Agency)
All rights reserved.
Korean Edition Copyright © 2018 by Christian Literature Center, Seoul, Korea

저자 서문

데이비드 햄튼 박사
하버드대학교 신학부 학장, 교회사 교수

　본서는 한때 복음주의적 전통과 연결되었으나 그 뒤 그 전통에 의해 거부당한 9명의 창조적인 예술가, 사회 개혁가, 대중적 지식인의 신앙 여정이다. 어떻게 이들이 그 복음적 종교에 매료되었다가 환멸을 가지게 되었는지를 살펴보는 것은 (이들 주인공들이 각각) 창조적 개인으로서 빚어져 나간 모습을 보게 해 줄 뿐 아니라, 현대 사회에서 가장 빠르게 성장한 종교적 전통의 강한 면모와 약한 면모를 드러내준다. 이들 9명의 초상화의 주인공들은 다음과 같다.

① 영어권 세계에서 가장 위대한 작가 중 하나인 조지 엘리엇
② 빅토리아 시대의 뛰어난 지성인이자 바그다드 개신교 선교사였던 프랜시스 뉴먼(존 헨리 뉴먼의 동생)
③ 노예제 폐지 운동을 열렬히 설파했던 명연설가 테오도르 드와이트 웰드
④ 페미니스트 사회개혁가였던 사라 그림케
⑤ 엘리자베스 캐디 스탠턴

⑥ 프랜시스 윌라드

⑦ 위대한 화란의 화가 빈센트 반 고흐

⑧ 『아버지와 아들』(*Father and Son*)이란 명작을 썼지만 (이 작품에서) 복음주의적 어린 시절에 대한 묘사에서 논란을 불러일으킨 작가 에드먼드 고스

⑨ 미국 내 인종 문제에 대한 흑인 작가이자 논평가로서 뛰어났던 제임스 볼드윈

본서의 목적은 이들의 신앙과 회의에 대한 여정을 검열하듯 도덕적 판단을 내리려는 것이 아니라, 그들의 종교를 만들어간 요소들을 이해하는 것인 동시에 신앙에 대한 협상이 그들의 개인적, 공적 생활에 어떻게 반영되었는지를 보려는 것이다. 가능한 대로 나는 최대한 그들의 편지, 에세이, 연설, 소설, 변증, 그림 등을 통해 그들이 직접 자신들을 말해보도록 했다.

여기에 나오는 주인공들은 모두 대단한 공적 소통을 이룬 대가들이었

을 뿐 아니라 깊은 불확실함으로 특징지을 수 있는 사생활을 가진 인물들이기도 하다. 이들의 신앙의 초상화는 주인공마다 가진 상당한 정보와 내용을 드러내 주며 깊은 감동을 준다. 머리만큼이나 가슴에 관한 내용이기도 하다(이들의 고뇌, 슬픔, 좌절 등 많은 심적 내용들을 보여주기에…-역자주). 비록 자주 의심과 환멸로 가려져 있다 하여도, 이상하고 예측할 수 없는 방법으로 이들의 삶은 영감을 가져다 준다.

　이들에 관한 초상화 자료를 찾는 과정에서 나는 많은 빚을 졌으며, 내 연구의 상당 부분은 보스톤대학교와 하버드대학교의 동료들과 도서관 직원들의 도움을 받았다. 특별히 내 동료인 데이나 로봇, 존 로버츠, 앤 브라우드, 밥 올시, 데이비드 홀, 제임스 리드, 프랭크 클루니, 론 씨어만, 앤 모니우스, 프랑소아 보원 그리고 마이클 푸엣에게 감사한다. 이들은 종교적 환멸에 관한 상당한 제안들을 주었고, 내가 잘못에서 벗어나도록 건져내 주었으며, 비범한 자극과 지원으로 지적 문화를 유지하도록 해주었다.

　나는 또한 보스톤대학교의 종교 및 신학연구소 대학원생들과 하버드대학교의 북미종교협의체 회원들이 보다 중요한 일들을 하고 있었음에도 불구하고 복음주의적 환멸에 대해 관심을 기울이던 나를 용납해 준 일에 감사한다.

마찬가지로 오전 8시 복음주의적 회심과 환멸에 관한 서사 수업을 어려운 환경(다른 학교도 마찬가지이겠으나 하버드의 오전 8시 수업은 특히 유명하다는 점을 강조...–역자주) 가운데서도 수강해 준 하버드대학교 학생들에게도 고마움을 전한다. 그 수업의 첫 30분은 개탄(?)스럽게도 카페인만이 우리를 깨워주었으나, 그 다음부터는 가장 즐거운 방법으로 새로운 생각들이 뿜어져 나왔으며 다듬어졌다.

내 친구들인 존 왈쉬, 레그 와드, 마크 놀, 데이비드 리빙스톤, 브루스 힌드마쉬, 제니퍼 핏츠제랄드는 복음주의적 전통과 관련한 문제점들에 대해 기꺼이 얘기하려고 했으며 그들의 대단한 전문성을 나누어 주었음을 감사한다. (본서를 펴낸) 예일대학교출판사의 이름 모를 검토 작업을 해준 분들이 상당한 나의 무지와 당황함으로부터 구해주어 동일한 감사를 드린다. 그 나머지 잘못이나 불필요한 표현들, 한계를 드러낸 일 등은 모두 나의 잘못이다.

    미리 말해 둘 것이 있다. 지난 수십 년동안 다른 이들이 했던 것처럼, 제1장에서 18-19세기의 대중적 복음주의의 놀랄만한 성공에 대해 힘들게 시도한 이유는 기존의 흐름을 바꾸려고 했다기보다는 접근 방법을 바꿔보려 했다는 점을 말해 두는 것이 좋을 것이다. 결국 종교적 전통 안에서 환멸을 살펴본다는 것은 (그 환멸 이전에) 매료(魅了)가 있었다는 점을 전제로 한다. 나에게 있어 복음주의적 전통, 보다 정확히 말한다면 다양한 복음주의적 전통들에 대한 두 가지 접근은 각각 그 자체적으로 추구해볼 만한 유용하고도 흥미 있는 탐구였다.

    끝으로 아내 루엔과 두 아들들인 스티븐과 조나단도 나름대로의 상당한 이유로 부분적으로 환멸을 느꼈으며, 만일 이들이 보다 덜 매력적인 프로젝트가 앞에 있다는 것에 대해 두려움을 갖지 않는다면 미래를 보다 낙관적으로 볼 수 있을 것이다. (내 가족인) 이들은 가능한 대로 엄청난 관심을 보여주었으며, 가능하지 않은 때에도 관심을 보여주는 척 했다.

    가족들에게 이 이상 더 무엇을 요구할 수 있다는 말인가?

역자 서문

최 상 준 박사
한세대학교 신학부 역사신학 교수

본서는 칼 바르트(Karl Barth)의 『로마서 주석』(*The Epistle to the Romans,* 1918)에 대해 칼 아담(Karl Adam)이 "신학자들의 운동장에 떨어진 폭탄 같다"라고 한 표현을 연상시킨다.

한국적 기독교계에 이 표현을 빌려 쓴다면 "한국 개신교 복음주의라는 운동장에 떨어진 폭탄" 같은 책이랄까?

분명 수사적 과장이지만, "복음" 혹은 "복음주의"란 말만 붙이면 면죄부가 발행되어 오던 한국적 복음주의 운동장에 본서는 비명소리는 아닐지라도 군데군데에서 들릴 작은 신음소리 정도의 폭발력은 지니고 있다. 이미 상당히 기울어져 있는 것이 분명한 우리 복음주의 운동장에 핵폭탄만 폭탄이 아니다.

그 운동장 구석구석에서 숨죽여 울고 있을 "환멸"의 울음 폭탄이 더 아프지 않을까?

본서가 그런 이들에게 공감과 방향을 줄 수 있을 것 같다. 신앙의 관점에서는 도무지 인정하고 싶지 않지만 눈을 뜨면 뻔히 보이는 썰렁한 복음주의의 운동장에 서서 현실과 이상의 차이를 그래도 좁혀보려 했던 주인공들의 힘든 걸음을 관찰하는 것은 상당히 도움이 될 것 같다. 나도 희생자이기도 하지만, 구조요원이 될 수도 있기 때문이다.

복음의 그 원색에는 "환호"했건만, 그 원색 복음을 이리저리 변질시킨 "환멸"은 본서에 나오는 주인공들의 일생을 사회적 파멸로 끌고 갔다. 서방 세계에서 그래도 꽤나 유명한 주인공들의 환멸과 파멸의 스토리는 우리에게도 그리 낯설지 않을 것 같다. 이러한 질문이 계속 맴돌았다.

우리 주변에서도 소리 소문 없이 혹은 이런저런 이유로 교회와 복음의 세계를 떠났거나, 더 나아가 복음의 반대편 기슭에서 그리로 오라 손짓하는 이들이 많아진 상황에서 본서는 어떤 역할을 할까?

몸과 영혼 속에 깊숙이 박혀 있는 숱한 비복음적 "환멸"도 버거운데, 그 "환멸"이 최고의 기쁨, 최상의 선물이라는 구원의 복음을 받았다가 찾아든 불치에 가까운 질환이었고 내뱉고 싶은 "환멸"이었기에 더 안타깝다.

이게 그들만의 "한심한" 스토리이고, 그들만의 구제 불능 "타락"일까?

본서를 번역하면서 실망과 좌절 속에서도 믿음을 지켜나가고 있는 분들, 또는 머지않아 곧 알게 될 미래 세대의 크리스천들에게 본서가 줄 영향을 생각해 보게 되었다. 물론 주인공들이 겪었던 세계와 우리 사회는 달라도 너무 다르다. 그들이 겪었던 사회적 "환멸"은 죽음으로 끝났다. 그러나 돌이키기 어려운 신앙의 "환멸"은 영원한 세계에의 입장권을 스스로 찢어버리는 행위가 될 수 있기에 비록 세상으로부터는 "환멸"받았다 하더라도, 주께로 부터는 "환대"받는 "환승" 독서가 되길 바란다. 파멸의 종착역으로 가는 것이 아니라, 마지막 환승역에서라도 "환승"하여 복음의 잔치 자리에서 "환대"받는 독자들이 되셨으면 한다.

본서에 그려진 아홉 장의 초상화 앞에 독자들께서는 좀 오래 앉아 들여다보시길 부탁드린다.

헨리 나우웬이 러시아의 생피터스부르크(Saint Petersburg)의 국립허미티지박물관(State Hermitage Museum)에 걸려있는 렘브란트(Rembrandt)의 그림 "탕자의 귀향"(The Return of the Prodigal Son) 앞에 그토록 오래 그 그림을 뚫어지도록 본 이유가 있듯이 우리도 여기에 그려진 아홉 장의 초상화 앞에 골똘히 있어보자.

역자 서문

여기 아홉 장의 초상화 주인공들은 아버지와 그 집을 그리워하는 탕자이긴 하나 그 집으로 돌아가지는 않는다. "아버지 집"으로 돌아가지 않거나 돌아가지 못하는 이유는 많을 것이다.

자아가 너무 강해서 돌아가지 않은 것인지, 너무 멀리 나와버려 돌아갈 수 없었던 것인지?

자발적 가출이 아니라, "자의반 타의반" 가출의 성격이 더 강했기 때문이었을까?

그 집 맏아들 같은 형들이 주인공들의 초상화에는 꽤나 나오는 것도 "귀향" 불가 판단에 가세하지 않았을까?

여기 이 초상화들은 관광지 길거리에서 30분 안에 그려진 초상화는 물론 아니다. 재미 삼아, 한 장 간직해 보고 싶은 길거리 초상화가 아니라, 여기 이 그림들은 한결같이 슬프고 가여운, 흔히 "비운의 천재"들이 그려진 초상화이다. 그 초상화 안에 그려진 주인공의 슬픈 인생, 치밀어 올랐던 분노, 역겨웠던 환경들은 결코 모호하거나 난해하지 않다.

이들은 하나님과 교회와 주위의 크리스천을 한때 분명 사랑했었다. 그리고 계속 사랑하고 싶었다. 그러나 이들의 그 사랑은 이내 오래가지 못했다. 이들이 그려나간 물감과 붓의 종류가 달랐다. 이들 천재들의 아픔과 무거운 짐은 그들이 살았고 살아가야만 했던 그 시대의 아픔과 짐이었다. 그리고 그 시대의 제도와 전통이었다. 기독교 복음주의란 커다란 천막 안에서 그들을 칭칭 감은 각종 전통, 권위, 제도, 기득권, 탐욕, 가족관계, 그리고 그 무엇보다 쇠사슬 같은 주인공만의 강한 자아, 심리, 성격, 기질, 재능, 믿음의 탐색….

비록 초상화의 주인공들은 거기에 갇혀 있었지만, 그들을 결코 칭칭 감지 않았던 주님의 사랑, 그 주님에 대한 뜨거운 신앙, 본질적 복음을 포기한 것 같아 보이지는 않았다. 그러나 역자의 이런 주제넘은 관찰이나 판단도 이들을 이해하기에는 까마득 역부족이다.

본서는 분명 한국적 기독교, 한국적 복음주의 배경이나 역사, 현재적 이해와 실체적 현상과는 너무 다르다.

그러나 신앙의 여정을 걸어가면서 크리스천으로서 겪게 되는 오르막길과 내리막길은 비슷하지 않을까?

요즘 입가진 사람은 저마다 한 번쯤 말하는 "글로벌" 시대인데 기독교에 대한 "환멸"도 글로벌이고, 평준화, 보편화되어 있는 것은 아닌지?

한국 교회마다 "이단" 들어오지 말라는 팻말은 거의 붙여놓고 있지만 믿는다는 사람들 사이를 뚫고 들어오는 "환멸"이란 "미세먼지"를 어떻게 막아낼 수 있을까?

부디 이 "환멸"의 초상화 전시전이 이 땅의 크리스천들에게는 아름답고 순수한 신앙을 다시 회복해 나가는 디딤돌 전시회가 되었으면 한다. 모방 "환멸" 전시회가 아니라, "환멸" 극복 사례 연구가 되길 간절히 바란다.

정통, 보수란 단어를 마패처럼 내밀면 된다고 착각하는 분들이나, 그리고 정통, 보수를 자기만 독점하고 있다고 착각하는 교회나 교회주의자들에게는 본서가 금서(禁書)가 되기 쉽다.

금서 지정 이유를 대기 쉬운 또 다른 이유는 아마도 "자유주의자들의 온상"인 하버드신학대학원에서 원장을 한다는 신학자가 쓴 책이기에…?
이러한 "피상적" 이해는 아무 것도 모르는 "몰이해"보다 더 위험하다.

그동안 혹시 "값싼 은혜"에 익숙해 있었다면, 혹은 너무 쉽게 "자유주의"란 딱지를 교통경찰처럼 남발해 왔다면, 본서는 분명히 교통정리를 잘 해주는 신호등이 될 것 같다.

선생님도 둘이 있다지 않는가?

그 선생님처럼 되고 싶다는 정면교사와 그 선생님처럼은 되지 말아야지 하는 반면교사이다. 정면교사나 반면교사나 둘 다 선생이긴 선생이다. 어떤 선생님으로부터 배울 점이 더 있다는 것은 학생의 판단이요 선택이다. 선생님이 이미 되어버린 선생님은 학생이 되어보고, 만년 학생이라고만 겸손(?)을 앞장세우는 학생도 이참에 본서를 읽고 선생님도 되어보시라고 권하고 싶다.

본서를 우리말로 옮기면서 누렸던 호사와 좌절은 다 표현할 수 없다. 아홉 장의 초상화를 정밀 펜화처럼 그려나간 저자의 해박한 지식과 사상뿐 아니라, 초상화 주인공들을 뜨겁게 사랑하지 않고서는 본서를 쓰지 못했을 것 같다는 생각을 내내 지울 수 없었다. 그러나 우리말로 옮기면서 발생한 급격한 언어의 온도 차이는 오로지 역자가 감당해야 할 몫이다. 본서 안에 나오는 많은 인물들, 작품들, 시대적 용어, 신학적 해석 등 첩첩산중을 찾아가는 것 같았던 경험도 역자의 등산 경력 부족으로 돌려주시길 바란다. 오로지 신학과 언어의 높이에 올라보지 못했던 역자의 폐활량 결핍이다.

  본서가 나오기까지 많이 도와주신 몇몇 분들, 작은 부분 하나하나 정성스레 살펴주신 기독교문서선교회(CLC) 박영호 목사님과 그외 모든 편집진 분들께 깊은 감사를 드린다. 이들의 이름과 감사를 여기에 적지는 않으나 이 분들의 도움 없이는 본서는 산 중턱에도 가지 못했을 것은 분명하다.

  끝으로 2017년 3월 한국을 처음으로 찾은 본서의 저자 데이비드 햄튼 박사님과 가졌던 만남에도 감사한다. 정말 소박한 분이셨다. 책 속의 초상화를 직접 그린 화가의 얼굴을 직접 본 것은 또 다른 기쁨이었다. 어서 속히 저자에게 한글판을 보내드리고 싶다.

일러두기

(다음은 본서에서 자주 사용되는 몇몇 용어들에 대한 역자의 해석이다)

- 전통(tradition)은 광의적 전통이 아니라, 기독교 → 개신교 → 복음주의적 전통이라는 축소 지향적이고 협의적 전통으로 이해하면 좋을 것이다.
- 종교(religion)라고 표현된 용어는 한국에서 쓰는 "종교"라는 범종교적인 범주가 아닌 기독교와 동의어로 보아도 무방할 것이다. 본서에서의 종교는 곧 기독교적 종교, 복음주의적 종교 등으로 말할 수 있다.
- 환멸(disenchantment)은 본서의 내용을 한마디로 표현해 주는 단어일 것이다. 이 단어는 "마법에서 깨어나는 것 같은 상태"나 "미몽 같은 한심해 보이는 꿈에서 깨어나는 것" 같은 의미도 가질 수 있다. 즉, 복음주의에 매료되었다가 그 매료된 상황이 종결됨으로 오는 환멸감과 그 이후의 행동을 포함한다고 볼 수 있다.
- 페미니스트(feminist)는 굳이 "여권 운동"으로 옮기지 않고 영문 그대로 썼다. 여권 운동이라 하는 것과 페미니스트라고 그냥 쓰는 것은 이 단어가 포괄하는 의미가 상당히 다르다고 생각한다.

Evangelical Disenchantment:
9 Portraits of Faith and Doubt

차례

추천사(김선도 감독_광림교회 원로목사) ◆ 1
추천사(김환영_중앙일보 논설위원) ◆ 2
저자 서문 ◆ 7
역자 서문 ◆ 12

제1장
　서론
　복음주의와 환멸 ◆ 24

제2장
　조지 엘리엇-커밍 박사의 근본주의
　복음주의와 도덕성 ◆ 61

제3장
　프랜시스 뉴먼-바그다드로 가는 길
　복음주의와 선교 ◆ 107

제4장
　테오도르 드와이트 웰드 - 미국의 세기
　복음주의와 개혁 ◆ 171

제5장

사라 그림케, 엘리자베스 캐디 스탠턴, 프랜시스 윌라드-성경 이야기들
복음주의와 여권신장운동 ◆ 212

제6장

빈센트 반 고흐-고난의 순례 여정
복음주의와 세속화 ◆ 257

제7장

에드먼드 고스-아버지와 아들
복음주의와 어린 시절 ◆ 306

제8장

제임스 볼드윈-설교자이자 예언자
복음주의와 인종 ◆ 356

제9장

결론
매혹과 환멸 ◆ 410

제1장

서론
복음주의와 환멸

저는 하나님이나 영혼의 불멸과 같은 가장 중대한 문제들에 대해 논의하려는 사람들이 가진 그 가벼운 태도를 절대 이해할 수 없었습니다. 그들은 차를 마시면서 그런 주제들에 대해 수다 떨듯 말하고 또 주제와 관련하여 글을 쓰기도 하고 읽기도 합니다. 그리고 딱정벌레 같은 근시안조차 확인할 수 있는 사소한 문제에 대해 고심하는 것처럼 보입니다. 저에게 있어서 될 수 있는 한 저의 신조를 지키려는 노력은 대단한 것이었습니다. 예수님이 신화적인 증기에 뒤섞여서 점차 사라진다는 것은 내가 아는 다른 어떤 친구들보다 내 곁에 더 가까이 있는 친구의 죽음이나 다를 바가 없었습니다.

- 윌리엄 헤일 화이트(William Hale White),
『마크 러더퍼드의 자서전』(*The Autobiography of Mark Rutherford*, 1881)

본서에 대한 발상은 약 30년 전 내가 (스코틀랜드) 성 앤드류스대학교에서 연구생으로 있을 때 처음 떠올랐다. 그때 나는 박사학위논문을 완성하고 소위 위기라고 불렸던 1820년대와 30년대의 복음주의에 관한 학회지 논문을 연구하는 일에 참여하면서 구술시험을 보는 데 시간을 보내고 있었다.

그 논문은 마침내 「교회사 학술지」(The Journal of Ecclesiastical History, 1979)에 "복음주의와 종말론"으로 실렸다. 그러나 다소 평범한 내 논문보다 더 중요했던 것은 1855년에 나온 「웨스트민스터 리뷰」(Westminster Review)을 읽었을 때 관심을 확 사로잡는 익명의 글이었다.

이 글에서 정말 눈에 띄었던 것은 글이 너무나도 아름답게 쓰였다는 것과 초기 빅토리아 시대의 복음주의의 상황에 대한 이해력이 상당히 뛰어났다는 점이다. 분명히 범상치 않은 탁월함을 가진 누군가에 의해 쓰인 글이었다. 나는 곧 조지 엘리엇의 글이라는 걸 알았다. 그는 『미들마치』(Middlemarch)의 작가이고 그 소설 역시 그때나 지금이나 내가 가장 좋아하는 작품이다.

학문에서는 흔히 있는 일이지만, 내 연구는 곧 다른 방향으로 접어들었다. 그러나 「웨스트민스터 리뷰」에 실린 그 복음주의에 관한 글은 계속해서 나에게 강한 흥미를 불러일으켰다. 그래서 나는 그 글의 공격의 대상이었던 복음주의 장로교 목사인 커밍(Cumming) 박사가 쓴 글들을 찾을 수 있는 한 모두 모았다.

처음 읽을 때부터 커밍 박사에 대한 엘리엇의 신랄한 논의가 단순히 지나가는 관심에서 유발된 것이 아니라는 것은 분명했다. 그 페이지에서 산문이 눈에 띄었는데, 숙고 중인 쟁점에 대해 남다르게 개인적으로 참여하면서 누군가를 반영한 글이었다.

사실, 그 글은 엘리엇이 전(前) 복음주의자로서 가장 싫어하는 복음주의 전통에 대해 쓴 것이었다. 엘리엇의 글은 커밍 박사에 대한 논평 그 이상으로 자신의 신앙 여정을 반영하는 종교적인 환멸이 담긴 글이었다.

엘리엇의 글을 읽은 후, 나는 몇 년 동안 모든 계층, 피부색, 성별의 사람들이 복음주의 개신교를 받아들이는 동기가 무엇인지, 그리고 무엇이 그들 중에 몇몇이 후에 그 종교 전통을 거부하게 하는지에 더욱 관심을 갖게 되었다.

본서는 바로 그런 관심에서 생겨난 것이다. 위대하며 다면적이기도 한 종교 전통이나 그것의 열성적 애호가들의 체제를 뒤엎으려는 의도를 가진 책은 아니다. 또한 환멸은 복음주의 전통에서 소수의 사람들―비록 그 소수의 사람들은 몇몇 사람들이 생각하는 것보다 훨씬 더 중요한 의미를 가진 사람들이지만―만이 추구하는 것도 아니다. 과거와 현재에 이르기까지 복음주의자들 대부분은 자신들의 신앙 전통 속에서 만족스럽게 살다가 죽어갔다. 그러나 많은 사람은 그렇게 살지 못했다.

1995년에 출판된 책인 『교회(라는 울타리)를 떠나다』(*Leaving the Fold*)에서 에드워드 바빈스키(Edward T. Babinski)는 전에 근본주의자였다가 후에 온건한 복음주의자, 자유주의신학자, 불가지론자, 혹은 무신론자가 되어 버린 사람들의 증언을 이야기로 풀어냈다.[1] 어쨌든 그들 가운데 하버드 신학대학원 교수이자 저술가인 하비 콕스(Harvey Cox), 저명한 종교 기자인 톰 하퍼(Tom Harpur), 그리고 기독교 기원을 연구하는 역사학자인 데

---

1 Edward T. Babainski, *Leaving the Fold: Testimonies of Former Fundamentalists* (Amherst, NY: Prometheus Books, 1995).

니스 로날드 맥도날드(Dennis Ronald McDonald)는 여전히 기독교인으로 남아 있다.

불가지론자나 무신론자가 되어버린 사람들은 바빈스키 자신과 빌리 그레이엄(Billy Graham)의 부흥 조력자로 한때 활동했던 찰스 템플턴(Charles Templeton), 그리고 자유사상 활동가인 댄 바커(Dan Barker)이다. 비록 바빈스키는 자신의 책에서 19세기의 영향력 있는 사회참여 지식인이었던 로버트 그린 잉거솔(Robert G. Ingersoll)을 포함한 몇몇 역사적 인물들을 거론했지만, 그의 관심은 동시대 인물들과 근본주의가 주장하는 "교회를 떠나다"라는 명제를 홍보하는 데 있었다.

내 목적은 이와는 다소 다르다. 본서는 복음주의 기득교의 다양한 종파와 한때 가깝게 지냈으나 결국 복음주의 안에 머물지 못한, 활동적이고 재주가 많은 역사적 인물들의 이야기를 모은 것이다. 무엇이 그들을 복음주의로 이끌었는지 그리고 후에 무엇이 환멸을 불러일으켰는지는 그들의 열정과 한계뿐만 아니라 복음주의 전통의 강점과 약점을 여실히 보여주는 흥미로운 질문이다.

종교 전통의 핵심을 이해하는 최고의 방법은 한때 그것을 사랑했지만 나중에 거부하게 된 사람들의 삶을 들여다보는 것이다. 바꾸어 말하면, 고객 불만 처리부서처럼 기관의 내막을 잘 들추어내는 것도 없다.

사실 복음주의 환멸에 관한 이야기들은 복음주의 전통과 관련된 불만을 처리하기 위한 영역과 연결되는 글들이다. 그들에게 복음주의에 대한 환멸감을 갖게 만든 원인이 무엇인지, 어떻게 그러한 환멸을 다루어졌는지, 그리고 그 환멸의 결과는 무엇이었는지에 관한 것들은 종교 전통의 본질과 가치에 관한 이야기이다. 그런 의미로 볼 때, 본서는 중요한 인물들의 전기를 중심으로 한 복음주의 전통, 그리고 중대한 안건들에 대해 복음주의 전통이 어떻게 몸부림치며 나아갔는지에 관한 내용을 담고 있다.

나는 본서의 내용이 복음주의 전통 안에 영적으로라도 남아 있는 셀 수 없이 많은 사람들, 복음주의에 대해 적극적으로 환멸을 가졌든 아니면 거의 무관심하든, 복음주의 전통을 떠난 사람들과 여전히 복음주의 전통에 대해 더 알고 싶지만 그들이 요구하는 정도의 전통적이면서도 역사적인 논점을 찾지 못한 사람들에게 흥미로운 것이 되길 바란다.

전기나 본서의 경우처럼 하나의 주제를 중심으로 구성된 여러 개의 짧은 전기는 여타의 역사적인 분석보다 훨씬 더 종교적인 믿음에로 접근할 수 있는 창문이 된다. 나는 수많은 사람들에게 복음주의 운동의 대중적 매력을 설명하여 이해시키는 데 연구의 상당한 부분을 전념해 온 사회역사학자로서, 본서에서 전개되는 이야기들을 대안적인 것이 아니라 오늘날 전 세계적인 현상으로 빠르게 확장하고 있는 전통의 내부 작용들을 이해하기 위한 상호보완적 자료로서 제안한다.

더욱이 복음주의 환멸에 집중하지만, 나의 의도는 대부분의 복음주의자들이 자신들의 종교적 믿음을 여전히 견지하고 있음을 부인하거나, 티모시 라센(Timothy Larsen)이 최근에 보여주었듯이, 빅토리아 시대의 세속주의자들의 지지자들 중 정통 기독교로 복귀하고자 했던 활발한 전통이 있었다는 사실을 부인하고자 하는 것이 아니다.[2]

---

2 몇몇 빅토리아 시대의 세속주의자들이 정통 기독교로 다시 돌아서게 된 내용은 Timothy Larsen, *Crisis of Doubt: Honest Faith in Nineteenth Century England* (NY: Oxford University Press, 2006) 참고. Larsen의 목표는 19세기 영국은 점점 세속적 문화로 갔다는 견해를 공격하기 위함이었고 그 공격을 위해 그는 "의심의 위기"는 "믿음의 위기"와 마찬가지로 의미를 가진다는 것을 보

오랜 세속주의 이론들에 환멸을 느낀 새로운 세대의 학자들은 모든 물줄기가 종교적인 신앙의 썰물과 밀물 속에서 같은 방향으로만 흘러가지 않음을 발견하기 시작하고 있다. 이런 의미에서, 본서는 이야기들 자체가 가진 본질적인 관심과 그것들이 복음주의 전통의 강점과 약점에 대해 밝히고 있는 것을 넘어서까지 매우 대단하고 대안적인 주장을 펼치지 않는다.

희생, 열정, 헌신과 같은 고결한 이상이 복잡하고 절망적이며 실망스러운 매일의 현실과 마주하게 될 때, 기독교인이든 아니든, 환멸이라는 것은 거의 필연적으로 어떤 종교적인 전통에서도 한 부분이 될 수밖에 없다는 것 또한 내게는 명확해졌다.

예를 들어, 더 이상 주장할 수 있는 견고한 입장이 남아있지 않다는 생각으로 종종 지지자들이 떠나버린, 진보적인 기독교 종파들이 취하는 타협적 입장에 실망한 사람들에 대해서는 또 다른 책이 쓰여질 수도 있다. 그러나 환멸은 특별히 복음주의의 뚜렷한 성격일지도 모른다. 왜냐하면 많은 사람들이 비교적 젊은 나이에 전통 속으로 휩쓸려 가지만, 실패와 불만족을 다루는 종교예식의 운영 능력은 너무 약한 반면, 주장과 열정은 더욱 숭고하기 때문이다.

예를 들면, 로마 가톨릭은 자신만의 상징, 예식, 고해성사, 다른 단계의 종교적인 헌신도 갖추고 있다. 반면 복음주의 개신교도들은 대부분

여 주었다. 그의 공격 각도는 19세기 세속주의적 리더들이 세속주의 운동에 대중적 지도자로 자리매김한 후 다시 정통 기독교로 복귀한 것에 주목하였다. 그의 책은 7명의 전기를 위주로 하여 도움이 되는 서론과 결론을 자세히 붙였다. 그가 뽑은 인물들은 William Hone, Frederic Rowland Young, Thomas Cooper, John Henry Gordon, Joseph Barker, John Bagnall Bebbington, George Saxton 이었다. 이들 모두는 빅토리아 시대 세속주의에 중요한 인물들이었는데 비록 이들은 급진 정치적 신념을 고수했지만 모두가 결국 정통 기독교로 정도에 따라 돌아갔다.

정확무오한 말씀과 지역 교회에만 의존할 수밖에 없다. 사실상 이런 상황은 환멸이라는 쓰디쓴 열매를 맛본 사람들을 위한 해결책이기도 하지만 문제의 일부분이기도 하다.

1. 복음주의 전통

복음주의 개신교는 18세기 초 북대서양과 영미 지역을 휩쓴 종교적인 부흥 운동 가운데 열악한 환경 가운데 시작되어 넓게 퍼졌고 현대 역사에서 가장 인기 있는 신앙 전통의 하나로 자리매김했다. 정확한 정의를 내릴 수 없는 어려움이 있는데다, 사실상 개신교는 다양한 종류의 형태와 성격을 가진 다양한 교파들의 전통이기 때문에 현재 교인 수를 완전히 정확하게 파악하기는 어렵다.

낮춰서 추산한 바로는 미국에 약 5천만 명의 복음주의자들이 있고 전 세계적으로는 5억 명이 있다. 그러나 넉넉히 추산하면 미국에는 1억 명의 복음주의자들이 있고 오순절주의자들까지 포함하면 전 세계적으로는 무려 8억 명이 있다.[3] 이러한 숫자상의 차이는 복음주의의 정의에 대한 견해의 일치가 얼마나 어려운 것이며 복음주의가 전파되어 있는 범위를 추산하는 것이 매우 힘든 것임을 보여준다.

3　보다 보수적인 수치는 George M. Marsden, *Understanding Fundamentalism and Evangelicalism* (Grand Rapids, MI.: Eerdmans, 1991), 5를 참고. 좀 더 확장된 평가는 Douglas A. Sweeney, *The American Evangelical Story: A History of the Movement* (Grand Rapids, Mi.: Baker, 2005), 9, and Phillip Jenkins, *The Next Christendom: The Coming of Global Christianity* (New York: Oxford University Press, 2002). 세계의 복음주의자에 대한 최근의 정의와 숫자는 Institute for the Study of American Evangelicalism at Wheaton College, Illinois, www.wheaton.edu/isae를 참고

그러나 심지어 보수적인 수치까지도 전 세계적으로 복음주의의 주목할 만한 확장을 보여준다. 이러한 성장의 대부분은 중무장한 국가나 군사적인 정복에 의한 것이 아니라 복음주의 신앙을 가진 사람들의 자발적인 활동에 의해 성취되어왔기에, 복음주의는 눈에 띄게 성공적인 회심 운동이었고 아마도 문명 역사에서 가장 성공적인 회심 운동의 하나였음은 분명하다.

비록 복음주의가 대규모의 인구 이동을 통해, 그리고 상업과 문명을 지배하며 팽창하는 두 개의 제국인 영국 및 미국과 연합하면서 유익을 얻었지만, 복음주의 성장은 대체적으로 자기 주도적이며 스스로 방향을 잡아나간 것이었다. 영미 복음주의의 확장은 호의적인 환경이 원인이 된 것은 아니지만 그 환경의 혜택을 보았다.

세계 문화에서 일어난 변화들이 시장경제와 민주적 구조의 대두와 맞물리면서 현 시대에서 복음주의의 성장을 용이하게 했다. 복음주의의 대중적인 영합성과 민주적인 방식은 인구 이동 및 현대성과 연합된 경제적 변화에 알맞지만, 복음주의의 성장은 주로 복음주의 메시지를 전파하는 데 헌신한 여성들과 남성들에 의해 이루어졌다.[4]

그러한 메시지의 내용이 무엇이었는지를 결정하는 것은 어려운 문제이다. 특별한 시간에 특별한 장소에서조차 그렇다. 왜냐하면 복음주의는 언제나 신학 전통들, 사회계급들, 종교 종파들, 그리고 자발적 단체들을 포괄하는 폭넓은 교회였기 때문이다. 그럼에도 불구하고 복음주의에 관해 정의하려는 시도는 계속 되어왔다.

---

4 David Hempton, *Methodism: Empire of the Spirit*, 『성령의 제국』, CLC 刊, (New Haven: Yale University Press, 2005).

역사학자 데이비드 베빙턴(David Bebbington)이 파악한 복음주의의 4중 정의, 즉 회심주의자, 성경주의자, 십자가 중심주의자, 행동주의자를 인용하는 것이 주석가들에게 흔한 일이었다.[5] 이 같은 도식에 의하면, 복음주의자들은 상속받은 신앙을 넘어서는 진지한 종교적 회심, 신앙과 행위의 모든 문제들을 결정하는 권위 있고 거룩한 글인 성경, 속죄와 대속이라는 복음주의 신학의 핵심인 그리스도의 십자가 죽으심, 그리고 사람들과 그들의 문화를 건져내기 위한 방편으로서 훈련받은 행위를 강조해 온 사람들이었다.

이러한 각각의 범주 안에서 복음주의자들은 자신들의 신앙과 실천을 정확하게 공식화하는 것에는 의견이 일치하지 않았다. 하지만 과거부터 지금까지 대부분의 복음주의자들은 이 네 영역의 어딘가에 자신들의 신앙 전통을 놓을 수 있다.

그러나 초기 복음주의의 저명한 역사학자 와드(W. R. Ward)에 의한 최근 연구에서 복음주의를 정의하기 위한 다소 다른 접근이 발견된다. 그는 계몽주의의 지적 문화에서 파생된 초기 복음주의자들이 여섯 가지의 종교적 견해를 포용하는 입장에 광범위하게 연합했다고 제안한다. 그 여섯 가지는 경험적 회심, 신비주의, 소그룹 신앙, 본성에 대한 생기론적 접근, 연기된 종말론, 신학체계에 대한 반대였다.[6] 또한 그는 19세기 복

---

[5] David W. Bebbington, *Evangelicalism in Modern Britain: A History from the 1730s to the 1980s* (London: Unwin Hyman, 1989). Bebbington의 정의는 복음주의가 주변 문화에 의해 어떻게 계속 영향을 받았고 변화되었는지를 충분히 감안하고 있지 않다는 점이 자주 지적되지 않고 있다. Bebbington의 정의가 시대를 넘어서 유연하게 쓰일 수 있다는 점을 인지한 학자는 캐나다 역사가 George Rawlyk이다. 다음 책에 쓴 그의 서문을 볼 것. *Amazing Grace: Evangelicalism in Australia, Britain, Canada, and the United States* (Montreal: McGill-Queen's University Press, 1994), 17-18.

[6] W. R. Ward, *Early Evangelicalism: A Global Intellectual History, 1670-1789* (Cambridge: Cambridge University Press, 2006), 4.

음주의자들이 자신들이 물려주어야 한다고 주장했던 전통에서 얼마나 벗어나 있었는지를 보여주고 있다.

성경의 무오성, 세대주의 전천년설, 온갖 종류의 명제적 구조, 그리고 관료적 분파주의가 한때 매력있는 지적 문화였던 것을 무너뜨렸다. 경직된 문자주의에 의한 무오한(성경의 무오) 성경 읽기, 임박한 천년왕국설, 신비의 부재, 자연에 대한 관심 부족, 사제(성직자)를 인간적으로 숭배하는 것, 현대주의적 구원론 체계들은 초기 복음주의자들이 마음에 품었던 것이 아니다.

와드의 접근은 본서에서 전개되는 내용에 대한 특별한 여운을 남긴다. 왜냐하면 복음주의적 환멸의 몇 가지 유형들은 17세기와 18세기에 복음주의를 세우고 만들어간 이들의 원리보다는 19세기 후반부의 복음주의 전통에 의해 생겨난 것이기 때문이다.

미국에 대해 좀 더 상세히 적어보면, 조지 마스덴(George Marsden)은 성경의 최종적 권위, 성경에 기록된 대로 하나님의 구원과 관련된 역사적인 사실, 그리스도의 구속사역에 기초를 둔 구원 영생, 복음주의와 선교의 중심적 역할, 그리고 영적으로 변화된 삶의 중요성을 믿는 사람들을 복음주의자들로 정의한다.

이러한 명제들은 베빙턴의 사중 정의에 매우 가깝다. 그러나 복음주의 전통이 잘 정돈된 기하학적인 구조나 명제의 간편한 진술 가운데 단순히 포함되는 것은 아니다. 몇몇 사람들은 종교적 경험과 구원의 확신의 중요성에 대해 강조한다. 다른 사람들은 복음주의 핵심 신앙이나 실천 못지않게, 매우 중요해져버린 대중에 영합하면서 호전적인 복음주의 방식의 중요성에 관심을 둔다. 그리고 또 어떤 사람들은 복음주의가 주변 문화에 적응하고, 그것에 의해 모습을 다듬어가면서 시간과 장소에 따라 크게 변화하는 방식에 주목한다. 때때로 주변 환경에서 인지된 압박이 복음주의의 어떤 부분들을 근본주의로 변하도록 이끌기도 한다.

마스덴은 그런 근본주의를 더욱 화가 나 있고, 전투적이며, 보수적이고, 반지성적이며, 반자유적인 종류의 복음주의로 그것을 설명했다. 강조의 요점에 대한 의견의 불일치가 무엇이든, 예나 지금이나 복음주의는 북대서양 지역에서, 전 세계로 확산된 종교 문화를 만들어가는 중요한 요소들임에는 틀림없다.[7]

복음주의가 한 때 괄시받고 거의 연구되지 않은 전통이었지만, 이제는 1700년대 초반 이후부터 복음주의가 어떻게, 왜, 어디서 확장되었는지에 관한 좋은 연구가 많이 있다. 비록 유색 인종과 여성들에 대해서는 여전히 심각할 정도로 잘 대변하지 못하지만, 현재는 앞서간 복음주의자들의 전기도 많이 출간되어 있다.[8] 또한 18세기부터 현재까지 복음주의가 어떻게 비판받아왔는지에 대한 문헌도 풍성하다. 복음주의자들은 여러 가지 것들 중에서도 우유부단함, 너무 노골적인 열정, 보이기 위한 자선 활동, 만연한 위선, 금융사기, 성적인 음탕함, 가톨릭에 대한 매우 심한

---

[7] Marsden, *Understanding Fundamentalism*, 1. 복음주의 역사에 대한 도움이 되는 책은 Mark A. Noll, *The Rise of Evangelicalism: The Age of Edwards, Whitefield and the Wesleys* (Downers Grove, IL: InterVarsity, 2004); David W. Bebbington, *The Dominance of Evangelicalism: The Age of Spurgeon and Moody* (Downers Grove, IL: InterVarsity, 2005)임.

[8] 복음주의 리더들에 대한 뛰어난 전기는 다음 책을 참고할 것. Henry D. Rack, *Reasonable Enthusiast: John Wesley and the Rise of Methodism* (London: Epworth, 2002); D. Bruce Hindmarsh, *John Newton and the English Evangelical Tradition* (Oxford: Clarendon, 1996); Anne Stott, *Hannah More: The First Victorian* (Oxford: Oxford University Press, 2003); George M. Marsden, *Jonathan Edwards: A Life* (New Haven: Yale University Press, 2003); and Kevin Bradley Kee, *Revivalists: Marketing the Gospel in English Canada 1884-1957* (Montreal: McGill-Queen's Uninversity Press, 2006).

편견, 정신적인 속임수에 대해 맹비난을 받아 왔다.⁹

하지만 그런 문헌들에서 정말로 부족한 것은 본서에서 다루려고 하는 질문, 즉 한때 복음주의에 매료되었다가, 여러 이유로 더 푸른 초장을 찾아가기 위해 복음주의의 울타리를 떠나버린 이들에게 과연 복음주의라는 것이 어떻게 비춰졌는지에 대한 질문이다.

프랜시스 뉴먼(Francis Newman)은 이런 관점이 특별히 중요하다고 말했다. 왜냐하면 내부자이자 외부자로서 복음주의 전통을 경험했던 이전의 복음주의자들이 복음주의 전통의 강점과 약점을 평가하기에 가장 좋은 위치에 있기 때문이다. 어찌보면, 이것은 매우 논쟁거리가 될 수 있는 주장이다. 왜냐하면 환멸을 느낀 이들은 거의 냉담하거나 무심한 사람들이 아니었기 때문이다.

모든 강력한 종교 전통이 그렇듯, 복음주의 안에도 양심적인 반대자들과 상처받은 애호가들이 공평하게 있었다.¹⁰ 놀랄만한 일은 그러한 사람들과 관련된 진술의 진실이 아니라 진술이 암시하는 것들에 대한 연구의 부족이다.

이렇게 된 한 가지 이유는, 복음주의가 형식적인 종교 종파나 국가적인 종교 전통이 아니기 때문에, 복음주의를 따르는 사람들은 파문이나 공식적인 상속권의 박탈을 요구당하지 않은 채로 충성의 자리에 슬며시

---

9   예를 들어 Valentine Cunningham, *Everywhere Spoken Against: Dissent in the Victorian Novel* (London: Oxford University Press, 1975).

10 어떤 이들은 전통을 모두 버렸으나 다른 이들은 그 전통 안에서부터 그 전통을 비판한 내용을 보려면 Mark A. Noll, *The Scandal of the Evangelical Mind* (Grand Rapids, MI: Eerdmans, 1994); Randall Balmer, T*hy Kingdom Come: How the Religious Tight Distorts the Faith and Threatens America: An Evangelical's Lament* (New York: Perseus, 2006); Charles Marsh, *Wayward Christian Soldiers: Freeing the Gospel from Political Captivity* (New York: Oxford University Press, 2007) 참고.

들락날락 할 수 있었기 때문이었다.

또 다른 이유는 복음주의자들 스스로가 그들의 환멸에 대해 크게 신경 쓰지 않았다. 복음주의는 무르익지 않은, 심사숙고와 자기반성을 위한 시간도 의향도 없었던 행동주의자의 전통이었다. 뿐만 아니라 길가에 넘어진 사람들(환멸로 인해 떠난 복음주의자들-편집자주)은 신학적으로 이단이거나 도덕적으로 비난받을 만한, 혹은 둘 다에 속하므로, 믿는 자들을 위한 경고 정도 이외에는 그렇게 깊게 생각할 가치가 없다는 것이 일반적인 생각이었다.

종교 전통에서 나온 환멸은 그 자체로 따져볼 수 있는 흥미로운 분야이자, 그 종교 전통을 들여다 볼 수 있는 잠재력을 가진 특이한 관점이다. 바로 이점들이 본서를 쓰도록 만들었다.

2. 선택의 원리들

전 세계적으로 수백만 명의 충성심을 끌어당긴 종교 전통이 그 전통에 이끌린 회심자들의 신앙을 지속시키고 그들의 자녀들의 상상력을 사로잡는 데 실패했다는 것은 별로 놀라운 일은 아니다. 종교 전통의 유명한 지도자들 가운데 상당수가, 자녀들이 그 전통과 소원해졌다는 사실 때문에, 충격과 슬픔을 경험했다. 복음주의를 부흥시킨 가장 위대한 시인이자 찬송 작사가인 찰스 웨슬리(Charles Wesley)는 자신의 아들인 사무엘이

로마 가톨릭으로 개종하자 가장 우울한 가사들을 쓰기도 했다.[11] 클라팜 공동체(Clapham Sect, 19세기 초 런던 인근 클라팜 지역을 중심하여 일어났던 사회개혁 운동 공동체-역자주)와 연결된 영국 복음주의 첫 세대도 자신들의 복음주의를 지속하기 위한 복음주의 가족 전통을 만들어갈 수 없었던 것으로 보인다. 포드 브라운(Ford K. Brown)은 말한다.

> 개신교 복음주의 가정들 혹은 영국의 복음주의 계보에 자신들의 이름을 올릴 예정이었던 복음주의 지도자들의 아들들과 딸들 중에 많은 숫자가 부모들의 전통에서 떠났다는데서 약간의 비애감이 든다. 그들은 개신교 복음주의 전통의 가장 앞자리에서 그리스도인으로서 사랑과 확신을 받으면서 자라온 아이들임에도 말이다.[12]

이탈된 사람들의 명단은 단순히 우연이라고 보기에 어려울 정도로 눈에 띈다.

> 대학 시절의 전후에 걸쳐 클라팜의 핵심 세력 및 다른 지역에 속한 복음주의 지도자의 자녀들, 그리고 빅토리아 시대의 저명한 사람들이지만 덜 알려져 있거나 알려져 있지 않은 복음주의 가정의 자녀들이 꾸준하게 고교회파, 로마 가톨릭교회로 떠났으며 아예 교회를 떠나기도

---

11 사무엘의 로마 가톨릭으로의 전향 시기에 지은 것을 포함한 찰스 웨슬리의 광범위한 시와 고난 찬송을 보려면 Joanna Cruickshank, "Charles Wesley and the Construction of Suffering in Early English Methodism," (Ph.D. diss., University of Melbourne, 2006), 21, 49.

12 Ford K. Brown, *Fathers of the Victorians: The Age of Wilberforce* (Cambridge: Cambridge University Press, 1961), 517.

했다. 맥컬리(Macaulay), 드 퀸시(De Quincey), 베빙턴(Babington)과 기스본(Gisborne)과 스테판(Stephen)의 아들들, 윌버포스(Wilberforce)의 아들 넷, 패트릭 브론테(Patric Bronte)의 딸 셋, 그녀 자신을 조지 엘리엇(George Eliot)이라고 불리운 마리안 에번스(Marian Evans), 존 헨리 뉴먼(John Henry Newman)의 딸들, 그리고 찰스 그랜트(Charles Grant), 로드 테인마우스(Lord Teignmouth), 벅스턴(Buxton), 에밀리 푸시(Lady Emily Pusey), 벤자민 해리슨(Benjamin Harrison), 제임스 그레이엄(Sir James Graham), 존 그래드스톤(John Gradstone), 로버트 필(Sir Robert Peel) 및 윌리엄 매닝(William Manning)의 아들 혹은 아들들이 그렇게 떠나갔다.[13]

이처럼 대단한 가족들의 복음주의로부터의 이탈에 대해 브라운은 클라팜공동체 복음주의의 상류층 지도자들을 예로 들었다. 이들은 덕목, 경건, 거룩한 생활에 걸맞은 사회적 지위, 가치 있는 우아함, 가정에서의 훈육, 그리고 스타일 등이 있었다. 그러나 그들 이후의 복음주의 세대는 새롭게 부상한 완전히 다른 생활방식을 가진 초기 포퓰리스트(대중 운동가)들에게 사로잡혔다.

브라운에 따르면, 귀족적인 당당함이나 대중 운동가로서의 정직함조차 없었던 새로운 세대 복음주의 지도자들은 클라팜공동체의 잘 교육받은 자녀들에게 별로 매력적이지 않았다.

---

13 Brown, *Fathers*, 517.

목적을 위해 점점 더 많은 방법들이 취해지면서, 지도자들이 덜 중요하게 되었고, 오히려 따르는 사람들이 더 중요히 여겨졌다. 진정한 믿음은 교리적 확신으로 굳어져 갔고, 한때 가슴으로 느꼈던 진실들은 케케묵은 생각이 되었다. 위대한 도덕적 사회는 거대한 도덕적 단체로 성장했고, 괜찮은 교구 목사들은 종교계의 부산함 속에서 강단의 설교자, 기획자, 종교행정가로 변질되었다. 그리고 "자녀를 낳는 것, 교육, 그리고 좋은 매너"는 덜 가치 있는 것들로 떨어졌다.[14]

복음주의가 그만의 방식을 잃었을 때, 따르던 사람들도 그들만의 복음주의를 잃었다.

예를 들어 위대한 빅토리아 시대의 예술과 사회비평가의 길을 걸었던 존 러스킨(John Ruskin)을 생각해보자.

그 역시 젊었을 때 지켰던 복음주의를 포기했다. 러스킨은 열정적인 복음주의 가정에서 KJV와 스코틀랜드식으로 표현된 시편을 주식으로 먹으며 자랐다. 하지만 그의 종교적 감수성의 바탕인 청교도주의와 그가 흠모했던 예술이 지닌 감각적 매력 사이에 일어난 내적 다툼은 자신의 성(性)과 육체에 대해 정신적으로 왜곡된 관점을 갖도록 만들었다.

예를 들어, 러스킨은 유페미아 그레이(Euphemia Chalmers Gray)와 결혼하고도 첫날밤을 보내지 않았으며 나중에 대중의 우호적이지 않은 눈초리 속에서 결혼을 무효화했다.[15] 러스킨의 복음주의에 대한 환멸은 그가

---

14   Ibid., 518-519.
15   Ruskin의 생애에 대한 뛰어난 요약은 Robert Hewison이 *Oxford Dictionary of National Biography* (New York: Oxford University Press, 2004)에서 쓴 입문 내용을 볼 것. the *DNB* entry

1858년에 토리노(영문은 Turin임)를 방문했을 때였다고 고백한다.

그는 그날 베로네세(Varonese)의 성적 매력이 넘치는 그림인 "솔로몬을 알현하는 시바 여왕"(The Presentation of the Queen of Sheba to Solomon)을 감상한 일과 맥빠진 왈도파 교회를 방문했던 경험을 비교했다. 호감이 가지 않는 설교자와 백발의 노파 몇 사람이 앉아 예배드리는 모습에 대한 러스킨의 묘사는 사상적 빈곤 및 편협성으로 가득하다. 그는 설교자가 "현재의 따분한 삶과 미래에 대한 변화의 희망이 없는 사람들에게 모든 것이 가능하다는 따분한 방식의 기도로 신자들을 이끈 후, 드넓은 세상, 특별히 피에드몬트 평원과 토리노 도시의 사악한 현실을 위로하는 이야기에 혼신의 열정을 쏟았다"고 적었다.[16]

러스킨은 이런 종잡을 수 없는 예배와 풍성한 오후 햇살 속의 빛나는 베로네세 그림 감상을 비교하며 이렇게 끝을 맺었다.

> 토리노의 갤러리에서 그림을 감상하며 명상했던 것이 수년간 나를 이끌어준 생각의 결론을 내리게 했다. 설교자나 그림이나 혹은 덜시머(현악기의 일종—역자주), 그 어느 것도 나의 갑작스런 회심을 일어나게 할 수 없었다. 그러나 그날 나의 복음주의적 신앙은 더 이상 논의될 수 없게 한

---

on Sir Leslie Stephen를 보라. Stephen은 DNB의 첫 편집자였다. Stephen은 Stephen and Venn(어머니 가족 편으로) 가문의 복음주 전통 상속자였으나 Ruskin이 복음주의에 환멸을 가진 이후 곧 종교적 신앙을 버렸다는 데 아마도 다음의 영향을 받았을 것이다. Comte, *Darwin, Spencer, and Essays and Reviews*.

16 Turin에서 Ruskin에게 일어난 일은 "The Grande Chartreuse" chapter of Praeterita(1888). See E. T. Gook and Alexander Wedderburn, eds., *The Works of John Ruskin*, library ed., 39 vols. (London: G. Allen, 1903-12), vol. 35, 495-96. Ruskin의 사건에 관한 자료들에 대한 불균형 이유에 대한 통찰력 있는 해석과 함께 그의 삶을 변화시킨 일에 대한 설명은 Michael Wheeler, *Ruskin's God* (Cambridge: Cambridge University Press, 1999), 125-52을 보라.

쪽으로 치워져 버렸다.

러스킨의 글을 보면, 그가 토리노에서 경험하기 전에도 수년 동안 자신의 신앙에 대해 회의를 가져왔다고 주장하는 것이 분명하지만, 1858년에 복음주의와의 모든 인연을 끊었다는 그의 진술은 엄밀히 말하면 사실이 아니다.

그러므로 러스킨이 그 자신을 "결론적으로 회심한 사람이 아니다"라고 설명한 것은 최소한 부분적으로 복음주의에로의 회심 이야기에 대한 의도된 평행적 반전이다. 러스킨은 만약 회심이 대부분의 복음주의자들에게 즉각적 사건으로 여겨진다면, 그와 반대되는 회심도 마찬가지로 그럴 수 있을 것이라고 생각했던 것이다.

중요했던 토리노 방문의 막바지에 아버지에게 보낸 편지에 보면 러스킨이 세상의 악을 두 가지의 탓으로 보고 있다. 두 가지 모두, 그가 포기한 복음주의 전통의 성격으로 간주될 수 있는 것이다.

> 첫째, 하나님의 순전한 사랑과 우리의 이웃에 대한 실천적 사랑 대신, 종교 교리나 신조를 가르쳤다는 것. 이것은 끔찍한 실수이다. 나는 이것을 인간의 치명적 실수라고 생각한다.
> 둘째, 육체의 아름다움과 육체적 감각들의 섬세함을 적절히 가꾸려는 욕망에 대한 인식 결핍. 이것은 현대의 주요한 실수이다.[17]

---

17 Wheeler, *Ruskin's God*, 143.

그러므로 당연히 러스킨의 복음주의적 환멸은 자연, 예술, 건축과 그림의 역사 등에 대해 복음과 동일한 심오한 변화와 동반되었으며 부분적으로는 원인이 되기도 했다. 러스킨의 종교적 견해가 변하자, 반 고흐(van Gogh)와 마찬가지로, 예술, 형태, 색상, 그리고 자연에 관한 감상도 변했다.

복음주의로부터 리더십, 재능, 질적 우수함이 이렇게 빠져나가는 상황은 순전히 영국만의 모습은 아니었다. 19세기 미국에서도 계급 구조와 사회 관습에 존재하는 분명한 차별들이 허용되면서 비슷한 일이 벌어졌다.[18] 에블린 커클리(Evelyn Kirkley)는 모세 하몬(Moses Harmon)과 사무엘 포터 퍼트남(Samuel Porter Putnam) 같은 미국 자유사상 운동의 지도자들이 얼마나 많이 기독교와 교회의 목사직을 버리고 자유사상적 복음을 설교하였는지를 보여 주고 있다.

하몬은 남부 감리교도들이 흑인 노예 제도를 찬성하는 입장에 반대하며 감리교 목사직을 떠났다. 그리고 후에 "신조나 신앙고백을 고수하려고 노력하는 사람은, 누구든지 자신이 지적으로나 도덕적으로 자살하지 않는 한, 자신의 이성을 무력하게 하고, 미래의 발전을 가로막으며, 어른됨을 부인하고 망신시킨다"라고 적었다.

퍼트남은 회중 교회의 임명받은 목사였는데 교회를 떠났다. 이유는 그가 교회를 "자유, 진보, 그리고 최고의 도덕성에 반대하는 나쁜 기관으로

---

18 Paul A. Carter, *The Spiritual Crisis of the Gilded Age* (De Kalb, IL: Northern Illinois University Press, 1971); James Turner, *Without God, Without Greed: The Origins of Unbelief in America* (Baltimore: Johns Hopkins University Press, 1985); and Evelyn A. Kirkley, *Rational Mothers and Infidel Gentlemen: Gender and American Atheism*, 1865-1915 (New York: Syracuse University Press, 2000).

여겼기 때문이었다. 현대 과학과 삶의 영향력이 그 안에서 그런 변화를 일으킨 것이다."[19]

빌리 그레이엄이 그 어떤 미국인보다 기독교 도덕을 떨어뜨린 사람으로 지목한 미국의 가장 유명한 섹스 연구가 알프레드 킨제이(Alfred C. Kinsey)도 비슷한 궤도를 따라갔다. 킨제이는 열정적인 복음주의 감리교 집안에서 성장했다. 그것도 독재적인 아버지의 아들로 말이다.

그가 보도인(Bowdoin)에서 대학 시절을 보내는 동안 YMCA에서 열심히 헌신했다. 그가 보도인에 있을 때 과학적 유물론이 점차 커지긴 했지만, 킨제이의 기독교 신앙이 썰물처럼 빠져나간 것은 그가 하버드대학원생이 되었을 때였다. 그의 전기 작가에 의하면, 킨제이는 하버드대학교에서 사람이 바뀌었다.

> 어디에선가부터 그 젊은 기독교 신사는 모든 것을 증명해 보이라는 콧대 높은 젊은 과학자로 변해갔다.[20]

불행히도 킨제이는 자신의 종교적 신념에 일어난 변화를 기록물로 남기지 않았다. 우리는 그저 그의 힘들었던 집안 시기에 좀 더 가혹한 형태의 복음주의 속에서 성생활 및 성적 정체성과 씨름한 그의 몸부림, 그리고 반대로 점점 관심을 가진 예술과 과학의 이해 등이 킨제이에게 영향

---

19 Kirkley, *Rational Mothers*, 88. Samuel Putnam은 미국의 자유사상 전통에 대한 기준이 되는 교과서적인 작가로서 다음 책을 볼 것. *400 Years of Freethought* (New York: Truth Seeker, 1894).
20 James H. Jones, *Alfred C. Kinsey: A Public and Private Life* (New York: W. W. Norton, 1997), 154.

을 미쳤을 각 역할에 대해 짐작할 수 있을 뿐이다.

세대 간의 종교 전통의 전달이 약화되거나 사라진다는 것은 이전 세대의 종교적 전통이 쇠퇴했음을 보여주지만, 역사를 볼 때 복음주의는 윗세대가 확산시킨 사람들보다 더 많은 사람을 다음 세대에서 받아들였다.

그럼에도 불구하고, 지난 3세기에 걸쳐 복음주의 전통에서 시끄럽게 혹은 조용히 이탈한 복음주의자들은 수만 명에 달한다.[21] 이러한 사람들 대부분은 짧은 기간 동안만 복음주의에 머물렀었는데, 이들은 감정적인 부흥회에서 회심을 했다가 복음주의 안에 제대로 들어오기 전에 복음주의를 포기해버리고 만 사람들이었다.

그 대표적 인물이 허버트 에즈베리(Herbert Asbury)였다. 그는 미국 감리교의 가장 유명한 지도자인 프랜시스 에즈베리(Francis Asbury)의 증조카였으며, 『뉴욕의 갱들』(The Gangs of New York) 작가이기도 했다. 20세기 초, 그는 그의 고향인 미주리주 파밍톤에서 열린 감리교부흥회에서 일어난 자신의 회심에 대해 좋지 않은 글을 남겼다.

에스베리는 회심 경험이 있기 전에는 냉소적 회의론자였고, 회심 경험 후에는 더욱 분명한 사람이 되었다. 그러나 그는 믿는 사람들의 공동체에 강제로 끌려나온 것 같았던 부흥회에 대한 생생한 글을 남겼다.

"내 주를 가까이 하게 함은"이라는 곡이 우레와 같은 음향으로 오르간에서 터져나왔다. 난 정말 참을 수가 없었다. 난 감정적으로 산산조각

---

21 "인터넷 시대의 산물 중 하나는 탈복음주의적 블로그사이트의 증가인데 그 블로그 안에서 사람들은 근본주의 배경에서부터 자신들의 해방 경험을 나누고 있다. 환멸을 가진 이들을 진정으로 반겨주는 공동체가 없는 상황에서 인터넷은 종교적 전향을 경험한 이들을 위한 대안적 공동체 역할을 부분적으로 해내고 있다.

나버리고 말았다. 그리고 나는 휘청거리고 비틀거리며 통로를 걸었다. 흐느껴 울었고 거의 참을 수가 없었다. 그들은 이것이 종교라고 생각했다. 나를 어떻게든 끌어들이려 했던 형제자매들은 무아지경에 빠져서 하나님이 나를 점령했다고 소리 질렀다. 나는 당시 분명히 고통스러웠으며, 그 고통은 언제나 경건의 참된 흔적으로만 받아들였다. 그러나 그것은 하나님도 아니었고 종교도 아니었다. 그냥 음악일 뿐이었다.[22]

에즈베리가 정신적으로 거세게 한 대 맞은 것처럼 복음주의 부흥 운동과 맞닥뜨린 것이, 생생하게 설명되면서 또한 아주 격렬하게 반박된다. 또한 특별한 것과도 거리가 멀다. 인기있는 복음주의 역사는 감정적인 부흥회와 아직 회심하지 못한 사람들에게 가해진 압력에 관한 앨머 갠트리(Elmer Gantry)의 이야기들로 가득하다.[23]

그러나 본서의 목적은 그런 이야기들이 흥미롭기는 하지만 그것들을 다시 들여다보는 데 있는 것이 아니라, 그 반대의 집단을 들여다보려는 것이다. 여기에 등장하는 사람들은 복음주의를 거부하기 전에 한동안은 복음주의를 받아들였던 몇몇 저명한 인사들이다. 나는 그들이 수용했던 전통의 힘, 어떻게 전통이 그들의 삶에 영향을 미쳤으며 또한 그들이 전통을 떠난 이유를 보여주려 한다.

그래서 나는 자신들이 복음주의에 입문한 후 다시 떠나게 된 계기와 과정을 글로 적힌 자료로 충분히 남긴 사람들을 선정했다. 또한 복음주

---

22 Herbert Asbury, *Up from Methodism* (New York: Alfred A. Knopf, 1930), 111.
23 Sinclair Lewis, *Elmer Gantry*, with an afterword by Mark Schorer (New York: New American Library, 1980).

의 전통 속에서 좀 큼직한 안건을 지적하면서 그것이 윤리, 선교(그리고 비교 종교), 정치 개혁, 세속주의, 페미니즘, 아동, 인종, 창조성에 관련된 주제들과 어떻게 관련 있는지 지적하는 사람들을 택했다.

이러한 목적은 추측을 최소화하고 가능한 한 저술가들, 예술가들, 그리고 활동가들이 그들 자신의 이야기를 하도록 허용하므로 최소한 그들의 구별된 목소리가 들려지고 이해되게 하는 데 있다.

물론 다른 사람들의 종교 궤적을 그리려는 사람들은 불가능까지는 아니지만 어려운 과제와 마주하게 된다. 특정한 종교 전통 속에서 신앙을 가질 것인지 거부할 것인지에 대한 개인적 이유들은 항상 신뢰할 수 있는 것이 아니다. 이것은 고의적인 속임수 때문이 아니라 각 개인의 종교 전통에 대한 이해는 종종 양육, 문화, 관계, 숨겨져 있는 영향력, 환경 그리고 대중적인 입맛에 의해 제한되기 때문이다.

심지어는 철저하게 연구한 완전한 전기들도 전기의 주인공 스스로가 목도한 삶이 아닌, 다른 사람의 눈들을 통해 비춰진 삶을 단지 묘사한 것들일 뿐이다.

하물며 앞으로 보게 될 이야기의 주인공들이 복음주의적 개신교의 독특한 면모와 어떻게 마주치게 되었는지에 초점을 맞춘 짤막한 전기야말로 얼마나 제한적이겠는가?

나는 신앙 여정에 있어 호소력 있는 증거를 남긴 인물들 외에도, 이야기에 끌림이 있거나 통찰력과 특유의 침착함으로 글을 쓰거나 그림을 그린 사람들을 선택했다. 그리고 복음주의와 문화의 역사적 관계 속에서 좀 더 거대하고 복잡한 사안들을 대변했던 사람들을 선택했다.

나는 19세기 초에서 20세기 후반에 신앙의 변화를 겪은 이들, 그리고 그로 인한 창조적 결과가 대중에게 알려진 개인들도 선택했다. 비록 19세기 중후반과 20세기 초반에 그런 성향이 더 우세했지만 말이다. 당시 복음주의는 영국제도(諸島)와 북아메리카 대륙에서 엄청나게 성장하는 한 세기를 거쳐가고 있었으며 안팎으로부터 심각한 역습을 당할 만큼 문화 영역까지 영향력을 확장했다.

그렇다면 누가 환멸을 느꼈으며 그리고 무엇이 그들에게 환멸을 느끼게 하였을까?

3. 환멸을 느낀 사람들

복음주의와 문화 사이에 기나긴 갈등의 핵심과 중심에는 오랜 지구 역사와 자연도태에 의한 진화 이론에 대한 새로운 과학적 주장들이 깔려 있다. 소위 전쟁이라 불리는 기독교와 과학 간에 경쟁적 주장이 큰 주목을 끌어 왔다.

하지만 그 분야 전문가들은 전쟁이라는 군사적인 비유는 과도한 것이며 수많은 저명한 과학자들이 정통 기독교인으로 남아있었다는 것에 일반적으로 동의한다. 더욱이 과거부터 현재까지 많은 복음주의자들은 그들의 신앙 신념과 과학 이해 사이에 어느 정도 조화를 이룰 수 있었다.

그러므로 복음주의 기독교인이면서 과학자인 수많은 사람들, 그리고 자연계의 질서에 대한 자신들의 견해를 새로운 과학적인 발상에 적응시

킨 수많은 복음주의 기독교인들을 충분히 발견할 수 있다.²⁴

이 주제에 대해서는 이미 글로 적힌 수없이 좋은 작품들이 있기 때문에 나는 환멸을 품었던 복음주의적 과학자들은 선정하지 않았다. 이것은 단지 전략적 결정 그 이상으로, 통속적인 집단 비율로 볼 때 복음주의 기독교인이면서 과학자들보다 저술가, 소설가, 시인, 화가 등으로 구별되는 창조적 예술가로서 기독교인의 수가 훨씬 적다는 나의 견해를 반영한 것이다.

신앙과 과학이 어울릴 수 있느냐 하는 것은 늘 뜨거운 쟁점으로 논의되는 문제인데, 예술적 창조성과 기독교적 정통성의 조화 가능성 문제가 복음주의적 전통에 있어서는 오히려 더 큰 장애물로 여겨졌다. 그것의 부분적인 이유는 복음주의가 오랜 기간 동안 소설, 극장, 시각 예술의 악, 혹은 경건함보다 열정을 강조하는 창의적 상상력 추구와 관련된 해악을 불신해 온 데 있다.²⁵ 그러한 역사 패턴은 이제 현대 복음주의 속에서 매우 빠르게 변하고 있다.

예술적 창조성과 복음주의적 종교 사이의 긴장과 더불어 윌리엄 이워트 글래드스톤(William Ewart Gladstone)과 마크 패티슨(Mark Pattison)처럼 복음주의에서 떠난 유명한 인물들도 복음주의 전통이 지닌 지적 한계에 주목했다.

엄격한 복음주의 가정에서 자란 패티슨은 이렇게 말한다.

---

24 David N. Livingstone, D. G. Hart, and Mark A. Noll, eds., *Evangelicals and Science in Historical Perspective* (New York: Oxford University Press, 1999).
25 연극, 소설 읽기, 순수 예술, 기타 문화의 면면에 대한 뛰어난 논의는 Doreen M. Rosman, *Evangelicals and Culture* (London: Croom Helm, 1984).

복음주의는 기독교 서적들(교리나 신조를 가르치는 책들―편집자주)과는 대조적으로 '생명력 있는 기독교'를 주장했다. 복음주의는 본능적으로 처음부터 지성과는 대립적이었다. "(너희를 부르심을 보라) 지혜로운 자가 많지 아니하고, 배운 자가 많지 아니하도다"라는 표현만큼 이러한 주장을 잘 보여주는 (성경)본문도 없다.[26]

시간이 흐르면서 성경에 대한 절대 권위와 신앙과 관련된 명제적 진술들 위에 세워진 전통은 지적 추구나 자유로운 상상을 위한 창조적 공간을 거의 남겨두지 않았다. 이런 이유로, 이 연구에서 선택된 많은 인물들은 창조적인 예술가들이거나 독립적인 사상가들이며 복음주의 전통의 제한적이고 구속적인 독단성에 가면 갈수록 차를 떤 널리 알려진 지식인들이다.

조지 엘리엇을 소개될 이야기들의 첫 인물로 택했다. 왜냐하면 그녀는 복음주의적 가르침에 대항하여 가장 신랄한 글 가운데 하나를 썼으면서도 문학계에서 복음주의적 인물을 가장 잘 묘사한 초상화를 제공하기 때문이다.[27]

엘리엇은 박식했는데, 19세기에 가장 광범위하게 글을 읽고 깊은 학식을 가졌던 여인 중 하나였다. 소설가로서의 그녀의 탁월함은 제쳐놓더라도 그녀의 일기, 편지, 비평문들은 그녀를 진실로 구별된 지식인으로 만들었다. 그녀는 독일의 성경고등비평을 영어로 번역하는 일에 선구자

---

26 Ibid., 3-4.
27 다음 책 안에 있는 Dinah Morris의 초상화를 말하고 있다. George Eliot's *Adam Bede* (London: Blackwood, 1858).

였고 또한 역사, 철학, 과학에 있어서 지적인 흐름을 인식하고 있었다.

전통적인 복음주의 정통성, 특별히 거룩한 글로서의 성경에 대한 신뢰도를 공격한 인물로서 엘리엇만큼 잘 알려진 다른 인물을 떠올리는 것은 어렵다. 또한 엘리엇만큼 복음주의가 지닌 기질의 강점과 약점에 대해 깊이 인식하여 이러한 강점과 약점을 매력적으로 대변하고 때로는 완전히 그것들과 똑같은 성격으로 소설 인물들을 만들어낼 수 있는 사람도 없다.

그녀가 복음주의를 거절한 것은 부분적으로는 지적 과정이었고 복음주의의 윤리성에 대한 시위이기도 했으며 영국 빅토리아(이후 빅토리아로 표시되는 것은 빅토리아 여왕 시대를 말함-역자주) 시대의 결혼 풍습을 비웃고 결혼하지 않은 여성으로서의 그녀의 입장을 표현한 것이기도 했다.

프랜시스 뉴먼(Francis Newman)은 더 유명했던 존 헨리 뉴먼(John Henry Newman)의 동생으로 당대의 조지 엘리엇이었다. 비록 가까운 동료나 친구는 아니었지만 그들은 만나서 서로의 작품을 읽었다. 뉴먼은 그의 세대 중에서 가장 뛰어난 옥스퍼드대학교 학부생 중의 한 명이었으며 나중에 대학 교수, 저술가였고 당대에 잘 알려진 지식인이었다.

그의 경력은 흥미로운데, 그 이유는 그가 미국의 복음주의자들과 근본주의자들 그리고 중동에서 일어나는 사건들에 대한 그들의 인식에 매우 심오한 영향력을 행사한 세대주의 신학 전통의 아버지이자 창시자인 존 넬슨 다비(John Nelson Darby)를 일찍 접했기 때문이다.

또한 뉴먼은 이슬람에 대해 심각하게 고심하며 기독교의 고유함과 비교 종교와 관련된 전반적인 사안을 붙잡고 씨름했던 초기 복음주의자들 중 한 명이다. 복음주의 선교사로서 바그다드를 드나들며 그곳에서 겪었던 그의 여정은 지리학적으로나 지적으로나 복음주의 역사에서 가장 흥미를 끄는 에피소드 중 하나이다. 또한 뉴먼의 경력은 복음주의 안에서 그가 가진 이교도적 측면의 모든 범위를 담은 담론 형태를 자신의 가족, 친구들, 멘토들에게 분명히 드러내었다는 점에서도 부각된다.

'진리'를 얻고야 말겠다는 뉴먼의 기질과 불타는 욕구는 그가 복음주의 전통에서 조용히 물러나도록 허락하지 않았다. 그가 복음주의 전통을 거부한 것은 시끄러웠고 논란이 많았으면서도 주목을 받았다. 또한 그의 전통을 향한 거부는 감히 전 세계의 회심과 인류의 진전을 소망했던 그의 야심찬 젊은 날의 이상주의에 대한 실망에서 생겨난 것이었다. 그는 팔레스타인과 페르시아의 종교적 문화적 현실들 속에서 그러한 소망을 내동댕이친 첫 번째 서양인도 아니었고 맨 마지막 사람도 아니었다.

뉴먼이 낭만적인 인물인 존 넬슨 다비의 영향력 아래 들어간 같은 시대에 위클로산맥(Wicklow Mountains)에 살던 가난한 아일랜드인들을 상대로 방랑하면서 선교활동을 했던 영국 성공회 성직자인 테오도르 드와이트 웰드(Theodore Dwight Weld)는 복음주의 전통에서 훨씬 더 영향력이 있었던 대서양 건너편의 찰스 그랜디슨 피니(Charles Grandison Finney)에게 영감을 받았다.

웰드가 복음주의로 회심한 것은 피니의 덕분이었다. 그리고 19세기 미국의 문제들이 흑인 노예 제도와 인종차별적 가정 위에 세워졌다는 것을 곧 알아챘다. 자신의 신앙 멘토였던 피니와 달리, 웰드는 처음부터 복음주의로의 회심만으로는 노예 제도의 폐단을 뿌리 뽑을 수 없다는 결론에 도달했고, 후에는 어떤 도덕적 개혁 운동도 미국인의 삶 속에 자리잡은 경제적, 사회적 구조 안에 깊이 박힌 관습에 마침표를 찍을 수 없다는 것을 받아들이게 되었다. 오직 끔찍한 대화재만이 많은 사람의 악을 끝낼 수 있다는 확신이 강해짐에 따라 회심주의와 행동주의 같은 복음주의적 해결 방안들에 대한 웰드의 신앙은 쇠퇴하였다.

그러나 웰드의 복음주의에 대한 환멸은 본서의 다른 대상들처럼 그리 간단한 문제가 아니었다. 개인적 실망, 결혼의 영향, 가족 문제, 복음주의 전통이 지닌 도덕적 취약점에 대한 환멸감, 그가 가까스로 이해했던 광범위한 문화적 변화들 모두가 웰드로 하여금 기독교 전통에 있어서 좀 더 자유로운 견해로 거침없이 이동하는 데 각자의 역할을 감당했다.

웰드의 특별했던 신앙의 여정 속에 작용한 요소들은 매우 복잡했다. 그것들 중 많은 부분이 심지어 개인적 편지 속에서조차 너무 개인적이어서 적을 수 없으며, 그의 종교적 삶을 해석하기 위해서는 어느 정도의 불가지론이 필요할 정도이다.

웰드와 마찬가지로, 엘리자베스 캐디 스탠턴(Elizabeth Cady Stanton) 도 뉴욕주에서 피니가 주도한 일련의 부흥회에서 복음주의로 회심했다. 비록 그녀의 회심은 오래가지 못했지만 사라 무어 그림케(Sarah Moore Grimke), 루시 스톤(Lucy Stone), 프랜시스 윌라드(Francis Willard)를 포함한 다른 여러 19세기 페미니스트들처럼, 그녀는 페미니스트이자 사회개혁가로서의 열정과 자신이 가진 복음주의 신앙의 다양한 잔여물 사이에서 협상을 해야만 했다.[28]

스탠턴의 회의주의와 모든 형태의 기독교 권위에 대한 거부가 짓눌린

---

28 Nancy A. Hardesty, *Women Called to Witness: Evangelical Feminism in the Nineteenth Century* (Knoxville: University of Tennessee Press, 1999), and Carol Lasser and Marlene Deahl Merrill, eds., *Friends and Sisters: Letters Between Lucy Stone and Antoinette Brown Blackwell, 1846-93* (Chicago: University of Illinois Press, 1987).

여성들을 대변하는 그녀의 개혁적 열정에 길을 터줬지만, 자유를 소망하는 여성들에게 복음주의가 끼친 영향력을 무시할 여력까지는 그녀에게 없었다.

스탠턴이 여성을 억압한다고 믿은 복음주의에서 여성은 상당수를 차지했으며 그 복음주의적 여성들이 사회개혁 운동을 위해 앞장선 다수를 형성했다. 여기에 스탠턴이 풀기 힘들어한 역설적인 면이 있다. 왜냐하면 그녀는 특히 종교에 의해 전파된 신화들이 남성 중심 지배에 주요 원인을 제공했다고 여겼기 때문이다.

스탠턴은 『여성의 성경』(The Woman's Bible)을 그녀의 마지막 거대한 프로젝트의 주제로 삼으면서 이러한 애매함이 부분적으로는 해소되었다. 복음주의 여성들이 성경을 귀하게 여기고 또한 성경으로 인해 다른 세상 종교 전통에 속한 여성들보다 자신들이 우월한 사회적 지위를 얻게 되었다고 생각하는 것은 본질적으로 구제 불능할 정도로 가부장적인 것이라고 스탠턴은 여겼다.[29]

스탠턴, 사라 그림케 그리고 프랜시스 윌라드 모두 극히 평범한 복음주의로의 회심을 경험했다. 그러나 후에 일어난 그들의 신앙 여정은 매우 달랐다. 스탠턴처럼 윌라드는 남성 중심의 성경해석학이 여성들에게 재앙과 같음을 알게 되었다.

그러나 젊은 시절에 관심을 두었던 중서부 감리교파에 대한 지속적인 애정이 그녀의 회의주의에 제동을 걸었다. 윌라드가 남성 위주의 성경해석에 도전하고 있을 때 스탠턴은 성경 그 자체가 여성해방에 실질적인

---

29 Kathi Kern, *Mrs. Stanton's Bible* (Ithaca: Cornell University Press, 2001).

걸림돌이라고 생각했다.

미국의 가장 유명한 금주 운동가였던 윌라드와 차후에 전개될 이야기의 주인공이자 과음을 일삼았던 빈센트 반 고흐(Vincent van Gogh) 사이에 좀 더 큰 차이를 파악하기는 어렵다. 반 고흐에게는 아주 짧은 시간 동안이었지만 어쨌든 둘 다 복음주의 신봉자였고 내부의 악마와 투쟁했으며 1860년대 후반과 70년대 초에 걸쳐 수년의 간격을 두고 짧은 체류를 위해 파리에 도착했다. 그리고 둘 다 교회와 복음주의 단체의 남성 지도자들과 갈등의 시간을 가졌다.

그러나 반 고흐의 생활은 한바탕 심하게 앓은 정신병과 가족, 여성들, 동료 화가들과의 지극히도 고통스러운 관계들이 그의 삶을 나타낸 것처럼 엄청 복잡했다. 반 고흐가 잠깐 복음주의에 손을 담근 것은 특이하게 열정적이었지만 실상은 불안정했다. 서유럽에서 일어난 놀라운 사회적, 경제적, 지성적 변화의 시기 속에서, 성년이 되는 것에 대한 압박감이 그만의 정신적인 불안정함에 가중되었다.

반 고흐는 거대한 도시들의 시대에 빠르게 성장한 유럽의 도시들을 돌아다녔고 예술 시장의 상업적 권모술수와 충돌했다. 그 속에서 고흐는 채용도 되고 쫓겨나기도 했지만, 독자이자 예술가로서 거의 전례 없이 지성적으로 불안정했던 시기에 가담했다.

반 고흐는 자신이 내뿜을 수 있는 엄청난 열정으로, 먼저 그리스도의 사랑에 매료당했고 다음으로는 그리스도의 추종자들에게 그리고 나서는 그리스도의 가난한 사람들에게 마음이 끌렸다. 그러나 신학교, 신학교육, 선교위원회 같은 전반적인 기독교 상부 구조는 그 속에 들어가면 암울하다는 것을 곧 알아챘다. 고흐는 성경을 집어삼킬 듯이 읽고, 크리스천으로서의 영웅적 봉사 기회들을 찾아 나설 만큼 복음주의에 강렬하게 빠져있었지만, (교회의) 권위, 성경의 문자적 해석, 그리고 존경할 만한 사회 풍습의 수용을 강조하는 기독교적 신조들을 따르기에는 턱없이 부족했다. 복음주의에 대한 환멸과 반 고흐는 불가분리의 관계에 있다.

반 고흐보다 4년 전에 태어났지만, 에드먼드 고스(Edmund Gosse)는 저명한 예술비평가였고 그보다 편안히 오래 살았고 1907년에 가장 유명한 작품인 『아버지와 아들』(Father and Son)을 써냈다. 이 책은 자신의 어린 시절에 대해 이야기하는 자서전적 글이다. 그는 유명한 자연과학자이자 당대 찰스 다윈(Charles Darwin) 같았던 아버지 필립 헨리 고스(Philip Henry Gosse)와 복음주의 소책자를 다수 펴낸 저술가인 어머니 에밀리 보우스(Emily Bowes)의 외동 아들로 자라났다.

고스의 부모님은 플리머스형제교회(Plymouth Brethren: John Nelson Darby가 창립자 중 한 명)라고 불리운 엄격한 복음주의 종파의 회원들이었다. 그리고 고스의 가정교육은 그가 세상을 피해 자신의 영원한 운명(구원)을 확실히 굳힐 수 있기 위한 교육이었다.

에드먼드 고스에게 적용된, 엄격한 통제적 양육방식이 복음주의 가정들을 대표한다거나 그것을 19세기와 20세기에 자녀양육 형태라고 생각하는 것은 잘못이지만, 그 방식은 자신만의 독특한 색채를 통해 복음주의 문화 속에 넓게 퍼져 있던 경향들을 암시한다.

어린이교육에 대한 존 웨슬리의 원칙부터 복음주의학교들과 홈스쿨(가정의 학교교육-역자주)이 인기를 끄는 현대에 이르기까지 자녀들을 세속주의와 부도덕의 해악으로부터 보호하기 위한 바람은 복음주의 전통에서 반복되는 후렴구와 같은 것이다. 부모가 자녀에게 복음주의적 신앙

바톤(baton)을 이어주는 것은 복음주의 전통의 최고로 소중한 바람 가운데 하나이다. 그러나 고스의 가정에서처럼 전심으로 추진되지는 않았으며 심지어 고스의 어머니가 요절한 후(또는 특히 요절한 후)의 상황만큼도 전심으로 추진되지 못한다.

정확한지는 모르겠지만 (이 글에서 나중에 더 충분하게 논의된다) 고스의 『아버지와 아들』은 글로 쓰인 것들 가운데 아마도 복음주의적이었던 어린 시절을 가장 강렬하게 환기시킨 작품이다. 에드먼드가 자신을 위해 내면적 삶을 빚어가는 인간의 특권을 실현하는데 필요한 공간을 협상한 것처럼 이 작품은 해방을 위한 투쟁이기도 하다.

고스의 『아버지와 아들』을 단순히 근본주의자들의 과도함에 대항한 원통섞인 불평인 것으로부터 건져낸 것은 그가 아버지에 대해 지닌, 그리고 아버지의 단점들이 무엇이든, 아버지가 위선자는 아니라는 사실에 대한 분명한 애정에 있었다. 아버지는 자신이 믿는 것을 열정적으로 끈질기게 믿었다. 사실 그것이 에드먼드의 해방을 위한 투쟁을 그처럼 고통스럽게 만든 것이다.

약간 다른 해방을 위한 투쟁(또한 부분적으로 열정적인 크리스천 아버지에 대항했던)이 제임스 볼드윈(James Baldwin)의 삶 속에도 나타난다. 본서에 등장하는 다른 인물들과는 달리 볼드윈은 비교적 편안한 중산층 가정에서 태어나지 않았다. 오히려 대공황 전날 할렘에서 9명의 자녀들 가운데 맏이로 태어났다.

그는 미국에서 흑인 종교의 모습을 형성하는 데 크게 기여해 온 흑인 복음주의의 경건하고 오순절적인 다양성을 흡수, 선택했으며 그것을 위해 설교했고, 그리고 나서는 거부했다. 복음주의와 흑인 종교 사이의 관계는 재즈, 블루스와 흑인 음악 사이의 관계와 같다. 복음주의는 대체로 억눌린 사람들의 종교적 스타일, 리듬, 정체성 및 표현을 결정지어 왔다. 볼드윈은 복잡하기도 하고 사이에 낀 듯한 인물이었다. 유럽으로 망명한 미국인 저술가 볼드윈은 작고 연약했으며, 또한 양성애자였기에, 이것이 그로 하여금 흔치 않은 렌즈를 통해 흑인 복음주의를 볼 수 있게 하였다.

그는 미국 흑인의 정체성을 잡아가는 데 있어서, 복음주의의 중요성을 부인할 수도 없었고 부인하기를 바라지도 않았다. 그러나 그 또한 복음주의의 여러 사소한 위선, 적과 타협하려는 본능, 미국에서 흑인들이 경험하는 현실을 대면할 때 생기는 어려운 문제들을 회피하려는 경향을 혐오했다.

고스가 자신의 고유한 내적 삶을 빚어나가면서 복음주의 독단의 족쇄에서 벗어나 자유로운 글을 쓰기 위해 플리머스형제교회를 떠났다면, 볼드윈은 "정직한 사람"이 되기 위해 그리고 저술가로서 복음주의적 사회 윤리를 지침으로 삼는 안전성을 배제한 채, 흑인들의 경험을 조사하기 위해 흑인 교회를 떠났다.

창의적 사고가 복음주의적 전통과 부합되지 않는 상황에서 지적, 도덕적 해방을 위한 갈망은 본서의 기본적 주제 중 하나다. 앞으로 진행될 전기적 묘사들은 등장 인물들의 지적이고 예술적인 발전에 대한 종합적인 에세이는 아니다.

오히려 이러한 묘사는 복음주의에서 그들이 느낀 황홀감과 환멸에 집중한다. 또한 심지어 그들이 공식적으로 환멸을 표명한 후에도 복음주의가 어떻게 그들의 사상과 습관을 형성했는가에 대해 말하려고 시도한다. 환멸을 느꼈다고 해서 그들이 보통 자신들의 종교적 신앙을 완전히 포기하거나 무신론을 받아들인 것은 아니다.

더 통상적인 것은 그들의 종교적인 감정과 재협상하였다는 것이다. 그래서 때로 그들의 신앙과 행위가 어떻게 끝났는지 분명하지 않을 때가 있다. 왜냐하면 복음주의를 거부하면서 얻게 되는 혜택 가운데 하나는 신앙에 대한 분명한 진술, 혹은 교리적 원칙에 대한 체계화 작업의 방어가 필요없기 때문이다.

그러나 여기서 검토된 인물들이 결국 재미없는 도덕적 상대주의와 자유분방한 행동주의(libertinism)를 방어하거나 그것을 제공하는 사람이 되었다고 결론 내리는 것도 잘못일 수 있다. 비록 엘리엇과 반 고흐와 볼드윈은 종교적이고 사회적인 관습에 격분했지만 정직과 진실과 사랑을 옹호하는 데 있어서 결코 무심하거나 태평하지 않았다.

도덕적 열정이 그들이 복음주의에 대해 가진 애착의 원인 혹은 결과이었든(양쪽에 대해 설득력 있는 증거를 제시할 수 있다), 그들이 복음주의를 접했던 것이 자신들의 평생 동안의 도덕적 열정을 강화시켜준 것은 사실이었다.

본서는 세계 어느 특정 지역의 복음주의 현황에 대한 논평이 아니라 역사에 관한 작품으로 디자인되었다. 그럼에도 불구하고 본서의 연구에서 언급되는 주제들은 현 세대의 복음주의자들이나 전임자들이 가졌던 이유와 비슷한 이유로 복음주의 전통을 포기한 사람들과 계속해서 관련된다.

예를 들면, 플리머스형제교회가 주도한 세대주의적 근본주의는 젊은 에드먼드를 굉장히 괴롭혔으며 크리스틴 로젠(Christine Rosen)이 받은 교육의 특징이 되기도 한다. 그녀의 『나의 근본주의자 교육』(*My*

Fundamentalist Education)은 최근의 베스트셀러이기도 했다. 비록 고스의 교육보다는 훨씬 트라우마가 적지만 그럼에도 로젠 자신의 교육에 대한 이야기는 그것의 많은 핵심 가치들을 찬양하는 특정 근본주의자들의 부조리함을 상기시키는 능력에 있어서 큰 차이가 없다.

로젠은 공공연히 세속적 관점에서 글을 썼지만, 자신이 받은 근본주의 교육이 그녀의 마음속에 동료들에 대한 존경심을 길러 주었고 자만심의 위험을 가르쳤으며 성경에 대한 사랑을 주었고 언어와 음악에 대한 일생의 헌신을 진전시켰음을 인정한다.

그럼에도 불구하고 세월이 갈수록 로젠은 자신의 가장 깊숙한 문제들의 해답을 찾기 위해 성경보다는 좀 더 학문을 향해 돌아섰음을 알았다. 그녀는 세상에 좀 더 관여하고 싶어했다. 그리고 문화를 회피하거나 대항하는 대신 문화를 이해하고 인정하고 싶어했다.[30] 150년 전의 에드먼드 고스처럼, 그녀는 자신만의 외부와 내면의 생활을 근본주의의 교리적 제한으로부터 자유롭게 구축하기 위해 개인의 권리를 선택했다.

『합리적인 어머니들과 이교도 신사들』(*Rational Mothers and Infidel Gentlemen*)의 작가였던 에블린 커클리(Evelyn Kirkley)가 고백한 자신의 신앙 여정은 덜 명랑하고, 본서에 소개된 진정한 지적 전통과 좀 더 일치한다. 복음주의 남부침례교도로 자란 커클리는 사회정의와 인권을 위해 복음주의 사역을 했던 페미니스트로서 활동지를 찾기 전에 대학 내의 복음주의 모임들을 통해 그녀의 신앙을 키웠다.

해답보다는 질문을 더 많이 양산했던 신학교육, 1980년대 초의 근본

---

30 Christine Rosen, *My Fundamentalist Education: A Memoir of a Divine Girlhood* (New York: Public Affairs, 2005), 221-29.

주의자들의 남침례회연맹 인수, 종교적 보수우파(Religious Right)의 대두, 그 외에도 좀 더 개인적 요소들의 결합이 그녀가 젊은 시절 그녀의 복음주의를 포기하고 미국에서 일어난 자유사상에 대해 쓰도록 만들었다.[31]

과거부터 현재까지 무덤들 속에 묻혀 있는 이러한 이야기들이 수천 가지는 된다. 이제부터 전개되는 것은 이렇게 묻혀 버린 전통 속에서 가장 저명했던 인물들 중 아홉 명의 이야기이다. 창조적인 예술가들과 사회참여지식인들로 구성된 저명한 집단의 신앙 여정으로서 이야기들이 지닌 본질적인 흥미 외에도 그들의 이야기가 자랑스럽게 복음주의자로 남아 있는 사람들과 한때 수용했던 복음주의 전통에 환멸을 일으키게 된 사람들 사이에서 반향을 불러일으키길 바란다.

복음주의적 전통이 과거부터 현재에 이르기까지 발생한 사상자들을 어떻게 다루느냐 하는 것이 결국에는 좀 더 일반적인 성공 이야기들 못지않게 복음주의의 가치를 드러내는 것이다.

---

31 Kirkley, *Rational Mothers*, 134-47.

제2장

젊은 여자 메리 앤 에번스
(Mary Ann Evans, 필명: 조지 엘리엇
[George Eliot]). 판화(ⓒ Bettmann/CORBIS)

조지 엘리엇-커밍 박사의 근본주의
복음주의와 도덕성

이 세상에서 선이 성장할 수 있는 것은 어느 정도는 역사적으로 중요하지 않은 행동에 기인한다. 예전에 우리를 괴롭게 했던 것들이 당신과 나를 고통스럽게 하지 않는 이유는 숨겨진 삶을 충실하게 살다가 사람의 발길이 닿지 않는 무덤 속에서 쉬고 있는 사람들 때문이기도 하다.

- 조지 엘리엇, 『미들마치』(*Middlemarch*, 1872)

복음주의와 관련된 다음 두 개의 이야기를 생각해보자.

하나는 익명으로 쓰인 것이고 또 하나는 필명으로 쓰인 것이다. 그러나 사실 둘 다 같은 사람이 쓴 것이다. 두 글은 1850년대 후반에 각각 몇 년 안에 출판되었다. 편의상 그 당시는 추방당하고 박해받은 중유럽 개신교도들 가운데 복음주의가 대두하던 17세기 후반과 복음주의가 주목할 만큼 세계적인 성장을 보인 우리 시대 사이의 대략 중간 시기였다.

이 두 개의 이야기를 쓴 작가는 일명 조지 엘리엇이라고 불리는 영국 소설가 메리 앤 에번스(Mary Ann Evans)였다. 첫 번째 책은 런던의 코벤트가든(London's Covent Garden)에 있던 스코틀랜드 국교회(the National Scottish Church) 목사이자 대도시의 칼빈파 설교자였던 커밍 박사에 대해 몹시 신랄하게 쓴 평론이다. 두 번째 책은 엘리엇의 첫 장편소설 『아담 비드』(*Adam Bede*)에서 가져온 것이다. 1855년에 처음으로 커밍 박사에 대한 엘리엇의 혹독한 공격이 자유주의 학술지인 「웨스트민스터 리뷰」(*Westminster Review*)에 게재되었다.

> 적당히 지적이며 일반인보다 높지 않은 도덕적 기준으로 약간의 수사학적 풍부함과 매우 그럴듯이 연설하는 한 남자를 볼 때, 그 남자가 인맥이나 재력 없이 영국 사회에서 가장 쉽게 힘과 명성을 얻을 것 같은 직업이 무엇일까?
> 겉핥기식 학문과 지식이 심오한 가르침으로 통하고, 진부한 이야기들이 지혜로 받아들여지며 한쪽으로 너무 치우친 편협함이 거룩한 열정으로 여겨지고 번지르한 자기 중심주의가 하나님이 주신 경건함으로 인정되는 평범한 사람의 고센(Goshen: 기름진 땅을 의미)땅은 어디 있는가?
> 이런 남자가 복음주의의 설교자가 되게끔 해보자.
> 그러면 그는 작은 능력과 대단한 포부, 표면적 지식과 탁월한 박식함 그리고 평범한 도덕성과 고상한 거룩함을 서로 조화시키는 것이 가능하다는 것을 알 것이다. (그가) 현실의 극단을 피하면서 순수하게 이론적인 것 안에서만 극단적이도록 놔둬라.
> (그가) 예정설에 대해 엄격하면서도 금식에 대해서는 자유롭게 놔둬라.

(그가) 영원한 형벌에 대해서는 단호하면서도 실제적인 위로의 시간을 줄이는 것은 꺼리도록 놔둬라.

(그가) 그리스도의 전천년설에 대해서는 열정적이고 창의적이면서 현실 상황의 위법에 대해서는 두 번에 한 번 정도는 차갑고 신중하도록 놔둬라.

(그가) 불편한 특이성을 지닌 미끼가 아니라 편안하게 순응하도록 만드는 저인망으로 영혼들을 낚게 놔둬라.

(그가) 불신자들과 적수들의 머리에 성경 본문 말씀들을 퍼부을 때만 엄격한 문자적 해석을 적용하고 성경 서신이 19세기의 고상한 기독교에 너무 근접하여 압박할 때는 영적인 정화장치를 사용해서 그것을 손으로 만질 수 없는 창공에 흩뿌리도록 놔둬라.

(그가) 적그리스도보다 그리스도에 대해 더 적게 설교하도록 놔둬라.

(그가) 불법의 사람에 대해서는 철저히 규명하면서도 죄 자체에 대해서는 대충 넘어가게 놔둬라.

(그가) 남녀 간의 부정과 관련된 저주보다 믿음의 축복에 대해 더 적게 말하도록 놔둬라.

(어설픈 한 남자가 복음주의 설교자가 되었을 때를 비꼬는 글이기도 하고 커밍 박사를 겨냥해서 비꼬는 글-역자주).[1]

엘리엇이 쓴 두 번째 복음주의 이야기는 약간의 장면 설정(scene setting)을 좀 더 필요로 한다. 그녀의 소설인 『아담 비드』(*Adam Bede*)는 18세기 말

---

1 George Eliot, "Evangelical Teaching: Dr Cumming," *Westminster Review* 64 (October 1855). 비록 무명으로 출판되긴 했으나 이 에세이는 다음 책에 자주 나온다. George Eliot, *Essays and Leaves from a Note-Book* (Edinburgh and London: William Blackwood and Sons, 1884), 145-99. George Eliot의 삶과 글에 관한 믿을 만한 책은 Gordon S. Haight, *George Eliot: A Biography* (London: Oxford University Press, 1968), 또한 Eliot의 편지들에 대한 그의 편집본들.

영국의 작은 마을을 배경으로 한다. 소설은 마을 작업장의 거친 목수들 집단의 신앙에 대한 온화하고 날카롭지만 정감어린 농담으로 문을 연다.

이 마을의 장인들 가운데 한 명은 때마침 젊은 여자로 밝혀진 감리교 설교자의 곧 있을 방문에 대해 다른 사람들에게 광고를 하고 다니는 감리교 신자이다. 여자 선지자, 여자 감리교 신자, 여자 설교자 등으로 다양하게 불리는 디나 모리스(Dinah Morris)는 엘리엇의 숙모를 근거로 했던 인물이며, 석양빛에 고요하게 흠뻑 젖은 그림 같은 촌락의 녹지에 야외 설교를 하기 위해 온 사람이었다.

엘리엇은 독자들이 디나의 우월한 인품에 대해 한 점 의심도 없기를 바랐으며 디나의 태도를 평온하며 자의식이 전혀 없는 것으로 묘사한다. 감리교 신자는 열광적이거나 토할 정도로 성질이 나쁜 두 가지 유형의 사람들만 있다고 예전부터 그렇게 알고 있는 회의적인 사람에게는 그녀의 모습이 굉장한 놀라움이었다. 디나는 누가복음에서 예수님의 말씀을 설교 본문으로 골랐다.

> 주의 성령이 내게 임하셨으니 이는 가난한 자에게 복음을 전하게 하시려고 내게 기름을 부으셨다.[2]

모인 청중들에게 디나는 몇몇 감리교도들이 주장한 것처럼 꿈 속에서 본 예수님의 입술로부터가 아니라 그녀가 단지 작은 아이였을 때 백발의 늙은 성자의 입술로 처음 이 말씀을 들었다고 말했다. 이 소설의 배경

---

2 George Eliot, *Adam Bede* (first published in two volumes, London: Blackwood, 1858), ch. 2, "The Preaching."

이 1790년대이므로 이러한 언급은 존 웨슬리(John Wesley)를 겨냥한 것이었다. 그는 감리교 창시자이자 성직자가 아닌 평신도와 여성의 설교를 허락한 반체제 문화의 조력자였다.

디나의 시작 기도와 긴 설교는 사랑과 용서의 메시지와 함께 이 땅의 가난한 사람들을 위해 오셔서 고난당하시고 긍휼을 베푸신 구주에 대한 복음을 전파하는 데만 집중되었다. 감리교 야외 설교의 최고의 전통 속에서 그녀는 마음을 뒤흔드는 복음주의적인 호소와 함께 마무리했다.

"친애하는 여러분!"
그녀가 마침내 말했다.
"나의 주님이 형제자매를 위해서 돌아가셨습니다.
제가 사랑하는 형제자매 여러분!
저를 믿으세요.
저는 이 행복이 무엇인지 알고 있습니다. 저는 그것을 알기 때문입니다. 저는 여러분도 또한 이 행복을 소유하시길 바랍니다. 저는 여러분처럼 가난합니다. 저는 제 손으로 직접 벌어서 먹고 살아야 합니다. 그렇지만 지신의 영혼에 하나님의 사랑이 없다면, 그 어떤 귀족도 그 어떤 귀부인도 저만큼 행복할 수는 없습니다.
행복이 무엇인지 생각해보시죠.
죄를 제외하고는 그 어떤 것도 증오하지 않는 것입니다. 모든 피조물에 대한 사랑으로 충만한 것입니다. 그 어떤 것도 두려워하지 않는 것입니다. 모든 것이 협력하여 선을 이루게 될 것이라고 확신하는 것입니다. 고통을 개의치 않는 것입니다. 왜냐하면 그것은 우리 하나님 아버지의 뜻이기 때문입니다. 지구가 완전히 잿더미로 변하거나 혹은 물이 덮쳐서 우리를 죽인다고 할지라도 그 어떤 것도 우리를 사랑하시고 우리의 영혼을 평화와 기쁨으로 채우시는 하나님으로부터 우리를 갈라놓을 수 없다는 것을 아는 것입니다. 왜냐하면 우리는 하나님이 바라시는 것이 거룩하고 공정하며 선한 것임을 확신하기 때문입니다.

사랑하는 여러분!

오셔서 이 행복을 가져가세요.

행복이 여러분에게 주어지는 것입니다. 예수님이 가난한 사람들에게 복음을 전하기 위해 오셨습니다. 이것은 한 사람이 더 가질수록 나머지 사람들은 잃어야만 하는 세상의 풍요로움과 같은 것이 아닙니다. 하나님은 끝이 없으십니다. 하나님의 사랑은 끝이 없으십니다...."

대부분의 감리교 모임이 그렇듯이, 야외 예배는 찬송과 함께 끝을 맺었다. "찬송가의 억양에 스며있는 환희와 슬픔의 이상한 조합 속에서" 올라갔다 내려갔다 하는 감리교 신자들의 목소리가 만들어내는 배음(背音)과 함께 해가 저물어 갔다.

이제 엘리엇은 독자들이 이렇게 매력적인 마을의 광경에서 벗어나도록 했다. 하지만 작가인 그녀는 빅토리아 시대의 계몽주의가 지닌 최고의 전통들 속에서도 감리교를 떠나지 않았다.

이미 복음을 전하는 사역과 결혼했기에 세스 비드(Seth Bede)의 청혼을 거절한 디나를 통해 빅토리아 시대의 소설에 보이는 관습에 맞추어 준 후, 엘리엇은 신앙에 넋을 잃은 거친 남자들과 마음이 지친 피곤한 여성들의 오래된 감리교(엘리엇은 이를 "초보적인 문화"라고 불렀다)와, 낮은 삼각

형 모양의 지붕들이 달려있는 우중충한 거리들과 부터 나는 식료품상들과 단물을 빨아먹고 사는 설교자들과 위선적인 용어들로 특징지어지는 저속한 빅토리아 시대의 계승자 사이의 로맨틱한 차이점을 도출하였다.

물론 디나는 엘리엇이 낭만적으로 묘사한 오래된 감리교의 대표적인 인물이었다.

> 오래된 감리교도는 현실의 기적, 즉각적 회심, 꿈과 환상에 의한 계시를 믿었다. 감리교 신자들은 제비를 뽑았고 위험한 상황에 처했을 때는 성경을 열어봄으로써 하나님의 인도하심을 구했다. 그리고 성경을 문자 그대로(직역) 해석했는데, 이것은 입증된 주석가들에 의해 승인된 방식이 전혀 아니었다. 나(엘리엇)에게는 이들의 어법이 올바르다거나 이들의 해석이 자유주의적이라고 말할 자격이 없다. 내(엘리엇)가 종교 역사를 올바르게 읽어왔다면, 여전히 믿음, 소망 그리고 관용은 이 세 가지가 조화를 이루고 있다는 느낌과 항상 정비례하여 발견되는 것은 아니다 이들은 잘못되었는데 숭고한 감정을 가질 수 있다는 것에 대해 하늘에 감사하지 않을 수 없다.

이러한 언급과 동시에, 엘리엇은 온갖 종류의 종교적 열정의 불합리성에 대한 통찰력 있는 감각으로 말미암아 새로운 감리교보다 오래된 감리교를 선호하는 마음을 만족시킬 수 있었다. 그녀에게 가장 문제가 되었던 것은 사람들이 믿는 것이 무엇이냐가 아니라 그들이 누구이며 무엇을 했느냐였다. 믿음, 소망 그리고 관용을 묵상할 때 나오는 매력적인 기행(괴팍함)이 사리사욕, 믿음이 독실한 척하는 행동, 그리고 가식으로 묵상할 때 나오는 복음주의적 열정보다 훨씬 더 존경받아야만 한다는 것이다. 『아담 비드』에 등장한 디나 모리스의 삶 중에 가장 인상적인 것은 그녀가 한 말들이 아니라 그녀가 가난한 영국 사람들의 세속적 고통에 대해서 공감하고 그들과 자신을 동일시했다는 것이다.

그러면 이러한 모든 것들이 복음주의에 대한 매력 및 환멸과 어떤 관계가 있었을까?

조지 엘리엇은 아일랜드계 복음주의 여선생님의 영향 아래 십대 소녀 시절 복음주의에 푹 빠져 있었다. 그러다 복음주의 사회윤리에 실망하면서, 불확실한 독일 고등비평의 종교적 신학적 사상과 점점 더 친숙해지며 여러 복합된 이유로 복음주의에 대해 환멸을 느끼게 되었다.

엘리엇이 영웅적인 디나 모리스와 불운한 커밍 박사에 대해 그린 초상화(소설 혹은 비평하는 글)는 기존의 것과 다른 장르와 관습 속에서 묘사되었고, 본질적으로는 그녀 자신의 복음주의에 대한 매력 및 환멸에 대한 이야기들이다.

하나는 중년 남자에 관한 것이고, 다른 하나는 젊은 여자에 관한 것이다. 한 사람은 선민(選民)주의를 부르짖는 칼빈파의 대변인이고, 다른 한 사람은 모든 가난한 하나님의 사람들을 옹호하는 알미니안 지지자이다. 한 사람은 국교회들을 옹호한 빅토리아 시대의 충직한 지지자이다. 다른 한 사람은 국교회 반대자들(dissenters)을 위해 설교하는 낭만적이고 젊고 종교적인 혁명가이다.

한 사람은 초기 빅토리아 시대의 때가 묻은 런던에서 대도시의 강단에서 설교한다. 다른 한 사람은 『영국의 푸르고 기쁜 대지』(*England's Green and Pleasant Land*, 1840)라는 윌리엄 블레이크(William Blake)의 예루살렘에 나오는 언덕에 둘러싸인 원형야외극장에서 설교한다.

한 사람은 고상한 숙녀들이 안식일에 성경을 읽도록 하기 위해 라일락과 금에 자신의 설교를 새긴다. 다른 한 사람은 거친 장인들과 하인들에게 "진실되고 고의가 아닌 설득의 힘"으로 즉흥 설교를 한다. 한 사람은 신앙심 없는 자들의 머리를 후려치기 위해 성경을 직설적 수단으로 사용한다. 다른 한 사람은 사람들을 애정어린 구주에게 이끌기 위해 동정어린 마음으로 성경을 사용한다.

한 사람은 종말에 대한 예언적인 추측에 사로잡혀 있다. 다른 한 사람은 현 시점의 시급한 필요에 초점을 맞춘다. 한 사람은 교육도 잘 받고 신학박사학위를 가지고 있다. 다른 한 사람은 기본적인 교육만을 받았지만 천사 같은 성향을 가지고 있다. 한 사람은 지독하게 현실적이고 그때 당시 세상에서 가장 큰 도시를 배경으로 시작한다. 다른 한 사람은 낭만적으로 그려졌고 전원적인 시골의 과거를 배경으로 시작한다.

무엇보다, 엘리엇의 미학적 틀에서 보았을 때, 한 사람의 말은 완연하게 복음주의적 유형의 도덕적 허위와 집단 이기심을 만들어낸다. 다른 한 사람의 말은 그들의 편협한 삶의 추악한 내용들 위로 사람들의 상상력을 끌어올려, 집도 없고 궁핍한 사람들에게 여름처럼 달콤한 존재라고 할 수 있는 긍휼하고 다정하며 한계가 없으신 하나님으로 그들의 영혼을 가득 채운다.

회의적인 조지 엘리엇이 커밍 박사와 디나 모리스 둘 다 사실이 아닐 수도 있는 것들에 대하여 설교한다고 생각했다는 것은 굳이 지적할 필요도 없지만 그들 각자의 오류는 매우 다른 병리들과 결과를 낳았다. 엘리엇이 두 인물들을 다룬 것을 어떻게 이해했든, 한 사람은 진지한 해설을 포함한 실제 인물에 기초한 것이고, 다른 한 사람은 명백히 허구적이고 낭만적으로 묘사되었지만, 역시 실제 인물에 기초하고 있다.

의심의 여지없이, 엘리엇은 복음주의가 지지자들 사이에서 매력과 환멸을 유발시킨 가장 중요한 이유들 중 몇 가지를 지적한다. 「웨스트민스터 리뷰」에서 엘리엇의 혹독한 공격을 받은 불운의 희생자인 커밍 박사는 런던 코벤트가든에 있는 크라운코트장로교회(Crown Court Church) 목사였다. 크라운코트장로교회는 영국에서 스코틀랜드 국교회(Church of Scotland:영국의 대표적인 장로교회)에 가입하자고 주장한 몇 안 되는 장로교회들 중의 하나였고, 1832년 9월에 커밍 박사가 그 교회의 사역을 이끌기 위해 임명되었을 때는 매우 위험한 상태에 처해있었다.[3] 런던 중심에서 커밍 박사의 사역은 거의 50년간 지속되었다. 그리고 크라운코트장로교회도 대부분 그 기간 동안에 번창했다.

커밍은 애버딘대학교(Aberdeen University)에서 꽤나 이름난 학구적 이력을 즐겼다. 그리고 그는 헌신된 목사, 많은 책을 쓴 저자, 열정적인 설교자, 가공할만한 반가톨릭 논객, 그리고 성경의 예언적 해석을 단호하게 지지하던 사람이었다. 그래서 영국과 전 세계에서 일어난 시사 문제들을 비관적으로 해석하는 편에 속해 있을 때가 자주 있었다. 이러한 유형의 복음주의 개신교는 초기 빅토리아 시대의 런던에서 잘 풀려나갔다.

커밍은 스코틀랜드인 인척이 있는 귀족 가문의 사람들을 포함한 저명인사들을 크라운코트장로교회로 이끌었다. 그가 권력의 정점에 있었을 때, 런던에 있던 그의 요새(크라운코트장로교회를 일컬음)는 많은 군중들을

---

[3] R. Buick Knox, "Dr John Cumming and Crown Court Church, London," *Records of the Scottish Church History Society* 22, no. 1 (1984): 57-84.

끌어당겼고, 특히 스코틀랜드 국교회에서 일어난 대혼란과 영국 로마 가톨릭교도의 주장이 압박을 가해 오던 논쟁 시기에, 커밍은 런던의 교회 생활에서 중요한 인물이 되었다.

엘리엇이 그를 공격한 초점은 그의 신학적 방법이 아니었다. 그녀는 그의 방법에는 관심이 없었다. 오히려 그녀는 그의 글에서 나타난 도덕적이고 영적인 의미들을 경멸했다. 엘리엇에 의하면, 커밍의 사고방식은 "경건한 질서"에서 벗어나 있었다.

"그의 기독교는 조금도 신비주의에 기대는 것이 없었다."

그의 구원 방법은 경험적이거나 구원적인 것이 아니라 법정에서 변론하는 방식이었고 도식주의적이었다. 그리고 세상에 대한 그의 관점과 대적에 대한 그의 태도는 가차 없이 비판적이었다. 종종 잔인하기까지 했다. 그녀는 다음과 같이 쓰고 있다.

> 그러나 진정한 영적인 기쁨과 슬픔, 영혼을 통제하는 사랑의 표명으로서의 그리스도의 삶과 죽음, 예수님이 예루살렘을 보면서 슬피 울게 만들고 '아버지여, 저들을 용서하소서'라는 숭고한 기도를 하도록 만든 잃어버린 영혼들과 죄를 범한 사람들에 대한 열정을 동반한 동정, 좀 더 온화한 성령의 열매, 이해를 넘어서는 하나님의 평강 등, 이러한 모든 것의 흔적을 커밍 박사의 담론에서는 거의 찾아볼 수 없다[4]

엘리엇은 커밍의 칼빈파 개신교와 자신이 그들보다 낫다고 생각하는 열정적인 감리교 신자들을 비교하며, 감리교 신자들은 하나님의 영광을

---

4 Eliot, *Essays*, 151-22.

향한 경건한 감정으로 인해 순진한 자들이 되었으나, 성경의 축자영감 교리에 대한 커밍의 신뢰는 더욱더 불행한 도덕적 결말을 동반한 일종의 지적인 단계라고 말한다.

> 그들(감리교)에게는 지성을 억누르는 것이 감정적 상태에 해당하지만, 커밍에게는 지성인들을 감금하고 지성인들에게 자유롭게 진리를 추구하는 그들의 참된 기능을 빼앗아버리는 나쁜 습관이 되었던 것이다.

축자영감의 딱 짜여진 틀에 완전히 들어맞는 것이 진리라고 간주하는 정신적 습관은 성경에서 얻은 명제를 근거로 한 개인의 구원을 감정적으로 열렬하게 믿는 신앙과 함께 결합하였으며, 엘리엇이 보기에는, 그것은 커밍이 가지고 있던 복음주의적 병폐의 중심 어느 근처에 있었다.

> 명제적 믿음이 구원에 필수적이라고 여겨지는 한, 보통 말하는 그런 진리 추구는 불가능하다. 이것은 필사적으로 헤엄치는 한 남자가 자기를 압도하려고 위협하는 폭풍우를 기상 관측하는 것이 불가능한 것과 마찬가지이다.[5]

많은 대적들에 맞서 성경적 진리를 수호하려는 커밍의 열망이 온순하지조차 않는 우매함으로 자주 전락하는 모습을 보여주는 데 엘리엇이 많은 페이지를 할애하지만, 그녀의 진짜 불만은 커밍의 어리석음이 아니라

---

5 Ibid., 159.

커밍의 가르침이 지닌 무정한 도덕적 암시에 있다. 그녀는 세 가지 예를 들고 있다.

첫째, 당파심과 일종의 복음주의 집단의 충성심이 야기하는 결핍된 사랑이다.

그녀의 타깃은 커밍이 게재한 대다수의 글인 로마 가톨릭, 영국 가톨릭, 회의주의자들과 이슬람교도들을 포함한 모든 종류의 믿지 않는 사람들에 대항하는 혹평에 대한 것이었다. 엘리엇은, 커밍이 말하는 기독교 사랑은 "씨족(같은 처지의 복음주의자들)에 대한 사랑"이고, 이것은 나머지 인류에 대한 적개심과 상관관계를 맺고 있다고 명확하게 말한다.

이러한 방식으로,

> 커밍 박사의 종교는 사랑을 조공처럼 바칠 것을 요구하면서 증오에게 인가서를 내주고 있다. 그것은 자비를 명하고 있지만 모든 무자비함을 조성하고 있다.

둘째, 커밍의 도덕적 배신은 예언에 집착하므로 인해 생긴 결과에서 찾아볼 수 있다.

원대한 하나님의 계획을 이루기 위해 하나님과 사탄이 인간들을 체스판의 졸처럼 이리저리 움직이면서 우주적 게임을 벌이고 있다는 생각이 엘리엇에게는 특히 매우 불쾌했다. 예수님의 재림이 임박했다는 입증을 정치적, 사회적 사건들에 대한 복음주의적 해석에 기탄을 둔 것처럼 시도한 것 역시 엘리엇을 역겹게 했다.

엘리엇에 의하면, 커밍이 전천년설(예수님이 천년왕국 전에 재림하신다는 견해)에 몰두한 것은 거의 정치적 열정을 소위 종교 강단으로 운송해 버린 격이었다. 이것은 구름 속으로 '보내심을 받은' 우리의 중요한 인물들에 의해 성취된 '우리당'의 승리를 예측하는 것과 같았다. 다른 경우와 마찬가지로 엘리엇이 진짜 겨냥한 것은 커밍의 예언적 태도가 지닌 윤리적 암시였다. 엘리엇은 이렇게 말했다.

> 당신은 커밍 박사가 자신을 따르는 무리를 위해 주요한 양분으로 제공하는 예언적 해석으로 기독교의 은혜를 충만히 받기를 기대할 바엔 차라리 초기의 화가들이 그린 무섭고 기괴한 최후의 심판 그림들을 아이의 방에 걸어 놓고 아이의 미적 감각을 교육하는 편이 나을 것이다.

엘리엇의 견해에서 보면, 커밍의 예언적 당파심은 "하나님과 더 가까이 동행"하는 것과 거리가 멀었으며, 이기적인 무사안일주의와 가식, 자신을 따르지 않는 사람들을 향한 거친 비판 정신, 그리고 위대한 사실들을 경건하게 명상하므로 위대한 원칙들을 현명하게 적용하는 것이 아니라, 사소한 일에 매달리는 것이었다.[6]

셋째, 커밍의 도덕적 결점을 보여주는 다음 사례는 영원한 형벌에 관한 그의 가르침이었다.

엘리엇을 매우 불쾌하게 한 것은 믿지 않는 사람들의 영원한 형벌에

---

6 Ibid., 182-85.

대한 자신의 믿음이라기보다는 커밍이 그런 믿음에 대한 성경 내용을 맹렬하게 문자적으로 주장한 것이었다. 커밍은 무거운 마음을 짊어진 주저함이 아니라 당파적 호전성에서 나오는 마음으로 영원한 형벌을 믿는 것 같았다. 그에게는 "영원한 형벌이 지닌 무시무시한 신비"를 단순히 받아드리는 것도, 심지어 "뉘우치지 않는 사람들이 전멸"할 수 있는 가능성 속에 피난처를 찾기 위한 것도 아니라, 오히려 소름끼치는 교리에 대한 완전한 확신이었던 것이다.

"커밍은 그들 자신에 대해서는 영원한 행복을 기대하고 그들의 이웃에 대해서는 영원한 고통을 기대하는 신학자들에게 더 설득력 있게 느껴질 논리를 제시한다.

우리가 영원한 행복을 반대합니까?

그렇다면 여러분은 왜 영원한 불행을 받아들이지 않습니까?"

한마디로 요약하자면 엘리엇에게는 이 모든 것이 결국 하나님의 품성과 인간의 본성에 대한 논쟁으로 귀결된다. 커밍은 오직 하나님의 영광을 위한 일들을 제외하고는 하나님을 기쁘시게 할 수 없다고 주장하면서 타인을 위한 마음을 지닌 동료들이 행한 일들을 모두 도덕적으로 쓸모없게 만들어버렸다.

반면에 엘리엇은 사랑, 동정, 관용, 애정, 헌신에서 우러나온 행동을 하는 사람들은 나름대로 그리고 자신을 위해 인류의 도덕적 선에 기여하는 사람들이라고 주장했다. 엘리엇에 의하면, "하나님은 우리가 느끼는 모든 것을 측은히 여기고 우리와 같은 처지에 있는 신앙인들을 모두 참아줄 뿐만 아니라 우리의 매우 무기력한 사랑에 새 생명을 부어주시는 분이라는 개념"은 확실히 예수님의 삶에서 성육신으로 보여진 하나님의 사랑을 강조하는 정통 기독교의 영광이었다.

> 그러나 커밍 박사의 하나님은 이러한 모든 것과 완전히 정반대되는 하나님이다. 이 하나님은 우리 인간이 지닌 연민의 감정을 함께 나누고 도와주는 대신 직접적으로 그들과 충돌하는 분이다. 이 하나님은 인간이 하나님의 사랑과 관심의 대상으로 모두 동일하다는 인식을 격려함으로써 사람과 사람 사이의 끈을 돈독하게 하는 것 대신, 사람들 사이에 하나님 자신을 너무 밀어붙이고 사람들이 하나님과 관계를 맺을 때를 제외하고는 사람들이 서로를 불쌍히 여기는 것을 금지한다.[7]

조지 엘리엇은 두 가지의 폭넓은 의견을 가지고 커밍 박사에게 작별을 고한다.

첫째, 커밍의 도덕적 질병은 개인적 문제일 뿐만 아니라 "그가 모든 복음주의 신자들과 나누는 교리체계에 속하는 문제"이다.[8]

비록 이러한 교리체계의 해로운 결과는 그것을 수용하는 사람들의 특성에 따라 서로 달라지지만, 그 안에는 똑같은 성향이 있다. 이것이 부분적으로는 엘리엇이 아주 맹렬하게 계속해서 공격을 퍼붓는 이유이다.

---

7   Ibid., 188-97. W. E. H. Lecky's *History of the Rise and Influence of Rationalism in Europe*에 이은 후속 평가에서 엘리엇은 선택적 구원과 마녀 고문과 종교적 박해까지 이르는 영원한 심판에 대한 신념을 지닌 칼빈주의를 연결짓는다. 그는 "종교개혁 지도자 중에서 관용을 지지한 두 사람은 Zuinglius와 Socinus뿐이었고, 이들은 구원의 (선택적) 배제를 믿지 않는 이들이었다"고 적었다. *Essays*, 222. 엘리엇의 종교개혁과 종교적 관용의 발흥에 대한 해석은 논쟁할 여지가 있다.

8   Eliot, *Essays*, 189.

둘째, 엘리엇은 결국 그녀의 확신에 충실하기 위해 그녀의 실질적인 논쟁거리가 커밍이라는 남자 그 자체에 있는 것이 아니라, 신학자로서의 커밍에 있다고 말하는 냉담한 시도를 한다.

엘리엇이 커밍이 로마 가톨릭과 신앙심이 없는 사람들을 다룰 때, 그런 특성의 복음주의를 구별한 것에 대해 강력하게 비판하지 않았다면 이러한 논점은 훨씬 더 무게를 실었을 것이다. 더욱이 커밍이 그랬던 것처럼 엘리엇도 설득력 없이 인간의 선에 대해 끊임없이 강조했기 때문에 인간의 죄성을 끊임없이 강조하는 커밍에 대한 엘리엇의 비난은 좀 더 효과적이지 못했다.

조지 엘리엇의 낙관적, 도덕적 사회 개선론이, 잔인하게 폭력적이었던 20세기의 폐허를 참아온 독자들보다는 초기 빅토리아 시대의 영국에 「웨스트민스터 리뷰」를 읽는 자유주의 독자들과 훨씬 잘 어울리지만, 불운한 커밍 박사에 대해 엘리엇이 말로 한 공격은 영어에 있어서 격론이 드러난 산문(散文)들 가운데 가장 뛰어난 작품 중의 하나로 쓰여졌고, 엘리엇이 진정한 최고의 작가가 되기 위한 그녀의 잠재력을 나타냈다고 말한 조지 헨리 루이스(George Henry Lewis)의 의견이 옳음을 보여줬다.

더욱이, 커밍의 글은 읽기가 어렵다. 조지 엘리엇이 접근해도 마찬가지다. 그리고 대부분 그녀의 결론과 맞지도 않는다. 번지르르한 독선주의의 냄새가 솔솔 풍기는 커밍의 인쇄된 설교는 유대인, 로마 가톨릭 신자, 영국의 의식주의자들(Ritualists), 무슬림, 무신론자에 대해 너무나도 터무니없는 편견들로 가득 차있다.

커밍의 수사학적 풍부함과 일화를 표현하는 방식은 설교 강단에서 그것들이 가지는 장점들이 무엇이든, 인쇄물에서는 잘 드러나지 않았다.

그러면, 무엇이 커밍 같은 인물을 설명하는가?

그리고 왜 커밍은 그가 이끌던 복음주의 지지층 사이에서 그렇게 성공한 작가가 되었을까?

아니 어쩌면 왜 그 이상으로 성공하게 되었을까?

빅토리아 시대의 영국에서 인쇄된 설교들의 대다수 가운데 커밍의 인쇄된 설교를 두드러지게 한 것은 성경적인 예언에 대한 그의 거침없는 강조와 고대에 쓰인 글들을 동시대의 사건들과 연결짓는 능력이었다. 커밍은 예수 그리스도의 재림에 사로잡혀 있었고 그때가(재림이) 가까이 왔음을 말해 주는 듯한 당시 사건들과 잘 연결되었다.

1848년에 일어난 유럽혁명, 1849년에 창궐한 콜레라 확산, 1850년에 로마 가톨릭 위계질서를 재정립할 때 영국제도에서 정점에 있었던 로마 가톨릭의 성장, 잉글랜드 국교회에 미친 옥스퍼드 운동(Puseyism)의 영향, 프랑스에서 나타난 사회주의와 범신론의 대두, 유럽계 유대인들의 귀향을 위한 준비, 성경의 권위에 대한 공격의 증가, 늘어만 가는 노골적 배교 행위 등, 이러한 모든 것들이 커밍이 말세에 살고 있다고 확신시켰다.[9]

커밍은 그리스도의 재림 시간표를 만들기 위한 시도로 다니엘서의 예언들을 세계 역사 속에서 서기 607년에 교황 보니페이스 2세가 교회의 대표수장으로 임명된 것과 프랑스혁명의 시기에 교황의 권력이 종말을 맞게 된 것과 같이 중요한 사건들에 연결시켰다. 이러한 방식으로, 커밍은 반가톨릭주의, 세계질서에 대한 환멸감, 성경의 축자영감설을 융합시

---

9   John Cumming, *Voices of the Night* (London: John Farquhar Shaw, 1851).

킴으로써 재림의 때가 다 되었음을 알려주는 시간표를 만들 수 있었다.

조지 엘리엇을 가장 화나게 한 것은 세상에 지친 비관론과 천년왕국에 대한 열정적인 기대의 결합이었다. 그녀가 봤을 때는 "1864년의 그리스도의 가시적인 재림보다 자신들 내부에서 하나님의 왕국을 더 큰 열망으로 고대하는, 보다 영적인 계층의 신자들은 커밍 박사의 웅변적 비약 및 역사-예언적 예배를 식은 죽보다 못한 것으로 본다."

엘리엇이 사용한 칼라일 풍의 비하식 표현은 약간의 무게감이 있었다. 그 이유는 커밍이 엘리엇이 축자영감설을 믿는 복음주의자들을 격분하게 만든 탄력적 주석을 통해 곧바로 종말의 때를 1867/68년까지 끌고 올라갔기 때문이다.

그 해는 베스트셀러였던 그의 천년왕국 소책자들 가운데 또 다른 하나가 나왔던 시기였다. 적절하게 이름을 붙인 그의 『마지막 나팔 소리 혹은 최후의 화(禍)』(*The Sounding of the Last Trumpet or The Last Woe*) 서두에서, 커밍은 "생각이 있는 사람들은 자신들이 일간지에서 경련을 일으키고 있는 세계, 부패된 교회, 이미 시작된 심판과 관련하여 신뢰할 만한 기록들을 읽고 있는 동안 엄숙한 태도를 갖지 않을 수 없다. 하나님이 묵시록의 한 구절 한 구절에서 모두 말씀하시는, 살아있는 역사 손에서 그 모든 사건과 문제들을 휘두르고, 억누르고, 뒤엎어버리신다는 증거는 충분하며 명확하다"라고 자신감 넘치게 선언했다.[10]

다니엘서와 요한계시록에 바탕을 둔 그의 기발한 숫자 계산을 제외하고, 커밍에게 세상의 종말이 정말 가까웠다는 새 희망을 준 것은 세계 역

---

10 John Cumming, *The Sounding of the Last Trumpet or The Last Woe* (London: James Nisbet, 1867), 1-2. Eliot, *Essays*, 154-55.

사에서 이삭 줍듯 모은 비관적인 정보들이었다. 피가 낭자한 남북전쟁, 1866년에 유럽과 북미 도시들에 창궐한 콜레라, 인도의 기근, 런던 금융시장에 닥친 혼란, 랭커셔면직공장의 생산 둔화, 지면을 잠식하는 철로를 따라 퍼진 통신의 가속화, 과학지식의 신속한 확대, 잉글랜드 국교회에서 로마 가톨릭으로의 계속되는 회심, 늘어만 가는 교황권의 약화, 오스만 제국의 쇠퇴이다.

이슬람의 경제적 문화적 마비, 유프라테스강의 고갈, 수많은 언어로 옮겨진 성경의 성공적인 번역, 유럽 금융시장에 대한 유대인의 통제, 팔레스타인을 향한 유대인들의 증가하는 이민추세, 유대인들의 복음주의 개신교에로의 회심, 유럽의 프랑스와 독일 간에 일어난 전운, 러시아의 군사력 확장, 에큐메니즘의 새로워진 인기, 다윈의 기발한 진화 이론, 가톨릭의 압력 아래 말살 위협에 처한 아일랜드 성공회 등, 이 모든 것이 커밍을 그가 선호하는 1867년에 세상이 "마지막 재앙"으로 들어가기 일보 직전이라고 설득했다.[11]

본서를 읽는 독자들은 세상의 끝이 왔다는 결정적인 증거에 대한 커밍의 거의 무궁무진한 설명은 실패한 예언에 대한 불편함과 비교할 때 그리 결정적이지 않다는 것이 증명되었음을 이미 알 것이다. 하지만 영미 복음주의자들뿐 아니라 광범위한 인구 내에서 커밍이 가진 집착과 편견의 문화적 힘을 과소평가하는 것은 실수이다.

커밍의 반가톨릭주의, 성경문자주의, 과학적 발견에 대한 불신, 그리고 유대인들(하나님의 구원받지 못한 사람들)에 대한 상반된 감정은 모두 광

---

11   Cumming, *The Last Woe*, 394-413.

범위한 사회적 태도들을 형성하며, 기여했다. 특히, 무슬림에 대한 그의 견해는 불가사의할 정도로 현대와 연결고리가 있었다.

> 무슬림들의 국가적, 전통적 특색이 급속히 소멸되고 있다. 육체적, 도덕적, 정치적으로 볼 때, 그들의 쇠퇴는 정확하다. 재정적 파산 및 제도적 붕괴 속에 프랑스와 영국이 제공하는 버팀목에 의해 지탱하던 이 병든 남자(무슬림)는 날마다 죽어간다.[12]

1867년에 일어난다는 역사의 종말에 대한 커밍의 정확한 설명은 사실이 아니였기에 잘못된 예언에 대한 명백한 비난이 그를 내몰았다. 런던 언론이 커밍을 내몰았는데, 예를 들어 커밍은 자신의 집의 장기임대계약을 성사시키기조차 힘들게 되었고, 다른 사상적 불일치들로 인해서도 힘든 시기를 겪었다. 더욱 심각한 것은 커밍의 신뢰성은 시간이 흘러가면서 함께 무너져갔다는 것이다.[13]

영국 사회의 상태에 대한 초기 빅토리아 시대의 신경과민증과 지구촌의 큰 사건들로 생긴 문제가 중기 빅토리아 시대에 안정을 찾으면서, 시대를 향한 목소리로서의 커밍의 인기는 자연히 줄어들었다. 마찬가지로 그의 교회에 성도들의 출석율도 감소되었다.

조지 엘리엇의 언어를 통한 커밍 박사의 도태는 그녀가 자신의 복음주의 신앙을 포기한지 약 14년 후였다. 그 신앙은 '옛날식'으로 말하면 "찢

---

12 Cumming, *The Last Woe*, 394-413.
13 Knox, "Dr John Cumming," 83.

어지게 가난한" 집에서 함양된 것이 아니었다. 오히려 "종교를 제외하고는 모든 것에 대해 친절한 마음과 뛰어난 유머 감각"을 가진 것으로 보이는 마리아 루이스(Maria Lewis)라는 아일랜드 복음주의 선생님을 여학생 시절에 만난 것에서 시작되었다.[14]

엘리엇이 복음주의를 거절한 것은 비교적 어린 나이인 22살 때였다. 따라서 그녀의 후반기 글들로부터의 유추에 의존하지 않고, 그녀의 초기 신앙의 본질을 기록한다는 것은 어려운 일이다. 그럼에도 불구하고 그녀의 글을 보면 초기에 그녀가 가졌던 복음주의에 대한 헌신을 규정짓는 특징들은 성경공부에 대한 열정, 복음주의 전기집에 대한 몰두, 특히 윌리엄 윌버포스(William Wilberforce)와 한나 모어(Hannah More)의 전기, 거의 병적인 자기성찰, 병자들과 가난한 자들에 대한 진심어린 관심, 소설과 극장에 대해 세상을 부정하는 태도였던 것으로 보인다.

초기 빅토리아 시대 영국의 복음주의 궤도 안에서 자라난 다른 많은 사람들처럼, 그녀가 가진 십대의 기질은 도덕적 진실함, 경건한 헌신, 세상적 오락에 대한 회피였다. 그것을 넘어, 그녀의 신앙이 의심과 의문이 없지 않았다는 것을 보여주는 구절들이 그녀의 글 속에 가끔씩 있다고 말할 수 있는 것 외에는, 그녀의 신앙에 대해 정확히 알기란 어렵다. 차후에 일어난 일들을 고려했을 때 가장 유익한 사례는 마리아 루이스에게 보냈던 편지다.

14　Haight, *George Eliot*, 8. Eliot은 Nuneaton에 있는 Cow Lane Chapel에서 복음주의적 일반 침례교 목사였던 Francis Franklin로부터 영향을 받았다. Nuneaton은 또한 Lichfield와 Coventry에 있는 잉글랜드 국교회 교구이기도 했는데 그곳에서 Henry Ryder(최초의 복음주의 감독이 된)와 열렬한 복음주의 부목사였던 John Edmund Jones의 영향을 받았다. Jones는 1828년과 1831년 사이에 그 마을의 종교적 온도를 높였었다. 또한 Jones는 Maria Lewis에게도 영향을 끼쳤다.

나는 데베러(Devereux)에 있는 무신론자 불워(Bulwer)가 한 무신론자에 관해 쓴 책을 기억합니다. 나는 7~8년 전에 그 책을 정독한 후 종교는 도덕적 탁월함을 위한 필수적인 요소는 아니라는 주장에 한동안 흔들렸음을 기억합니다.[15]

다른 편지들도 엘리엇이 신약의 교리적 내용보다는 도덕적 함의(含意)에 보다 관심이 있었음을 유사하게 밝혀 준다. 그녀에게는 예수님은 죄에 대한 대속적 희생이 아니라, 예수님은 겸손한 도덕적 본보기로 가장 순수한 분이시며, 이기주의와 자기 이익에 지배되는 세상에 대항하여 사랑을 세우신 분으로 여겨졌다.

조지 엘리엇은 1830년대에 복음주의에 경도되었고, 그 시기는 우연히도 (복음주의) 역사상 가장 분열이 심했고 논란이 많은 시기와 겹친다. 이 점은 복음주의가 변하지 않는 획일적 신조라고 추정하게 만든 그녀의 문학적 전기에서 종종 누락되었다.

그러나 복음주의는 그렇게 단조롭지 않았다. 대부분의 복음주의 전통의 역사가들은 1820-30년대를 "위기"였다고 지적한다. 포드 브라운(Ford K. Brown)에 의하면, "영국에서 최고의 복음주의에 의해 길러진 능력 있는 남녀들은 이 시기에 무언가에 의해 쫓겨났다"라고 말한다.[16] 뒤

---

15 Gordon S. Haight, ed., *The George Eliot Letters* (New Haven: Yale University Press, 1954-78), vol. 1: 45, 63.
16 Ford K. Brown, *Fathers of the Victorians* (Cambridge: Cambridge University Press, 1961), 520. See also David Newsome, *The Parting of Friends* (London: Murray, 1966) and Timothy C. F. Stunt, "John Henry Newman and the Evangelicals," *Journal of Ecclesiastical History* 21 (1970): 65-74.

어난 가문이 포함된 당시 영국 복음주의자들의 선구자적 세대에 속하는 남녀 자녀들 중 상당수가 복음주의에서 앵글로-가톨릭, 로마 가톨릭, 유니테리안, 그리고 회의주의 등으로 자신들의 신앙을 옮겼다.

복음주의 진영 안에 그대로 남아있었던 이들 중에서도 일부는 다른 면에서 움직였다. 복음주의의 정치적 목표는 다소 덜 고상했다. 이들의 경건은 덜 투명했기에, 영국 신사나 학자 세계에서 이들 복음주의자들이 받아들여지는 일이 줄어들었다.

종종 협소한 켈틱칼빈주의, 반합리주의, 반가톨릭주의, 성경문자주의, 그리고 사회보수주의 등으로 묘사되는 복음주의는 인간이 행동주의적 수단들을 사용하여 하나님의 목적을 이룰 수 있다는 계몽주의 낙관론에 의해 영향을 받은 운동에서 단지 하나님의 행동만이 쇠락해가는 인류 상태의 운명을 바꿀 수 있다는 낭만적인 비관론의 영향을 받은 운동으로 변하였다.

> 이러한 복음주의 위기는 데이비드 뉴섬(David Newsome)의 말을 빌린다면 프랑스대혁명, 아일랜드 가톨릭민족주의, 급진반대파, 낭만파 등의 외부적 요인에 의한 전통적 정치, 사회, 지적 구조에 대한 도전에 기인한다. 그 결과는 비관주의적 복음주의자들이 더욱더 영감된 말씀과 임박한 천년왕국에 매달린 권위의 위기를 가져왔다.[17]

---

17 David Hempton, "Evangelicalism and Eschatology," *Journal of Ecclesiastical History* 31, no. 2 (April 1980): 179-84. 이 시기의 복음주의에 관한 가장 설득력 있고 믿을 만한 내용은 David W. Bebbington, *Evangelicalism* (London: Unwin Hyman, 1988)에서 제공했다.

복음주의와 갈라지기 전, 그리고 커밍 박사에 대한 에세이를 쓰기 훨씬 전, 엘리엇은 이 운동 안에 흐르는 조류에 대해 경고한 바 있었다. 마리아 루이스(Maria Lewis)에게 보낸 편지에서 엘리엇은 이렇게 질문했다.

> 당신은 이루어지지 않은 예언을 공부하는 것을 좋아하십니까? 어빙주의자들(Irvingites)의 천박함과 조애나 사우스코트(Joanna Southcote)의 신성모독은 보다 존경할 만한 분들의 상상 속의 해석과 함께 하나의 신호탄이 되었으며, 많은 사람들로 하여금 가장 대담한 가정인, 미래적 섭리(the future plans of Providence)로 빠져 들어가도록 만들었습니다. 그러나 나는 머지않아 이 땅에서 일어날 강력한 혁명에 대한 냉철하면서도 기도로 걸러낸 생각은 하나님의 축복에 의해, 우리로 하여금 덜 비굴하게 하고, 하나님을 위한 봉사에 더 헌신하며 더 열정적이 되게 한다고 생각합니다.[18]

에드워드 어빙(Edward Irving)과 조애나 사우스코트의 이상한 예언적 추정에 대한 엘리엇의 경멸은 그녀가 윌리엄 윌버포스(William Wilberforce)의 헌신적인 자선박애 경력(윌버포스는 영국 노예 제도의 폐지에 결정적인 공헌을 한 정치인—역자주)과 존 윌리엄스(John Williams)가 근래 펴낸 남태평양(South Sea)섬 지역에 대한 선교적 노력에 열정을 드러낸 그녀의 편지에 나타나 있다.

후자는 그녀의 상상력을 더욱 타오르게 만들었다. 성격상 경건하면서

---

18   Eliot, *Letters*, 1:11-12.

도 지적으로 날카로웠던 엘리엇은 헌신적인 사역의 기회를 제공한 세상에 대한 약속을 지키지 못했다는 생각을 할 시간이 없었다. 프랜시스 뉴먼(Francis Newman)은 이렇게 말했다.

> 만일 우리 주인이 닭이 우는 소리를 준비하고 있다고 기대한다면, 우리는 이 덧없는 현장에 대한 영구적인 개선을 연구하지 못할 것이다. 신약에서 말씀하는 바와 같이 이 땅의 것은 확실히 신속하게 파멸된다는 것을 가르치는 것은 모든 이 땅의 발전을 이어 주는 연골을 잘라버리는 것과 같다.[19]

1820년대 영국의 여러 섬들에서 복음주의적 생각을 가진 이들에 의해 감염된 예언적 사색의 열광은 복음주의자 자신들에게도 시험이 되었다. 당시 복음주의 운동의 가장 영향력이 컸던 교계 리더인 캠브리지의 찰스 시미언(Charles Simeon)은 이렇게 말했다.

> 예언을 배우는 학생들은 헛된 자부심만 가득하고 상상력에 독을 퍼뜨리며, 형제들을 이간시키고, 겸손한 크리스천을 지나치게 재촉함으로써 악마의 짓을 대대적으로 하는 헛된 속임수에 빠질 뿐입니다.[20]

엘리엇은 시미언의 의견에 동조하는 데 어려움이 없었으나, 복음주의 종교에 대한 그녀의 거부는 전투적인 천년왕국주의자들에게 실망한 것

---

19 Francis Newman, *Phases of Faith* (London: 1850), 136.
20 Hugh Evan Hopkins, *Charles Simeon of Cambridge* (London: Hodder and Stoughton, 1977), 177.

보다 더 깊은 뿌리를 갖고 있었다. 학자들은 복음주의 종교에 대한 엘리엇의 지적 환멸의 여정에 있어서 정확한 단계별 순서에 대해서는 동의하지 않지만, 학자들 사이에서 광범위하게 동의되는 사실은, 그녀의 열렬한 독서가 골조학에서 성경비평학까지 그리고 태양계에서 모세의 우주론에 이르는 광범위한 주제와 관련하여 논란이 되는 새로운 개념들을 접할 수 있게 했다는 것이다.

찰스 헨넬(Charles Hennell)의 『기독교 기원에 관한 탐색』(*Inquiry Concerning the Origins of Christianity*, 1838, 2nd., 1841)과 헨넬의 누이인 사라(Sara)와 사라의 남편 브레이(Charles Bray)와의 개인적 친분은 엘리엇에게 특별한 영향력을 끼쳤다. 그녀의 편지들에는 당연히 도덕적 열심과 세상을 사랑의 능력으로 섬기고자 하는 내용이 포함되어 있지만, 이 시점부터 다른 어조의 내용들이 담겨있다. 그녀는 1841년 11월 헨넬의 책을 읽고 마리아 루이스에게 다음과 같이 말했다.

> 내 모든 영혼이 지난 며칠 동안 네가 깜짝 놀랄 수도 있는 가장 흥미로운 무엇인가에 몰두되고 있습니다. 이것들이 내 생각에 어떤 결과를 가져오게 될지 모르지만 나의 단 하나의 소원은 진리를 아는 것이고, 한 가지 두려운 것이 있다면 잘못된 오류에 매달리는 것입니다.

이듬해 그녀는 루이스에게 빅토리아 여왕 초기 시대의 영국 지방에 도사리는 교회와 불화에 대한 흔한 갈등에 대해서 이야기하여 주었다.

> 슬픈 사실은 수학은 의심할 여지가 없고, 불변이며, 세모와 원의 특성에 대해서는 아무도 의심하지 않지만, 인간에게 중요한 교리는 마른 뼈 무

더기에 묻혀서 오직 짖어대고 으르렁대는 논쟁 소리 외에는 아무 것도 들을 수 없다는 것입니다.[21]

엘리엇은 목적지가 분명치 않은 곳을 향해 항해하는 배에 올라탔다. 찰스 브레이(Charles Bray)의 『정신적, 도덕적, 사회과학에 적용할 만한 철학의 필요성과 결과론적 법률』(*The Philosophy of Necessity or the Law of Consequences as Applicable to Mental, Moral, and Social Science*, 1841)을 읽은 후, 그녀는 원한과 사리사욕만을 길러주는 것처럼 보이는 종교적 신조를 향한 단순한 헌신보다는 오히려 사랑의 의무가 도덕적으로 더 가치 있는 삶이라고 느꼈다.

그녀의 아버지가 쓴 일기에 의하면, 그녀는 1842년 1월부터 교회에 더 이상 출석하지 않았다. 다음 달에 그녀는 친구에게 열정적인 편지 한 통을 쓰며 "거룩한 무덤(예수님의 무덤-역자주)의 진리를 찬탈한 세력으로부터 자유롭게 해주는 영광스러운 십자군 운동에 참여하렴"이라고 제안한다. 더 흥미롭게도 그녀는 그 편지에 이렇게 썼다.

> 나는 나의 행동 원리 가운데
> 영원한 징벌에 대한 두려움, 예정된 구원에 대한 감사, 상급으로서의 미래의 영광스런 계시에 대한 서열을 매기기 힘들어.
> 하지만, 한 가지 내가 가진 분명한 믿음은 지금이든 미래에든, 천국은 하나님의 뜻에 순응할 때 발견된다는 것이야.

---

21   Eliot, *Letters*, 1: 120-22.

> 우리는 다만 완전한 이상, 곧 하나님 아버지의 품에 거하는 진리의 로고스를 얻기 위해 부단히 노력할 뿐이야.[22]

딸이 교회를 떠나자 당황한 엘리엇의 아버지 로버트 에번스(Robert Evans)는 엘리엇이 교회 출석을 져버리고 잉글랜드 국교회에서 이단인 유니테리안으로 돌아선 것은 유니테리안이었던 브레이스(Brays)의 영향 때문이라고 생각했다. 하지만, 엘리엇은 아버지께 단순히 교단을 바꾼 것보다 더 큰 이유가 있었음을 설명하는 것을 고통스럽게 생각했다.

그녀는 아버지께 "유대인과 기독교인의 성경"을 더 이상 권위 있는 성경으로 받아들이기 힘들다고 말했다.

> 비록 제가 예수님의 도덕적 가르침을 존경하고 가치 있는 것으로 여기지만, 이 글들은 진실과 허구가 섞여있는 역사 이야기일 뿐이에요. 예수님의 생애에 일어난 사실에 기초하고 유대인의 개념으로부터 도출된 교리적 체계는 불명예스럽고 개인과 사회적 행복에는 치명적인 영향을 끼치는 것이라고 믿어요.[23]

엘리엇은 스스로를 벤자민 프랭클린 같은 회의적 전통 속으로 밀어 넣었고, 이는 영국 빅토리아 초기 시대에 존경받던 한 가정을 불행하게 만드는 결과를 초래했다. 그녀가 새로운 회의적 전통을 고수함에 따라 그

---

22 Ibid., 124-26.
23 Ibid., 128.

후 몇 달간은 아버지와 가족들로부터 고통스럽게 떨어져 있어야만 했다.

이 기간 동안 엘리엇은 부분적으로 독일의 고등비평이 성경에 대해 제기한 문제를 알고 있는 소수의 영국인 중 한 사람인 버밍엄의 스프링힐 대학(Spring Hill College) 신학교수인 프랜시스 왓츠(Francis Watts)의 지도 아래 신학적 성찰을 계속했다. 비록 신앙으로부터 의심에까지 이르는 그녀의 순례의 대부분은 자명한 고통을 겪었지만 (브레이 여사는 그녀의 길고 음침한 얼굴에 대해 이야기했다) 엘리엇은 곧 새로운 사고의 자유에서 몇 가지 이점들을 보게 되었다. 그녀는 왓츠에게 이렇게 고백했다.

> 매 순간 인간은 영원한 행복 또는 불행을 위해 흔들리는 줄들을 밟으며 걸어간다는 피니의 묘사로부터 저 자신이 해방되는 표현할 수 없는 안도감을 느낍니다. 이 사랑스러운 세상에서 저는 풀밭에 누워서 저의 결론들이 영원한 죽음을 초래하지 않는 가능성들에 대해 두려움 없이 묵상할 수 있다는 사실에 대해 기쁨의 눈물을 흘릴 수 있었습니다. 신약성경 안에 있는 모든 교리들을 받아들이므로 수반되는 끔찍한 예측들이 선 자체를 위한 선의 선택, 자발성, 그리고 저의 이상에 답변하는 것을 방해함으로써 도덕적 미에 불리하게 작용하는 것처럼 보입니다.[24]

당연히, 복음주의적 확실성에서 분리된 그녀의 여정에 주어지는 심리적 고통과 그로 인한 지적 자유와 결합된 즐거움이 시간이 지나면서 사라졌다. 그녀는 "교리라는 깨지고 늘어진 비참하게 된 거인 침대로부터

24　Ibid., 143-44.

영혼이 해방된 후," 새로운 개종자의 열렬한 열정적 감정이 일어나지만, 시간이 지나면서 지혜와 반성이 일종의 균형을 형성한다는 것을 깨달았다. 그리고 엘리엇은 모든 의견과 싸워야 하는 것이 아니고, 모든 오류가 거부되어서도 안 됨을 깨닫게 되었다. 왜냐하면 인간의 조건과 사랑의 의무에 대한 그녀 자신의 감정은 격렬한 논쟁보다 공감, 동정, 관용을 필요로 하기 때문이었다.

그녀는 "모든 인류에게 만병통치약이 있다고 가정하고, '나의 의견을 꿀꺽 삼켜라. 그러면 너는 완전히 나을 것'이라고 말하는 것은 "불의한 돌팔이 요법"이라고 말한다.[25]

엘리엇의 정통 기독교에 대한 거부는 그녀의 해석자들 중의 일부가 제시한 것보다 더 점진적으로 진행되었다. 그녀의 초기 편지들의 대다수는 열렬한 복음주의자들에게 쓰여졌기에 그녀의 의견이 바뀐 것이 가능한 오랫동안 숨겨졌다.[26] 마리아 루이스의 영향을 받은 이 젊은 여인은 이미 성경을 앞표지에서 뒷표지까지 읽는 지칠 줄 모르는 독서가였으며, 곧 성경의 도덕적 가르침이 저항하기 힘들고 혼란스럽다는 사실을 발견했다. 더욱이 종교적인 교리의 의미에 대한 그녀의 도덕적 반란은 18세기 후반과 19세기 영국에서 독특하지 않았다.

토마스 페인의 『인간의 권리』(Rights of Man)와 『이성의 시대』(Age of

---

25 Ibid., 162.
26 다른 의견들은 Basil Willey, *Nineteenth Century Studies* (London: Chatto and Windus, 1950), and Haight, *George Eliot*. Willey는 엘리엇의 관점이 "즉각적이고," "결정적으로" 바뀐 것은 다음 책을 읽고 난 후라고 말한다. Charles Hennell's *Inquiry*. 이 책은 "그녀의 무릎에 폭탄처럼 내려왔다." 엘리엇의 편지들을 편집하는 경험을 통해 Haight는 복음주의적 정통에서 길고도 보다 은밀한 작별을 옹호했다.

Reason)는 영국의 떠오르는 산업 노동자 계층의 지도자들 사이에서 가장 영향력 있는 책이었으며, 또한 정통 기독교의 가르침이 도덕적으로 혼란스럽다는 것도 발견했다. 페인은 『이성의 시대』에서 속죄 설교를 들은 어린 시절의 경험을 이야기한다. 하나님은 자기 아들을 죽이기에는 너무 선하셨고 그것을 할 필요가 있기에는 너무 능력이 많으시다는 것이 그에게 충격을 주었다.

> 나는 이 순간까지 같은 방식으로 믿는다. 게다가 나는 또한 아이의 마음에 충격을 주는 어떤 종교 시스템이라도 진정한 시스템이 될 수 없다고 믿는다.

여기에 공통적인 양식이 있다. 수잔 버드(Susan Budd)가 빅토리아 여왕 시대의 영국의 수백 명의 헌신된 세속주의자들을 조사한 결과, 기독교에 대한 회심은 주로 14세에서 17세 사이에 일어났으며, 반면에 믿음을 잃어버리게 된 시점은 30-40대였다.

버드에 따르면, 믿음을 잃어버린 가장 흔한 이유는 성경, 교회 목사, 종교적인 교리가 "사악하며 정치적으로 반동적이었다는 확신 때문이었다. 즉, 성경, 목사 등이 잘못되었다는 것인데, 주로 도덕적으로 잘못되었다는 것"을 깨닫는 것이 결정적이었다고 한다.[27]

요약하면, 성경은 성경을 읽는 이들에게 도덕적 우수성을 성공적으로 가르쳐주지만, 그 다음에는 도덕적 감수성에 대해 보다 새롭고 정교하게

---

[27] Susan Budd, *Varieties of Unbelief: Atheists and Agnostics in English Society 1850-1960* (London: Heinemann, 1977), 106.

된 독자로부터 버림받게 된다.

엘리엇의 여정도 다소 비슷했다. 하워드 머피(Howard Murphy)에 따르면 "미스 에번스는 먼저 헨넬을 읽은 후, 순전히 지적인 이유로 자신의 어린 시절의 종교를 버려야겠다고 결론 내린 것이 아니다. 오히려 처음에는 그녀 자신이나 다른 형태의 정통성이 '도덕적 탁월성에 필수적'이지 않음을 의심하기 시작하다가, 후에 성경이 비정통적인 의미로도 해석될 수 있다"는 것을 발견하고 안심하게 되었다. 새로운 길을 택한 엘리엇은 독특한 진지함과 헌신으로 그것을 따라갔다.

1843년과 1854년 사이에 그녀는 스트라우스의 『예수의 삶』(*Das Leben Jesu*), 스피노자의 『신학-정치 논문』(*Tractatus Theologico-Politicus*), 그리고 포이에르바하의 『기독교의 본질』(*Das Wesen Christentums*)을 번역했다. 이 새로운 독일의 신학과 철학을 폭넓게 접하게 된 것이 평탄하고 무난한 항해는 아니었다. 브레이 여사가 보고하기를 "스트라우스병이 그녀를 병들게 하여 십자가의 아름다운 이야기를 제대로 분석하지 못하게 했으며, 오직 그리스도의 형상과 그림의 광경만이 그녀가 그것을 견디게 만들었다."[28]

1851년 「웨스트민스터 리뷰」 보조 편집자로 런던에 정착한 후, 엘리엇은 공리주의자, 초기 페미니스트, 연구 과학자, 사회주의자들, 그리고 콩트의 실증주의자들을 포함한 역동적인 지적 그룹의 일원이 되었다. 엘리엇 자신의 지적 관심사와 능력의 역량은 놀라웠다. 커밍 박사의 복음주의적 가르침에 대한 독설적인 평을 쓰기 전후 몇 달간, 그녀의 일기는

---

28 Eliot, *Letters*, 1:206. See Howard R. Murphy, "The Ethical Revolt against Christian Orthodoxy in Early Victorian England," *American Historical Review* 60 (1955): 800-17.

스피노자의 『윤리학』(*Ethics*)을 번역하고, 독일 신화, 프랑스 문학, 그리고 초기 영국과 미국의 페미니스트에 대한 논문 및 리스트, 와그너, 하이네, 킹슬리, 밀톤, 카알라일, 미슐레 등에 대한 비평적 에세이를 썼으며, 세익스피어, 괴테, 희랍어로 된 『일리어드』(*Illiad*), 롱펠로의 『히아와타』(*Hiawatha*), 허버트 스펜서의 『과학 창조론』(*Genesis of Science*), 해부학과 인체학에 대한 새로운 연구를 재미삼아 읽었다.[29]

이런 점에서 엘리엇의 커밍 박사에 대한 공격은 그녀가 젊었을 때 가졌던 종교에 대한 좁은 생각을 고치는 정도가 아니라, 새로운 사상과 사회, 정치적 결과와 조우하며 넓게 받아들이게 된 점을 포함한다. 비록 이러한 사상들이 모두 인간의 진보와 행복의 증가를 가져오지는 않는다 해도, 그들이 복음주의적 종교와 영국의 지방적 가치들에 의해 억압당했다고 느꼈던 비범한 지적 은사를 가졌던 한 여성(엘리엇)의 사상에 들뜨게 된 점을 부인할 수는 없다.

과거의 복음주의적 확실성이 현재 실제로 그리고 철저히 파괴됨에 따라, 조지 엘리엇의 임무는 어떻게 도덕적으로 용인할 수 있는 대안을 만드는가였다. 그녀를 위한 해결책은 동정, 연민 및 의무에 근거를 둔 인류의 종교였다. 그녀는 알렉산더 메인(Alexander Main)에게 이렇게 편지했다.

> 모든 존재하는 적지 않은 시련 가운데에서 남자와 여자는 그럼에도 불구하고 서로를 크게 도울 수 있다; 그리고 우리가 서로를 도울 수 있는

---

29 Margaret Harris and Judith Johnston, eds., *The Journals of George Eliot* (Cambridge: Cambridge University Press, 1998), 54-58.

한, 살아갈 가치가 있다.³⁰

엘리엇은 저명한 시인으로 기억되지는 않지만, 다음은 그녀의 인류를 위한 종교가 명확히 선언된 그녀의 시들 중 하나이다.

> 오, 보이지 않는 성가대에 참여한다면 얼마나 좋을까요?
> 다시 생을 사는 죽지 않는 자들의 성가대말입니다.
> 그들이 존재한다는 생각만으로도 훨씬 마음이 편해지는, 그런 성가대 말입니다.
> 뛰노는 맥박으로 관대함을 베풀고,
> 담대하고 정직한 행동을 하며
> 자신으로 끝나는 이기적인 목표를 조롱하고
> 밤하늘을 수놓은 별처럼 숭고한 생각과
> 보다 근본적인문제를 찾도록 재촉하는 그들의 온유한 마음을 가지고 살아갑시다.³¹

이러한 이기주의와 이타주의 사이의 갈등은 조지 엘리엇의 소설의 도덕적, 철학적 중심지가 되었으며, 그중 첫 번째인 『성직자의 삶의 단면들』(*Scenes of Clerical Life*)이 1858년에 출판되었다. 엘리엇은 커밍에 대한 에세이를 마친 후 오래지 않아 일련의 성직자에 대한 묘사들을 글로

---

30 Eliot, *Letters*, 5:358.
31 George Eliot, "O May I Join the Choir Invisible," in *Complete Poems* (New York: Doubleday, Page and Co., 1901).

쓰기 시작했으며, 복음주의에 대한 그녀의 어조는 친절하고 더욱 관대했다. 『자넷의 회개』(*Janet's Repentance*)에서 그녀는 다음과 같이 썼다.

> 인간의 선함의 첫 번째 조건은 어떤 것을 사랑하는 것이다. 두 번째는 어떤 것을 경외하는 것이다. 후자의 귀한 선물이 트라얀(Tryan) 씨와 복음주의에 의해 밀비(Milby)에게 주어졌다.
> 그렇다. 그 운동은 선했다.
> 비록 그것은 때로 그들이 동정심과 존경을 표하기 전에, 종종 선한 것을 자신의 생각으로 체질한 인간 행동과 성격들을 원하는 미약하고 까다로운 마음에 대한 상처로 바꾸어버리는 어리석음 및 악함과 섞였을지라도 말이다.[32]

트라얀을 그렇게 찬양하게 만든 것은 그의 신앙의 교리적 상부 구조가 아니라, 오히려 출생의 특권을 버리고 "가난한 사람들과 가까워지기 위해 더러운 오두막집들 사이에서 그들과 더불어 살기로 선택한 것"이었다.

> 그런 공감어린 선택을 통해, 트라얀의 고귀한 복음주의 상표는 명백한 존재감과 활용성을 드러내었다. 의무에 대한 개념 및 자기 자신의 단순한 만족을 넘어 살아야 된다는 뚜렷한 인식이 도덕에 미치는 영향은 동

---

32 George Eliot, *Scenes of Clerical Life: Janet's Repentance* (New York: Oxford University Press, 1985), ch. 10.

물의 삶에 중추적 힘의 원천이 더해지는 효과와 같다.[33]

간단히 말해 엘리엇의 눈에는, 복음주의가 고통받는 인류를 위해 봉사하는 자기 복종의 공감적 종교로 표현될 때, 특권층을 위한 배타주의적인 신조로서의 복음주의보다 비교할 수 없을 만큼 더욱 우대했다.

1859년 출판된 엘리엇의 두 번째 소설 『아담 비드』에도 비슷한 가정에 근거한 복음주의 종교에 훨씬 더 호의적인 묘사가 나온다. 「웨스트민스터 리뷰」에서 『여성 소설가들에 의한 바보같은 소설』(*Silly Novels by Lady Novelists*)에 나오는, 복음주의의 진정한 드라마는 성직자들이 아니라 낮은 사회 계급 사람들에게서 발견된다는 엘리엇의 신념은 디나 모리스의 신앙심에 대한 그녀의 열정을 설명하는데 도움이 된다.

비록 엘리엇의 허구적인 복음주의 묘사가 누구든지 커밍 박사에 대한 에세이의 저자에게서 기대하는 것보다는 훨씬 관대하지만, 그녀는 1871년에 출판한 그녀의 위대한 소설인 『미들마치』(*Middlemarch*)에서 이 운동의 더 어두운 면을 다시 돌아보았다.

복음주의 은행가인 니콜라스 불스트로드(Nicholas Bulstrode)에 관한 강렬한 묘사를 통해, 그녀는 권력과 존경심을 향한 외적 갈망이 위선과 도덕적 정죄로 더럽혀진 냉혹한 개인의 삶을 통해 훼손된 한 인물을 제시한다. 커밍의 복음주의적 이데올로기의 유해한 사회적 효과를 거부하므로, 엘리엇은 커밍의 성격에 대한 개인적 공격과 그녀 자신을 분리시키

33　Ibid., 213, 255. 물질적 차원과 마찬가지로 확실한 복음주의적 도덕의 실천은 엘리엇이 Feuerbach를 읽은 데서 바로 왔다고 알려져 있다. Derek and Sybil Oldfield, "'Scenes of Clerical Life': the Diagram and the Picture," in *Critical Essays on George Eliot*, ed. Barbara Hardy (London: Routledge and Kegan Paul, 1979), 2-7. 이런 제안을 해 준 Klaus Yoder에게 감사드린다.

는 것에 고통을 느꼈다. 그의 글에 암시된 것과는 별도로 말이다.

하지만 그녀가 허구의 상상적 자유로움으로 해방되면서, 엘리엇은 불스트로드에 대한 성격 묘사를 통해 복음주의적 기질을 지닌 진짜 질병으로 여겨진 것을 지적한다. 불스트로드의 사회적인 자부심과 자기 의는 그가 심지어 도덕적으로 무책임한 상태에서도 하나님이 자신 편이라는 믿음에 기인한다.

요컨대, 불스트로드는 대중적인 명성이 그의 본질적인 도덕적 가치와 완전히 상충되는 도덕적 모호함의 문턱 상태에서 살았다. 왜냐하면 엘리엇이 볼 때에는 고결함에 대한 높고 과분한 명성을 지닌 복음주의가 불스트로드에게는 두 갈래로 나뉜 양심을 뭉개는 이데올로기적 기름칠을 해주므로, 자신의 삶이 진실에 맞서지 못하도록 막았다는 것이다.

그의 지저분한 숨겨진 삶이 벌거벗겨지면서, 불스트로드의 "처참한 운명"은 "옳은 것을 고백한 것 때문이 아니라, 자신이 고백한 그 사람이 아니기 때문에 돌을 맞는다는 것을 아는 사람의 운명"이었다.[34]

그의 인생 전체는 사람들 앞에서 전시용이자 사적 은폐에 기반을 두었기에, 불스트로드의 대중적인 면모가 드러나면서, 자신의 영혼을 숨막히게 하는 뿌리에 약간의 산소를 허용해준 하나님과 사람 앞에서 완전한 고백을 할 수 없었던 것이다(심지어 자기 자신의 충실한 아내에게도).

엘리엇이 소설가로서의 명성을 얻은 것은 소설 속의 인물에 대한 동정을 전혀 잃지 않고도, 복음주의의 위선을 그대로 드러내는 강력한 예시에서 찾아볼 수 있다. 불스트로드는 늘 불쾌한 성격의 사람이면서, 스스

34　George Eliot, *Middlemarch: A Study of Provincial Life* (London: William Blackwood and Sons, 1871-72; rpt. London: Penguin, 1965), 881.

로 만들어 놓은 감옥에 정신적으로 갇혀있으나 자기 자신을 알긴 한다. 그리고 그의 개인적 비극은 모든 것에도 불구하고, 충실하게 그의 곁에 남아있는 아내에 의해 더욱 가슴 아프게 만들어진다. 상징주의를 드러내는 구절 안에서 불스트로드 부인은 처음으로 불명예스럽기 된 남편의 새 면모를 보면서 "굴욕"이라는 새로운 삶을 채택하기 위해 신중하게 그녀 자신을 준비한다.

> 그녀는 모든 장신구를 벗고 평범한 검은 가운을 입었다. 그리고 자신의 많은 장식 모자와 큰 머리카락을 착용하는 대신, 그녀는 그녀의 머리를 내리고 평범한 보닛 모자를 섰다. 그것은 그녀를 갑자기 초창기 감리교인처럼 보이게 했다.[35]

불스트로드는 자신의 딸들에 의해 버림받고, 자신이 만든 인과응보의 하나님에게 다가갈 수 없으며, 아내의 존중과 애정의 상실을 두려워하면서, 가장 두려운 순간을 기다렸다.

엘리엇이 감상벽 또는 값싼 보상으로 떨어지는 것을 조심스럽게 통제하는 한 장면에서, 남편과 아내는 서로 만나 수치심이 만든 칠묵 속에서 눈물을 흘리며 무너진다. 처음은 아니지만, 엘리엇은 한 종류의 복음주의, 즉 타락 전의 위선적인 자세, 부패한 불스트로드와 또 다른 복음주의, 즉 엘리엇에게 초창기 감리교인의 방식과 영성을 상기시킨 벌거벗은 정직함, 인간의 고통, 그리고 구속의 고통에 의해 단련된 복음주의를 대조하였다.

---

35 Ibid., 807.

허구에서 사실로 옮겨가면서 그녀는 자신의 종교적 여정에 대해 무엇을 말할 수 있었는가?

복음주의 신앙으로 시작하여 많은 종류의 다른 재료들로 제작된 인본주의 신조로 끝나는 조지 엘리엇의 지적 자서전이 19세기의 유명한 지적 궤도 중 하나를 비춘 것은 사실이다. 그러나 그녀가 거부한 복음주의는 획일화된 것이 아님을 인식하는 것이 중요하며, 그녀의 거부는 표면적으로는 완전하지만 복잡하고 다양하다.

독일의 비평 신학에 대한 그녀의 친숙함을 기독교 정통주의에 대한 그녀의 도덕적 반란의 결과라기보다 그 원인이라고 생각하는 것은 너무 단순한 것이다. 더욱이 그녀의 초기 복음주의 열정이 그녀의 진로의 남은 생애에 끼친 영향을 과소평가하는 것도 동일하게 단순한 것이다.

예를 들어, 그녀의 성숙한 소설 작성 단계의 토대가 되는 생각은 인간의 역량, 관용, 행복의 추구에 대해 깨닫게 된 강조, 그리고 도덕적 진지함과 영적인 내적 성찰에 대한 복음주의적인 강조의 강력한 결합이라고 주장할 수 있다. 그녀는 복음주의적인 복음의 은혜와 자비로운 구원자를 거부하면서, 인간의 연약성에 대한 그녀 자신의 자비와 동정심으로 그것들을 대체했다.

비록 그녀는 복음주의의 고유한 교리의 많은 부분을 거부했지만, 그녀의 소설들은 아마도 복음주의가 빅토리아 여왕 시대의 사회에 미치는 특징적인 영향, 즉 도덕적인 진지함의 가장 명백한 예일 것이다. 어떤 이들은 환경이 어떻게 인간의 행동을 무자비하게 만들어내는지에 대한 그녀의 탁월한 재현을 근거로 그녀를 철저한 결정론자로 본다.

그러나 분명히 어떤 영국의 소설가도 인간의 선택의 고민과 결과에 대해 엘리엇 만큼 세심한 배려를 하지는 않는다. 그녀는 자신의 신체적, 정신적인 결함을 제외하고는 인간의 약점을 동정할 수 있는 엄청난 능력을 가지고 있었다. 그녀는 회의론자들이 어떤 중요한 의미와 목적을 찾기 위해 거의 쉴 틈이 없던 그녀 전후에 많은 사람들과 같은 부류로 알려진 신학적 여행자였다.

어쩌면 완숙한 엘리엇의 정착된 종교적 확신을 가장 확실하게 볼 수 있는 것은 프랑수아 드 알버트 듀레이드(Francoise D'Albert Durade)에게 1859년에 보낸 편지이다.

일부는 『성직자의 삶의 단면들』(Scenes of Clerical Life)과 『아담 비드』의 출판 후 받은 비판을 통해 어느 정도 부드러워진 심성 때문에, 일부는 조지 헨리 루이스와 함께 했던 개인적 행복에 의해, 그리고 일부는 복음주의에 대한 그녀의 초기의 신랄한 적대감에 대한 보상을 만들고자 하는 열망이, 그녀의 도덕적 감수성을 훈련시키도록 도왔던 것이다.

> 15살에서 20살까지 다양한 종교적인 종파에 속한 진실한 사람들과 가진 풍부한 관계와 강력한 복음주의 기독교가 나에게 영향을 주었음을 나는 당신에게 거의 이야기하지 않았다고 생각한다. 제네바에 있었을 때, 나는 어떤 신앙을 단념하도록 하는 적대적 태도를 아직 잃지 않았다. 또한, 나는 매우 불행했고, 나 자신의 운명에 다한 불일치와 반란의 상태 속에 있었다. 10년의 경험으로 내면의 자아에 큰 변화가 일어났다. 나는 인간의 슬픔과 인간의 순결을 갈망하는 어떤 신앙에 대해서도 더 이상 적대감을 갖지 않는다.
> 그와 반대로, 나는 모든 논쟁적 경향을 압도하는 동정심을 갖고 있다.

나는 어떤 일련의 교리도 신조나, 보이지 않는 자에 대한 초인간적인 계시로 받아들이는 독단적인 기독교에 더 이상 돌아가지 않는다. 반면 인류의 역사에서 그 자리를 찾은 종교적 감정의 가장 높은 표현을 그 속에서 보고 있으며, 모든 시대에 성실한 크리스쳔들의 내적인 삶에 가장 깊은 관심을 가지고 있다.

10년 전 논쟁해야 했던 많은 것들에 대해, 이제 나 자신이 확신있는 반감으로 말할 도덕적 감각에 너무 무지하며, 또한 너무 제한되어 있다고 느낀다. 지적 차이를 표현하는 것에 즐거웠던 많은 곳에서, 이제는 감정적인 합의를 느끼는 것을 기뻐한다. 당신이 암시하는 미래의 존재에 대한 질문에, 나는 방금 지적한 변화를 겪었다. 비록 나의 가장 뿌리 깊은 확신이 있지만, 즉각적인 대상과 모든 최고 감정의 적절한 영역은 우리의 고군분투하는 동료 인간과 이 세상적인 존재이다.[36]

이렇게 해서, 현실 속에서는 아니지만, 수사학적으로 개인적인 복음주의의 큰 용과 같았던 커밍 박사를 해치운 조지 엘리엇은 겸손하고 경건한 어린양과 함께 누웠다. 듀레이드에 대한 엘리엇의 편지에서 표현된 것과 같은 어조의 일부는 『미들마치』의 도로테아(Dorothea)의 성격에서 다시 나타난다. 엘리엇 자신의 진지한 종교적 진실성에 대한 열렬한 노력과 공명하는 도로테아의 영적 여정은 가난한 결혼 선택으로 인해 예리하게 되면서, 그로 인해 그녀는 훨씬 나이 많은 남편인 카사우본(Casaubon)에게 헌신적인 비서 역할을 하게 된다.

36　Eliot, *Letters*, 3: 230-31.

건조하고 먼지투성이인 카사우본은 『모든 신화에 대한 열쇠』(*Key to All Mythologies*)라고 불리는 대작(大作)에 종사하는 종교학자이다. 그러나 그의 사상은 따분하면서도 시대에 뒤쳐진 것처럼 보여진다. 그의 학자적 따분함은 오직 그의 신경질적 기질과 짝을 이룬다. 도로테아는 예술가이자 심미가인 그의 사촌 윌 레이디슬로(Will Ladislaw)를 소개받는데, 그의 사촌에 대한 그녀의 혐오감은, 오히려 그의 도로테아에 대한 호감이 커지도록 만든다.

그들의 초기 대화 중 하나에서, 엘리엇은 도로테아를 열린 창문에 기대도록 배치하는데 이 창은 로윅에 있는 카사우본의 저택에서 그녀의 삶의 냉담함에 신선한 공기를 불어넣어 주는 상징이다. 그녀의 인생이 "끔찍한 구금 상태"가 되었다는 윌의 충동적 발언은 삶의 본질, 열망, 믿음에 대한 심오한 대화를 열었다. 믿음의 본질에 관한 윌의 질문에 대한 그녀의 응답을 통해, 도로테아는 엘리엇 자신의 신념에 가까운 대답을 제공한다.

> 우리는 완벽하게 선한 것을 열망함으로써 – 비록 우리가 그것이 무엇인지를 모르고 우리가 원하는 것을 할 수 없을지라도 – 우리는 악에 대항하는 신적인 힘의 한 부분이 되어 빛의 가장자리들을 넓히고 어둠과의 투쟁을 더욱 좁힌다.

이에 대해 윌은 그녀의 종교를 "아름다운 신비주의"로 이름을 붙이려고 시도하지만, 도로테아는 재빠르게 그를 가로막는다.

"제발 그것을 어떤 이름으로 부르지 말아 주세요."

도로테아는 그녀의 손을 간청하듯이 내밀며 이렇게 말했다.

> 당신은 그것이 페르시아인의 것 혹은 다른 어떤 지리적인 것이라고 말할 것이다. 하지만 그것은 나의 삶이다. 나는 그것을 발견했고 그리고 그것과 분리될 수 없다. 나는 어렸을 때부터 항상 내 종교를 추구해왔다. 나는 예전에 너무 많이 기도를 했고 그것과 비교하면 지금은 거의 기도하지 않는다. 나는 다른 사람들에게 좋지 않을지도 모르기에 나 자신을 위해 욕망을 갖지 않으려고 노력한다. 그러나 나는 이미 너무 많은 것을 가지고 있다.[37]

이 점에서 도로테아는 질문을 되돌려 윌에게 그의 종교에 대해 묻는다. 그는 자신의 종교를 "내가 볼 때 좋고 아름다운 것을 사랑하는 것"이라고 묘사하는데, 그러나 그는 도로테아보다 더한 반란군이다. 그의 반응을 바꾸어 말하면서, 도로테아는 아름다움과 반란에 대한 그의 특징적 언급을 제거하고, 그녀가 자신의 갈망과 비슷하다고 선언한 윌의 선함을 향한 사랑에 집중한다.

윌과 도로테아가 서로 주고받는 것이 소설에서 도로테아를 통해 엘리엇이 자신의 종교에 대한 견해를 삽입하는 유일한 장소는 아니다. 소설에서 대조되는 두 성직자 유형, 즉 복음주의자인 미스터 타이크(Mr. Tyke)와 더 실용적인 미스터 페어브라더(Mr. Farebrother)는 지역 교회의 후원을 얻으려는 경쟁자로 끝난다. 도로테아가 선호하는 것에는 실수가 없다.

---

37 Eliot, *Middlemarch*, 427.

우리 농부들과 노동자들이 그들의 가르침에서 어떤 종류의 사상도 얻을 수 없다. 나는 타이크 씨의 여러 권의 설교를 들여다보았다. 로웩에서는 그런 설교가 쓸모없을 것이다. 내 말은 묵시록에서 전승된 정의와 예언에 관한 것 말이다. 나는 항상 기독교가 가르쳐지는 다양한 방식을 생각해 왔다. 그리고 다른 방법보다 더 큰 축복이 되는 한 가지 방법을 발견할 때마다, 나는 그것이 가장 진실한 것처럼 그것에 매달린다. 즉 모든 종류들 중에 가장 선한 것으로 받아들이고, 그리고 그것을 공유하기 위해 많은 사람들을 데리고 온다. 너무 많은 것을 비난하는 것보다 너무 많이 용서하는 것이 낫다.[38]

도로테아의 이러한 논평들은 조지 엘리엇의 성숙한 종교 개념의 핵심에 가깝다. 그녀에게 종교의 본질은 법의학적인 신학 명제의 모음도 아니고 묵시적인 열망의 집합도 아니었다. 오히려 진실하고 더럽혀지지 않은 종교는 포괄적인 사랑과 인류에 헌신된 봉사, 용서의 삶이었다.

커밍 박사의 복음적인 설교는 그러한 개념에서 온전히 자유롭지는 않았지만, 그러나 칼빈주의적 교리들, 천년왕국의 추측들, 그리고 교회의 당파심에 대한 그들의 압도적인 강조는 『미들마치』 저자의 종교적인 이상과는 멀리 떨어질 수 없었다. 그러므로 그녀가 빅토리아 여왕 시대의 복음주의의 도덕과 관습에 대해 싫어하는 모든 것의 실례로 커밍을 선택했다는 사실은 놀랍지 않다.

조지 엘리엇이 1880년에 세상을 떠났을 때 그녀의 삶에 관한 복음주의의 의견은 그녀가 훌륭한 소설가였고 지성적이었다는 것이고, 그녀는

---

38 Ibid., 537-38.

찰스 헤넬의 쓸모없는 글로 인해 젊은 시절에 길을 잃고, 나중에는 조지 헨리 루이스와의 부정한 관계로 인해 길을 잃었다고 말한다. 빈약한 학문적 판단, 개인적인 약점, 도덕적 허약이 결합되어 젊은 시절의 복음주의 기독교에 대한 그녀의 헌신을 탈선시켰다는 것이다.

그 자리에서 그녀는 도덕적 종교틀로 대체했는데, 그것은 초자연적인 것을 자연적인 것으로 바꾸고 하나님에 대한 사랑을 인류를 향한 무미건조한 사랑으로 바꾸어 놓았다. 그녀의 위대한 재능들에도 불구하고 복음주의자들은 그녀의 삶을 19세기의 세속화된 역동성에 굴복한 슬픈 이야기로 여겼다.

한 복음주의 해설자는 이렇게 기록했다.

> 사람들은, 심지어 사려 깊은 신자들조차 하나님에 대한 사랑은 인간에 대한 사랑과 모순되는 것이 아니라 그것의 가장 깊고 살아있는 뿌리라는 사실을 깨닫는데 시간이 걸리는 것 같다.[39]

그러나 조지 엘리엇에게 커밍 박사와 같은 복음주의자들의 하나님은 사랑스럽지 않고 또는 사랑할 수도 없었다. 그래서 인류에 대한 그녀의 사랑을 위한 적당한 기초로서 활용할 수 없었다.

39　J. Radford Thomson, "우리 시대의 종교적 사상에 대한 예로서 George Eliot의 생애"는 *British and Foreign Evangelical Review* 34 (1885): 517-43. 다음을 또한 볼 것. W. G. Blaikie, "George Eliot's Surrender of the Faith," *British and Foreign Evangelical Review* 35 (1886): 38-65. Dr. Andrew Holmes이 이 자료들을 볼 수 있게 해준 것에 감사한다.

제3장

프랜시스 윌리엄 뉴먼(Francis William Newman), 조지 허버트 왓킨스(George Herbert Watkins) 作, 알부민 인화, 타원형, 1858(© National Portrait Gallery, London)

프랜시스 뉴먼-바그다드로 가는 길
복음주의와 선교

그러나 확실하게 그 시기가 여물었다…. 가장 순결한 기독교의 자부심인 유연함, 겸비, 그리고 무관심을 현대 학문이 구현하는 지적 활동, 불굴의 진리추구, 그리고 비편파적 원리에 대한 엄격한 적용과 결합하는 종교의 시기이다.

- 프랜시스 뉴먼, 『신앙의 단계』(*Phases of Faith*, 1850)

프랜시스 뉴먼은, 그의 잘 알려진 형제, 탁월한 로마 가톨릭 신학자 존 헨리처럼, 청소년 시절 복음주의 신앙 개종을 경험했다.[1] 후에 파산했지

---

[1] 근래 학문적 연구에서 Francis Newman은 비록 19세기에 중요한 인물로 여겨지긴 했으나 그의 형 John Henry Newman에 비해선 덜 주목을 받았다. 두 형제에 관한 통찰력 있는 비교는 다음 책을 볼 것. William Robbins, *The Newman Brothers: An Essay in Comparative Intellectual Biography* (Cambridge, MA: Harvard University Press, 1966). Francis Newman 생애에 관

만 부유한 영국 가정에서 잉글랜드 국교회 교인이자 사업가인 강직하고 합리적인 아버지와 신앙심이 깊은 위그노 교도인 어머니 사이에서 6명 중 넷째로 태어나 자랐다. 1801년에 태어난 그의 형 존 헨리는 프랜시스의 마음 한편에서 모델로 보여지기도 했지만 둘은 신학적으로 치열하게 싸우기를 거듭하는 사이였다. 프랜시스는 1805년에 태어났다.[2]

프랜시스 뉴먼이 지닌 그의 초기 복음주의에 대한 그의 기록을 보면 그는 특징적으로 차갑고 합리적이었으며 그것이 그의 평생의 상표가 되었다. 개종 이야기로서 그것은 감정적 능력과 신비적인 상상력 둘 모두 부족하다. 대신 자신이 새롭게 차용한 신조를 통해 사건에 대한 단순한 사실들에 집중하고, 윤리적인 중요성을 강조한다.

> 나는 처음 학교에서 종교 서적들을 읽기 시작했다. 특별히 성경을 11살 때 읽었다. 그리고 어느 순간 비밀스럽게 기도하는 습관을 가지게 되었다. 그러나 내가 14살 되었을 때. "신조체계"라는 어떤 명확한 개념을

한 최근의 논의는 안타깝게도 출판되지 않았다. Ann Margaret Schellenberg, "Prize the Doubt: The Life and Work of Francis William Newman," Ph.D. diss., University of Durham, 1994. Schellenberg는 여러 곳에서 출간되지 않은 원고들을 광범위하게 인용한다. 여전히 Francis Newman 대한 가장 좋은 간략한 소개는 Basil Willey, *More Nineteenth Century Studies: A Group of Honest Doubters* (New York: Columbia University Press, 1956), 11-52. 그의 형 John Henry Newman에게 주의를 돌린다면 그의 복음주의에 대한 입장과 그의 만년의 삶에서 복음주의가 어떤 영향을 주었는지에 대해서는 다음을 볼 것. Sheridan Gilley, *Newman and His Age* (London: Darton, Longman and Todd, 1990). 초기 복음주의와 동생과 자주 마찰을 빚었던 관계를 강조한 John Henry Newman에 대한 보다 논쟁적인 전기는 다음을 볼 것. Frank M. Turner, *John Henry Newman: The Challenge to Evangelical Religion* (New Haven: Yale University Press, 2002). For a well-edited collection of J. H. Newman's writings see Ian Ker, *The Genius of John Henry Newman: Selections from His Writings* (Oxford: Clarendon Press, 1989).

2 나이가 든 Francis Newman은 분명코 형제 간의 사이가 좋지 않았기에 자기 동생의 삶에 대해 별반 호응이 좋지 않은 내용으로 출판하였다. Francis W. Newman, *Contributions Chiefly to the Early History of the Late Cardinal Newman* (London: Kegan Paul, 1891).

얻었고, "회심한 사람"이라고 복음주의 학교에서 불리게 되었다. 그 때에 나의 종교는 나의 행동에 전반적인 영향력을 확실하게 행사하였다. 왜냐하면 나는 그것 때문에 곧 다양한 박해를 급우들로부터 당하게 되었기 때문이다.

가장 나쁜 종류로는 나를 타락시키기 위해 그들이 고의적으로 시도한 것들이 있었다. 학교의 한 성공회 사제가 나의 호감을 얻었고, 나는 그로부터 더욱 더 직접적으로 완전한 신조를 흡수하였다. 그 신조는 몸을 구분하는 것이었다. 내가 현재 몸의 부정적인 면을 인지하고 있다고 하더라도 항상 밝은 면만을 가지고 있는 것으로 생각해야 한다.

나는 아주 잘 기억한다.

어느 날 내가 내 친구에게 말을 했다.

"나는 어떻게 하나님의 선택이 하나님의 정의와 조화를 이룰 수 있는지 이해할 수 없다. 그러나 내가 만약 기다리면서 그분의 말씀을 믿는다면, 나는 언젠가는 알 수 있을 거라 생각했다."

그는 단호하게 주장하였다. 그 마음은 하나님이 축복받은 정신이라고 말이다. 이것이 나의 신앙의 시작과 토대였다.

성경에 발견되는 어떤 것이든 멈추지 않고 무조건적으로 수용하는 자세. 나의 모든 윤리적 행동이 나의 신조에 의해서 지배당하고 있었다고 말하는 것이 전혀 아니다. 내가 그것이 단순히 나의 지성에 머무르는 환상이 아니었음을 주장하고 싶다. 그것은 나의 성격, 기호, 추구하는 것, 그리고 행동에 지대한 영향을 끼쳤다.[3]

---

3 Francis William Newman, *Phases of Faith; Or, Passages from the History of My Creed* (first published in 1850). 인용 부분들은 제6판에서 나온 것이며, 여기에는 Newman에 의해 만들어진

뉴먼의 초기 복음주의의 특성은 자신의 새로운 신앙을 받아들이자마자 그는 그것과 관련된 심각한 윤리적 문제를 마주하게 되었는데, 즉 어떻게 예정론이 신적인 정의와 조화를 이룰 수 있는지였다. 그의 초기 복음주의의 또 한 가지 특징은 성경에 대한 강력한 헌신과 성경을 합리적인 책임의 엄격한 원칙에 종속시키기 위해 확고하게 동등한 결단력을 유지했다는 것이다. 이러한 특징들 자체가 존스로 하여금 동생 프랜시스의 복음주의 신앙이 약한 신앙의 토대와 지성 위에 세워지고 그리고 그가 견뎌내지 못할 것이라는 것을 확신하도록 설득시켰다는 사실은 놀라운 일이 아니다. 그는 옳았다.

프랜시스 뉴먼이 회심한 지 30년이 지나고 그는 솔직한, 어쩌면 지루한 『신앙의 단계』(Phases of Faith)란 책을 출판한다. 복음주의 비평가들은 그것을 불신앙의 단계 또는 배신의 단계라고 불리는 것이 좋을 것이라고 주장한다. 연대기적 시대별로, 자신이 한 때 노출되었던 세대주의 신학의 종류가 반영된 채 조직되었으며, 뉴먼의 공적인 고백은 그것의 목적이나 본질에서는 그렇지 않지만, 그 형식에 있어서는 자기중심적인 것으로 자신을 묘사한다.

그가 명시한 목표는 불완전한 논리, 비이성적인 믿음, 그리고 종교적인 허구를 벗겨버리는 것인데, 이를 통해 더 순결한 하나님에게 더 순결한 헌신을 하기 위해서다. 거의 고통스러운 윤리적 진지함으로 특징지어진 『신앙의 단계』는 어느 정도는 도덕성에 관한 이야기이며, 그래서 갈

변화를 담고 있으며 U. C. Knoepflmacher (New York: Humanities Press, 1970)이 쓴 서문과 함께 나왔다. Knoepflmacher는 Phases of Faith가 1881년까지 최소 10쇄를 찍었거나 재판을 냈지만, 그 자신의 판이 나온 1907년 이후에는 재발간되지 않았다고 주장했다.

피를 못 잡는 이해는 필연적으로 윤리적 왜곡으로 이끌어갈 수밖에 없다는 것을 보여주고자 했다. 이 점에서는 적어도 프랜시스 뉴먼은 자신이 그렇게나 강력하게 부인했던 그 복음주의 자체를 지지한 것이다. 노에플마허(Knoeplmacher)가 유용하게 관찰한 대로, 『신앙의 단계』에서 뉴먼은,

> 그의 독자들에게 자기 자신을 사랑받게 하려고 관심을 두지 않았으며 대신 복음주의 규율이 이전에 요구해 왔던 내면적인 평가만큼 엄격하고 객관적인 자기성찰을 통해 진실을 알고자 했다.[4]

『신앙의 단계』의 첫 장인 "나의 젊은 시절의 신조"는 회고적 분석을 통해, 뉴먼이 그의 복음주의 영역에 있을 때조차 그가 비논리성이나 위선을 향한 날카로운 안목을 가진 단호한 합리주의자인 것을 보여준다. 그는 자신의 동시대 사람들이 아무렇지 않게 잉글랜드 국교회의 39개 신조를 따라가는 것을 보며 실망했다.

그는 잉글랜드 국교회의 주교들의 사도적인 승계를 반대했고 종교개혁 때부터 시작된 도덕성과 영적 권위는 없고 겉만 그럴듯했던 모습을 정확하게 서술했다. 그는 유아세례를 거부했다(특별히 세례에 의한 재생 교리). 그는 안식일주의나 다른 어떤 구약의 율법 계명들과도 멀리했다.

그는 그리스도의 대속의 본질에 관한 결정적인 질문들과 대속적인 징계의 도덕성에 관해 생각했다. 그는 정통 교리들의 삼위일체론이 잘해야 불가사의한 것이고 최악의 경우 비논리적인 것이라고 의심했다. 그는 사

---

4 Knoepflmacher, *Phases of Faith*, 15. 서문.

리에 맞는 사도 바울의 편지들이 모호성들을 가지고 있는 복음서들보다 더 동의가능하다는 것을 발견했다. 그리고 그는 초대 교회의 교부들이 과대평가되었다고 여겼다.

만약 이것들이 프랜시스 뉴먼이 그가 경건한 단계에 있을 때 가지고 있던 관점이라면, 혹자는 당연하게 다음에 나올 것이 무엇인지 궁금할 것이다. 그러나 『신앙의 단계』의 초기 기록은 오해를 일으킨다. 의견을 달리하는 많은 그의 의견들은 그의 형의 성숙한 가톨릭 교의에 대한 본능적 반작용으로 설명이 가능하기 때문이다. 뿐만 아니라 그의 진정한 복음주의적 경건주의는 상당히 걸러낸 그의 회고적 저서인 『신앙의 단계』보다는 당시의 편지들에서 더 드러난다. 예를 들자면, 대표적으로 19세기 복음주의 기질을 명백하게 보여주는 것이 있다. 그것은 프랜시스가 그의 형에게 쓴 다음과 같은 글에서 볼 수 있다.

> 나는 미봉책으로 종교생활을 유지할 수 없어.
> 내가 만약 방탕한 사람이 아니라면, 나는 반드시 진실하게 헌신된 기독교인이어야 해.
> 나는 하루에 5분도 허비할 시간이 없어.
> 나는 반드시 나의 모든 마음을 그리스도께 드려야 해.
> 나는 그와 그의 부활의 능력을 아는 오직 이것 한 가지만을 위해 기도해야 해.

뉴먼은 또한 복음주의 영성의 특징적인 표현들을 기쁨과 우울함, 강함과 약함, 영광과 역경, 아니면 그가 "죄와 회개의 순환"이라고 그가 불렀

던 그 사이에서의 흔들림에서 자주 보여준다.[5]

프랜시스 뉴먼은 충분히 총명한 학자였다. 고전과 수학에서의 그의 두 과목 최고 득점은 옥스퍼드대학교에서 최고 중에 하나라고 여겨지기까지 했다. 그는 뛰어난 학문적 경력을 즐길 수 있었지만, 잉글랜드 국교회의 39개 신조에 대한 그의 양심적인 거부로 인해 그가 발리올(Balliol)에서 교수직을 얻는 것이 사실상 막히게 되었다. 그는 자신의 신앙 여정의 첫 번째 단계를 미해결된 채 마친다. 사실상 그가 더 이상 그의 확신을 신조들이나, 교리들, 교회들에 두는 대신, "성경 안에 있는 단순함" 외에는 아무 것도 의지하지 않는 상태로 남겼다. 그가 인식한 또 한가지는 자신의 비정통적인 관점이 그가 잉글랜드 국교회 안에서 성직을 구하는 것을 불가능하게 만들었다는 것이다.

그러나 숭고한 기독교 예배를 향한 그의 열정은 분명히 남아있었다. 엄격한 성경주의와 그가 가지고 있었던 세상을 구원하고자 하는 갈망의 조합은 아일랜드에서 가르치는 직분으로 이어졌다. 그곳에서 그는 머지 않아 존 넬슨 다비의 카리스마적인 영향력 아래 들어오게 된다.

다비는 이후 플리머스형제단 운동의 초기 창시자들 중 한 명으로 명예와 평판을 얻게 되고 또한 영국계 미국인들의 근본주의의 가장 강력한 분파들 중에 하나로 현재 많은 학자들이 믿고 있는 세대주의 전천년 신학의 기안자이다.[6]

---

5 Robbins, *The Newman Brothers*, 27.
6 예를 들어 Ernest Robert Sandeen, *The Roots of Fundamentalism: British and American Millenarianism 1800-1930* (Chicago: University of Chicago Press, 1970). 초기 플리머스형제단의 신학에서 필수적인 요소들은 "모든 성도들을 품을 만한 교제와 세상을 제외할 만큼 좁은 하나님의 교회의 일체성, 모든 신앙에 관해서, 교회의 생명과 실생활에 영향을 주는 쓰여진 말씀의 완전성

뉴먼이 처음 그를 마주하게 되었을 때, 다비는 순회 목사처럼 낭만적인 모습으로 이크로우산에서 아일랜드 가톨릭 신자들에게 사역을 하고 있었다. 특권을 가진 우세한 개신교 대표가 아니라 금욕적인 복음주의 성자처럼 말이다. 뉴먼은 이런 사람들 몇 명이면 모든 교회 개척 보조기구보다 모든 아일랜드를 개신교로 개종하는데 더 많은 작업을 수행할 수 있을 것이라고 결론 내렸다. 성경에 있는 열렬한 신앙으로 가기 위한 사도적 진정성의 모델을 찾고 있었던 뉴먼에게는 다비는 거부할 수 없는 존재였다.

바로 그가 뉴먼의 원시 기독교의 낭만적 개념을 나눈 사람이다. 내세 신앙으로 개인의 안락함, 사회적 지위, 정치적 또는 교회 권력의 갇히는 것에 신경 쓰지 않는 사람이 바로 그였다. 점점 뉴먼의 마음과 의지가 다비에게 기울어지면서, 그는 또한 그리스도의 재림의 임박성을 믿으면서, "임박하지 않은 세속적인 것들"을 추구하는 것이 필연적으로 쓸모없는 것임을 믿게 되었다.

또한 다비의 여동생 수잔의 영향으로 인해, 이 기간 동안 뉴먼의 편지는 거의 대부분 천년왕국 주제의 긴박함에 집착을 하면서 시간을 최대로 활용한다. 그는 형에게 편지를 썼다.

과 충족성, 예수의 재림에 대한 신속한 전천년설" 등을 담고 있다. I. Giberne Sieveking, *Memoir and Letters of Francis W. Newman* (London: Kegan Paul, 1909), 29. 인용은 다음 책에 나온다. *Memoir of Lord Congleton*. 초기 플리머스형제단의 역사에 대한 보다 많은 정보는 Harold Hamlyn Rowdon, *The Origins of the Brethren, 1825-1850* (London, Pickering and Inglis, 1967); F. Roy Coad, *A History of the Brethren Movement* (London: Paternoster, 1968); Jonathan Burnham, *A Story of Conflict: The Controversial Relationship Between Benjamin Wills Newton and John Nelson Darby* (Carlisle, U.K.: Paternoster, 2004); and Neil T. R. Dickson and Tim Grass, eds., *The Growth of the Brethren Movement* (Milton Keynes, U.K.: Paternoster, 2006).

나는 이전에는 전혀 이렇게 확실한 개념을 얻지 못했어. 기독교인이 세상의 정신과 대립한다는 것이 무엇을 의미하는지를 말이야. 그것은 단순히 과시하는 것과 허영을 피하거나 단순히 다른 규칙에 의해 행동이 판단받는 것이 아니라, 단지 시간이 짧은 것을 느끼면서, 하늘로부터 주 예수를 찾는 것이지.[7]

그는 한 친구에게 경건하게 말했다. 그것은 그가 너무 오랜 세월 동안 세상을 좋게 만들 수 있는 방법을 생각하는데 사용했다고 말이다. 이런 생각 대신에 세상을 눈물의 골짜기로 생각하면서, 하나님께서 이곳에서 특별한 사람들, 그리스도와 함께 고난을 받을 자들, 그래서 차후에 그와 함께 다스릴 자들을 모으기로 계획하셨음을 생각해야 한다고 그는 말했다.[8]

이 같은 의견들은 그의 가족을 걱정하게 만들었다. 왜냐하면 가족들에게는 아일랜드 친구들의 영향 아래 있는 뉴먼이 종교적 열정 속에서 최악의 무절제한 위험에 노출되어 있는 것처럼 보였기 때문이다. 게다가 자신을 다비의 주도적인 영향력 아래 복종시키므로, 뉴먼은 대단히 중요한 결과를 그의 짧은 아일랜드 체류 기간 동안에 경험했다.

그 당시의 주요한 정치적 주제는 로마 가톨릭 해방 운동이었다. 물론 이 운동은 대부분의 아일랜드계 개신교인들과 영국계 복음주의자들의

---

7 Brompton Oratory, *Francis William Newman to John Henry Newman*, October 8, 1827, quoted in Schellenberg, "Prize the Doubt," 25.
8 Francis William Newman to Charles Pourthales Golightly, October 25, 1827, in Schellenberg, "Prize the Doubt," 27.

저항에 부딪혔던 것이다.

영적 순수주의자였던 뉴먼은 사랑의 복음이 차별적 정부의 권력을 통해 더욱 확산되는 방식을 그냥 볼 수가 없었다. 초대 교회를 자신의 안내판으로 여기면서, 뉴먼은 국가의 힘이 영적인 기독교를 돕는 조력자라는 믿음을 거부한다. 그리고 그는 특유한 논리적 일관성으로 결론을 내렸는데, 그것은 아일랜드 내에서 가톨릭교도들을 향한 개신교의 차별은 마치 지구의 다른 곳들에서 일어나는 무슬림들이 기독교인들을 종교적으로 박해하는 것처럼 더이상 정당화할 수 없다는 것이다.

그의 관점에서 볼때, 진정한 기독교는 오직 세속적 지위들과 야망들이 감소하는 속도만큼 빠르게 진보할 수 있다고 생각했다. 하지만, 역설적이게도, 복음주의자이자 평생 가톨릭을 반대했던 프랜시스가 아일랜드 안에서의 가톨릭의 해방을 찬성하는 동안, 나중에 로마 가톨릭의 추기경이 된 그의 형 존 헨리는 그것에 반대하였다.

이러한 생각을 가지고 있던 뉴먼은 이제 장엄하고 영웅적인 임무를 위해 준비가 되었고 사도적 교회를 섬기도록 부르심을 받았다고 느꼈다. 이런 자극은 앤서니 노리스 그로브스(Anthony Norris Groves)가 쓴 『기독교인의 헌신』(*Christian Devotedness*)이라는 전도지를 읽고 나서였다. 그 책자는 열정적인 호소가 포함되어 있었다.

> 물질을 조금 덜 추구하고 조금 더 희생적인 기독교 정신을 추구하자.
> 예수님이 세상적인 보화를 포기하신 것처럼 그를 위해 모든 것을 희생하자.

이것은 명백한 예수님의 명령들과 맥을 같이한다.[9] 신학적 논리와 산문적 유창함이 거의 포함되지 않은 그로브스의 작은 전도지는 강력한 충격을 주었다. 성경의 권위를 높이 평가하고 팽창하고 있는 국가 교회들을 낮게 평가하는 무리들에게 말이다. 뉴먼도 마찬가지로 이러한 영향력을 받아들이기에 준비가 되어 있었다.

비록 그로브스가 아일랜드 더블린에 있는 트리니티대학(Trinity College) 학생이었고, 그가 다비를 포함한 뉴먼의 인맥 안에 있는 아일랜드의 친구들과 교분이 있었더라도, 수년이 지나고 바그다드에서 예정된 그들의 만남이 있기까지 그 둘은 아직 만나지 못했던 것으로 보인다. 그들이 어떻게 그곳에 가게 되었는지에 관한 이야기는 개신교 선교 역사상 가장 비범한 이야기 중 하나로 전해지고 있다.

1829년 6월 그로브스는 그의 아내와 두 아들, 그리고 다양한 분야의 선생님들과 하인들, 그리고 친구들을 데리고 영국을 떠나서 바그다드로 가는 험난한 여정에 오른다. 코펜하겐, 상트 페테르부르크, 그리고 조지아의 산들, 아르메니아를 통과한 그들의 여정은 겹치는 모험들과 가까스로 도적들의 포위망으로부터 도망가는 그런 그림 같은 동화로 읽힐 수 있다. 그러나 그들의 목적지에서 기다리고 있는 비극들은 여정의 고난들과 비교할 수 없었다. 선교의 처음 시작은 비교적 별 탈 없이 지나갔다.

하나님의 섭리를 강하게 느끼면서, 친교의 나눔을 통해 처음에는 비교적 무사했다. 그러나 일 년 안에 바그다드의 상황은 악화되었다. 아랍의 정적 세력들 간의 전쟁에다 콜레라까지 발생하였다. 거기에다 티그리스

---

9 See Robert Bernard Dann, *Father of Faith Missions: The Life and Times of Anthony Norris Groves* (Waynesboro, GA: Authentic Media, 2004), 65-75.

강 계곡의 끔찍한 홍수로 인해 전염병도 창궐했다.

당시 바그다드에서 약 8만 명 정도가 사망했는데, 선교 원정팀도 피해로부터 안전하지 못했다. 이 선교에 대한 하나님의 섭리를 향한 흔들리지 않는 굳은 믿음을 지녔던 그로브스는 처음에는 하나님의 특별한 인도하심들을 기록했다. 그리고 그의 심령은 그의 어린 딸이 안전하게 출산하여 더욱더 고무되었다.

하지만 페스트의 확산은 끝나지 않았고, 얼마 지나지 않아 그것은 아내와 딸의 생명을 앗아갔다. 그로브스와 그의 두 명의 아들 중 한 명만이 겨우 생명을 보존하게 되었다. 이러한 사건들을 경험한 그의 여정 속에서 그가 이것들에 무감각하거나 감정이 없는 것은 아니었지만, 대단히 놀랍게도 자신의 주변에서 벌어진 재앙들을 매우 차분하게 받아들이고 있었다.

그로브스는 전염병과 홍수로 인한 파괴적 경험을 영적인 교훈들과 묵시적 이해를 왕복하며, 어떻게든 견뎌내려 했다. 하지만 굉장한 고통을 지불했다.

> 이 황폐화된 도시는 지난 6개월 동안 거의 비교할 수 없을 정도의 하나님의 징계를 받았다. 전염병은 적어도 2/3 이상의 도시 주민들을 쓸어가 버렸고, 홍수도 마찬가지로 2/3 이상의 집들을 파괴했다.... 그리고 굶주림은 나날이 늘어나고, 우리 머리들 위에는 권위에 저항하는 세력의 복수심의 칼날과 무절제한 갈취를 일삼는 군대로 인해 완전히 초토화되었다.[10]

---

10 Ibid., 184.

기나긴 고난의 여정 동안 그로브스가 그나마 버틸 수 있었던 것은 고대하던 영국으로부터의 증원 부대 도착의 희망이었다. 결국 1832년 초여름에 이들이 도착하였다. 프랜시스 뉴먼도 티그리스강을 타고 바그다드로 내려감으로 구출된 선교사 무리 중 한 명이었다. 그가 어떻게 그곳에 도달했는지에 대한 이야기는 지적으로나 지리적으로 (무한한 상상력을 불러일으키는) 순례기이다.

뉴먼이 부분적으로 다비와의 개인적인 만남으로부터 그리고 그로브스의 책자를 읽음으로부터 확신하게 된 것이 있는데, 그것은 기독교의 미래는 그가 옥스퍼드대학교에서 배운 변증론이나 지쳐있는 오래된 유럽의 기독교계의 교회가 아니라, 그보다 "초창기의 신앙, 사랑, 그리고 욕심을 내지 않는 새로이 태어난 영웅적인 교회를 통해서"라는 것이었다.

> 반면에 이방인들에게 기독교 국가라고 불리는 나라들은 오직 위대한 정복자, 강력한 복수자, 교활한 상인(종종 도덕적으로 느슨하고, 분명히 종교심도 없는)으로 알려진다. 크리스천 교사의 가장 정교한 이론들로 회교도나, 힌두교도를 기독교로 개종시키는 것은 소용없는 일이다. 마치 건전한 세네카의 도덕에 관한 글로 나를 로마인들의 이교로 개종시키는 것이 불가능한 것처럼 말이다. 기독교 국가는 기독교의 가르침이 기독교의 신비적인 교리들과 밀접한 관계 또는 필수적인 관계로 여겨지기 앞서 먼저 새로운 평판부터 얻어야 한다. 그 외에는 이것을 실행할 수 있는 다른 방법이 보이지 않는다. 새로운 요소들로 형성된 완전한 교회를 통해서만 이 땅에 그것을 실행할 수 있다.[11]

---

11 Newman, *Phases of Faith*, 27.

부분적으로 모라비안들이 그린랜드와 남아프리카로 선교를 간 예에서 영감을 받고 이제 이십대 중반이 된 뉴먼은 이슬람의 가장 중심 지역과 오토만 제국에서 원초적인 기독교에 대한 그의 새로운 이해를 시험해보기로 준비했다. 1830년 9월 그와 다른 여섯 명은 더블린으로 부터 여행용 가방들, 금고들, 가방들, 작은 도서관, 전도지를 찍어내기 위한 석판 인쇄기, 그리고 큰 구급상자를 가지고 항해를 떠났다.[12] 그들은 보르도, 마르세유, 지중해, 라르나카를 지나 마지막으로 시리아에 도착하여 그들이 알레포라는 마을에서 휴식을 취했다. 그들이 갖고 간 짐만큼이나 그들의 문화적 우월주의도 부풀어 올랐다.

뉴먼은 자의식이 강한 대표자처럼 여행을 했다. 인도를 지배하는 문명의 대표자 그리고 얼마 전 "자가 동력 엔진"을 개발하고 리버풀에서 맨체스터까지의 철로도 건설한 (대영제국) 문명 말이다. 이와 대조적으로 프랑스는 정치적으로 불안전하고, 교회적으로는 평판이 좋지 않았으며, 경제적으로는 역행하고, 문화적으로는 열등한 나라로 간주되었다. 오토만 제국은 뉴먼의 세계 문명 성적표에서 더욱 낮은 자리에 있었다. 그러나 문화우월주의는 문화적 철수로 귀결되지 않았다.

바그다드로 가는 여행길에서 욕심 많고 타고난 어학자인 뉴먼은 그리스어를 연습하고, 프랑스어를 말하며, 아랍어로 수업을 들었다. 그리고 담배 피우는 것을 배웠는데, 이것은 즐기기 위한 활동과는 꽤 거리가 있었다. 그가 생각하기에 담배를 피우는 것은 아랍 문화로 가는 유용한 문

---

12 Newman의 바그다드 선교 여정에 동행한 이들은 John Vesey Parnell, Dr. Edward Cronin, Mr. Hamilton, Cronin의 어머니와 그의 여동생 Nancy(낸시는 Parnell와 약혼했었다), 그리고 그의 어린 딸이었다. 크로닌의 부인은 아기를 낳다 죽었다.

화적 교량을 만들어 줄 것이라는 것이었다. 곧바로 더 실질적인 종교적, 문화적 장벽들이 성공적인 기독교 선교를 가로막았다. 뉴먼은 알레포에 서 있었던 무슬림 목수와의 대화를 기록한다. 그 대화는 그에게 각인되는 인상을 남기었다. 옥스퍼드대학교에서 받은 훈련과 무서운 지성으로 무장한 그는 복음의 이야기들은 진짜이며 믿을만한 이야기들이라는 것을 그 목수에게 증명하기 위해 시작했다.

> 내가 당신에게 말해주겠습니다. 어떻게 이 상황을 정리해야 되는지를 말이지요.

그 목수가 대답했다.

> 하나님께서는 당신네 영국에게 굉장히 많은 좋은 선물들을 주었습니다. 당신들은 좋은 배들을, 그리고 날카로운 주머니칼들, 그리고 좋은 옷과 옷감들 만들고 당신들은 부유한 귀족들과 용맹스러운 군인들을 소유하고 있지요. 그리고 당신들은 글을 쓰고 많은 학식이 있는 책자들을 인쇄하지요. (사전들과 그리고 문법 교재들) 이 모든 것은 하나님으로부터 왔습니다. 그러나 거기에는 한 가지 하나님께서 당신네들에게 허용하지 않은 것이 있습니다. 그리고 우리에게 그것을 계시를 하셨습니다. 그것은 진정한 종교에 대한 지식입니다. 이것에 의하여 사람은 구원을 얻을 수가 있습니다.[13]

---

13 Newman, *Phases of Faith*, 32-33.

뉴먼은 즉시 깨달았다. 자신의 옥스퍼드대학교의 지혜가 원초적 신앙고백 앞에 굴복하게 된 것이다. 마치 겸손한 유럽의 기독교인이 학식이 많은 무신론을 신봉하는 철학자를 굴복시킨 것과 같이, 또는 초대 교회 사도들이 1세기의 세속적인 지식에 반응한 방식처럼 말이다. 뉴먼은 결론을 내렸다.

> 이것은 오직 그 남자[목수]와의 논쟁이 그의 도덕적인 능력과 영적인 능력을 소개한 것 외에는 무의미하다는 것을 보여줄 뿐만 아니라 무지가 해박한 지식과 마찬가지로 그것의 영적인 자기만족을 가지고 있으며, 그리고 만약에 이성의 자부심이 있다면, 반대로 또한 비이성의 자부심도 존재한다는 것을 보여준다.[14]

알레포에서 또 다른 만남이 있었다. 이번에는 믿지 않으면서 논쟁하기만 좋아하는 영국 사람이었다. 뉴먼은 논쟁에서 이 사람들을 쉽게 이겼지만 그것은 그를 고민으로 이끌었다. 만약 무슬림 신자가 그들의 토론들을 관람한다면 그는 둘 중에서 누구의 의견이 옳은 것인지 알 수 있는 방법을 가지고 있지 않다. 그래도 뉴먼은 여기서 자신의 신앙을 엄격하게 경험적, 역사적 토대 위에서 방어하고 있었다. 그러나 당연히 합리적 의심을 넘어서는 입증이 불가능했다.

뉴먼의 원래 의도는 초기 기독교의 도구들로 이슬람의 토대를 흔드는 것이었으나, 그는 목적지에 도착하기도 전에 심각한 문제들과 마주하게

---

14 Ibid., 33.

된 것처럼 보였다. 바그다드로부터의 더 좋은 소식을 알레포에서 기다리는 동안, 뉴먼은 아랍 문화와 접촉을 계속했다. 그는 시리아 사람들의 드레스를 입고 슬리퍼들을 신었다. 그리고 지역 관습들과 종교 행사들을 관찰했고, 그리고 코란도 읽기 시작했다.

그러나 이슬람 종교는 그를 혼란스럽게 만들었다. 그가 발견한 것은 자신이 터키에서 관찰한 정체되고 무익한 종교 문화와 중세 유럽의 스콜라 철학과 완전히 유사한 이슬람의 초기 과학 운동을 일치시키는 것이 어렵다는 것이었다. 그리고 이슬람이 그렇게 된 것은 바로 터키인들 때문이라고 결론 내렸다.

그는 또한 생각하기를 만약 중세 이슬람 문화가 지속되고 감탄스러운 배움과 성장의 궤도를 방해 없이 지속했더라면 이슬람이 안에서부터 무너져 내리지 않았을 것이고 따라서 기독교가 가지고 있는 부조리를 더욱 쉽게 드러낼 수 있었을 것이란 것이다.

아직까지 그가 알지 못한 것은 나중에 비슷한 사건이 기독교의 붕괴를 초래할 수 있었다는 것과 그리고 그가 이슬람 문명에서 나타나기를 희망했던 계몽 운동이 이미 기독교권 안에서 성공했다는 것이었다. 뉴먼에 따르면 이슬람은 지성적으로도 감흥을 주지 못할 뿐더러, 예전적인 면에서도 황당했다. 이슬람의 공적인 기도 의식들의 편재성 및 강제성이 그의 궁금증을 유발했는데, 그것은 만약 덜 종교의식을 행하고 더 경건을 강조하는 기독교였더라면 이슬람 땅에서 기독교가 더 뿌리내릴 수 있었지 않았을까였다.

만약 이슬람이 그를 당황하게 만들었다면, 이슬람의 신성한 경전은 그를 실망시켰다. 코란을 읽은 그는 "수준이 낮고 지루하다"고 묘사했다.

그리고 그 경험은 그에게 다음의 결론에 도달하게 했다. 아랍인들의 마음은 약하고 전통의 힘에 사로잡혀있다는 것이었다.

서방과 동방의 굉장히 큰 문화적 차이를 현실적으로 계산하면서, 그는 "내가 터키와 영국의 사상과 지식 사이에 있는 방대한 차이를 볼 때, 나는 여기서 '영국의 종교'라고 불리는 것에 대한 그들의 채택에 관해 불신하는 쪽입니다. 내가 당신에게 말해주어야 할 것은 무슬림이나 프랑크 족 유럽인들은 우리를 기독교인들로 생각하지 않고, 영국 사람으로 생각한다는 것입니다"라고 섰다

이러한 깨달음은 뉴먼에게 단순한 문제가 아니었다. 왜냐하면 이것이 그의 선교전략의 중심을 꿰뚫고 지나갔기 때문이다. 그는 "나는 언제나 이 나라들에 세워진 선교적 교회들에게 기대를 해왔습니다. 그러나 전에는 예측하지 못했지만 지금에서야 알게 된 것은 우리가 기독교인으로 전혀 인식되지 않으며, 그저 단순히 잉글랜드 국교회주의로 평가된다는 것입니다. 이런 평가는 단순히 교황주의자들만 아니라, 무슬림들에게서도 마찬가지입니다"라고 썼다.

그의 선교활동 1년에 접어들면서 뉴먼은 "내가 때로 믿는... 성령의 특별한 부으심"이나 상부로부터 내려온 종교적인 지시사항과 새로운 국가적 정체성이 없이도 선교적 목적을 성취할 수 있는지 의심하기 시작했다.[15] 그 전자는 종교적인 낭만주의의 기미가 있었고, 그 후자는 영국의 제국주의적인 실용주의의 기미가 있었다. 그러나 두 가지 중 어떠한 것도 성공할 수 있으리란 전망을 보여주지 않았다.

---

15   Francis W. Newman, *Personal Narratives in Letters Principally from Turkey in the Years 1830-3* (London: Holyoake, 1856), 32-33 and 38.

현장에서 일하는 문화인류학자처럼 뉴먼은 오토만 제국의 정치, 경제, 그리고 사회적 특징들에 흥미를 느껴갔다. 그가 감명받은 것은 동물들이 친절하게 대우를 받고, 터키인들이 사는 그곳에는 정신병동이나 고아원들이 없었다는 것이었다(거의 보이지 않는 정신이상자들은 해를 끼치지 않는 존재로 여겨졌고, 고아들은 가정에 입양되었다). 그리고 술 취한 사람들도 거의 없었고, 매춘이나, 좀도둑질이나, 경쟁적 야심 같은 것도 거의 없었다. 그는 매료되기도 하면서 불쾌하기도 한 경험을 했는데, 그것은 지적 호기심, 경제적 원동력, 그리고 근로 기준의 부족 때문이었고 그가 자신의 주변을 관찰하며 발견한 것들이었다.

터키와 로마 제국을 비교하며 터키인들은 "물질적인 번영을 짓밟았지만, 그러나 국가적인 정신은 그렇게 하지 않았습니다. 르마인들은 국가적인 정신은 짓밟아버렸지만, 그러나, 잠시나마, 물질적 번영은 증진시켰습니다"라고 적었다. 그는 오토만 제국은 정복당했으나 백성이 동화되는 일은 없었으며, 종교를 그 나라의 정체성을 간직한 형태로 남겨놓았다고 생각했다.

> 여기서는 각자의 교회가 그들의 나라다. 그들에겐 다른 나라는 없다. 교회가 있는 곳에 민족이 있다. 종교적 열심과 애국심을 분리할 수 없다.[16]

1832년 4월, 고갈된 뉴먼의 대원들은 마침내 알레포를 떠나 바그다드로 향하는 그들의 마지막 여정을 출발했다. 그것은 기괴한 사건으로 시

---

16 Robbins, *The Newman Brothers*, 44-45; Newman, *Personal Narratives*, 36.

작되었다. 그 사건은 오직 뉴먼의 가감 없는 정직성만이 기억할 수 있는 것이었다.

> 알레포를 떠나면서 이상한 일이 우리에게 일어났다. 그것은 곰곰이 생각해 볼 필요가 있는 일이었다. 피(Mr.P) 씨는 부적(符籍) 목걸이를 목에 두른 말 한 마리를 사 가지고 왔다. 그러다 그것이 무엇인지 알게 된 후 목걸이의 행운이 사라지면, 그의 말은 재난을 마주치게 될 것이라는 이전 주인의 간청에도 불구하고 작은 주머니칼로 그 목걸이를 끊어내었다.
> 얼마 지나지 않아서, 그 불쌍한 짐승은 15피트 깊이의 우리 쪽에 파놓은 구덩이로 떨어져 그 말의 옆구리 부분이 심하게 다쳐 죽거나 그냥 내버려둬야 하는 지경이 되었다. 내가 이 사건을 통해 배운 것은 우리가 이 사람들의 미신을 강화시켰다는 것이다.[17]

체면을 중시하는 선교하는 기독교 변론자가 이런 이야기를 할 수 있고, 우연이란 예측하기가 어렵다는 점을 감안한다면 그 지방 고유의 미신에 도전하는 것은 어리석은 전략이고, 그런 짓은 하지 말아야 하는 것인가?

이런 앞이 보이지 않는 시작을 뒤로 한 채, 바그다드로 향하는 마지막 여정은 가장 도전적이었음을 보여주었다. 뉴먼의 일행은 모술(Mosul)에 도착하기 전에 그리고 티그리스강을 타고 내려가 바그다드에 도달하기 전에 산적들, 폭도들, 그리고 도적들에게 시달리며 많은 어려움들을 겪었다.

---

17 Newman, *Personal Narratives*, 82.

뉴먼은 그가 그곳에서 보낸 시간에 대한 자세한 내용을 거의 적어놓지 않았다. 그런 그가 선교사로서의 그의 삶에 대해서는 가지고 있던 경건한 생각들은 20년 후에 출판된 바그다드로 가는『개인적인 이야기들』(Personal Narratives)에서는 의도적으로 빠져 있었다.[18] 그의 전형적인 정직함으로, 그러나 역사가들에게는 실망스럽게도, 뉴먼은 자신의 책 서문에 이렇게 기록하였다.

> 특별히 종교적 주제들을 다룬 글의 어법은, 저자의 더 성숙한 취향에 맞추어 다듬어지게 된다. 그리고 이 제목 아래의 제한들 때문에, 그리고 이곳에 보이는 이차적인 중요성의 세부적인 면들을 다듬다 보면 이 책에서 볼 수 있듯이 당시 저자의 심리적 상태를 진정으로 그려내지 못한다.[19]

그 책에는 그의 내면적인 종교적인 확신이나 이국적인 모습에 대한 시적 묘사들이 거의 없긴 하지만(뉴먼의 생각은 이런 것들에 대해 너무 엄격했다), 오토만 제국에서 체류할 당시 뉴먼의 글들은 동양과 맞닥뜨린 잘 교육된 영국 신사의 모습과 이슬람 문화와 마주친 신실한 개신교 복음주의자로서의 모습을 잘 보여주고 있다. 집중하여 읽어보면, 외국 문화권 안에서 복음주의를 전하고자 할 때 마주치게 되는 선교적 과제들을 진솔

---

18 For more information on Francis Newman의 바그다드 여정에 대한 보다 많은 정보는 그의 *Personal Narratives* and Sieveking, *Memoir and Letters*, 26-55. 또한 Dann, *Father of Faith Missions*, 194-201, and Sentinel Kulp, ed., *Memoir of the Late Anthony Norris Groves* (London: James Nisbet, 2002). 후에 출판된 것은 Groves의 *Christian Devotedness*에 관한 영향력 있는 팜플렛을 담고 있다.

19 Newman, *Personal Narratives*, Preface.

하게 보여주며, 뉴먼은 순전히 선교적 교회를 현지에 세울 때 그 세상을 개종할 수 있다고 생각했던 낭만적이고 천년왕국적인 생각들을 효과적으로 버렸다.

그에게는 불행하지만, 그럼에도, 더 이상 확실한 전략이 자리잡지 못하였다. 대신, 그의 개인적인 이야기들은 이와 같은 발언으로 점철되었다.

"나는 믿음이 없다 그리고 너무 많은 어려운 일들을 발견한다."

그리고 "나는 미래와 관련된 예견들을 할 수 없다."

그럼에도 불구하고 그는 개인적으로 그로브스의 크리스천으로서의 헌신에 대한 글을 통해 자신을 바그다드로 오도록 유혹한 그로브스에게 실망하지 않았다.

그러나 뉴먼은 이번 선교를 완전한 실패로 여겼다. 무슬림을 개종시키려는 노력이 언어적, 문화적, 종교적 차이들로 인해 실패했다고 생각했는데, 특히 종교성을 외면적으로 표현하는 데 익숙한 자들(무슬림)과 내면적인 신앙을 소통하는 방식에서 겉보기에 해결 불가능한 문제들 때문이었다.

선교가 진행되면서, 조금씩 무슬림을 개종시키는데 사용하는 시간이 줄어든 반면, 더 많은 시간을 꺼져가는 불꽃과 같은 과거 로마 가톨릭이나 아르메니안 정교회 같은 바그다드에 남아있는 소수의 크리스천들을 위해 사용하였다.

이곳에서 조차 뉴먼은 어떻게 서로 다른 종교들이 그들의 배타적인 요구들을 하는지 그리고 분파주의자들의 이기심이 사회의 결속력과 그리고 터키 사회의 보편적 인간성을 허물어버렸는지를 어둡게 그렸다.[20] 그가 관찰한 그곳에서의 안정되지 못한 생각들은 다음과 같은 상황들에 의해 더 혼란스러웠다.

어떻게 종교가 문화를 만들어내는가?라는 지적인 불안, 바그다드로 오던 긴 여행 도중에 떠난 세 여성의 죽음으로 인한 감정적 상실감, 계속되는 질병과 불편함으로 인한 마음의 상처, 선교적 결실이 없는 것에 대한 낙담, 영국에서 그가 사랑했던 여성(마리아 로시나 기베네)에게 청혼했다가 실패한 실망, 그리고 특히 중동 문화에 대한 환멸로 인해 뉴먼은 1832년 9월 바그다드를 떠나 영국으로 향했다. 표면상으로는 바그다드 선교를 위한 새로운 인력을 모집한다는 것이었지만, 실제로는 지난 5년간의 삶을 지탱하게 해 준 외국 땅에 세운 크리스천 교회를 통한 천년왕국의 꿈이 죽어버린 결과들을 되짚어보기 위해서였다.

안전상의 이유로 영국으로 돌아오는 뉴먼의 여정은 테헤란과 콘스탄티노플을 거쳐 멀리 돌아 귀국해야 했고 그런 우회도 그를 실망시켰다. 그는 보스포루스해협은 아름답다고 생각했지만 종교적 청교도에 속한 뉴먼에게는, 콘스탄티노플의 이슬람 사원들이 보이는 스카이라인에서 아무런 건축미나 문화적인 장점을 찾아볼 수 없었기에, 그는 "도덕적으로 매우 불쾌"하게 여겼다.

그는 자신이 얼마나 멀리, 정신적으로, 영적으로, 지리적으로 여행했었는지를 기록하면서 자신의 동양 모험을 끝내버렸다. 더블린을 떠났을 때는 성경적 예언과 복음주의적 영성의 활력을 열렬하게 믿는 신자였다.

---

20 Robbins, *The Newman Brothers*, 46.

그러나 그가 콘스탄티노플을 떠났을 때는 그곳에서 만난 선교사들의 포부들에 감명받지 못했고 하나님의 섭리적 능력보다는 "역사적으로 우연히 일어날 수 있는 일들"에 대해 더 마음이 갔다.

그는 이렇게 썼다.

> 예언을 믿는 학생들은 유대인들이 (기독교로) 개종한다면 위대한 선교사들이 될 것이라고 기대한다. 유대인들은 개종해야 하지만 인간적으로 말한다면, 이것은 아르메니안들이 유럽인들의 영향을 받아들이는 것이나 개신교 영성을 받아들이는 것보다 더욱더 힘든 일이다. 만약 이런 일이 생긴다면 (그리고 이것은 영국, 미국, 프러시아, 그리고 스웨덴의 가치 있는 목표이기도 하다), 유대인들 같이 넓게 분산되고 그리고 확장된 연결은 역사적-신학적 측면에서 엄청난 사건이 될 수 있다.[21]

오토만 제국 안에서의 뉴먼의 냉정한 경험들은 그의 복음주의적 이상주의를 역사주의적 현실주의에 굴복하도록 만들었다. 뉴먼은 바그다드에서의 (5년이란) 짧은 여정, 그것도 대부분 학교에서 가르치거나 아랍어를 배우는 것에 사용된 시간의 영적인 결과들에 대해서 아주 낙담할 정도로 적은 기록을 남겼으나, 의심할 여지없이 그의 위대한 선교사적 모험의 상대적 실패는 그의 인생에서 전환점이 되는 경험이었다.

바그다드에서 그토록 비극을 겪고, 실망했음에도 불구하고 그것들을 떨쳐버리고 다시 인도에서 헌신적인 선교사로서의 삶을 다시 세워나간

21　Newman, *Personal Narratives*, 116.

두말할 나위 없는 경건한 그로브스와는 달리, 뉴먼의 회의적 지성은 그로 하여금 완전히 다른 목적지로 향하도록 준비해 주고 있었다.

바그다드로부터 돌아왔을 때 뉴먼이 완전한 회의주의자가 된 것은 아니었지만 그 모든 경험이 그의 사도적인 열정을 꺾어버렸다. 먼저는 무슬림들에게 그리고 점차 전 세계 사람들에게 빛의 역할을 할 순전한 크리스천 교회를 외국 땅에 개척하는 것과는 이제 멀리 떨어져, 뉴먼이 나름 터득한 자신의 선교학과 비교종교학의 입문과정은 그로 하여금 지성적으로 신앙적으로 그를 비틀거리게 만들었다. 더 안 좋은 일은 머지않아 일어날 것이었다.

놀랍게도 우연히 프랜시스 뉴먼은 영국에 1833년 7월 9일 그의 형 존 헨리 뉴먼이 지중해 여정을 마치고 돌아온 같은 날에 귀국을 하게 되었다. 둘 다 거의 치명적인 질병들에서 살아남았으며, 둘 다 친숙하지 않은 문화권들에서 종교가 어떻게 작용하는지에 의해서 관점들을 형성하게 되었으며, 이제 둘 다 형제 간의 불일치를 더욱 심하게 만들 길을 출발하고 있었다. 프랜시스는 잠시 동안

> 영적이고 보이지 않는 교회 그리고 영감되고 오류가 없는 성경을 믿는 그의 믿음을 신봉하였다. 새로운 충전을 받고 목적의식을 가다듬은 그의 형도 계시된 말씀을 해석하여 영감을 받는 오류가 없는 교회라는 새로운 이상을 향해 움직였다.[22]

---

22 Robbins, *The Newman Brothers*, 47.

프랜시스는 곧 교수직을 찾게 되었고, 플리머스형제단에 속한 자매였던 사랑스럽고 신앙심 깊은 아내 마리아 케네웨이를 찾았지만, 영국으로의 그의 귀국은 "내 자신과 나의 신조에 매우 심각한 재판"을 하는 시기로 그를 밀어 넣었다. 1830년대의 영국에서는 이러한 재판들이 관계적, 지적 그리고 영적인 결과를 가져왔다.

프랜시스가 씁쓸하게 "교회의 교리에 대한 개인적인 사랑의 희생"이라 적은 것처럼, 그의 형인 헨리는 동생이 종교적 모임들에서 정당한 권위도 없이 말하므로 제사장적 직무를 지닌 척 한다고 비난했으며, 그의 사도적 영웅이던 존 넬슨 다비 역시도 뉴먼의 삼위일체 교리를 비정통주의적 관점을 가진 이단적인 내용이라고 비난했다.

뉴먼은 전통적인 삼위일체론을 형성하는 것 중 하나인 아타나시우스 신조는 성경적인 또는 합리적인 보장이 없는 일종의 다신교적 미신적 숭배라고 믿게 되었다. 뉴먼이 다비로부터 기대했던 것은 동등삼부삼위일체(coequal tripartite Trinity)가 성경의 단순한 읽기에 반하지 않는다는 사실에 동의해 주거나, 적어도 비본질적 종교 교리에 대한 견해는 서로 다를 수 있음을 인정해 달라는 것이었다.

다비에 의해 질책을 받자, 뉴먼은 니케아신조의 삼위일체 고백을 수용하려는 자신의 의지를 보여주기까지 했다. 그가 생각하기에는 니케아신조가 아리우스신조의 삼위일체론보다는 더 신뢰할 수 있었기 때문이었다. 그러나 다비의 성경문자주의는 니케아신조나 다른 어떤 성경을 벗어나는 출처를 유효한 권위로 인정하는 것을 허락하지 않았다. 다비와 주고받은 견해로 인한 뉴먼의 지적, 개인적 세계관의 충격은 대단했다.

나는 난생 처음으로 성경의 충분성을 격렬히 강조하던 챔피언, 교리들과 교회들에 철저한 반대자가 자기가 만든 성경 외적 신조에 집착하면서 형제들의 영적 상태를 점검하고 있다는 사실을 깨달았다.

다른 말로, 뉴먼에 따르면, 다비가 전통적인 삼위일체 교리는 단순히 성경을 읽는 것만으로는 추론될 수 없지만, 다비-그 자신은 인정하지 않지만-는 미리 선택된 교리체계를 통해 자신의 성경 읽기를 여과시켰다는 것이다. 교회가 성경의 해석자가 되는 것을 허락하지 않는다는 이유로 자신의 잉글랜드 국교회-가톨릭에 속한 형에 의해 정죄당하였으며, 성경을 이성과 상식의 검증을 받게 하였다는 이유로 그의 분파주의자 친구에 의해 추방당한 상황에서 뉴먼은 오직 통곡할 수밖에 없었다.

오 교리여! 교리여! 어떻게 너의 발밑에 사랑, 진리, 양심, 정의를 짓밟을 수 있느냐![23]

다비는 뉴먼이 이단 사상들을 가지고 있는 자이므로, 더 이상 초기 형제단 모임의 교제 안에서 환영받지 못한다는 말을 퍼뜨렸다. 그래서 지난날 그를 열렬히 따랐던 제자를 대안도 없이 떠나보냈다. 그리고 불확실한 목적지를 향해 새로운 길로 떠나게 만들었다. 대부분의 가족과 많은 친구들을 잃은 뉴먼은 고통스럽게 결심했다.

---

23 Newman, *Phases of Faith*, 36-37.

이단으로 버림받지 않은 그 어떤 사람과도 영원한 우정을 절대로 다시 하지 않겠다.

다비는 다비대로 뉴먼의 책 『신앙의 단계』(Phases of Faith)로 같은 상처를 받게 되었다. 다비는 뉴먼의 책을 "죄악의 책" 또는 "악의 덩어리"라고 묘사했다. 『배신의 비합리성』(Irrationalism of Infidelity)이란 글 안에서 다비는 뉴먼의 종교적 전향의 진정성에 의심을 던졌고, 삼위일체 교리에 대한 그의 공격을 반박하였으며, 성경의 권위에 대한 뉴먼의 이성적인 접근의 효용성(왜냐하면 신앙에 의해서 기초하지 않기 때문이다)을 거부하였다.[24]

다비의 무오류적인 성경에 대한 영적인 복종(신앙에 의해 계시된)과 뉴먼의 쉼 없고 집요한 합리주의 사이의 두 영역에서 이 두 사람들은 서로 오갈 준비도 안되어 있었을 뿐만 아니라 이 둘을 이어주는 다리도 없었다. 뉴먼에게 있어 영적인 형성의 닻과 같았던 다비와의 절친한 우정은 그렇게 끝나고 말았다.

뉴먼은 바그다드로부터 기독교와 다른 종교의 만남에 대한 훨씬 더 위대한 현실적 인식을 가지고 돌아왔지만, 영적인 교회와 성경은 잘못이 없다는 그의 믿음은 온전했다. 그는 다비와의 삼위일체 논쟁으로 빚어진 소용돌이에서 헤어 나오기는 했지만, 뉴먼은 완전히 망가졌으며, 다비도 큰 상처를 입었다.

24　John Nelson Darby and Francis William Newman, *The Irrationalism of Infidelity: Being a Reply to "Phases of Faith"* (London: Groombridge and Sons, 1853). 나는 Max Mueller가 Newman과 Darby 사이의 갈등에 대해 자신의 해석을 나누어 준 것에 감사한다.

이로써 남게 된 것은 성경을 덜 의지하게 된 것이었고, 모든 권위를 도덕과 이성이라는 두 기둥에 의하여 시험해보고자 하는 커지고 있는 뉴먼의 성향이었다. 그의 표현에 의하면 그는 이제 그의 『신앙의 단계』의 세 번째 단계에 이르게 되었는데, 그것을 그는 "버림받은 칼빈주의"라고 제목을 달았다.

도덕적으로 민감했던 그였기에 복음 안에 함께했던 그의 옛날 형제들에 의해 어떻게 그가 비도덕적으로 대우를 받았는지에 대한 그의 감각은 날카로워졌다. 뉴먼은 칼빈주의의 진실성을 반박하는 일에 착수하였다. 그는 칼빈의 유기(遺棄, reprobation) 교리를 믿지 않았으며, 선택, 타락, 영원한 심판, 원죄, 그리고 대속적인 속죄 등의 칼빈주의 핵심 교리들을 그의 새로운 논리로 무장한 엄격한 잣대에 종속시켰다. 그의 논점들은 현재에는 매우 상식적인 것이어서 자세한 주의를 끌만한 가치를 갖지 않는다.

그러나 뉴먼이 이런 교리들에 관심을 가지면서 자라난 확신은 이러한 "비도덕적인" 교리가 사람들을 경멸스러운 행동으로 가차 없이 이끌었다는 것이다. 그 자신이 복잡한 교리 문제들 때문에 그와 동의하지 않는 무리들에게 의해 나쁘게 대우를 받았을 뿐만 아니라, 더 나아가 수 세기에 걸쳐서 일어났던 종교적 박해의 혐오할 만한 모든 악들이 일반적인 도덕성을 종교적인 교리의 이해관계에 복종시키려 했던 종교적인 사람들의 경향 때문이라고 보았다.

> 허약한 상식, 상식적 이해에 대한 불안, 상식적 도덕성에 대한 믿음의 부족, 이것들은 확실히 병이다. 종교적 교리들을 신성시하려고 상식의 사용을 금지하는 것보다 이 질병을 더욱 악화시키는 것은 없다.

뉴먼은 지난날 크리스천 형제들로부터 당한 악행들을 이해하려고 노력하면서, "영성이란 명확한 도덕적 분별력을 위한 충분한 안전을 제공하지 않는다"고 보았다. 다른 말로 하면, 가장 부지런하게 교회와 성경에 충성하는 무리들이 "어떤 종교적인 발전을 보이지 않는 일반 세상의 사람들"보다 반드시 더 나은 도덕성의 모범을 보이는 것은 아니라는 것이었다. "나는 일반적인 사람들의 얼굴을 보는 것이 (더) 기쁜 일이었다"고 쓴 뉴먼은 "밝게 빛나는 미소를 짓는 사람들을 보며 나는 '나에 대해 판단할 것은 내가 어떤 사람인가에 의해서이지, 어떤 억지 기준에 짜 맞춘 교리에 의해서가 아니다'"라고 생각했다.[25]

"영적인" 교회에 의해서 개인적으로 상처받았고, 전체적인 칼빈주의 제도에 대해서 도덕적으로 반항하면서, 모든 상쇄하는(countervailing) 경향들로부터 점차 고립된 뉴먼은, 하지만 "신약의 도덕적이고 영적인 가르침을 향한 줄어들지 않는 존경심에 대해서" 여전히 말할 수 있었다.

그러나 그것은 성경 그 자체에 대해서 완전히 철저하게 합리적으로 분석하기 전까지만이었다. 오직 시간의 문제였다. 『포기한 문자의 종교』(*The Religion of the Letter Renounced*)에서 뉴먼이 기록하고 있는 그의 신앙의 4번째 단계는 내용들의 대부분은 성경에 대한 독일 고등비평주의의 학생들에게는 이미 익숙한 것이다.

뉴먼은 대부분의 그의 정보를 비평주의에서 취했다. 뉴먼은 자신의 시들어가는 이성으로 본문의 오류들, 무의미한 기적들, 믿을 수 없는 사건들, 과학적 불가능성들, 그리고 도덕적 부적절함을 판단하였다. 그리고 결국 "성

---

25 Newman, *Phases of Faith*, 43-45.

경 전체에 대한 무오류성의 가정은 증명된 거짓"이라고 결론 내렸다.

뉴먼이 "전체"라는 단어를 고딕체로 표기한 이유는 그리스도가 가르치고 이룬 것, 특히 자신이 특별한 애정을 가지고 있던 요한복음은 충분한 이유를 발견할 가능성이 여전히 있었기 때문이다. 성경에 대한 끊임없는 비판을 통해 뉴먼이 완전히 깨달은 것은 자신이 더 이상 복음주의란 일반적인 명칭 아래로 피난할 수 없는 것과, 확실히 그의 이전 복음주의 동료들로부터 받았던 독려를 더는 기대할 수 없다는 것이었다. 그는 이렇게 썼다.

> 나는 최근 가끔 복음주의 사상을 가진 사람들과 만났다. 그러나 그들과 종교적인 감정에 대한 어떤 것도 거의 교환할 수 없었다. 왜냐하면 그들이 하는 모든 말은 오직 그들과 거리를 두어야만 논쟁에서 도망칠 수 있다는 경고였기 때문이다. 게다가, 혹시라도 어떤 작은 생각의 차이가 우호적인 논쟁으로 이끌더라도, 그들은 한결같이 (성경을) 인용하며 이유를 달았다. 이것은 이제 나로써는 허용할 수 없는 것이다. 아니면 나는 무미건조한 부정보다 더 멀리 나감으로서 손해를 끼칠 수밖에 없었을 것이다. 이후에 확실하게 내가 보게 된 것은 나는 일반적으로 '신앙심이 없는 한 사람'으로 보여지고 있었다는 것이었다.[26]

이전에 가지고 있던 신성한 의견들에 칼질을 해야 하는 고통과 더불어, 뉴먼이 또한 현재 사실로 단정하게 된 것은 그가 떠난 여정은 바로

---

26   Ibid., 87.

오직 그의 형뿐만 아니라, 이전에 알고 지냈던 옥스퍼드대학교의 많은 그의 지인들에 의해서 예측된 것이었다. 이제 복음주의를 버렸기에, 뉴먼은 과거에 그가 얼마나 다른 이들의 영성을 무시했었으며, 그들이 자신의 입맛에 맞는 충분한 복음주의자들이 아니라고 했었는지 기억하면서 오직 몸부림칠 뿐이었다.

성경의 정경영감설에 대한 그의 믿음이 산산조각나면서, 뉴먼은 예상대로 기독교의 전반적인 도덕 기반에 대한 활발한 조사를 시작했다. 질문은 도덕적인 완벽함이 기독교 안에서 발견 가능한 것인지 확인하는 것이 그의 신앙의 다음 단계였다.

그에게 있어 그 질문에 대한 만족스러운 대답은 단순히 교회의 힘을 믿는 것이나 무오한 신성한 본문이 명령하는 대로 순종하는 것을 기초로 해서 얻어질 수 없는 답이었다. 그 대신 그는 무엇을 믿을 수 있는지, 또는 무엇을 믿어야 할지를 결정하기 위해 마지막 판정자로서 교리적 제약들 없이 자신의 내적, 도덕적 인식체계와 그의 마음의 자유로운 작용에 의지하기를 선택했다. 그리고 그는 기독교를 다른 세상의 종교들과 마찬가지로 그들에게 적용되는 연구 방법을 적용시켰다.

뉴먼은 기독교가 학습과 도덕의 증진, 여성 지위의 상승, 노예 제도의 폐지, 폭군 지도자에 대한 저항, 박해 근절, 종교적 관용의 수립 등의 제반 문제들에 대한 무흠한 기록이라는 것을 반대했다. 더욱 심각하게 그는 초자연적 사건들까지 의심하기에 이르는데, 심지어는 그리스도의 부활도 의심하게 되었다.

그는 자신의 다섯 번째 여정을 "헛것으로 판명된 2차적 신앙"이라고 부르는데, 이것이 뜻하는 것은 가능하지 않은 사건들을 단순히 베드로,

바울, 또는 요한이 (2차적으로) 믿었기에 우리도 무조건 믿어야 한다는 것을 거부한 것이다. 그리고 그것들에 대해 기록한 고대 문서의 진위 여부를 기록했다.

그렇다면 대부분의 그의 이전 복음주의 기독교가 사라진 상황에서 무엇이 남게 되었는가?

뉴먼이 발견했던 것은 자신이 아직도 성경과 믿음의 찬송가들을 읽고 기쁨과 혜택을 발견했다는 것이다. 그것들이 오류들과 비합리성을 가지고 있다는 것을 알고 있었음에도 불구하고 말이다.

그가 결론을 내린 것은 이것인데, 그것은 그의 종교는 지금까지 언제나, 그리고 아직도, 하나님을 향하는 감정의 상태이며, 한때는 주저하지 않고 믿었던 신조의 조항들을 덜 의지한다는 것이었다. 성경은 어느 곳에나 암시되어 있는 감성이 스며들어 있다. 즉, 모든 신실한 예배자의 마음으로 순전하고 완벽한 하나님의 친밀한 위로를 느끼는 감성 말이다.[27]

따라서 뉴먼은 자신을 성경을 쓴 이들과 하나라고 느꼈다. 무비판적인 순종을 요구하는 무오한 본문들의 저자들이 아니라, 신적인 실존, 희망, 사랑을 찾아 여행하는 동무와 같은 저자들 말이다. 뉴먼은 그 자신이 새롭게 정립한 믿음에서 파악한 도덕적 우월성을 즐기고 있었다.

그는 다른 종교 지지자들을 포함하여, 단순히 자신의 종교적 분파회원들뿐 아니라, 모든 인류를 사랑하는 것에 더욱 자유스러워진 것을 느꼈다. 이제 그는 오직 영원한 보상과 처벌을 예상하며 사는 삶의 감추어진 이기주의로부터 해방된 것으로 느꼈다. 이밖에도 성경에 의해 가르쳐

---

27   Ibid., 125.

진 것처럼 그리스도의 임박한 재림이 "모든 세상적인 발전"을 쓸모없게 만든다는 동의할 수 없는 믿음으로부터 자유롭게 되었다. 또한 모든 질문들을 "단지 변호사처럼 나의 의문에 쓴 증서를 찾아서 해석하는 업무"에 맡겨버리는 "광적인 성경숭배"라는 정신적인 권위주의로부터 풀려났다고도 여겼다.

뉴먼이 새롭게 발견한 해방이 자신의 앞서 믿었던 교리적 신조의 정신적 모세혈관들 중 어떤 것을 막히지 않도록 했을 수 있지만, 그의 『신앙의 단계』를 자세히 읽어보면 그는 영국의 국수주의, 끊임없는 반가톨릭주의, 복음주의를 열렬히 비판하는 반복음주의자로부터 완전히 자유롭게 되지는 못했다. 놀랄 일은 아니지만 복음주의자들은 자기들의 비판자를 비판하는 데 시간을 허비하지 않는다.

『영혼』(The Soul)의 출판보다 일 년 빠른 1850년 나온 『신앙의 단계들』은 거의 즉각적으로 정통 기독교에 헌신된 모든 이들로부터 적대감을 불러일으켰다. 비판의 글들은 곧바로 「브리티쉬 쿼터리 리뷰」(The British Quarterly Review, North British Review)에 나왔고, 책만큼 긴 반박들이 데이비드 월터의 『신앙의 단계에 대한 답변』(Some Reply to Phases of Faith, 1851), 뉴먼의 옛날 사도적 영웅이었던 존 넬슨 다비의 『불신앙의 불합리성』(The Irrationalism of Infidelity, 1853), 헨리 로저스의 『신앙의 소멸』(Eclipse of Faith), 『종교적 회의자 방문』(A Visit to a Religious Sceptic, 1852), 그리고 『신앙의 소멸에 대한 변호』(A Defence of the Eclipse of Faith, 1854)(이것은 많은 판이 영국과 미국 모두에서 발매되었다) 등으로 쏟아져 나왔다.[28]

---

28   Knoepflmacher, Introduction to *Phases of Faith*, 11.

뉴먼은 차례로 『신앙의 단계』 수정판을 발매했는데, 그의 비평가들의 생각을 담아서 1853년에, 다시 1860년에, 1850년 판에는 추가로 "예수의 도덕적 완성에 대하여"와 "신앙의 소멸에 대한 답변"이란 두개의 장을 별도로 포함하였다. 전자는 특별히 복음주의자들이 용서하기 힘든 장이었는데, 그런 감정은 150여 년 이상 지속되었다.[29] 뉴먼은 그가 경멸하던 그의 적들이 사용하는 콧대 높은 문자주의를 사용하여 예수라는 인물을 활기를 잃게 하는 도덕적 시험대에 올려놓았다. 거의 지나쳤다 싶을 정도로, 그는 신약의 예수를 다음과 같은 점에서 비난했다.

예수는 고압적인 말씀을 통해 과장되고 독단적인 지혜를 보였으며, 비유적 가르침을 통해서는 고의적으로 모호한 느낌을 주며, 모든 것을 팔아 가난한 자들에게 주라는 도움이 안 되는 경제적 극단주의, 그리고 일반적인 시민 및 종교적 지도자의 격분만 불러일으킬 수 있는 파괴적이고 순교자적인 콤플렉스 조성한다는 것이었다.

이와 같은 비난에 이어 뉴먼은 "선함을 유지하는 데 있어서는 예수는 명예스럽지 못한 그의 대다수 제자들보다 더 낮은 편"이라 결론 내림으로써 정통파 삼위일체론자들뿐 아니라 그가 일반적으로 더 잘 통하던 급진적인 유니테리언 신자들에게조차 모욕을 주었다.

이후의 비교에서도 뉴먼은 거의 모든 빅토리아 시대의 독자들을 공격할 수밖에 없는 종교적 색체를 띠었는데 미국 몰몬교의 근래 역사가 보

---

29 예를 들어 Robert Bernard Dann은 Anthony Norris Groves의 전기를 쓰면서 *Phases of Faith*에 대해 흠잡을 데 없는 공평한 설명을 한다. "지금까지 우리들은 마지못해 떠났던 한 사람에 대해 동정심을 가질 수 있다. 그러나 Newman의 계속 어두워지는 단계의 가장 어두운 단계가 앞에 놓여있다. 그는 결국 쐐기풀을 섣뿔 불잡으며 예수의 인격은 헛된 속임수로 더럽혀졌고… 서투른 자기충족이며… 실수와 교만이라 주장했다." *Father of Faith Missions*, 299.

여주듯이 모호한 도덕적 가치를 위해 이들 리더들이 순교, 즉 죽음으로 이어지는 일들은 사이비 종파의 비즈니스를 위해서는 좋다는 것이었다.

『신앙의 단계들』의 성공적인 판수들로 인해 일어나게 된 논쟁이 정점에 이르렀을 때, 「웨스트민스터 리뷰」와 연계된 진보층 지식인들은 그의 많은 험담꾼들로부터 뉴먼을 지원하는 것이 적절하다고 생각했다. 메리 앤 에번스(조지 엘리엇)에게 뉴먼을 지원하는 투사로 나서도록 요청하였다. 분명치 않은 이유들로 인해(그녀는 아마도 "성직자적 삶의 모습들"을 집필하느라 바쁘게 일하고 있었을 것이다), 에번스는 그 일을 맡지 않았다.

그러나 "프랜시스 뉴먼 그리고 그의 복음주의 비평들"이란 제목의 익명의 기사가 「웨스트민스터 리뷰」에 1858년 10월 게재되었다.

1850년대 출판된 뉴먼의 책들에 대한 10개의 비평과 논쟁에서, 비평가들은 비록 "뉴먼이 종종 신비적이고, 가끔은 불규칙적이고, 때때로 불확실하지만" 그의 반대파들이 실패한 "솔직함, 예의, 관용, 양심"을 가지고 진리를 찾고자 하는 진정한 지적 갈망에 따라 활동했다고 결론 내렸다.

뉴먼에 대한 복음주의의 공격은 성경의 무오성에 대한 그의 부정, 계시를 이성을 통해서만 이해하려는 것, 그리고 (성직자로서의) 전통적인 권위를 배제한 채 하나님의 목적을 해석하려는 그의 확연한 거만함에 집중되었다.

예를 들어, 로저스는 "하나님이 뉴먼에게 직접 하실 말씀이 없다는 것을 사람에게 외적 계시로 직접 말씀하시는 것이 불가능했을 때, 하나님은 그의 사자인 뉴먼을 세우셔서 직무를 행하도록 하셨다"라고 비꼬

앉다.[30] 뉴먼의 가장 혹독한 비평가는 그의 옛날 친구이자 스승인 존 넬슨 다비였는데, 다비는 죄 많은 사람들은 성경적 계시의 진위 여부를 판단할 수 없다고 보았다. 예상했던 바 다비의 세대주의적 전천년주의는 계시의 종말에 관한 매우 특정한 해석에 그 근거를 두고 있었는데, 다비는 뉴먼의 요한계시록의 정경성(正經性, canonicity)에 대한 의심스러운 관찰과 계시록에 대한 시적인 무모함에 화를 내었다. 뉴먼은 자신이이 복음주의자들을 공격한 것과 같이, 자신의 명백한 변절에 대해 그들로부터 공격을 받았다. "아무 복음주의자에게"란 글을 통해 뉴먼은 이렇게 썼다.

> 나는 말을 할 권리가 있는데 그것은 당신들이 한쪽의 경험을 가지고 있지만, 나는 양쪽 경험을 가지고 있다는 것이다. 그리고 내가 알기로는 그가 가치를 두는 영적 열매들은 그의 학파(그리고 내가 한 때)가 그 교리들이 자라 온 뿌리라고 상상했던 복잡하고 정교한 교리와 아무 연관이 없다.

뉴먼 자신이 특히 기분이 상하게 된 것은 복음주의자들이 뉴먼은 절대로 "진정한" 믿음을 가져본 적도 없었거나 혹은 뉴먼은 그 믿음을 잃어버릴 수조차 없었다고 하는 주장 때문이었다. 이에 대한 반응으로 뉴먼은 많은 복음주의자들이 진리보다 더욱 그들의 견해들을 더 사랑하며, 자신들의 주장들을 비판적으로 검증하는데는 관심이 거의 없다고 단언했다.

30　무명 씨의 "F. W. Newman and His Evangelical Critics," *Westminster Review* (October 1858): 376-425.

뉴먼은, 어쩌면 사실이겠지만, "내가 신약성경을 전하는 것 때문에 격분한 무슬림들로부터 쫓기고 있었을 때(시리아에서 바그다드로 향하던 여정에서)였던 당시 27살 나이로 죽임을 당했었더라면, 그들은 나를 뛰어난 성자나 순교자라고 나팔을 불었을 것"이라고 썼다.

그는 만약 그가 조금 더 미련했거나, 정신적으로 부정직하기로 작정할 의지가 있었다면, 아니면 20년 전 그의 복음주의 친구들이 그에게 조금만 더 친절함을 보여주었더라면, 그는 그들의 의해서 아직도 크리스천 신앙인이라고 인정받고 있었을지도 모른다고 씁쓸하게 결론 내린다. 그는 "지금 나와 절연(disown)하려고 하는 것은 맥빠진 건방짐"이라고 말했다.[31]

그가 10대와 20대 시절에 위크로우산에서 다비의 사도적 영웅주의를 접했을 때, 그리고 바그다드의 생지옥에서도 흔들리지 않았던 그로브스의 잠잠한 신앙심을 동경했을 때 가졌던 복음주의적 개신교와 뉴먼은 이렇게 불행하게 끝나버리고 말았다.

『신앙의 단계들』에서 그린 뉴먼의 환멸은 뉴먼 자신의 한때의 이야기들이고, 무오류의 성경적인 권위, 교리적 신학, 그리고 좁은 정신에 토대를 둔 기독교에 대한 논리적이고 끈질긴 통렬한 비난이다. 이와 같은 기독교에 대한 반감은 의문의 여지 없이 지난 날 그가 복음주의에 대해 가졌던 환멸로 인하여 생긴 것인데, 뉴먼의 다른 사상이 담긴 출판물에서 생긴 신랄한 논쟁으로 인해 나중에 추가된 『신앙의 단계들』로 더 악화되었다.

31　Newman, *Phases of Faith*, 133-34.

그의 로마 가톨릭에 속한 형(존 헨리 뉴먼)과의 관계에서처럼 뉴먼은 유감스러운 습관이 있었는데, 높은 수준의 도덕적인 입장을 주장하면서 자신과 의견을 달리하는 사람들에 대해서는 호되게 꾸짖는 것이었다.

빅토리아 여왕 시대의 영국에서 교회이든, 교리이든, 책이든, 무오한 권위들을 추종하는 무리들에 대해 그는 그들이 지적으로 비난받아 마땅하다고 여겼을 뿐만 아니라, 도덕적으로도 문제가 있는 것으로 여겼다. 그의 딱딱한, 종종 난폭한, 단조로운 글들은 그의 주변에 있는 사람들을 격앙시켰다. 그에 대한 전기 작가는 뉴먼의 책들을 읽다 보면 다음과 같다고 진술했다.

> 뉴먼의 글들은 거의 독사와 같이 튀어 나온다. 그리고 정신적으로 뒷걸음치게 되는데 그것은 마치 조용한 글자들의 숲속에서 갑자기 독사가 이단적인 머리를 들어 올림으로 이상하고 위험한 소리가 울려 퍼지는 것 같기 때문이다.[32]

『신앙의 단계들』을 좋아하지 않았던 것은 단지 복음주의자들만이 아니었다. 그는 잉글랜드 국교회 주교들, 매튜 아놀드, 그의 다양한 교회 추종자들, 대부분의 빅토리아 여왕 시대의 신정통주의자들, 그리고 유니테리언들 역시 불쾌하게 만들었다. 한번 논쟁이 일어나면 그의 안에는 추진하는 결단력이 있었는데, 결과가 어찌되든 상관없이 어디로든지 그의 마음이 이끄는 대로 내몰아갔다.

---

32 Sieveking, *Memoir and Letters*, xii.

그러나 프랜시스 뉴먼에게는 또 다른 면도 있었다. 바그다드로 갔었을 때 깊었던 신앙심의 뉴먼, 거기서 돌아오면서 앤서니 노리스 그로브스의 책자 『기독교인의 헌신』으로부터 받은 영향, 또는 플리머스형제단의 배경을 가지고 있는 대단히 종교적인 여인과 결혼한 그의 모습 말이다.

그랬던 그는 복음주의자들이나 교리에 집착하는 로마 가톨릭들과는 끊임없이 사이가 좋지 않았다. 그 자신의 종교적인 헌신의 마음 가운데에 놓여 있는 것을 밝히기에 가장 적합한 곳은 『신앙의 단계들』이 출판되기 1년 전에 출판된 한 권의 책이다.

그 책은 1850년대 그를 삼켜버렸던 논쟁 속에서 없어졌다. 『영혼, 그녀의 슬픔들과 그녀의 열망들: 신학의 참된 기본으로서 영혼의 자연적인 역사를 향한 수필』(*The Soul, Her Sorrows and Her Aspirations: An Essay Towards the Natural History of the Soul, as the True Basics of Theology*, 1849)이 그 책이었다. 이 책은 인간 영성의 마음과 중심을 찾아내고 그것을 양육하는 것을 놀랍도록 시도한 글이다.

그 책 서두에서 뉴먼은 "영혼에 의해 우리가 알게 되는 것은 인간 본성의 한 면인데, 조물주와 하나님과 무한한 인격과 우리가 접촉하는 한 면이다. 따라서 영혼만으로도 하나님을 아는 것이 가능하며 인간 지식의 정확함은 건강하고, 활동적이고 완전하게 개발된 상태의 유기체에 의지해야 한다"라고 보았다.[33]

뉴먼의 책은 동시적으로 영혼의 병리학이고, 종교적인 경험의 심리학이며, 서유럽에 있는 기독교의 상태에 대한 분석이다. 그뿐만 아니라 때

---

33   Francis William Newman, *The Soul, Her Sorrows and Her Aspirations: An Essay Towards the Natural History of the Soul as the True Basis of Theology* (London: John Chapman, 1849).

때로 뉴먼의 일반적으로 딱딱한 산문조 글이 광상곡(狂想曲)에 길을 내어 줄 때면, 격렬한 신비함의 높은 지대에 도달하는 느낌을 주기도 한다. 뉴먼은 어떻게 하면 사람들이 무한한 분의 지식에 도착하게 되는지에 대해 윤곽을 그리면서 시작한다. 한편으로는 역사적 인류학이자 다른 한편으로는 영적 묵상에 해당하는 그 책은 인간이 하나님과 관계를 가지는 방법을 관찰하는데, 그 방법은 두려움, 경외, 감탄, 존경, 지적인 디자인에 대한 감상, 선함, 그리고 지혜 등에 그 뿌리를 두고 있다고 본다.

그러나 그의 목표는 단순한 증거들이나 신학을 세워나가는 것 이상이었는데, 인간의 영혼과 신적 자연의 관계에 도달하기 위해 뻔한 논쟁적인 토론 세계로 끌어들이는 형편없는 영성을 뛰어넘고자 하였다. 죄와 신성이라는 용어가 이야기에 들어오는 것은 이 시점이다. 왜냐하면 뉴먼의 하나님은 또한 모든 잘못된 행동에 눈살을 찌푸리는 우리의 양심의 하나님이기 때문이다.

뉴먼의 복음주의 선생님들이 그에게 인간 죄성의 심각함을 얼마나 심도 있게 그에게 전달했었는지를 보여주는 어느 한 단원에서는, 뉴먼이 칼빈주의 사상인 전적인 타락(그가 선호하는 것은 모든 피조물의 영구적인 불완전성이다)과 그리스도의 대속에 관한 법정적 이론들 도두를 버린다. 그것은 어떻게 영혼이 사랑 안에서 완전하게 되는지를 보기 위해서였다.

여기에서 하나님 앞에서 평안을 향한 영혼의 열망, 순결, 그리고 죄책감이 없는 것에 대한 뉴먼의 묘사는 거의 웨슬리안의 완전주의에 대한 복제판이나 다름없으며, 뉴먼은 "그 영광스러운 찬양 작사가인 찰스 웨슬리"로부터 자신이 의미하는 것을 찾는다.

이제 응답하소서, 나는 약하오며

자포자기한 상태에 있사오니

나의 마음에 축복의 말을 해주십시오:

이 순간의 기도로 말미암아 이기게 하소서.

말해 주십시오,-아니면 결코 당신을 놓지 않을 것이오니,

나에게 말해 주십시오, 당신의 이름이 사랑인지를.

그리고 다시,

이것은 사랑이라네! 이것은 사랑이라네!

당신이 나를 위해 죽었다는 것이:

나는 마음으로 당신의 속삭임을 듣습니다:

아침이 활짝 다가오고, 어둠들은 도망을 가네:

당신은 순수한, 우주적인 사랑입니다.

나를 향해, 모두를 향해, 당신의 중심들이 움직입니다.

당신의 본성과 당신의 이름은 사랑입니다.

나의 기도는 하나님께 힘이 있습니다! 그 은혜

말로 표현할 수 없는, 나는 이제 받았습니다:

믿음을 통하여 나는 당신을 얼굴과 얼굴로 마주합니다.

나는 당신을 얼굴과 얼굴로 봅니다.-그리고 삽니다!

헛되이 울지 않았고 몸부림치지 않았습니다.

당신의 본성과 당신의 이름은 사랑입니다.[34]

뉴먼 역시 웨슬리의 말 속에 들어있는 알미니안주의적 내용들에 공명(共鳴)했다. 왜냐하면 하나님이 한 영혼을 사랑하시는 것이 확실하듯이 단지 선택받은 자들뿐만 아니라 모든 이들을 사랑하시기 때문이다. 그는 빅토리아 여왕 시대의 기독교가 안식일 규정을 사소하게 위반하거나 한 것처럼, 죄도 아닌 것을 가지고 죄라고 만들어내는 능력에 대해서도 참을 수 없었다.

"무한한 성령"의 도장이 찍히지도 않은 것이 분명한, 후회도 하지 않는 이기심에서 비롯된 "비열하고 배교적인 행위"보다 열정을 분출한 죄에 더 무게를 두었다.

『영혼』의 3부, "하나님에 대한 개인적인 관계의 감각"에서 뉴먼은 18세기 모라비안의 경건에 부적합한 광상곡 같은 내용을 썼다. 남성적인 경건과 여성적인 경건을 구분 지으며, 뉴먼은 "여성들이 남성들보다 더욱 쉽게 순수한 종교에 다가간다"라며 결론짓고는 하나님을 위한 영혼의 사랑과 남편을 위한 아내의 사랑을 평행선상에 놓는다.

그는 영혼에게 여성이란 성별을 주는데 이것이 그가 하나님과 영혼의 관계에 대해 황홀한 묘사들로 옮겨갈 수 있도록 허락해 준다. 뉴먼의 일반적인 형식인 산문적인 합리주의를 초월하도록 말이다.

한 단락은 특별하게 충분히 인용할 만한 가치가 있는데 그 이유는 그것이 뉴먼의 각성된 영혼에 대해서 어떻게 생각하는지 드러내기 때문이

---

34 Ibid., 65-66.

며, 여성적인 부드러움과 어린아이 같은 기쁨으로 뒤덮여 있으며, 이성적인 사고를 변화시킬 수 있기 때문이다.

영혼은 이해하고 알고 있었다 하나님이 *그녀*(이텔릭체는 뉴먼의 생각임)의 하나님인 것을 말이다. 다른 어떤 창조물보다 그녀와 더욱 가깝게 머무르고 있고, 그렇다. 별들이나, 바다도, 미소 짓고 있는 자연도 영혼의 품처럼 하나님을 그렇게 친밀하게 안을 수 없다.
하나님은 영혼에게 무엇일까?
영혼의 영혼이 아니면 무엇이겠는가?
하나님은 나의 절친한 친구다라고 말하는 것이 더 이상 불경스러워 보이지 않는다. 하나님은 나를 위해서 있다. 그리고 나도 그를 위해서 있다.
그래서 기쁨이 폭발하여 찬양으로 변한다. 그리고 모든 것들이 아름다워 보인다. 그리고 고난도 쉬워 보이고, 그리고 의무도 즐거움이 된다. 그리고 모욕은 느껴지지 않게 되고, 한 조각 빵조차 맛이 있다.
그렇다면, 비록 물리적인 우주가 확고한 법칙으로 고정되어 있는 것을 우리가 알고 있지만, 우리는 사건들마다 하나님의 손을 보지 않을 수 없다. 어떤 일이 발생하든, 우리는 그의 은혜, 그의 친절함, 또는 그의 방문이나 그의 징벌로 생각한다. 모든 것은 그의 사랑으로부터 우리에게 온다. 그리고 매우 비논리적인 생각일 수도 있지만(그리고 아마도 단순한 환상일 수도 있다) 우리는 그렇게 생각하지 않는 영혼의 본능에 대해 우리가 이성적으로 생각하지 않고 따르는, 그러한 반칙을 행사해야 할 수도 있다.

그리고 다른 이들에게 이러한 역설을 받아들이게 해야 한다. 이처럼 전 세계는 아직 맛보기 전의 달콤함으로 우리에게 신선하게 다가온다. 모든 것들이 우리의 것이다. 불행이나 또는 즐거움이나, 건강이나 또는 고통도 말이다. 과거의 것들은 지나가게 되었다.

보라! 모든 것들이 새것이 되었다.

영혼은 궁금해하고, 감탄하고, 감사를 드리고, 그리고 여름날 아이들처럼 기뻐한다.-그리고 새로 태어난 아이와 같다는 사실을 깨닫는다. 그녀는 새로 태어남을 경험하게 되었다![35]

이곳이 순수한 신앙심이다. 그리고 이러한 신앙심은 거의 웨슬리안의 완전주의와 맞아떨어진다. 뉴먼이 원했던 이러한 영적 상태에서는 영혼이 심지어 차가움과 무관심으로 괴로움을 당하게 될 때에도 매우 빠르게 사랑으로 되돌아가기 때문에 죄가 지배할 시간을 거의 가질 수 없다.

뉴먼은 "이것이 바로 웨슬리안 교도들이(다른 기독교인들에게 걸림돌이지만) 완전함 또는 완전한 대속이라고 명명하는 상태인 것처럼 보인다. 그리고 이것을 경험한 후에 그들은 아름답고 감동적인 찬양들에 생명을 불어 넣었다"라고 쓴다.[36]

이 시점에서 독자들은 당연히 의문을 품는다. 영적인 열정과 고귀한 열망을 갖고 있는 뉴먼의 『영혼』이 어떻게 단단하고 회의적인 논리와 논쟁적인 정신을 갖고 있는 뉴먼의 『신앙의 단계들』과 조화를 이룰 수 있

---

35 Ibid., 103.
36 Ibid., 131.

는지를 말이다.

다음과 같이 결론을 내리는 것이 쉬울 것인데, 거기에는 그가 평생 싸운 자신의 인격 안에 변증적 양극성들이 있다는 것이며, 진실이 그 안에 숨어있을 수도 있다는 것이다. 그러나 그것은 충분한 설명이 안 될 수도 있다.『영혼』안에 높은 영적 고상함에 대한 구절들 사이에 숨겨져 있는, 빅토리아 여왕 시대의 종교의 천박한 교조주의를 규탄하는 구절들이 있다. 특히 복음주의 종류에 대해서 말이다.

예를 들면, 뉴먼은 신적 사랑에 대한 화려한 장식 가운데서도, 이러한 사랑에 대해 진지하게 말하면서도, 세계 인류의 대다수를 영원한 징벌로 정죄하는 신조를 믿는 무리들에게는 신경을 곤두세웠다. 진실에 대한 암시 이상으로, 그가 결론 내린 것은 정통 기독교의 가장 천박한 교리들은 오직 논쟁으로 해를 끼치려는 사람들에 의해 간혹 출현하였지만, 대부분 지성의 가장자리에서 먼지 속에 묻힌 채 놓여있다는 것이었다. 그렇기에 그들의 이론적 신조 안에 내재된 이기심을 개인들에게 전가시키는 것은 정당하지 않다.[37]

따라서 그는 복음주의자들을 그들 자신의 교리들의 가장 최악의 남용들로부터 면제해 준다. 반면에 그들이 공적 신앙의 도덕적 함축에 대해 절반 밖에 생각하지 않는 것을 비난한다.『영혼』과『신앙의 단계들』안에 표현된 뉴먼의 종교적 감성의 양 극단은『영혼』마지막 장에서 더욱 서로 가까워진다. 마지막 장의『기독교의 전망』이란 제목의 글은 과거, 현재, 그리고 미래 기독교의 본질을 넓게 다룬 논문이다.

---

37   Ibid., 123.

세속주의 이론가들의 논쟁들을 예측하면서, 뉴먼은 기독교가 왕실 권력과 선교적 침투를 통해 특히 도시 인구들 내에서는 빠른 발전을 만들어 낸 반면, 서부 유럽의 오래된 중심지들에서는 눈에 띄게 죽어가고 있다고 시작한다. 그는 "정말 캄캄한 불신앙이 수만 명 사이에 퍼지게 될 것이다.... 영국의 큰 도시들까지도 파리의 모습처럼 변하게 될 것이다"라고 예측한다.

> 지적 엘리트들이 영적으로 죽은 범신론자들이 될 것이다. 뉴먼에 의하면, 지적이고 그리고 유명한 불신앙의 협공 운동이 기독교를 규탄하여 결국 기독교는 유럽 내의 소수의 신조가 되게 할 것이다. 인도와 아랍 안에 있는 이슬람교도들과 힌두교도들 사이에서 어떤 것도 얻을 수가 없음이 분명해진 것처럼 말이다.

미래를 내다보는 이런 예측은 그의 확신에 기초하고 있었는데, 그것은 현대 기독교가 "기독교 증거들"이라고 불리는 것의 노예가 되었기 때문이라는 것이었다. 소위 진정한 영성을 희생하여 절대 권위들을 건설하려고 노력한 것이 기독교의 증거들이다.

그의 공적 대상들 중에서도 가장 중요한 것은 무오한 성경의 "기계적 영감"에 대한 믿음이었다. 그가 생각하기에 이것은 기독교를 학식이 있든 없든 가차 없이 문서비평가들의 손아귀 안으로 전달해 버렸다. 또한, 삼위일체론과 같은 비이성적 교리들을 교리적, 조직적 신학, 정통 기독교로 체계화하여, 지성인에게 상처를 주거나 논쟁을 불필요한 것으로 만들거나, 두 가지 모두 범했다.

다시 한 번 초대 교회와 그것의 영적 우위성에 대한 열정을 보이면서, 뉴먼은 기독교를 퍼트렸었던 사도들은 신성한 문서, 또는 다신적 교리를 방어하지 않았으며 다만 인류의 영혼들에게 예수의 가르침들을 설교하였다고 말했다. 그는 기독교를 실존적 근거들과 전제적 증거들에 묶는 것은 복음주의자들이 병적으로 그렇게 두려워하는 발전하는 지식과 무익한 싸움을 시키는 것이며, 복음주의자가 왜 이런 정신이 없는지를 잘 보여준다고 주장한다.

그의 형 존 헨리 뉴먼은 기독교의 핵심이 교회와 전통, 성도의 교제에 있다고 호소함으로 자유주의가 기독교를 침투해 들어오려는 것에서 보호하려 노력한 반면, 프랜시스 뉴먼은 그의 복음주의적 경건주의적 뿌리들을 보여주며, 그 대신에 신앙과 영적인 것과 영혼의 교제에 의지하는 것을 선택했다.

그는 바그다드 무슬림들에게 실패했던 자신의 선교로부터 그에 대한 확신을 얻게 되었다. 독일의 성경 고등비평주의에 손댄 것으로부터, 빅토리아 여왕 시대의 기독교의 수많은 위선자들에 대한 그의 관찰들, 그리고 증거를 통한 이성적 호소를 통해 사람들을 개종하려고 노력해 온 기독교는 그것 자체의 비합리성으로인해 실패함으로 망하게 되었음을 그는 기록했다.

> 기독교 신앙을 경멸하게 된 수만 명의 사람들을 해박한 지식과 비평학 언쟁들을 통해 되돌리는 것은 절대적으로 불가능한 일이다. 양심과 영혼에 호소되지 않으면, 천박한 이들에 의해 한 번 잃어버린 기독교 신앙

은 영원히 되돌릴 수 없을 것이다.[38]

뉴먼은 오직 마음에 속한 것을 마음에 돌려주고 영혼에 속한 것을 영혼에 돌려주는 방법만이 유럽을 세속화로부터 살릴 수 있는 가능성을 확보하게 된다고 생각했다.

비록 그가 종종 그것에 가깝게 접근하지만, 뉴먼은 참된 기독교 영성은 마음의 통찰력들과 전쟁 중이라는 것이 아니라, (이러한 통찰력 역시 적절한 곳에서의 배양이 필요하다) 영성은 고대 사건에 대한 증거들에 호소하거나 단순히 교리적 명제들에 대한 믿음에 의해서 배양될 수 없다.

뉴먼에 따르면, 기독교의 핵심 기록이 매우 적은 과거 사건들의 해석이나 미래의 지식 발전으로 인해 반박될 수도 있는 주장 위에 둔다면, 지적 두려움을 일으키며 끝없는 논쟁밖에 일어날 일이 없다는 것이다.

뉴먼이 믿기로는, 기독교가 어디로 향하고 있는지에 대한 자신의 처방을 듣는 것에 실패를 할 경우, 일련의 재앙 같은 결과들로 인도될 것이라는 것이었다. 과학의 주장들은 종교의 주장들과 경쟁하게 될 것이고, 과학이 필연적으로 승리하게 될 것이기에, 신학교들은 학생들에게 단순한 논리와 문학적 분석으로 종교를 축소시켜 가르칠 것이라는 것이었다. 결국 기독교 목회자들의 영성도 더욱 줄어들 것이고 종교의 남은 것마저 암담한 미신보다 못한 위치로 내려가거나 또는 새로운 지식의 발전에 대항하는 쓸모없는 전쟁이 될 것이다.

대조적으로, 뉴먼은 기독교 미래에 대한 하나의 비전을 제시한다. 즉

---

38 Ibid., 207.

기독교는 도덕적 위엄에 있어서는 거의 히브리적이고, 완벽주의자적 신학에 있어서는 웨슬리안 같으며, 세대주의적 전천년주의에 있어서는 플리머스형제단과 같고, 공식 종교의 시시함을 혐오하는 것에는 경건주의적이 되어야 한다는 것이다. 영혼에 대한 마지막 결론으로 뉴먼은 다음과 같은 멋진 끝맺음을 한다.

> 당신은 하나님과의 화평을 통한 성령의 성화를 믿는가?
> 하나님을 믿음으로 영혼의 거듭남을 믿는가?
> 우리가 그를 사랑하기 전에 그가 우리를 사랑하신 그의 값없는 은혜를 믿는가?
> 그들이 죄악들 속에 있더라도, 단지 하나님을 믿는 것을 통해 죄인들에게 칭의가 주어짐을 믿는가?
> 믿는 영혼이 하나님과 함께하는 영원한 연합을 믿는가?
> 당신은 성령에 의해 마음 속에 널리 퍼진 하나님의 사랑에 대해 무엇을 알고 있는가?
> 부끄럽지 않도록 하며, 다시 일으키시는 소망에 관해 무엇을 알고 있는가?
> 아니면 하나님의 깊은 것들까지도 찾아내시는 성령으로부터 무언가를 그가 받았을 때, 하나님의 마음을 깨닫는 사람이 되는 것에 대해 알고 있는가?
> 세상을 이기는 믿음에 대해 알고 있는가?
> 율법보다 고상한 원리의 인도함을 받는 영에 대해 알고 있는가?
> 이러한 감정들과 경험들이 (명제가 아닌) 기독교의 참된 핵심이다.[39]

---

39 Ibid., 216-17.

뉴먼에 따르면, 이러한 기독교에 대한 비젼은 크리스천, 유대인, 무슬림, 힌두교 신자들 사이를 나누는 장벽들을 허물 것이고, 성경에 대한 "기계적 영감"과 주교들의 "기계적 신성화"와 종교적인 진리의 문제들에 대해 적당한 권위를 얹어주려는 영국의 기독교의 헛된 노력을 종결시킬 수 있을 것이라고 믿었다. 뉴먼은 영적 왕국에 대한 하나님의 계시적 비젼을 다음과 같이 한다.

> 하나님의 영적 나라는 고기와 음료, 또는 설교나 안식일, 또는 역사나 주해, 또는 어떤 책의 무오성에 대한 믿음이나 어떤 사람에 대한 초자연적 기억으로 이루어져 있지 않다. 그것은 바울이 이야기하는 것처럼 의와 화평과 즐거움을 성령 안에서 갖는 것이다.[40]

이러한 방식으로 뉴먼은 과거 자신의 복음주의적 괴수들을 척결할 수 있었을 뿐만 아니라, 또한 신조나, 교리, 또는 전통에 의해서가 아닌 영성에 의해서 종교의 미래를 예측하게 되었다. 비록 교파적 표식들과 신학적 전통들의 생존에도 불구하고, 수백만 명의 미국과 유럽의 크리스천들은 의식적이든 무의식적이든 그들이 깨닫고 있는 것보다 훨씬 더 프랜시스 뉴먼에 의해 옹호된 영성에 가까운 후손들이다.

비록 『영혼』이 존 헨리 뉴먼(그는 이 책을 읽지 않은 것처럼 보인다)과 당황한 다른 많은 성직자들에 의해 냉대를 받았음에도 불구하고, 빅토리아 여왕 시대의 다채로운 자유주의 지식인들에 의해 읽혀졌고, 존경을 받

---

40 Ibid., 221.

았다. 이들 지식인들 가운데 메리 앤 에번스(Mary Ann Evans), 프레더릭 해리슨(Frederic Harrison), 조지 제이콥 홀로아케(George Jacob Holyoake), 윌리엄 메이크피스 새커리(William Makepeace Thackeray) 등이 있었다. 이밖에도 이 책은 엘리자베스 개스켈(Elizabeth Gaskell)과 샬롯 브론테(Charlotte Bronte)의 처음 모임에서의 대화의 주제였다.[41]

일 년 뒤 『신앙의 단계들』도 함께 출판되면서, 『영혼』은 도덕적 신관과 영성에 확고하고 견고히 헌신된 자유사상가로서의 뉴먼의 평판을 얻게 해 주었다. 비록 뉴먼이 『영혼』과 『신앙의 단계들』을 펴낸 후 45년을 더 살았고, 그가 더 많은 종교적 주제들에 대해 글을 쓰는 헌신을 했지만, 이 두 권의 책과 그 부수적인 결과는 어쨌든 그의 인생의 회전축이 되었다. 왜냐하면 이로부터 뉴먼이 청년 시절의 복음주의에서부터 결정적으로 멀어졌고, 여러 사회적 명분들을 위해 발 벗고 나선 계기가 되었기 때문이다.

메이시 워드(Maisie Ward)의 존 헨리 뉴먼에 대한 그녀의 자서전 안에서 프랜시스를 깎아내린 유명한 기록에 의하면 "(뉴먼은) 신앙의 자리를 많은 일시적인 유행들로 채워넣은 것으로 보인다"라며 지나치게 그 단계의 뉴먼의 삶을 각색해 버렸다.[42] 마찬가지로 메리 앤 에번스도 뉴먼에게 어느 정도 공감은 표시했지만, 여전히 폄하하는 평가를 1874년에 남겼다.

불쌍한 프랜시스 뉴먼씨.

그는 지금은 나이가 드셨을 것이다. 세상으로부터 많이 지치고 세상을

---

41 다음 책 *The Soul*의 엇갈린 반응은 Schellenberg, "Prize the Doubt," 118-19.
42 Maisie Ward, *Young Mr. Newman* (London: Sheed and Ward, 1848).

향한 해명들로 지치셨을 것이다. 그는 더 이상의 혁신을 받아들이지 못할 것이라고 기대할 수 있다. 나는 그에 대한 애정어린 슬픔을 갖게 되었는데, 그것은 오래 전에 내가 그의 『영혼』과 『신앙의 단계들』 안에서 느꼈던 것이다. 내가 숙녀대학(Ladies' College)에서 수학을 가르치는 강사로 그를 존경심을 품고 만났었을 때이다.

그가 얼마나 많은 일을 이 세상에서 했었나.

그것은 깊거나, 눈에 띄게 남긴 것은 없지만, 아마도 많은 사람들의 삶 속으로 괜찮게 파고들었다.

바실 윌리(Basil Willey)는 이들과는 달리, "뉴먼은, 빅토리아 시대의 다른 사람들을 비난하는 것이 이상한 일이 아니라는, 즉 떠나간 복음주의자들의 진화 단계의 마지막인 매우 발전된 사회적 양심을 지녔다"라고 관대하게 평가하였다.[43]

뉴먼이 사회적으로 추구한 명백한 범위는 그의 직업과 잘 맞아떨어졌다. 교육자로써 (그는 1846년부터 1863년까지 런던대학교대학[University College London]에서 라틴어 교수였다), 작가로, 잘 알려진 지성인으로써, 그는 인상적이었다. 뉴먼의 많은 열정들은 자신이 심사숙고한 것으로써, 문명화의 저급한 네 가지 야만 행위들, 즉 전쟁이나, 형벌체계나, 사람의 탈선과(주로 음주로 인한), 그리고 동물들을 향한 가혹 행위에 반대하는 쪽으로 체계화되었다. 뉴먼은 "영국의 대외 제국주의정책, 유럽에서의 자유주의 운동의 진행, 한시적 개혁, 그리고 생체 해부 반대에 대한 깊은

---

43 Gordon S. Haight, ed., *The George Eliot Letters* (New Haven: Yale University Press, 1954-78), vol.6: 34. Willey, *More Nineteenty Century Studies*, 46.

관심을 지속했다.

그는 여성의 투표선거권, 행정체계의 분권화, 소농작인들과 토지가 없는 노동자들의 혜택을 위한 토지개혁, 채식주의(실천하였다), 대학교 개혁, 공공의료, 그리고 노예 제도의 폐지를 옹호하였다. 그는 미합중국의 역사에 날카로운 관심을 가지고 있었는데, 미국의 남북전쟁 동안 노예 제도를 반대하는 북측을 지지함으로 빅토리아 시대의 영국 내에서는 인기 있는 위치에 있지 않았다. 이밖에도 자유를 얻는 노예들과 그들의 자녀들이 좋은 시민들이 되도록 교육하는 꿈에도 깊은 관심을 가지고 있었다.

그는 연단에 올라 연설했고, 자신의 이름을 가치 있는 명분들에 빌려주었으며, 근면하게 글을 썼는데, 엄청난 범위의 문제들, 즉 정치경제부터 근대 과학의 발흥에 이르기까지 폭넓게 글을 썼다. 여러 권으로 된 『잡문』(*Miscellanies*)이 보여주는 것은 끊임없이 다양하고 독특하게 그리고 깊은 인도적 지성으로 불의와 무지의 뿌리들을 계속 캐내었다는 것이다.[44]

여지를 두지 않는 가늠자로 평가할 때, 뉴먼은 자신의 열정들에 대해 늘 옳은 것은 아니었다. 예를 들어 그의 잘못으로 판명된 글들 안에는 의무적 백신 접종에 대한 반대도 있었다. 그러나 일반적으로 그는 가난한 자들, 약한 자들, 정당하지 않게 대우를 받는 사람들의 편에 서 있었다. 까다롭고 변덕스럽다고 그를 묘사하는 것은, 부분적으로 사교 모임들에서 그의 자유로운 복장과 기이한 행동 때문이며, 이러한 묘사는 그 당시

---

44   Francis W. Newman, *Miscellanies*, 6 vols. (London: Kegan Paul, 1891).

사회의 다양한 논쟁 전선에서 그가 기울인 건설적인 노력의 상당 부분을 축소하는 것이 된다. 이것 또한 잘못된 방향인데, 도덕적 유신론자인 뉴먼과 아무런 연관성이 없는, 사회개혁자로만 뉴먼을 대하는 것이다. 왜냐하면 그의 열정의 대부분은 그의 영성의 뿌리로부터 자라났으며, 스스로 빅토리아 시대의 예언자로써 표식을 남겼기 때문이다.

> 히브리 예언자들처럼 그는 정의로운 믿음의 상징으로 자신의 삶을 만들었다.[45]

마지막으로 출판된 글 중 하나를 통해, 뉴먼은 불멸이라는 다루기 쉽지 않은 문제와 씨름을 하는 과정에서 고상한 명분을 위해 사는 삶을 분명하게 옹호하는 내용을 볼 수 있다. 그는 내재된 악 때문에 필요적으로 이 세상이 "불타는 파멸"로 향하고 있다고 믿는 무리들은 (이 세상에서의) 문제들을 개선시키는 수고를 쓸모없는 것으로 여긴다고 판단한다.

> 세상의 악의 상태는 불가피하기에 '다음 세상에서나 모든 것이 올바르게 정리될 것이다'라는 믿음 아래, 그 자신은 어떤 근본적인 변화를 위해 몸부림치지도 않을 뿐 아니라, 그는 자신의 모든 도덕적 종교적 영향력을 억압된 계층들과 나라들이 가식적 권위로부터 나오는 터무니없는 불법에 얌전히 복종하도록 이용할 것이다.
> '지나가는 세상'이란 생각은 얼마나 터무니없는 생각인가.

---

45 Schellenberg, "Prize the Doubt," 183.

뉴먼이 여기서 보여주듯이, 그는 도덕옹호론자로서 세상을 인간의 노력으로 개선시키려 한 인물이었다.[46] 뉴먼의 도덕적 진지함과 사회정의를 위한 열망은 역시 그의 젊은 시절, 즉 다비와 그로브스의 영향력 아래서, 이 세상을 초대 기독교의 모습으로 변환시키려고 꿈꾼 시기의 복음주의로부터 자라났다. 1850년대에 『영혼』과 『신앙의 단계들』에 의해 촉발된 논쟁 후, 뉴먼이 과거 한때 자신에게 영감을 불어넣어 주었던 복음주의자들과의 자신의 연결줄들을 끊어버린 자신의 결정을 후회했었다는 증거는 전혀 없다.

확실히 복음주의에 대한 그의 이후의 대부분의 반성들은 그 운동이 그에게 끼친 영향에 대한 후회를 표현하고 있다. 그는 6년 동안 글리프톤의 아름다운 광경에서 그의 새로운 아내와 1834년부터 1840년까지 살았다. 뉴먼은 나중에 그가 자연의 고요함을 즐기는 것을 무시한 채 너무 많은 시간을 신학적 성찰에 쏟았다고 후회했다.

> 나는 청교도식 사상, 즉 모든 것은 저주 아래 있다는 개념과 풍경의 즐거움은 악한 세상으로부터 건짐받은 사람들을 위한 것은 아니라는 것으로부터 시작했었다. 무익하고 거짓된 이론에 의해 나의 모든 젊음의 노력과 시간을 허비해버린 것은 나에게 한탄할 만하게 보였다. 다만 오직 한 가지 유익한 점이 있었다면, 그것은 내가 이러한 신학의 피해자들을 이해하고 동감할 수 있게 된 것이다.[47]

46　Francis W. Newman, *Life After Death? Palinodia* (London: Turner, 1886), 50. 이 사상의 증폭된 내용은 Howard R. Murphy, "The Ethical Revolt Against Christian Orthodoxy in Early Victorian England," *The American Historical Review* 60, no. 4: 800-817.

47　Schellenberg, "Prize the Doubt," 173.

비슷한 맥락에서 형인 존 헨리 뉴먼의 책, 『나의 신앙의 방어』(*APO-LOGIA PRO VITA SUA,* 1864)가 출판된 지 얼마 지나지 않아, 프랜시스는, 자신의 형과 고통스러운 관계를 고치려고 했던 것을 불안정하며 성공하지 못한 시도들 중 하나로 기록하고 있다.

> 에번스의 초기의 영적 가르침에 관한 교리는 내 안에 동일한 조잡한 열매를 생성했었는데, 그 열매는 지금도 내가 매일 만나는 젊은 사람들 안에서 발견된다. 그들은 많은 말들을 나에게 하는데, '나는 하나님의 영을 가지고 있는데, 그런데 당신은 없다'라는것이다. 자신의 교회 안에 머무는 것을 교리화하는 자들보다 그 안에 있는 더 큰 의식적인 개인적 자부심은 존재하지 않는다. 이것의 효과는 매우 모욕적이다. 나 역시 이것을 충분하게 내 안에 가졌음을 안다.[48]

모든 복음주의자들이 뉴먼의 "첫 사랑" 회복을 위한 시도를 포기한 것은 아니었다. 그리고 이것은 그러한 시도에 대한 뉴먼의 반응이었다. 성숙한 나이가 된 뉴먼은 복음주의 윤리와 신학에 대한 그의 명확한 탄핵들 중 하나를 기록한 것이다. 죽음이 다가오자 뉴먼은 마음으로부터 자신이 회의적으로 생각한 것을 철회하라는 공격을 받으면서, 선하고 지혜로운 하나님의 임재 안에서 자신이 거하기를 기뻐한다는 자신의 믿음을 반복적으로 확인했다.

대조적으로 그는 복음주의자들이 이해하는 원죄, 영원한 형벌, 그리고

---

48 Brompton Oratory, Francis William Newman to John Henry Newman, January 14, 1865, quoted in Schellenberg, "Prize the Doubt," 167.

피의 희생과 관련된 하나님에 대해서는 소통하려고 하지 않았다. 그는 신성한 문서의 무오성에 대한 연역적 헌신으로 만들어진 이 교리들은 너무 도덕적으로 흉측해서 올바른 정신을 가진 사람들은 믿을 수 없을 것이라 생각했다.

비록 그는 성경 이야기들이 "자기 모순적이고, 어리석고, 그리고 야만적인" 특징을 지녔다는 것으로 시비를 반복했지만, 그의 이 글과 다른 글들에서 보이는 진실은, 복음주의에 대한 뉴먼의 저항이 주로 도덕적인 이유에 있었다는 사실이다.

복음주의자들에 대한 그의 답변의 핵심은 성경을 인용하여 (성경은) 무오한 문서라고 주장하는 사람과는 진지한 신학적 얘기를 나눌 수 없다는 것과, 많은 성경 인용들이 자신이 근본적으로 부도덕하다고 여긴 도덕적 개념들의 도덕성에 관해 자신을 설득할 수 없다는 것이었다. 그는 다음과 같이 썼다.

> 나는 일찍이 단단한 지적 토대로 도덕성을 신학보다 더 중요하게 고려한다. 도덕성은 신학보다 시간적으로 빠르고 기초도 확실하다. 초보학자들도 도덕성을 제대로 판단할 것이며 악담을 퍼붓는 높은 수준의 신학의 가식들을 논박할 것이다.[49]

---

49 Francis W. Newman, "Reply to a Letter from an Evangelical Lay Preacher" (1869), in *Miscellanies*, vol. II: *Essays, Tracts of Addresses Moral and Religious* (London: Kegan Paul, 1887), 172-76. 도덕성이란 중요한 주제에 대해서는 다음 책을 같이 참조, "The New Testament Inadequate as a Standard of Morals" and "Moral Theism."

자신의 삶을 뒤돌아 보았을 때, 뉴먼이 보게 된 복음주의 단계 안에 있을 때조차 자신의 형에 의해 자신에 대한 부정적 미래가 예측이 되었는데 그것은 정확했으며, 복음주의의 본질적 성격과 연관되어 있었다는 것이다.

그는 몬큐어 콘웨이(Moncure Conway)에게 편지를 썼다. 콘웨이는 감리교 순회전도자로부터 시작하여 하버드대학교에서 교육까지 받은 초월주의자의 인생 행로를 걸었으며, 그같은 행로는 다소 막연하게 뉴먼 자신의 신앙 여정과도 비교되었다.

> 나는 복음주의자였다. 나는 수많은 복음주의자들처럼 지금이나 그때나 늘 진리를 따르기로 결단했었다. 그리고 그것은 어디로든지 나를 인도했다. 그리고 '너는 반드시 이것 혹은 저것을 믿어야해!' 라던지, 또는 그것이 '앞으로 너를 더 멀리 인도해줄 것임을 너는 발견하게 될거야'라는 것을 듣게 되었을 때 나는 언제나 분개했다.
> 나의 동일한 답변은 '그때가 오면, 나는 더 멀리 갈 수 있을 것이야'였다. 이 정신이 복음주의자들 사이의 수많은 최고 두뇌들을 더 멀리 전진하도록 이끌었지만 또한 그 무리로부터 이탈하게도 만들었다.[50]

진리를 향한 뉴먼의 일관된 추구는 그의 신앙 여정의 대부분을 설명해주지만, 그곳에는 또한 매우 개인적 요소들이 잠재되어 있다. 뉴먼의 초기 복음주의 단계는 비교적 그의 인생에 영향력을 행사한 다른 사람들에

---

50 N. Annau, *Leslie Stephen: The Godless Victorian* (Chicago: The University of Chicago Press, 1984), 149.

의해서 활성화되었다. 그의 어머니, 그의 선생 월터 메이어스 목사(Rev. Walter Mayers), 존 넬슨 달비 주변에 무리지어 있던 그의 아일랜드 계통의 종교적 열정주의자들, 그리고 앤서니 노리스 그로브스(Anthony Norris Groves)를 향한 그의 존경심이었다.

당연히 바그다드로 가는 오랜 선교 여행은 뉴먼에게 충격이었다. 오토만 제국 내에서 이슬람 문화와 뉴먼의 충돌은 단순히 세계질서 안에서 기독교 미래에 대한 그의 전천년왕국설의 낙관주의를 날려버렸다. 자신의 기록에 따르면, 복음주의에 대한 그의 환멸에서 더욱 중요한 것이 있다면 그가 돌아오는 길에 마주했었던 독설의 자국이었다. 삼위일체 교리에 대한 그의 전통적이지 않은 관점들이 그의 이전 광신 동료들에게 알려지게 되었을 때의 독설이었다.[51]

뉴먼은 자신의 『신앙의 단계들』이 나온 뒤, "성자 같은" 형제단의 적개심, 특히 다비의 공격으로 인해 충격을 받았다. 뉴먼은 모든 플리머스형제단에 의해 그런 대우를 받은 것은 아니었다. 그가 마지막까지 동경했던 그의 아내는 보편적으로 그녀의 영향받지 않는 선함 때문에 존경을 받았다. 그리고, 비록 증거가 결정적이지는 않지만, 뉴먼과 그로브스는 정중한 관계를 바탕으로 서로 존경심을 유지했던 것으로 보인다.[52] 그

---

51 Schellenberg, "Prize the Doubt," 44-47에 증거가 나와 있다. Newman의 조카 John Rickards Mozley는 형제단의 Newman에 대한 "박해"는 그의 삶에 가장 심대한 위기였으며 이것은 Newman이 미국의 유니테리언 목사 Joseph Henry Allen에게 1889년 보낸 편지에서 확증된다고 주장했다. 이 편지는 하버드대학교에 지금도 있다. Schellenberg는 Newman에 대한 공격의 상당 부분을 부추긴 자는 Newman과 함께 바그다드까지 동행했다가 먼저 돌아와 Newman이 삼위일체에 대한 이단적 주장을 하고 있다는 소문을 퍼뜨린 플리머스형제단 소속 Hemilton이라고 추정한다. Newman이 Hemilton에 대한 참고 내용이 들어있는 그의 *Personal Narratives*은 일관성 있게 부풀린 것이 아니다. Hemilton은 오토만 문화를 경멸했으며, 아랍어를 배우길 거부했으며, 그 (선교) 팀에 거의 도움을 주지 않았다.

52 Newman은 분명히 그가 Groves를 바그다드에서 만났을 때 엄청난 존경심을 표현했으며 1836

로브스가 어떻게 『신앙의 단계』(Phases of Faith)를 평가했었는지 기록되어 있지 않다.

그러나 어쨌든 뉴먼의 아내는 그를 향한 애정을 잃지 않고 회의주의적인 그의 삶을 받아들일 수 있었다. 뉴먼은 언제나 마리아의 삶 때문에 감사했었다. 왜냐하면 자신의 복음주의의 단계에서 나온 한 가지의 참된 좋은 것이었기 때문이다. 그리고 그녀의 죽음으로 인해 망연자실하게 되었다.

> 나의 소중한 사람은 하나님의 임재의 즐거운 감각으로 살았다. 그녀는 언제나 성자 같았고 남보다 신성한 체하지 않았다. 그녀는 심지어 인간의 고통을 알아챘다. 그리고 친절하게 고통당하는 이들을 동정했다. 나를 향하여서 그녀는 완벽한 신혼을 유지했다. 젊은 여인의 부드러운 흠모로 나를 사랑했으며, 그리고 내가 집에 들어설 때면 매 순간 나의 귀가에 기쁨이 가득 채워졌다.[53]

그렇다면 어디서 뉴먼은 그의 신앙의 여정을 끝마쳤는가?

여기에서 그의 첫 번째 자서전 작가인 아이 기번스 시에베킹(I. Giberne Sieveking)에 의해 만들어진 진술, 즉 뉴먼이 자신의 죽음을 앞두고 몇 년 전에 기독교 안에서 그의 초기 신앙으로 되돌아왔었다는 것이, 다소 모

년 초 Newman이 형제단으로부터 실질적으로 파문당했을 때 그로브스의 부인이 Newman을 방문했다. 불행히도 나는 1850년 *Phases of Faith*이 나온 이후 그로브스의 Newman에 대한 그 뒤의 기록은 찾을 수 없었다. 그로브스는 곧 이어 1853년 사망했다.

53 Francis William Newman to Frances Power Cobbe, August 16, 1876은 다음에 인용되어 있다. Schellenberg, "Prize the Doubt," 192.

호하게 되었다. 이 견해는 그의 마지막 편지들의 일부와 그리고 애나 스완위크(Anna Swanwick), 그리고 뉴먼이 그의 마지막 질병을 앓는 동안 돌보았었고 그의 장례식장에서 장례를 치룬 템펠레이 그레이(Temperley Grey) 목사, 그리고 제임스 마르티네아유(James Martineau)의 수집품들에 대한 그녀의 해석에 근거했다.

동일한 증거를 조사한 바실 윌리(Basil Willey)는 시에베킹의 견해를 빅토리아 시대를 산 신실한 사람에 대한 소망 같은 생각으로 간주한다. 그는 뉴먼이 성경 본문 일부에 대한 변함없는 애정을 지닌 도덕적 유일신론자로서, 절대 자신의 확신에서 떠난 적이 없었다고 말했다. 뉴먼은 "하나님을 경배하는 것이 보편적, 최종적 종교"이며 이것만이 모든 세계의 위대한 종교들을 합병시킬 수 있으며, 분파주의의 불협화음을 종결할 수 있다고 믿게 되었다. 그는 그의 인생의 마지막에 도달했을 때 킹스레이 부인에게 비슷하게 편지를 썼었다.

> 나는 아! 나이가 들어갈수록 [지난 6월 81세가 되었다] 나는 더욱 고통스러운데, 그 이유는 나의 신조가 나의 조국의 대중들, 그리고 내가 협력을 가장 부러워하는 무리들의 공동체가 신성한 것으로 여기는 것의 한계들보다 빨리 성장하기 때문이다. 나는 (부탁받지 않았다) 친구들에게 내가 무엇을 출판했는지 보내고 싶지 않다. 그러나 나는 유대인과 기독교 신자[힌두교 신자와 그리고 이슬람 신자의 신성한 교훈들을 내 마음을 다하여 따른다.
> 두 개의 좌우명, 아니 세 개라고도 하자.
> 그것들로 나는 충분하다. 주님께서 통치하신다. 공의로운 주님께서 공

의를 사랑하신다. 주님께서 의식이나 신조가 아닌 공의와, 은총과, 그리고 생각의 합리성을 요구하신다.[54]

뉴먼은 또한 어떤 종교보다 가장 고결하고 순결한 것으로 주기도문을 향한 자신의 헌신을 표현했다. 새로운 자료들을 통해 파악된 뉴먼에 대한 가장 최근의 자서전적 취급은 뉴먼이 마지막에 자신을 유대인 기독교 신자로 여겼다고 결론 내린다. 그리고 주기도문을 향한 그의 애정은 부분적으로 주기도문이 메시아에 대한 주장들과 영생에 대한 약속이 포함되지 않았다는 사실 때문이었다.

이 둘 중에 어떤 것이라도 뉴먼은 수용할 수 없었다.[55] 하나님과 기도하는 영혼의 관계, 그리고 지상에서 하나님의 나라와 용서와 일용할 양식을 위한 분명한 소망은 뉴먼의 평생 신조의 중심에 위치하고 있었다.

더욱이, 뉴먼이 죽음을 두려워했었는지 또는 그것을 다주하여 그의 견해들을 재조정하도록 강요받았는지에 대한 증거가 거기에는 나타나지 않는다. 어떤 것이라도, 그의 아내와 대부분의 가족, 그리고 많은 그의 친구들의 죽음에 대한 뉴먼의 잔잔한 수용은(오랜 삶의 불행한 결과), 그의 죽음에 큰 긴장감이 없었을 것이라는 추측을 하게 된다. 보기와는 반대로 말이다.

---

54 Willey, *More Nineteenth Century Studies*, 51-52; Francis W. Newman, *Hebrew Theism: The Common Basis of Judaism, Christianity and Mohammedanism* (London: Trubner, 1874), 171; and Sieveking, *Memoir and Letters*, 381.
55 Schellenberg, "Prize the Doubt," 231. Newman의 영생에 대한 생각은 *Life After Death? Palinodia*. 그는 다음과 같이 요약한다: "그들은 천국의 교리를 주장하며 지옥은 기독교에 근거를 두는 것이 아니라 유대교에 약간 있으나 얕고 괴물 같은 오리엔탈 신현론에 근거를 둔다. 이들은 이 교리가 증명되지 않았을 뿐더러 증명할 수도 없다 한다. 지옥에 대한 생각 또는 불타는 연옥은 전적으로 악하며 천국은 다양하며 전적으로 해가 없다."

뉴먼은 그의 젊은 시절 복음주의로 절대 되돌아가지 않았다. 성경의 기계적 영감설이 도덕적으로 화나게 만들었기에 절대 수용할 수 없었고, 예수의 도덕적 성품에 인해 감명받지 못했으며, 복음주의자인 자신의 친구들에 의해 받은 대우에 의해서 상처받았다.

뉴먼은 그럼에도 불구하고 열정적으로 하나님과 그리고 믿음에서 흘러나온 도덕적 결과들에 대한 믿음에 붙어있었다. 그는 무신론, 이신론, 그리고 로마 가톨릭에 반대한 것과 같이 그는 복음주의에 반대하였다. 복음주의자들이 그의 기대들을 실망시켰으며 그의 젊은 시절을 망가트렸고, 그의 영혼을 태워버렸다. 이것은 용서하거나 또는 잊어버리기에 쉽지 않은 사건들이었다.

제4장

테오도르 드와이트 웰드(Theodore Dwight Weld, 1803-1895). 라이너스 예일(Linus Yale) 作. 회색 종이에 연필로 그림(© The Connecticut Historical Society, Hartford, Connecticut)

테오도르 드와이트 웰드 – 미국의 세기
복음주의와 개혁

하나님의 진노! 그 진노의 희미한 연기에 저들이 두려워 떨며 큰 혼란 속에 빠집니다. 그의 숨결에 땅이 불길로 휩싸이고 수많은 세계가 한 순간에 전소되니 견딜 자가 없고, 강한 손을 펼칠 자가 없습니다.

형제여! 이 끔찍한 책망이 주의 오심을 미리 알리는 전조인 것을 나는 부인할 수 없습니다. 땅은 피로 가득하니 우리를 한 민족으로 구원할 것은 오직 회개뿐입니다—당면한 죄, 극심한 죄, 공공연히 지은 죄, 널리 알려진 죄, 수많은 악행과 극명한 죄가 다 사라졌습니다!

- 테오도르 드와이트 웰드가 루이스 테판(Lewis Tappan)에게(1835), 뉴욕의 대 화재 때 이를 국가적으로 황폐한 노예 제도에 연관시키며

복음주의 선동가에서 인본주의 선동가로서 소극적인 관찰자에게는 테오도르 드와이트 웰드의 삶의 여정이 특이하게 보일 수 있겠지만, 그의 삶은 19세기 미국의 주요한 종교적 흐름과 대부분 교차한다.[1] 1830년대 노예 제도 반대의 마지막 주자인 웰드는 나폴레옹이 루이지애나 영토를 미국에 이양한 해에 태어났으며, 1895년에 사망했다.

뉴잉글랜드의 오랜 청교도 성직자 가문에서 태어난 웰드는 1826년 뉴욕 북부에서 찰스 피니가 이끈 부흥 운동을 통해 복음주의 기독교로 개종했다. 그는 거의 70년 후에 보스톤 하이드파크유니테리언협회 회원으로 있다가 사망했다.

그는 당시 복음주의 부흥 운동가, 노예 제도 폐지 선구자, 금주 개혁가, 여성의 권리 옹호자 그리고 교육자로서 광범위한 영향력을 끼친 작가이자 연사였다. 그의 아내 안젤리나 그림케는 퀘이커 노예 해방론자이자 여성 권리 운동가였는데, 그는 아내와 함께 노동교육 계획과 관상학에도 관심을 보였고, 실베스터 그레이엄을 따랐으며, 천년왕국설에 매료되었고, 포킵시 선지자(Poughkeepsie Seer)인 앤드류 잭슨 데이비스의 사역을 통해 심령술도 탐구하였다.

---

1 Weld의 삶은 다음 2개의 전기에서 잘 볼 수 있다. Benjamin P. Thomas, *Theodore Weld, Crusader for Freedom* (New Brunswick, NJ: Rutgers University Press, 1950), and Robert H. Abzug, *Passionate Liberator, Theodore Dwight Weld and the Dilemma of Reform* (New York: Oxford University Press, 1980). 이 2개 중 나중 책이 더 깊이 있고 권위가 있다. Gilbert H. Barnes and Dwight L. Dumond, eds., *Letters of Theodore Dwight Weld, Angelina Grimké and Sarah Grimké* (New York: D. Appleton-Century Company, 1934) (hereinafter *Weld-Grimké Letters*)의 책은 Weld의 서신 상당수를 담고 있는데 특히 Weld의 반노예활동에 대해 담고 있다. Weld의 보다 광범위한 서신 모음집은 William L. Clements Library in the University of Michigan에서의 자료 열람으로 가능했다. Weld가 교류했던 사람들과 더불어 그의 생애에 대한 간략한 설명은 Daniel G. Reid, Robert D. Linder, Bruce L. Shelley, and Harry S. Stout, eds., *Dictionary of Christianity in America* (Downers Grove, IL: InterVarsity, 1990).

간단히 말해, 19세기 미국의 종교 또는 개혁의 전통은 웰드-그림케 일가를 비켜갈 수는 거의 없었다고 볼 수 있다. 웰드는 전통적인 뉴잉글랜드 가정에서 자랐으며 그의 아버지 루도비쿠스 웰드(Ludovicus Weld)는 하버드대학교 출신의 목사로 코네티컷 햄튼에서 목회하였고, 그의 어머니는, 나중에 쓰여진 편지에 비추어 판단할 때, 테오도르 신앙과 영원한 운명에 대해 경건하게 근심 중에 있었던 것으로 추정된다.[2]

표면적으로는 고요해 보이지만, 웰드 집안은 안팎으로 문제가 많았다. 테오도르와 아버지의 부자관계가 힘들고 격정적이었을 뿐만 아니라, 그의 아버지의 칼빈주의적 조합교회주의는 한편으로는 유니테리언주의로, 다른 한편으로는 민주적인 복음주의 교파가 부상함에 따라 무너지고 있었다.

그의 아버지는 종교 열성가들과 그들의 민주적 경향을 비판하였지만, 이러한 움직임들로 1818년 코네티컷의 회중교회를 허두는 데 일조하였고, 바로 그 전년도에 테오도르는 자신의 사역 준비를 위해 앤도버로 떠났다. 하지만 연구에 대한 압박으로 자신의 건강이 악화됨에 따라, 그는 곧바로 기억술(기억의 기법 및 학문) 순회강사로서 경력을 쌓기 시작했다.

당시 십대였음에도 불구하고, 기억의 원인을 찾아 떠돌아다니는 음유시인으로 활동한 것은 아버지의 고식적인 정통주의와 끊을 수 있게 했고, 엄청난 수사학적 힘을 키우는데 도움을 주었으며, 그로 하여금 뉴잉글랜드의 하얀 교회 첨탑 밖으로 빠른 속도로 확장하고 있는 더 큰 나라를 향하여 뻗어나갈 수 있게 해주었다. 그가 1824년에 집에 돌아왔을 때

---

2 Elizabeth Weld to Weld, [Apulia, NY], February 26, 1826, and Fabius [NY], April 25, 1826, in *Weld-Grimké Letters*, I: 7-9.

에는 햄튼에서의 아버지의 사역은 완전히 무너진 상태였으며, 그의 가족은 뉴욕 북부지역으로 옮겨간 뒤였는데, 그곳은 이리운하(Erie Canal)의 개통과 피니(Finny)의 "새로운 방법들"(New Measures) 운동의 등장으로 급속한 인구, 경제적, 종교적 변화를 겪고 있는 지역이었다. 이 불타버린 지역에서 그는 신앙적 순례의 방향에 큰 영향을 미칠 두 사람을 만나게 된다.

첫 번째 사람은 자메이카 출신의 영국 육군 장교의 아들로서 그의 가족의 친구이자 지역학교 교장인 찰스 스튜어트(Charles Stuart)다. 스튜어트는 영국 동인도회사의 군대 군인으로 있다가 캐나다로 이주한 후 뉴욕 우티카(Utica)로 이주하였다.

경건한 복음주의자로서 후에 반노예 제도, 금주, 그리고 영국의 안식교를 옹호하였지만 그는 웰드와 예상 밖의 친분을 쌓기 시작했다. 둘의 관계는 우정 이상의 의미를 가졌다. 그들의 과장섞인 편지에는 대단히 열정적이고 헌신적인 사랑이 담겨있는 데, 이것은 연인 간의 사랑이 아닌 복음주의적 경건주의에 더 뿌리를 둔 것이었다.[3]

나중에 스튜어트가 노예 제도, 금주 및 안식교의 특징적 요소들을 옹호하게 되면서 그들의 우정은 깨졌다. 웰드가 자라온 환경에서 현저히 부족했던 남성성을 두 사람의 관계를 통해 보는 데에는 많은 상상력이 필요하지 않을 것이다.

두 번째 사람은 스튜어트와 같이 극적이었던 찰스 피니(Charles Finney)와의 만남이었다. 처음에는 피니의 방법과 스타일을 혐오하였지만 나중

---

3 예를 들어 Charles Stuart to Weld, New York, November 16, 1825; January 10, 1826; Apulia [NY] May 19, 1828, and July 8, 1828, in *Weld-Grimké Letters*, I: 6-7, 19-22.

에는 그의 설교를 통해 강력한 개종을 경험하였고, 그 후 피니는 그에게 "복음의 아버지"가 되었다. 숙모의 책략에 속아 피니의 세미나에 참석하게 된 웰드는 처음엔 복음전도자를 거부하였지만, 후에 영적 세계를 경험하고 개종하게 되었다. 개종 후, 1820년대 후반에 웰드는 뉴욕 북부 지역에 부흥 운동을 전파하며 피니의 수제자가 되었다.

두 영적 지도자를 만난 후, 웰드는 복음을 전파하는 일에 때로는 건강을 해칠 때도 있을 만큼 혼신의 힘을 다하여 임했다. 이 기간 동안 그에게 또 다른 두 가지 특징이 명백히 드러났다.

첫째, 바로 복음을 전파하고 다방면에 걸친 개인 및 사회개혁적인 메시지를 전하여 새천년으로 도입하고자 하는 열망이었다.

그는 오네이다아카데미(Oneida Academy)에 입학해 혹독하게 육체노동과 진지한 연구, 그리고 많은 복음주의적 대의를 위한 섬김을 적극적으로 추구하였다. 오네이다 학생들은 인정받는 지도자 웰드를 통해 사라지기 직전인 정설과 도덕적 부주의로부터 많은 아이들을 구할 새천년 기병들이 되었다.

웰드는 땅을 경작하고, 작곡도 배우며, 강의도 하고, 금주하는 사회를 형성하였으며, 안식년을 고취시키고, 일반적인 윤리의식을 행사하였다. 또한 그는 피니의 부흥 운동으로 인해 생긴 수많은 개혁조직들을 재정적으로 지원한 뉴욕 상인들인 테판(Tappan) 형제들을 비롯한 새롭게 부상하는 복음주의 지도자들과 관계를 형성하였다.

둘째, 같은 기간 동안 다음의 특징은 국민의 습관과 성향을 바꾸기 위한 종교적, 도덕적 개혁의 지지부진한 성과로 인한 계속된 불만족이었다.

그는 모든 것, 심지어 자기 자신의 영적 상태까지도 철저하게 평가하였는데, 때때로 그에게 부흥 운동에 대한 소식을 가볍게 전하던 피니마저도 예외는 아니었다. 피니에게서 필라델피아 부흥의 진전에 대한 소식을 전달받았을 때, 그는 이상적인 그리스도인 상을 향한 심령 부흥에 있어서는 얼마만큼의 진전이 있었는지를 물었고, 개개인의 거룩성을 보지 않는 것을 크게 책망하였으며, 다음과 같이 적나라하게 비판하였다.

> 당신에게 부흥은 일상의 평범한 일 같이 되어 엄숙함이라고는 그 티끌도 겨우 찾을 정도입니다. 그들이 당신과 일종의 거래관계가 되어, 매일같이 많은 시간을 할애하여 일하다가, 결국에는 뒷전으로 젖혀질까 걱정이 됩니다.
> 형제여! 당신이 부흥사역을 너무 형식으로 대하고 있는 것을 느끼지 못하나요? 당신의 태도를 말하는 것입니다.
> 기계적으로 바퀴와 태엽, 줄이 움직이고 있지만, 가장 중요한 태엽이 약해지고 있지 않나요?
> 당신의 편지에서 약간 빈정거리는 말투의 느낌을 받았습니다.. 부디! 풍자적으로 글을 쓰지 말고 펜을 눈물에 적셔 떨리는 손과 슬픔에 잠긴 영혼으로 쓰십시오.[4]

---

4 Weld to Charles Grandison Finney, Fabius [NY], April 22, 1828, in *Weld-Grimké Letters*, I: 15.

후에 같은 편지에서 웰드는 아사헬 네틀턴(Asahel Nettleton)과 라이먼 비처(Lyman Beecher) 같은 칼빈주의자들의 비판으로부터 피니의 방법론을 편파적으로 방어하던 자기 자신을 맹비난하였고, 피니의 부흥을 통해 개종한 수많은 사람들이 너무나도 빨리 세상으로 되돌아가버린다고 결론지었다. 피니는 자신의 "새로운 방법"의 부흥이 상업적으로 진행되며, 관례를 따라 만들어졌고, 효과가 일시적이라는 비난을 자신의 반대자에게서 듣게 될 것이라 생각했지, 가장 친한 친구로부터 듣게 될 것이라고는 전혀 예상하지 못했던 것이었다.

그러한 비판적 검토를 하는 데 있어 자기 자신이나 그의 "복음의 아버지"까지도 예외를 두지 않던 그에게 더 큰 국가적 상황은 결코 만족스럽지 못했다. 1831년 오네이다아카데미(Oneida Academy)가 혼란에 빠졌을 때, 웰드는 루이스 테판의 제안을 받아들였는데, 바로 문학기관의 육체노동촉진회 총대리인이 되는 것이었다. 이것은 육체노동에 대한 복음을 전하고 새로운 모델의 신학교 부지를 확보하는 자리도 되었다.

비록 피상적으로는 육체노동이 쓸데없어 보일지 모르나 교과과정에 도입하려는 캠페인은 여러 가지 전제에 기반을 두고 있었다. 이는 "공화주의 평등"을 고무시킴으로써 미국 사회의 분열을 줄일 것이고, 청년들 사이에 절실히 필요한 규율과 자제력을 키우며, 젊은 지식층 여성들의 이지적인 면을 조금 줄이고 신체적으로는 좀 더 튼튼해지도록 돕기 위해서였다.

웰드는 장거리를 횡단하며 대의를 위해 순방하는 과정 속에 거의 목숨을 잃을 뻔 한 적도 있다. 그는 불어난 오하이오강을 건너다 물결에 역마차가 휩쓸려 익사당할 뻔한 위태로운 순간도 있었다. 그의 신앙적 열심으로 인한 아찔한 사건들은 책으로 편집되어 후에 미국소책자전도선교회(American Tract Society)에서 출판되었고 순식간에 복음주의 고전의 반열에 들었다. 체력적으로 지치고 구출의 희망이 없는 상태에서 죽게 될 것을 확신한 웰드는 나중에 이렇게 전했다.

> 나는 모든 고통에서 자유로웠다. 온 몸에 감각은 없었지만 기적처럼 정신은 가장 온전한듯했다. 그리고, 오! 그리고 내 영 깊이 성경에 대한 종교는 그것으로 인해 죽게 되는 종교라는 것을 느꼈다.
> 오! 예수 안에 소망 없이 죽는 그 공포의 시간이란!
> 철저히 혼자서 죽는 것, 저 멀리 광야의 낯선 땅에서 한 밤중에, 익사로, 희망이 없이 죽는 것!
> 오! 내 영혼은 산산이 찢어지는 것 같았다…. 내가 더 많은 신앙을 가졌더라면, 내가 경건에 굶주려 피폐해지지 않았더라면, 나는 그러한 죽음 앞에서도 다음처럼 승리를 외쳤을 것이다.

'사망아, 너의 쏘는 것이 어디있느냐?'"[5]

새로운 공화국의 서부 광야에서 그가 죽음 앞에 놓였을 때 극적인 하나님의 구원하심은 널리 알려져 복음주의 공동체 안에서 그의 신임장에 새로운 영광의 빛을 더했다. 죽음을 가까이 맛본 후 일 년이 안 되어 그는 자신의 삶의 분명한 이유, 곧 미국 내의 노예 제도 폐지를 위해 자신의 삶을 바치기 시작했다.

---

5 Weld to Henry B. Stanton, Mifflin Township, Ohio, February 15, 1832, in *Weld-Grimké Letters*, I:60-65.

어린 시절의 경험을 포함하여 여행을 통해 직접 목격한 것들, 영국의 노예 제도 반대 운동에 적극적이었던 찰스 스튜어트의 영향, 그리고 19세기 많은 복음주의자들의 생각에서 분명히 드러난 영적 속박과 육체적 속박의 유사점 등, 많은 이유에서 웰드는 노예 제도 반대 운동에 헌신하게 되었다.[6]

영적으로 해방된 사람들이 어떻게 육체적 속박을 지지할 수 있었을까? 1830년대 초 노예제 폐지 운동가들 사이에서 흔히 볼 수 있듯이, 게리슨에게 쓴 편지에 웰드는 특유의 열정을 비치면서 새로운 확신을 이야기했다. 처음에는 아프리카계 미국인을 아프리카로 되돌려 보내는 식민지화 개념을 받아들였지만, 1832년 윌리엄 로이드 개리슨(William Lloyd Garrison)의 영향을 받은 사람들과의 만남을 통해 그는 열렬한 개리주의자(Garrisonian)이자 폐지론자가 되었다. 개리슨에게 보내는 서신에서 새로운 확신을 특유의 열정으로 표현했다.

> …범죄만이 자유를 박탈당할 수 있습니다. 출생의 상태, 피부 색깔, 불행한 환경 자체는 결코 생득권 헌장을 무효화시킬 수 없습니다. 하나님께서 자신의 형상대로 지으시고 자유로운 도덕적 대리인으로 세우신 모든 사람에게 주신 이 권리를 빼앗아가는 사람은 권리를 짓밟고, 정의를 꺾고, 인류를 격분하게 만들며, 인간의 안전한 기초를 불안하게 만들고, 하나님의 특권을 취하는 신성모독죄를 범하는 것입니다.
>
> 더 나아가 권력을 놓지 않고 폭력과 사기로 취한 것을 포기하지 않는 사

---

6 Stuart의 영향력은 다음을 볼 것. Charles Stuart to Weld, London, England, March 26, 1831, in *Weld-Grimké Letters*, I: 42-43.

람은 원죄에 가담한 자이며 동시에 이를 옹호하는 자이고, 또 매 순간 죄를 새롭게 저지르는 자입니다. 그러나 그들은 편의와 필요성에 의해 어쩔 수 없는 것이라는 헛된 항변으로 양심의 가책을 달랩니다.[7]

노예 제도에 반대하는 종교적 주장을 이보다 더 명확히 드러낸 곳은 찾아보기 힘들 것이다. 그러나 명확함과 만장일치는 다른 것이다. 육체노동 교리를 받아들이고, 새천년 사역을 위한 준비로서 신학적 연구를 위해 웰드는 많은 오네이다 학생들을 데리고 신시내티의 레인(Lane)신학교로 갔고, 그 곳에서 활발한 노예제 폐지 주장을 펼치며 작은 연합이 시작되었다.[8]

미국의 서부를 선택받은 곳으로, 노예를 결정적 이슈로 보았던 웰드의 편지는 천년왕국 및 그곳에 대한 소망으로 가득하다. 이 단계에서 웰드는 윌리엄 밀러(William Miller)가 1830년대와 40년대에 알린 예언적 추측, 상세한 날짜를 찾아내는 것 등에 매료되지 않고 오히려 미국을, 특히 서구지역을 천년왕국의 가치관을 도입할 수 있는 하나님께서 주신 기회로 보았다. 그 길목에 서있는 치명적인 장애물은 불신앙보다는 인간 노예제라는 도덕적 황폐였다.

「웨스턴 월간지」(*Western Monthly Magazine*) 편집자가 레인신학교에서 정치 논쟁과 당파심을 불러일으킨 사건 때문에 웰드에 대해 혹평했을 때,

---

7 Stuart의 영향력은 다음을 볼 것. Charles Stuart to Weld, London, England, March 26, 1831, in *Weld-Grimké Letters*, I: 42-43.
8 Stuart의 영향력은 다음을 볼 것. Charles Stuart to Weld, London, England, March 26, 1831, in *Weld-Grimké Letters*, I: 42-43.

그는 신학커리큘럼에 있는 사회윤리가 차지하는 부분을 말하며 최고의 답변을 하였고, 다음과 같이 호소력 있는 선언으로 끝마쳤다.

> 이 자유의 땅, 빛과 새천년 영광의 부흥이 있는 땅에서 노예 제도의 날 수는 이제 다 찼으며 그 기한이 거의 끝났습니다. 원하건대 공화당 기관들의 후원과 보호를 받고, 여론에 의해 승인되고, 종교로 정화되어, 합법적으로 허용된 제도가 살아있는 자들에게 매일같이 공포를 가하지 않았기를 바랍니다.[9]

순전한 천년왕국을 위한 운동가에 걸맞게, 웰드의 폐지론은 그 자체로는 충분하지 않았어도, 흑인에게 있어 더 보편적인 회복을 위한 전제 조건이 되었다. 신시내티 흑인 인구의 사분의 삼은 이미 자유를 얻은 상태였기 때문에, 웰드는 전체 3천여 명의 흑인들을 본보기 공동체로 삼기 위해 전력을 기울였다.

그는 주간, 야간, 그리고 주일학교를 시작했고 성경수업을 만들었다. 또 자신의 아이들을 사려고 했던 아프리카계 미국인들을 찾아갔다. 그들로부터 들은 이야기들 중 일부는 너무나 끔찍했고, 웰드는 "더 이상 들을 수 없을 정도로 그것이 고통스러워 중단할 수밖에 없었다"고 루이스 테판에게 전했다. 후에 그는 타판에게 다음과 같이 적었다.

> 레인(Lane)신학교에 18개월 머무는 동안 나는 오로지 신시내티 흑인들

---

9 Weld to James Hall, editor of the *Western Monthly Magazine*, Cincinnati, OH, c. May 20, 1834, in *Weld-Grimké Letters*, I: 146.

과 교제했다고 말할 수 있을 것 같습니다. 내가 도시에서 식사를 하게 되면 그들과 함께 한 것이었고, 잠을 잤다면 그들의 집에서 잔 것이었습니다. 파티에 참석했다면 그들의 파티였습니다. 결혼식, 장례식, 종교 모임, 주일학교, 성경수업… 내가 참석한 것은 모두 그들의 모임이었습니다.[10]

웰드의 서신에서 보여지는 자기비판의 내용과 많은 이들이 탐내는 매스컴의 관심과 명예를 어느 정도 피하려는 그의 성향을 볼 때, 신시내티에서나 나중에 뉴욕시에서나 아프리카계 미국인 공동체와 그가 어떻게 시간을 보냈는지에 대해 의심할 이유가 하나도 없다.

노예제 폐지와 아프리카계 미국인들의 권리를 위해 헌신하며 많은 레인 신학생들을 데리고 다니던 웰드는 신학교 이사진, 교수진과 가차 없이 충돌하게 되었다. 라이먼 비처 교장이 그 당사자들 사이에 중재를 시도하였지만 성공할 기미가 거의 보이지 않아 이 사안은 심각한 문제였다.

레인의 반대 세력의 대다수는 오벌린으로 이주하였고, 웰드는 다시 순회전도자가 되었으며 이번에는 노예 제도 폐지복음을 주장했다. 복음의 은유(gospel metaphor)가 부적절하지 않은 것은 그의 반노예제 설교에 피니의 부흥 기술들이 포함되었기 때문이다.

피니의 영향을 받은 부흥사들이 기존 교단들을 냉담하고 무관심한 성

---

10 Weld의 Lewis Tappan [Rochester, NY, March 9, 1836]에 대한 내용은 *Weld-Grimké Letters*, I: 132-35 and 273. Weld는 비록 아프리칸 아메리칸의 인권에 대한 전적인 지지자이긴 하나 Cincinnati에서 아프리칸 아메리칸 공동체로부터 보복을 당하지 않는 조건이 아니라면 흑인 여성과 팔짱을 하고 걷지는 않겠다고 했다.

격의 것으로 간주한 것처럼, 웰드는 노예폐지보다 식민지화를 더 선호하는 것은 그 사람의 영적 수준이 평범함을 보여주는 증거로 보았다. 웰드는 미국반노예제도협회의 순회에이전트일지라도, 노예제 폐지 후원자들로부터 돈을 받아낼 수 있는 달콤한 일에는 때때로 본사 직원들과 협력하지 않았다.

웰드는 어떤 면에서 겸손의 이유로, 혹은 진실성의 이유로, 혹은 조직적 현실에 대한 무신경한 무관심으로 인해 어떠한 조직적 압력에도 굴복하지 않았다. 선지자, 경건주의자, 청교도로써 웰드는 뉴잉글랜드 출신임에도 불구하고, 동부 해안 도시의 세련된 사람들이 불편한 서부 시골뜨기라고 종종 자기 자신을 묘사했다.[11] 그는 자신을 사도 바울보다는 세례 요한으로 더 많이 보았다.

웰드는 노예제 폐지를 주장하는 "서부의 천둥"으로서 권력의 정점에 있었지만 동시에 그의 삶에는 상당한 변화가 있었다. 먼저, 트로이에서 전한 메시지에 대해 그가 환심을 사려고 했던 서양인들로부터 충격적인 반대에 부딪치며 외형적으로나 심리적으로, 그는 대중 앞에서의 목소리를 잃었고 다시는 앞에서 통솔하는 연설가로 서지 않았다.

그 후 웰드는 그의 고향 코네티컷으로 다시 돌아갔다. 가장 중요한 것은 아마도 그가 개혁조직에 헌신하도록 도와준 복음주의 운동가 그룹과의 교제를 서서히 끊기 시작했다는 사실일 것이다. 가장 심각한 단절은

11　Abzug, *Passionate Liberator*, 144-49. 다음도 볼 것. Weld to Lewis Tappan, Rochester, NY, April 5, 1836, in *Weld-Grimké Letters*, I: 286-87. 여기서 그는 "장중하고 거창한 표면적" 연례모임이라는 이유로 거기서 말하기를 거절했다. 그리고 그는 반노예 운동가들에게 "쓸데없이 싸돌아다니거나, 연례 행사나 다니고, 클레오파트라의 바지선에 타고 돌아다니는 습관"에 대해 경고하면서 좀 더 열심을 내서 일하기 위해 사소한 일 따위를 피하라 했다.

피니와의 관계에 있어서였고 또 나라를 변화시키는 복음 선포와 개혁 열정에 있어 개인의 우선사항들에 대한 것이었다.

이 문제는 루이스 태판이 웰드에게 보낸 편지에서 맨 처음 드러났는데, 피니가 노예 폐지 주장에 있어 미지근한 태도를 보이는 것을 보며 겁쟁이라고 비판한 내용이었다. 비록 웰드가 그의 친구이자 스승을 잘 보호하긴 했지만, 타판에게 보낸 서신에서 다음과 같이 말했다.

> 사실 피니는 신앙 부흥 운동에 매진해왔으며 이는 그에게 중대한 사업이고, 목표이며, 열정을 다해 몰두하는 것이지만, 성경이나, 작은 책자(Tract), 선교, 교육, 절제, 도덕적 개혁, 혹은 반노예 제도와 관련하여 한 일은 거의 없습니다.

이 때 웰드는 은사와 사역이 모두 같은 목적지로 가는 것임을 지지하기는 했지만 우선순위의 문제가 남아있었고, 그는 한편으로는 이를 허용하지 않았다. 노예 제도라는 죄 문제가 편재하는 한 이것으로 인해 모든 것이 더럽혀지리라고 여겼기 때문이다. 그리고 "부흥과 도덕적 개혁 등은 성전이 깨끗해지기 전까지 반드시 존재할 것"이라고 적었다.[12]

피니는 다른 쪽에서 논쟁을 불러 일으켰다. 그는 웰드와 그의 성급한 지지자들에 의해 일어난 노예 폐지론의 불가피한 종말은 내전과 군사의 폭정이 될 것이라고 여겼다. 그는 "로체스터에서의 부흥에서 절제가 부속물로 따라온 것처럼, 대중이 구원 문제에 몰두하고 노예제 폐지를 그에

---

12 Weld to Lewis Tappan, Oberlin, OH, November 17, 1835, in *Weld-Grimké Letters*, I: 242-45.

따라오는 부속물로 인식해야 한다"고 하면서 전례 없는 피바다가 일어나게 될 것을 예측했다. 이러한 피니와 웰드의 이념적, 감정적 줄다리기가 아직 어느 쪽에도 서지 않은 오벌린 학생들 마음 가운데 자리잡았다.[13]

1835-37년에 웰드는 서부에서 동부로 옮겼는데, 연설가로서의 삶에서 작가의 삶으로, 사람들과 함께하는 삶에서 주로 홀로 보내는 시간을 가지는 삶으로, 나라의 큰 도덕개혁에 몰두하던 삶에서 식이요법과 육체단련, 골상학에 진지한 관심을 가지는 삶으로 옮겨갔다.

교회와 나라와 심지어 그의 오랜 친구들의 평범한 도덕 수준에 낙심한 웰드는 웨슬리안의 거룩과 완벽주의 추구가 아닌 육체와, 정신과 영을 관리하는 방향으로 돌아갔다. 이러한 변화들이 축소되지 않으며 확대되지도 않아야 하는 것은 그가 오랫동안 신체 훈련 주창자이자 노예제 폐지에 대한 열정도 식지 않았기 때문이다. 그가 다양한 열정들을 가지게 된 것은 앤젤리나 그림케를 만나고 그녀와 결혼하게 되면서이다.

그림케는 사우스캐롤라이나에서 노예를 부리는 아버지 밑에서 노예제도를 반대하였고, 성공회에서 장로교로 장로교에서 퀘이커교도로 옮기며 여권 운동과 노예제 폐지 운동에 적극 가담하였다. 테오도르와 엔젤리나 그리고 그녀의 여동생 사라는 19세기의 가장 유력한 역대 개혁가들 가운데 이름을 남기게 되었다.[14]

---

13   Charles Grandison Finney to Weld, Oberlin, OH, July 21, 1836, in *Weld-Grimké Letters*, I: 318-20. See William T. Allan, Sereno W. Streeter, J. W. Alvord, and James A. Thome to Weld, Oberlin, OH, August 9, 1836, in *Weld-Grimké Letters*, I: 323-29.

14   Grimké 자매들에 대한 보다 많은 정보는 다음을 볼 것. sisters see Gerda Lerner, ed., *The Feminist Thought of Sarah Grimké* (Oxford: Oxford University Press, 1998); Gerda Lerner, *The Grimké Sisters of South Carolina: Pioneers for Women's Rights and Abolition* (New York: Schocken Books, 1967); Catherine H. Birney, *Sarah and Angelina Grimké; The First American Women Advocates of Abolition and Woman's Rights* (n.p.: Lee and Shepard, 1885; rpt.

그 둘의 연애 편지와 조혼(早婚) 논의에서는 그들에 대한 것뿐만 아니라 전쟁 전 미국 내에서의 종교적인 감정과 개인의 정체성 또한 현저히 드러났는데, 그것들은 현재 우리가 다루는 분야 밖의 것이다. 결혼과 집을 짓는 문제로 특히 엔젤리나가 개혁 운동에 헌신할 시간을 그만큼 잃어버렸지만, 반노예 제도에 대한 둘의 열정은 불타올랐다고만 말해도 충분할 것이다. 이는 그들의 공동저술서인 『미국 노예 제도 현황: 1,000명 목격자들의 증언』(*American Slavery As It Is: Testimony of a Thousand Witnesses*)에서 절정에 달했다.

해리엇 비처 스토(Harriet Beecher Stowe)의 『톰 아저씨의 오두막』(*Uncle Tom's Cabin*) 다음으로 가장 널리 유포된 영향력 있는 19세기 반노예제 출판물이었다. 단순한 생각에 근거한 책이었고, 웰드와 그림케 자매는 이를 위해 수천 개의 남부 신문에서 목격자들이 말하는 노예 제도의 잔혹함에 대한 이야기를 수집했다.

이로 인해 도덕적 의무에 집중하여 노예제 폐지 운동을 하던 웰드는 이제 노예 제도를 남부 백인들에 의해 행해지는 잔인하고 악한 관습으로 바라보고 이에 더 집중하게 되었다. 이러한 변화는 노예제 폐지 운동 전체에 변화를 가져왔다.

한편 노예제 폐지 운동 자체는 웰드 부부에게 있어 특별히 우려되는 문제들에 대한 분노와 분열의 끝에 놓여 있었다. 무저항의 문제, 여성의 권리에 관한 문제, 그리고 「해방자」(*Liberator*) 신문에서 개리슨의 교권개

Westport, CT: Greenwood Press, 1969); and David A. McCants, "Evangelicalism E. Grimké." *Perspectives in Religious Studies* 14, no. 1 (Spring): 39-57. 나는 이 자료를 위해 Bethany Murphy에 감사한다.

입을 반대하는 어조로 인해, 노예제 폐지 운동은 개리슨과 그를 따르는 '미국반(反)노예제도협회' 지지자들의 편과 '미국과 외국반(反)노예제도협회'를 만든 루이스 테판 같은 보수주의 운동가들의 편으로 나뉘게 되었다.

웰드 부부는 여권 주장뿐만 아니라 개혁 운동 중심에 노예제 폐지를 두길 간절히 원했기 때문에 웰드는 특히 어려운 위치에 있었다. 이념적으로는 개리슨과 더 많은 공통점을 가졌지만, 우정과 오랜 동맹의 편에서는 테판과 그의 동료들과 더 가까웠다. 위태로운 이념적 문제를 제외하고, 웰드는 이전의 동역자들이 서로를 향해 악담을 퍼붓는 것에 대해 실망했다. 웰드 부부는 그들에게 다음과 같이 선언했다.

> 우리는 양측의 반(反)노예제도협회로부터 거리를 두어야겠다는 마음이 들었다.[15]

어떠한 기관의 소속이 없이, 웰드는 휘그당 내 반노예 제도 세력이 노예 제도에 반대하는 탄원들이 의회의 관심을 받지 못하도록 하는 함구령에 맞설 수 있도록 그들을 돕기 위해 워싱턴에 자리를 잡았다. 국민의 삶에 노예 제도를 심어 놓은 복잡한 정치적 및 경제적 과정에 몰입하게 되면서 웰드는 이전의 종교적 부흥의 방법과 변화를 일구고자 했던 풀뿌리 개혁에 대한 자신감은 더 상실하게 되었다. 대신, 그는 점점 더 자유와 노예 제도가 미국의 두 가지 대립 세력이며, 그 최후 갈등은 막을 수 없

---

15 Sarah Grimké and Angelina and Theodore Weld to Gerrit and Anne Smith, Belleville, NJ, June 18, 1840, in *Weld-Grimké Letters*, II: 843.

는 것이라고 믿게 되었다.

그의 친구 제임스 길레스피 버니(James Gillespie Birney)에게 보낸 서한에서 웰드는 남북 간에 막을 수 없는 갈등에 대한 자신의 믿음을 경제적, 사회적, 정치적 근거를 들어 설명하고 "종말은 반드시 온다"는 묵시적 예측으로 마무리했다.[16]

이러한 견해는 단순히 웰드의 입장이 아니라 오히려 1826년 그의 개종 이후 자신의 삶을 바쳤던 전체 종교 및 개혁 의제를 재평가하게 한 확고한 신념이었다. 웰드는 종교적 부흥과 도덕 개혁을 노예 제도를 없앨 두 기관으로 보지 않고, 오히려 웰드는 이 둘은 단지 최종 해결책이 절실히 요구되는 상황에서 깊이 뿌리박힌 구조적 갈등을 지연시키는 굴절 장치라고 암담하게 말했다.

이같은 신념이 웰드의 종교적 감정에 미친 영향은 아무리 강조해도 지나치지 않다. 1826년 웰드는 교회를 부흥시키고 세상을 개혁하고자 설교자, 연사 및 교육자로서의 공직생활을 시작했다. 미국 서부로 장소를 정하고, 반노예 제도를 그 이유로 삼아 웰드는 강한 인상과 헝클어진 머리카락, 지시하는 연사로서 로맨틱하고 카리스마 넘치는 모습을 없앴다. 그는 한동안 기관에 머물면서 일했지만, 돌아오는 것은 늘 실망뿐이었다. 그의 편지는 교회의 부족한 부분들로 가득했으며, 오네이다아카데미와 레인 신학교의 교수들과 사이가 틀어졌다.

그는 미국의 거대한 반노예제도협회에서도 머물 곳을 찾을 수 없었고, 워싱턴 정치기구에서도 환멸을 느꼈다. 때로는 자신과 가족의 안녕에 해

---

16 Weld to James Gillespie Birney, Washington DC, January 22, 1842, in Dwight L. Dumond, ed., *Letters of James Gillespie Birney 1831-1857*, II: 663.

를 끼치는 때도 있을 정도로 20년간 쉬지 않고 달려온 그가 직면한 것은 그가 보기에 교회가 여전히 부패하고 노예 제도는 여전히 존재한다는 사실이었다. 한때 그에게 열의를 가지게 했던 복음주의자들조차도 때 묻어 있던 것을 보게 되었다.

그는 15년 이상, 사실상 그의 청춘의 때 전부를 바쳐 복음주의 종교는 참된 신앙이며 성경은 권위 있는 본문이고 노예제는 그의 세대에서 혹은 모든 세대에서 가장 큰 도덕적 죄이며 천년왕국을 위해 노력하는 것은 인류의 의무이며 이것을 있는 힘을 다해 전하는 것은 이 진리를 믿는 사람들이 해야 할 일이며 의무라고 믿고 그렇게 살았다. 종교적 부흥, 개혁을 위한 단체들, 활력 있는 교회, 진리와 정의를 위해 기꺼이 멍에를 메는 행위는 성전을 정결케 하고 나라를 구원할 것이다.

그러나 1840년대 초, 웰드의 확고한 세계관은 현실에 부딪쳐 약해졌다. 그는 교회가 평범함에 빠지는 경향이 있고, 개혁자가 증오심이 가득하여 불화를 일으키며, 민심은 추잡한 조작이었음을 발견했다. 그는 노예 제도가 결코 설득과 회개로 다루어질 수 있는 종교적이고 도덕적인 문제가 아니라 피와 충돌이 일어나야지만 끝날 수 있는 복잡한 구조의 악이라고 생각했다. 이 모든 것들이 웰드의 종교적 신념에 끼친 영향은 노예 제도 종식에 관한 그의 변화하는 견해에 대해 버니에게 편지를 보낸 후 수개월 만에 나타났다.

> 종교 세계에서 진리로 통하는 많은 것들은 성경에서 가르쳐지지 않고, 이성과 완전히 모순된다는 점은 분명하다. 교회는 전체적으로 과분한 권력과 특권 의식에 사로잡혀 있고, 교회 안에서는 분명한 강탈과 탈취

행위가 드러나고 있다. 개개인은 점점 사라지고 친목회의 성격으로 변하여 완전히 병적인 모습으로 변하였고, 선한 사람조차도 높은 계층을 자랑하며 영성을 진리 가운데에 두지 않고 명성에 두며, 유대관계를 형성하는 것이 진리로 충만하여 모이는 것이 아니라 사람들의 민심을 굳히고 행동하게끔 만들기 위함일 뿐이고, 사람들은 다 함께 같은 방향을 향해 움직이지 않는 한 그 뿔이 한데 묶여 가만히 있을 수밖에 없는 커다란 무리인 것이다.[17]

과거 행동주의자에 의해 쓰여진 이 진술보다 더 종합적인 복음주의 사회개혁 운동의 전략과 전술에 대한 기소는 상상하기 어려울 것이다. 뉴저지 벨빌 근처에 있는 가족농장에 남겨졌던 그의 아내 엔젤리나는 나라의 악을 근절하기 위한 인간 주도권에 관한 비슷한 비관론을 다른 방향으로 취했다. 의미 있는 변화를 일으키는 데에 있어 교회나 개혁단체는 신뢰한 적이 없고, 남편의 부재와 심각한 행동장애가 있는 아이를 감당해야 했던 엔젤리나는 윌리엄 밀러의 예언서에 끌렸는데, 그에 반해 웰드는 깊은 인상을 받지 못했다. 그는 아내에게 다음과 같이 편지했다.

교회사에 따르면 몇몇 예외가 있을지라도 예언에 대한 연구에 큰 열의를 가진 사람은 형편없는 실천적 영성을 가졌던 것을 볼 수 있습니다. 진실은, 예언에 대한 연구가 특정인의 마음을 사로잡는 대단한 마력을 가지고 있다는 것입니다. 그것은 호기심, 놀라운 것에 대한 애정, 미신

---

17 Weld to James Gillespie Birney, Belleville [NJ], May 23, 1842, in ibid., 693-94.

적 요소, 모험 정신, 새로운 것에 대한 갈망 등을 강하게 자극합니다.

하지만, 엔젤리나는 남편의 우월한 지혜에 항상 항복하는 일에 지쳐 있었고, 뉴저지의 작은 농장에 있으면서 남편의 공직 임구에 질투를 느꼈기 때문에, 밀러를 향한 열정을 쉽게 포기하지 않았다. 특히, 밀러가 1843년에 예견한 그리스도의 재림이 천년기보다 앞서 올 것이라는 생각은 사회를 개혁하고자 했던 인간의 노력에 서서히 자신감을 잃어가던 사람들의 마음을 진정시켜 주는듯하였다.[18]

엔젤리나의 "정신적 흥분"이 밀러의 예언에 관심을 갖게 된 원인인지 결과인지 그 여부는 알기 어렵지만, 밀러의 예언이 분명하게 빗나가고 남편이 워싱턴에서 돌아오게 되면서 밀러에 대한 열정이 식게 되었다. 다른 사람들과 마찬가지로, 엔젤리나는 밀러의 예언을 "영화"하여 그리스도의 재림을 육체적 재림이 아닌 신자들의 마음속에 임하는 그리스도의 새로운 통치로 해석했다.

웰드가 워싱턴에서 돌아옴과 동시에 윌리엄 밀러의 그리스도의 재림 날짜에 대한 예언은 실패했고 그 뿐만 아니라 아버지의 죽음, 막내 아이 탄생, 신학적 방향의 전환 등, 그의 삶에 중요한 일들이 일어났다. 우리가 보았듯이 이 변화의 씨앗은 1843년 이전에 존재했지만 차후 몇 년 간 그 열매가 더욱 분명해졌다. 피니에게서 영감을 받았던 오랜 의제에 대한 웰드의 비관적 생각은 1843-44년 동안 일어난 일련의 사건들로 인해 강화되었다.

---

18 Weld to Angelina G. Weld and Sarah Grimké, Washington [DC], January 9, 1842, in *Weld-Grimké Letters*, II: 889; Abzug, *Passionate Liberator*, 228-29.

첫째, 여성권리의 문제에 대하여 웰드와 미국과 외국반노예 제도협회의 복음주의 지도자들 사이의 오래된 불화가 다시 나타났다.

협회의 집행위원회는 그에게 묻지 않고 그를 런던협약에서 협회의 대표자 중 한 명으로 임명했다. 웰드는 테판에게 여성들의 "양도할 수 없는 권리"를 박탈한 협회를 대표할 수 없다고 쓰고, 그 후 엔젤리나에게 반노예제도협회들은 모두 "구별과 눈에 띄는 자리를 열망하는" 사람들의 마음을 끌어 모았다"라고 편지했다.[19]

둘째, 웰드는 복음주의 공동체 내에서 불쾌하고 난처한 일들을 겪게 되었다.

처음은 저명한 노예폐지론자이며 도덕개혁협회 임원, 「오벌린전도자」(Oberlin Evangelist)의 편집자, 그리고 오하이오 자유당의 주요 인물이었던 호레이스 캠벨 테일러(Horace Campbell Taylor)에 대한 것이었다. 테일러의 도덕적 결함 목록에는 유혹, 낙태, 우편물 도둑질, 부도덕한 청년을 한밤중에 채찍질하는 것 등이 포함되어 있었다. 웰드가 이 사실을 알게 되자 오벌린 교수는 테일러가 이에 대해 유감스러워할 것이라고 말했다.

그러나 웰드는 기관 내의 위선을 뿌리뽑지 못하는 오벌린 관계자들의 무기력함과 절망적인 나약함을 비판했다. 오벌린이 그러한 문제를 대학 내에서 다루려는 경향에 맞선 웰드의 충고는 다음과 같았다

19　Weld to Lewis Tappan, Washington [DC], January 23, 1843, in *Weld-Grimké Letters*, II: 966-67; and Weld to Angelina G. Weld, Washington [DC], February 1, 1843, in ibid., 971-73.

모든 것을 세상에 드러내고, 깨끗하게 일하고, 모두에게 알리십시오....
마음의 안심이나 관대함이 아닌 칼과 철저한 조사가 기다리고 있습
니다.[20]

웰드는 그것을 선언한 바로 그 기관의 완벽함 부족으로 분개한 것뿐만이 아니라, "이 생에서 거룩하게 하는 교리는 그 타당한 열매로서 방탕한 것을 낳는다"는 「옵서버」(*The Observer*)의 후속 기사에 대해 격노하였다. 웰드는 이 논쟁이 속죄를 "죄에 대한 관대함"이라고 말하는 것만큼 타당하고 그럴듯하다고 생각했으며 자신은 교리보다 삶에 대한 관심이 많다고 선언했다.[21]

테일러 스캔들이 터진 같은 달에, 더 불쾌한 사건을 듣게 되었다. 브루클린의 자유교회 목사인 러셀 저드(Russell Judd)의 친한 친구가 열 명의 어린 소녀들을 성적으로 학대한 혐의를 받아 기소당한 사실이다. 웰드는 유감스럽게 "이 사건은 끔찍한 계시의 시대에 가장 괴상하고 굴욕적인 사건들 중 하나"라고 썼다. 그의 친구들은 이 모든 사건들이 개혁과 부흥 단체에 비참한 대참사/재난이라고 생각했지만 웰드는 다르게 생각했다.

진리와 의와 순결의 단체에 이 사건은 유익한 영향을 미칠 것으로 보인다. '사람에게서 끊어지기'는 지금 하나님께서 모든 곳에 전하시는 설교입니다. 목사는 대다수의 신자들에 의해 하나님의 자리에 세워졌는데, 하나님께서는 사람으로 인해 세워진 자들을 지체하지 않고 내던져

---

20 Weld to Prof. George Whipple, Belleville [NJ], December [17], 1843, in ibid., 985-88.
21 Weld to Lewis Tappan, Belleville, [NJ], December 29, 1943, in ibid., 988-89.

버리실 것을 보여주고 계신다.

지난 4년 동안 30명 이상의 복음교단 목사들이 흉악한 방탕죄를 지었고 많은 경우에 그것이 밝혀졌다. 높임을 받기에 합당한 그분만이 "나는 땅에서 높아지리라"고 한다. 거의 모든 사역이 그러하듯, 목표를 세우고, 그것을 이루기 위해 노력하며, 교회를 통해 높임을 받으려는 자를 하나님께서 쓰러뜨리시고, 또 높이기 위해 공모하는 자들을 완전히 혼란에 빠지게 만드신다.[22]

피니의 오래된 추종자들 가운에 스캔들, 무법자, 분열에 관한 서한들이 들어가면서, 그들은 제각기 성향대로 서로 다른 길을 선택했다. 테판은 웰드에게 "개혁은 집에서부터 시작해야 합니다"라고 말하면서 교회와 개혁 단체에 머물기로 결심했다.[23]

웰드는 동의했으나 그에게 있어 집은 피니의 부흥의 흔적과 잔해들로 가득한 기관으로서의 역할을 끝내고 서서히 그의 가족이 거하며 그의 영적 회복을 위해 쉴 수 있는 곳으로 변했다. 웰드의 믿음은 길들여지고, 개인을 위하며, 자유로워지고 있었다. 그의 전기 작가의 말에 따르면, 웰드는 피니와의 극적인 만남, 즉 "천년기를 맞이할 세계의 개혁과 개종" 이후 거의 20년 동안 자신의 삶을 지배해 온 "복음주의 비전"을 크게 부인했고, 이를 좀 더 개인적인, 가정의, 사적인 의미로 기독교의 의무를 다하는 것으로 대신했다.[24]

---

22 Weld to Lewis Tappan, Belleville, [NJ], February 6, 1944, in ibid., 994-95.
23 Lewis Tappan to Weld, New York, March 8, 1844, in ibid., 1001.
24 Abzug, *Passionate Liberator*, 246.

웰드는 1844년 뉴워크 라이세움(Newark Lyceum)에서 진행된 "진실의 방해"(Truth's Hindrances)라는 제목의 강연에서 개혁을 위한 대중 선동가로서의 일을 효과적으로 끝마쳤다. 그는 분명하게 바로 말하기 위해 만반의 준비를 다했었다. 연설 1주일 전에 그는 테판에게 "그들이 나를 초청하는 경솔한 행동으로 인해 죄책감을 느끼는 것은 이것으로 마지막이 될 것이라고 생각한다"라고 편지했다.[25] 웰드는 예상대로 구약의 선지자처럼 보편적인 사회악을 매도했고 미국은 "먼저 진실되지 않는 한 결코 자유로워질 수 없다"라고 선언했다.

웰드의 그 다음 영적 순례를 설명해 줄 적절한 말을 찾는 것은 쉽지 않다. 로버트 앱저그(Robert Abzug)는 웰드의 세대의 많은 이들이 승리와 선교의 세계에서 벗어날 탈출구를 초월주의, 완전주의, 스웨덴보리 및 유심론과 같은 자율적이고 개인적으로 개선된 영적 삶에서 찾았다고 언급했다.[26]

웰드의 종교적 방향의 전환은 그를 아는 모든 사람들에게 곧 드러났다. 웰드농장을 찾은 한 방문객은 테판에게 테오도르가 17세기의 프랑스 신비주의자인 귀용 부인(Madame Guyon)의 이름을 딴 "레이디 귀용 기독교인"(Lady Guion Christian)이 되었다고 서한을 보냈다.

웰드의 오래된 복음주의 동역자들, 특히 루이스 테판과 찰스 스튜어트는 웰드의 분명한 이단성과 반노예제 운동에 대한 그의 부재로 인해 상심했다. 스튜어트는 특히 상처를 입었다. 웰드에 대한 그의 사랑과 존경

25　Weld to Lewis Tappan, Belleville, [NJ], February 6, 1844, in *Weld-Grimké Letters*, II: 995.
26　Abzug, *Passionate, Liberator*, 248.

심은 한이 없었지만, 테오도르가 개인의 양심을 위해 성경의 권위를 거부한 것은 그를 지옥불의 위험에 놓이게 만든 것이라 믿었다. 사실, 스튜어트의 복음주의 열정, 특히 성경의 권위와 영원한 형벌에 대한 열정은 대단해서 그들의 견해를 거의 확실하게 강화시켰다.[27]

웰드가 비록 남편, 아버지, 농부, 교육자로서의 삶에 확실히 만족감을 얻고, 앤드류 잭슨 데이비스(Andrew Jackson Davis)의 유심론(심령술-편집자주)에 대한 그의 열렬한 관심에서 보이듯, 그가 개인의 경건을 추구하면서 색다른 길을 걷게 되긴 했지만, 모든 것이 순조로운 것은 아니었다. 그의 가정에서는, 엔젤리나가 자궁탈과 탈장으로 거의 늘 고통을 겪었으며 그의 두 아들과의 관계도 좋지 못했다.

겉으로 보기에 평온해 보이던 테오도르, 엔젤리나, 엔젤리나의 언니 사라의 오랜 웰드-그림케 개혁 왕조도 언제나 아름답고 좋기만 한 것은 아니었다. 또한 웰드의 다양한 교육사업도 수년 전 자신의 대학 시절 때와 동일한 패턴, 즉 위기, 폐쇄 그리고 재배치가 뒤따랐다. 심지어 그의 새로운 종교적 방향에서조차도 고통과 어려움이 따랐다.

물론 그는 부흥 운동가이자 노예 폐지론자로서의 일을 저버린 것에 대해서는 후회가 없었다. 예를 들어, 그는 버니에게 "교리는 내게 있는 모든 것을 앗아갔고, 그것에서 건강한 영적 성장을 이루게 할 그 어떤 것도 찾지 못했다. 어떻게 추측에 불과한 것들이 영적 활력을 **빼앗아갔는가**!" 그러나 같은 서신에서 그는 아쉬움을 내비치며 말했다.

27　See Charles Stuart to James Gillespie Birney, Grey County, Canada West, March 6, 1855, in *Birney Letter*, II: 1170.

나의 옛 친구들이 나를 판단하는 것, 되돌이킬 수 없는 이단이 된 것은 나에게 평범한 일같이 되어버려서 그러한 일들을 아무렇지 않게 생각하는 습관이 생겼다. 오벌린에 있는 오랜 친구에게 마지막 편지를 보냈을 때, '우리 강단에서 당신은 배반자로 자주 언급된다'는 답장을 받았다.[28]

한때 그를 영웅적인 지도자로 보았던 사람들로부터 이단자이자 탈영병으로 간주되는 것은 그로선 견디기 쉽지 않은 일이었다. 엔젤리나는 때때로 그가 육체노동과 내면의 영적 활력을 추구하는 모든 일에 있어서 힘을 얻을 더 큰 목적을 상실했음을 느꼈다. 그의 깊은 내면의 우울증을 느낀 그녀는 이렇게 썼다.

> 우리가 하나님의 뜻을 행하지 않고 있다는 두려움이 어두운 그림자처럼 다가오곤 합니다. 우리는 우리의 운명을 이루지 않고 있으며, 아직 어떠한 확신도 보이지 않고 무슨 일을 해야 하는지도 알지 못합니다. 정말 간절합니다. 당신의 준비의 날은 끝나야 하고, 이제 이 고된 일을 포기할 때가 되었습니다. 당신도 느끼지 않나요?[29]

---

28 Weld to James Gillespie Birney, Belleville, NJ, December 16, 1848, in ibid., 1120.
29 Angelina to Theodore Weld [n.d., but probably 1849] in the Weld-Grimké papers in the Clements library.

엔젤리나와 테오도르는 노예 제도 폐지 운동에서 그 영향력이 전성기일 때 반노예제도협의회에서 만났다. 웰드에 대한 인상은 그가 한참 카리스마 있는 연사로 널리 알려져 있을 때 가진 것이기 때문에, 그녀는 작은 농장에서의 수고로운 삶을 위하여 이 모든 것을 희생해야 한다는 것을 쉽게 받아들일 수 없었다.

웰드-그림케 두 가문이 다시 힘을 합쳐 관심을 기울인 것은 1848년 가을 벨빌농장에서 시작된 새로운 교육사업인 "웰드학교"(Weld Institute)였다. 교육공동체 모델로서, 학교는 엄격한 커리큘럼으로 천성과 교육을 포함하고, 남녀공학제를 실시하며 인성개발에 집중하였다. 학교는 현실에서의 종교와 인성에 대한 그의 깨달음을 적용할 수 있는 기회가 되었을 뿐만 아니라, 웰드학교에 자녀를 보낸 그의 개혁 동역자와의 관계를 회복하는 데에도 도움을 주었다.

혁신적인 방식과 질적인 면에서, 웰드의 새로운 교육기관은 곧 익숙한 재정 문제에 빠지게 되었다. 거의 완벽한 타이밍에 웰드는 뉴저지의 퍼쓰 엠보이(Perth Amboy)에 있는 계획된 유토피아 공동체에서 학교를 운영할 수 있는 기회를 제공받았다.

라리탄 베이 유니온(Raritan Bay Union)은, 그렇게 불린 대로, 미국의 협력 실험을 많이 퍼뜨린 비협동적인 정신에 의해 희생되었지만, 학교(이글스우드)는 살아남아 10년 동안 웰드가의 거주지가 되었다. 이렇게 더 나아진 단계의 웰드학교는 진보적 교육 커리큘럼을 도입할 수 있는 더 큰 자유를 부여했고, 뉴잉글랜드 지식인들이 강의를 하는 발판이 되었으며, 차세대의 미국 지도자들의 인성을 형성하는 데 도움이 되는 기반이 되었다.

웰드가 이글스우드(Eagleswood)에 교육 공동체를 세우는 동안, 국가적으로는 노예 제도에 대한 갈등이 최고조에 달했다. 캔자스사건에서 존 브라운습격까지, 웰드에게는 우려하던 운명의 시간이 왔음이 분명해 보였다. 한 편으로 내전은 조만간 자유와 노예 제도의 결정적 충돌이 일어날것이라는, 웰드가 1840년대 초에 가졌던 입장을 지지해 주었지만, 또 한편으로는 퀘이커교도의 영향을 받은 오랜 평화주의 성향의 그림케 자매는 보고된 대학살에 무너졌다(brought out). 웰드는 칼부림 사태에서 어느 정도 거리를 두는 대신 도덕적 정의에 집중했다.

그는 마르다 라이트(Martha Coffin Wright)에게 다음과 같이 썼다.

> 나는 반(反)노예 제도의 측면에서 이와 같은 전쟁이 갖는 정의를 깊이 믿는다.
> 뒤섞인 동기, 합금과 반쪽짜리 진실, 모든 거짓이 바닥에서부터 드러났음에도 불구하고 이 장대한 북부 반란에 기뻐하십시오.
> 대규모의 종교부흥에서 도덕개혁의 요소들이 그 어느 때보다도 빛을 발하고 있습니다.[30]

전쟁의 냉혹함에도 불구하고 웰드는 이러한 (북부의) 반란이 없었다면 모두가 대혼란에 빠졌을 것이라 확신했다. 스스로 만든 개인의 경건이라는 틀 안에 가둬두었던 억눌린 반노예제를 향한 열정이 내전과 링컨의 해방선언에 의해 다시 살아났다. 그는 1862년 11월 보스턴뮤직홀(Boston Music Hall)에서 열린 대규모 모임을 준비를 위한 개리슨 (Garrison)

---

30 Abzug, *Passionate Liberator*, 276에 인용.

의 초대를 수락한 후, 뉴잉글랜드를 사실상 공화당의 선거 운동가로 순회했다.

선거 캠페인을 서부에서 벌이며 오벌린으로 승리의 귀환을 할 수 있게 된 것은 아마도 그에게 가장 만족스러운 일이었을 것이다. 심리적인 상태와 목 상태에 맞춰 오르락내리락하는 그의 영향력 있는 목소리는 다시 예전의 자리를 찾았다.

그럼에도 역시 웰드는 전쟁 기간 동안 "개혁의 비용"에 대해 강연을 하였고 많은 개혁주의자들의 우상타파적인 속 좁은 모습을 꼬집으며 심지어 오랜 원수일지라도 사랑과 용서를 베푸는 더 높은 차원으로 나아가야 할 필요성에 대해 언급했다.[31]

1865년 노예해방과 북부군대의 승리는 웰드에게 영예로운 순간이었고, 그는 오벌린에서 그의 동료 "레인 반란군"과 함께 승리를 정식으로 기념했다. 그러나 개인적인 측면에서는, 전쟁 기간 동안 웰드 가정은 고통과 괴로움으로 시달렸다.

테오도르의 장남 스튜어트는 북측의 원인이 근본적으로 불공정하다고 생각하면서 전쟁에 나가 싸우기를 거부했고, 그의 또 다른 아들, 토드(Thody)는 끊임없는 성적 학대로 인한 정신이상 증세를 보였다. 또한 전쟁 중, 가족은 이글스우드를 떠나 보스톤 교외로 이사를 가 그곳에서 나머지 생을 보내게 되었다. 웰드 부부는 정부가 해방된 노예에 대한 책임을 지게 하고 여성 투표권을 위해 적극적으로 활동했다.

후에 보스톤에서 일어난 놀라운 일들 중 하나는 엔젤리나의 뜻밖의 발

---

31   Ibid., 280.

견이었다. 그녀의 아버지는 그의 아내가 죽고 난 뒤 그 여성 노예와 관계를 가지기 시작하여 슬하에 세 아들을 둔 사실이었다. 그러나 웰드부부답게 그들은 이 사건을 조용히 받아들였고 앤젤리나의 이복형제인 아치볼드(Archibald)와 프랜시스 그림케(Francis Grimke)를 도와주었다. (그들은 19세기 후반에 저명한 아프리카계 미국인 지도자가 되었다.)[32] 종교적 발전의 측면에서, 웰드는 하이드파크회중(Hyde Park Second Congregational, 자유주의 기독교인 또는 유니테리언)협회의 설립멤버가 되었으며, 그 교회의 헌법에는 믿음과 목적에 대해 다음과 같이 명확한 진술이 포함되었다.

> 하이드파크와 인근 거주자인 우리들은 언어, 성별, 혹은 혈통적 관계를 넘어서 민족의 형제애, 인권, 자유, 평등을 추구하고 하나님의 사랑과 인간의 사랑을 촉진시키며, 우리가 추구하는 모든 것을 이루기 위해 서로 연합하여 도와주고 진리와 선 안에서 큰 성장을 이루어 앞서 상기한 바들을 발전시킬 것에 동의한다.
>
> 우리는 우리가 주장하는 양심, 생각 및 연설에 대한 자유를 동일하게 인정하면서, 종파적 또는 신학적 테스트를 거치지 않으며, 하나님과 화합하는 삶을 얻는 수단으로 한결 같은 믿음을 위해 노력해야 할 것이다.[33]

---

32 Ibed., 288-89. Francis Grimké는 미국 인종차별주의에 대해 확고한 비평가이면서도, 긴 삶을 통하여 꽤 복음주의적으로 남아있었던 유명한 흑인 장로교 목사가 되었다.

33 Abzug, *Passionate Liberator*, 292.

그러나 교회는 부흥하지 않았고, 1879년에는 목사가 사임했는데, 이에 환멸을 느낀 교구민인 에버렛(Dr. W. S. Everett) 박사는 성공하지 못한 이유를 부족한 목회 리더십이 아닌 신앙의 처절한 공허함에 두었다. 그는 복음주의 열심당원이 아니라 자유주의 기독교와 유니테리언교를 지지하는 사람이었기 때문에 이러한 그의 비판은 더욱 이목을 끌었다. 에버렛은 교회의 헌법에 관심을 집중하면서 교회 쇠퇴의 주된 원인은 "불확실하고 막연한 성격의 신앙" 때문이라고 말했다.

에버렛에 따르면 교회의 헌법은 하나님의 섭리에 대한 어떤 믿음도 표현하지 않았고, 성경을 언급하지 않았으며, 구주의 존재를 인정하는 부분도 없고, 미래의 존재에 대한 믿음이나 희망을 나타내지도 않으며, 하나님에 대한 것이나 또는 우리가 왜 그를 사랑해야 하는지에 대한 언급도 없었다. 간단히 말해서, 프랑스가 이성의 여신을 받아들이고 거리를 피로 물들였을 때와 마찬가지로 자유와 평등, 형제애 외에는 어떤 것에도 헌신하지 않았던 것이다.

요약하면 "종교적 신앙은 이곳에서 중요하게 보지 않는다." 에버렛은 죽음이나 영원을 생각한 사람들, 사랑하는 이들이 죽는 것을 보았거나, 삶의 비극 속에서 원하는 이유를 찾은 사람들은 우리에게 "이것이 우리가 해야 될 전부입니까"라고 질문할 것이라고 지적했다.[34]

복음주의 열심당원들에 의해 그의 이단설이 알려지는 일에 익숙해진 웰드였지만 자유주의 유니테리언교의 감시를 받는 것에 익숙하지 않았다. 웰드는 넘어졌지만 다시 일어나 「미국 동부 관보」(*Norfolk County Gazette*)에 두 가지 변론을 기고했다.

34　*Norfolk County Gazette*, June 14, 1879, "Resignation of Rev. Mr. Williams," by W.S.E.

첫째, 에버렛이 너무 공허하다고 했던 교회의 헌법은 협회의 합의된 성명서였을 뿐이며 또한 이는 추후 예배당 헌납식 등과 같은 신학적 내용도 확장되었다는 주장이었다.

그러나 신학적 부분을 설명하려는 웰드의 시도는 사실 설득력이 부족했다.

둘째, 그의 다음 변론은 더욱 솔직하지 못했다. 그는 하이드파크협회와 감리교를 신자들의 조건을 기준으로 비교하였다.

"감리교가 공동체의 지체에게 요구한 것은 다가올 진노를 피하고 죄에서 구원 받기를 원하는 열망뿐이었으며 하나님, 그리스도, 섭리, 영감, 성경, 부도덕, 신앙, 소망 등에 대한 언급은 없었지만," 감리교인은 늘어났다는 것이다.[35] 물론 자발적 단체인 감리교 교인들이 종교적 중대 사안을 내포한 간단한 선언에 기초하고 있다는 점은 엄밀히 옳은 말이다.

그러나 논점을 제외하면 그는 영국의 18세기 빈민층을 향한 존 웨슬리(John Wesley)의 선언이 19세기 말 보스턴 교외의 시민들에 의해 쓰여진 헌법 서문과 정확히 유사하다는 것을 좀처럼 믿지 못했다.

그는 에버렛에게 화가 났는데, 이는 그가 추진하는 프로젝트 중 하나가 의견을 달리하는 자의 출판물에 의해 공격을 받았을 뿐만 아니라 웰드는 자신을 여전히 진지한 기독교 신자로 여겼기 때문이다. 웰드는 1876년 유니테리언협회에서 전한 "유신론과 무신론"이란 주제의 강의에서, 진화론의 물질주의적 논리에 대항하기 위해 지능적으로 논거를 제시

---

35   *Norfolk County Gazette*, June 21, 1879, Theodore Dwight Weld to Dr. W. S. Everett.

하였고, "새로운 감각을 통해 우리에게 계시될 수 있는 영적 존재의 새로운 영역"에 대해 연설했다.[36]

그는 죽음으로 인해 드러나지 않는 감각의 결핍으로 인간은 영적 탐구에 있어 제한되었다는 생각에 몰두되어 앤드류 잭슨 데이비스(Andrew Jackson Davis)의 작품들에 지속적인 영향력을 끼쳤고 일선의 반대에도 불구하고 잭슨의 저서가 하이드파크도서관에 비치되는데 일조가 되었다.

노년에 그렇듯이 웰드는 사라 그림케와 뇌졸중으로 크게 쓰러진 후 6년 동안 앓다가 죽음을 맞이한 그의 아내 엔젤리나를 포함하여 가장 가깝고 소중한 사람들의 죽음을 맞이하게 되었다. 그의 아들 토디(Thody)의 망명을 포함한 이 시련의 날 동안 웰드는 죽음은 인간의 영적 순례의 끝이 아니라는 사실로부터 위로를 얻었다.

그러나 영원한 몽상가가 아니었던 그는 말년에 무절제, 정치적 당파, 그리고 특히 터무니없는 가격에 자유가 팔린 흑인의 운명에 대한 북부의 관심 부족에 대해 강연하고 집필했다.[37] 웰드는 1895년에 사망하여 보스턴의 마운트호프묘지(Mount Hope Cemetery)에 안장되었다. 그가 많은 허점이 있을지라도, 그의 삶이 선대의 이상에 충분히 기여했다는 사실은 부정하기 어렵다.

본서의 다른 인물들과는 달리, 웰드의 복음주의 포기는 기록되지 않았고 공식적으로 봉인되었다. 그는 결코 관례적인 신학적 사상가가 아니었고, 옛 복음주의 친구들과 성경적 권위, 속죄의 본질, 혹은 중생의 특성

---

36 *Norfolk County Gazette*, June 10, 1876. 인용된 내용은 Weld로부터 직접 주어진 것이 아니라 Weld에 대한 저자의 보고서에 근거한 것이다.
37 Abzug, *Passionate Liberator*, 296-300.

에 관한 이론적 논쟁을 거의 하지 않았다. 다른 복음주의자들과는 달리 피니를 통한 개종은 그의 삶의 중심축이 되지 않았고, 전형적인 복음주의 측면에서의 개인의 구원자처럼 국가 회복의 천년 사명으로의 개종이었다. 그가 복음주의에서 얻은 것은 국가의 노예제와 같은 거대한 악에 대한 더 깊은 공감과 선교 운동의 필요성이었다.

그는 노예제 폐지를 위한 투쟁에 매료되었는데, 이 투쟁은 그의 우정을 결정짓게 하였고 교육의 방향을 정하게 하였으며, 그의 재능을 양성하고 궁극적으로 아내를 만나게 된 계기가 되었다. 그의 종교적 경험은 의심할 여지없이 그리스도인의 완전성을 다루는 오랜 감리교 교리로부터 많은 영향을 받았는데 이로 인해 지저분한 현실이 그가 추구하는 거룩과 이상에 부딪히면서 그는 종종 실망과 환멸을 느꼈다.

웰드는 노예 폐지에 대한 경건한 동기를 결코 저버리지 않았지만, 그것을 위해 캠페인을 벌인 복음주의 단체를 불신하게 되었다. 1840년대에 그가 겪었던 복음주의는 부패하여 종교적 교리로 가득하고 점점 커져가는 문화 권력을 의식하였다. 그는 복음주의 자선 단체의 기념일 모임을 특히나 혐오했다. 1840년대 중반에 엔젤리나에게 보낸 편지에서 그는 다음과 같이 언급했다.

> 올해 소위 말하는 종교기념일에 행한 일들은 매커니즘과 인위성만 가득할 뿐! 노예입찰에 기도를 길게 하는 '회장님들'의 가식! 목사, 박사, 고귀하신 분들께 박수갈채와 지나친 아첨, 허례허식은 또 어떤가!
> 양식, 전례를 따르는 형식과 이전에 쓰던 오랜 어법을 존경하고, 정해진 시간 우상 숭배를 하며 축도하는 꼴이란!

거만하고 불경스럽지만 또 '종교적'이다!

아버지 저들을 사하여 주옵소서.

그들은 자기의 하는 것을 알지 못함이니이다. 또한 우리의 눈을 열어 이 모든 어둠과 거짓됨을 보게 하셨으니 우리로 이러한 삶의 현실들에 사로잡히게 하소서.[38]

이 미사여구의 일부분은 뉴잉글랜드에서의 그의 성직자적이고 귀족적인 배경에서 비롯된 것이지만, 복음주의 문화권력의 한계에 대한 커져가는 인식으로 야기된 것이기도 하다.

1840년대 초반, 노예제 폐지에 앞장서던 웰드의 분명한 실패와 분열 그리고 그가 워싱턴 로비스트로서 수년간 일하게 되면서 맞닥뜨린 더 큰 현실 정치로 인해 노예제는 결코 복음주의 단체 혹은 자선 단체의 움직임으로 인해 끝날 수 있는 것이 아니라는 결론에 도달하게 되었다.

슬픈 진실은 노예 제도가 경제적 사리사욕과 인종차별주의에 박힌 제도였고, 피니의 부흥 운동이나 개혁 운동으로 할 수 있는 것은 아무 것도 없었다는 것이다. 웰드는 억제할 수 없는 갈등의 개념을 인정하게 되었을 뿐 아니라 그것을 막아보려고 하는 사회의 시도 또한 순진하고 비생산적인 것으로 보게 되었다.

웰드는 복음주의에서 물러나면서 공적인 영역에서도 물러나게 되었고 개인경건과 교육 분야에 발을 디뎠다. 학교 교과과정을 세우면서 웰드는 성경과 신앙적인 면보다 일반 학문에 더 집중했다. 끊임없이 웰드에게

---

38 *Weld-Grimké Letters*, II: 1005.

자신의 "불륜"을 해명하려 했던 복음주의자인 찰스 스튜어트는 이글스우드의 "성경이 빠진" 커리큘럼에 경악했고, 젊은이들 사이에 불륜을 조장하는 죄를 꼬집으며 웰드를 비난했다.[39] 스튜어트의 글이 더 엄해질수록, 비록 고통스럽긴 했지만, 웰드는 더 신경을 끄는 듯 했다. 스튜어트가 모든 것에 대한 절대 권위로서 성경을 의존하는 것은 웰드의 발전하는 정치적 영적 진정성에 반향을 일으키지 않았다.

그의 반노예제를 다룬 책에서도 같은 패턴을 볼 수 있다. 그의 첫 번째 저서인 『노예 제도를 반대하는 성경』(*The Bible Against Slavery*)은 성경에 묘사된 고대 히브리 노예 제도가 현대 미국의 노예 제도와는 현저히 다르며, 성경은 노예 제도를 지지하지 않는다는 것을 보여주는 철저한 본문 중심의 시도였다.

그의 두 번째 저서인 『있는 그대로의 미국 노예제』(*American Slavery As It Is*)는 남부 노예 제도가 잔인하고 부도덕한 제도라는 것을 보여주는 철저한 실증적 연구였다. 노예 제도에 관한 그의 후속 작품들은 하나님의 말씀에 대한 위반보다 반인륜적 측면에 더 집중하였다.[40] 웰드의 대중적 입장과 출판된 글의 변화를 발견하는 것은 개인적 경건과 종교적 헌신에

---

39 특히 다음을 볼 것. Charles Stuart to Theodore Dwight Weld, Lora, August 1859, in the Weld-Grimké Papers, William Clement Library, University of Michigan. Stuart는 그 자신의 삶에 대한 증언을 제공하며 복음주의적 정통성에 대한 11개의 질문을 한다. 이 질문들은 19세기 중반 복음주의적 신학에서의 중요한 요약을 담고 있다. 다음도 볼 것. Charles Stuart to Theodore Dwight Weld, Lora, July 20, 1856, and January 14, 1860. 복음주의적 기독교로부터 오래 전에 배척당한 Weld나 Grimké 자매들에 대해 Stuart의 열정적인 간청이 어떤 영향을 주었다는 증거는 없다.

40 이 책의 완전한 제목은 *The Bible Against Slavery: Or an Inquiry into the Genius of the Mosaic System, and the Teachings of the Old Testament on the Subject of Human Rights*. 1837년 처음 *Anti-Slavery Quarterly Magazine*에 출판되었으며, 1864년 Board of Publication of the United Presbyterian Church에 의해 4판을 거쳤다. 다음도 같이 볼 것. *American Slavery As It Is: Testimony of a Thousand Witnesses* (New York: The American Anti-Slavery Society, 1839).

대한 그의 미묘한 변화를 찾아내는 것보다 쉬운 일이다. 그의 서한들을 자세히 들여다보면 그의 마음과 영혼 구석 깊은 곳에서 중요한 변화가 일어났음을 알 수 있지만, 그 원인과 결과는 항상 명확하지 않다.

예를 들어, 복음주의 성격이 가장 강할 때 쓴 초기 서신의 내용은 대부분 웰드의 "지독히 냉담한 마음," 기도에 대한 몰입, 신의 섭리에 대한 그의 강한 믿음, 그리고 그의 복음의 아버지인 피니와 주 안에서 형제된 스튜어트에 대한 그의 열렬한 사랑으로 가득 차있다. 레인신학교에 콜레라 전염병이 돌 때, 웰드는 한 편에는 죽어가는 성자를, 또 다른 편에는 죽어가는 불신자를 마주하게 되었고, 그의 보고에는 죽음 앞에서 나오는 전형적인 복음주의 영성이 담겨 있다. 그는 다음과 같이 말했다.

> 나는 여기에 죽어가는 성자가 내쉬는 하늘의 숨결에 대한 내용을 가득 채울 수 있지만 멈춰야 한다. 그가 임종을 맞이했을 때 나는 큰소리로 '복되고 복되다! 오, 주 안에서 죽은 자들은 복되도다'라고 외치지 않을 수 없었다.

이와 대조적으로 불신자의 죽음을 이야기할 땐 험악하고 끔찍한 분투의 장면을 거의 사실대로 묘사했다.[41] 시간이 지나면서, 웰드의 편지에 표현된 그의 경건은 상황에 따라 바뀌는데, 노예제 폐지에 관하여 편지할 때에는 심지어 그의 복음주의 친구인 루이스 테판에게까지도 사무적이고 업무에 충실했다.

---

41   Weld to a Member of His Family, June 1833, in *Weld-Grimké Letters*, I: 109-12.

또 다른 변화는 그가 그림케 자매를 만나고 엔젤리나와 결혼할 때 일어난다. 엔젤리나는 결혼하면서 교권반대와 평화주의, 여성의 권리, 개인의 조명, 그리고 그리스도와의 연합에 대한 좀 더 신비적인 표현을 강조하는 퀘이커교 영성을 가지고 왔다. 웰드로부터 스튜어트의 숭고함과 복음주의 열정을 칭송하는 서신을 받은 후, 엔젤리나는 근부 출신의 사람을 존경하기 어려울 것이라고 냉정하게 대답했다.

처음에는 그림케 자매가 영적 방향에 대해 불만을 가졌고, 테오도르는 항상 자신의 길을 고집하는 것 같았지만, 오랜 기간에 걸쳐 변하게 되었다. 그림케 자매는 일반적으로 골상학, 밀러리즘 및 유심론을 포함하여 새로운 방향에 있어 더 개방적이었으며 종종 웰드의 관심과 때로는 그의 지지를 얻었다.

웰드-그림케의 서신을 통해서 그들의 서로 다른 사상들이 결혼생활을 통해서 맞춰져간 사례들을 모두 살펴보기는 어렵지만, 이것이 중요한 부분임은 부인할 수 없다. 잠시 살펴보자면, 비록 각기 다른 방향성으로 접근했을지라도, 테오도르, 엔젤리나, 사라는 교회와 목회자들에 대한 환멸감을 서로 강화시켰다. 그림케 자매는 교회를 "영적 기근의 장소"라고 말했고, 웰드는 그 어느 곳에서도 "영적 교제" 또는 "영적 교회"를 찾을 수 없는 사실에 한탄했다.

마찬가지로 중요한 것은, 웰드는 엔젤리나와의 결혼을 통해 "구원에 필수적인" 부분을 제외한 많은 부분, 즉 "안식일, 세례, 성찬식, 기도, 결혼, 정부기관, 또한 완전한 부패와 퇴보에 대한 철학" 등의 부분에서 서로가 다른 관점을 가지고 있음을 상호 간에 인정해야 했다.

비슷한 맥락에서 윌리엄 로이드 개리슨(William Lloyd Garrison)은 엔젤리나에게 "형제 웰드의 분파주의로 인해 그가 해방되지 않는 한 그녀는 구속될 것이다"라고 말했다. 웰드는 위기에 대처하여, 엔젤리나에게 "배우고자 하는 마음과 서로 간의 기도 그리고 회의를 통하여 우리는 진실에 도달할 것입니다. 불법과 죄악이 가득한 세대의 편협한 마음과 배타적인 태도가 내 영혼을 해칩니다"라고 보냈다.[42] 자신의 결혼생활에서 경험한 에큐메니즘은 후에 그의 기독교 비전이 확장되기 위한 중요한 시험장이 되었다. 나중에 스튜어트의 복음주의에 반발한 이유 중 일부는 스튜어트의 배타적 교리와 속 좁은 파벌적 기질 때문이었다.

한편 웰드의 경건함 표현에 또 다른 변화가 1840년대 초반에 일어나는데 이는 반노예제 운동이 분열되면서 그의 실망으로 인한 것이었다. 그의 편지에는 더 날카로운 비난과 단호한 판단 및 철저히 현실에 입각한 내용이 적혀 있었다.

웰드는 종교적 중요 현안과 국가의 운명에 대해 그와 같은 생각을 가진 기독교 선거구를 찾지 못했고, 결국 그는 가차 없이 시골로 내려가 육체노동, 개인 경건, 그리고 가르치는 일에 전념하게 되었다. 경건에 대한 그의 표현이 변한 것은 중요하긴 하지만, 너무 강조되면 안 된다. 그는 계속해서 하나님과의 교제의 중요성, 이웃에 대한 사랑, 그리고 자신의 죄성을 지배해야 할 필요성을 느꼈다.

---

42 Weld to Sarah and Angelina Grimké, New York, December 15, 1837, in ibid., 496. See also, Sarah and Angelina Grimké to Weld, Brookline, MA, December, 17, 1837, in ibid., 497-500. Confirming Theodore의 교회에 대한 환멸을 확인해 주면서 Sarah는 다음과 같이 적고 있다. "나는 어느 곳이든 가서 예배드리기를 포기했다. 나는 모든 곳을 시도했으나 그 모든 곳에서 똑같이 영적 기근을 경험했다. 내 경험은 흑인 교회에서든 백인 교회에서든 마찬가지였다." 다음도 볼 것. Boston Public Library Ms. A. 1. 1 v. 3, p. 10, William Lloyd Garrison to Helen E. Garrison, Philadelphia, May 1838; and Weld to Angelina Grimké, New York, March 1, 1838, in *Weld-Grimké Letters*, II: 603.

웰드는 엔젤리나에게 매우 솔직한 혼전고백을 하면서, 자신의 죄를 밝혔고, 그의 이기적인 부분, 자부심, 반대에 부닥쳤을 때 분개하는 성질, 성마른 기질, 심하게 우울해 보이는 얼굴, 잘못을 다른 사람에게 뒤집어 씌우는 경향, 방종, 게으름, 고집 등을 솔직하게 말했다.[43] 엔젤리나는 이에 자신의 단점들을 적은 목록을 보냄으로 응답했고, 전 세계 기독교도들 가운데 가장 큰 죄인된 둘은 몇 달 후 결혼하게 되었다.

어떤 의미에서 보면 웰드의 인생에서 가장 설명하기 어려운 부분은 그의 초년이나 말년에 있지 않다.

코네티컷 회중파 목사의 아들로 태어나 보스턴 교외에 있는 자유주의 유니테리언 교회의 홍보대사로 삶을 마친 사람보다 더 예측하기 쉬운 삶이 있을까?

이 깔끔한 궤적 밖에는 뉴잉글랜드가 아니라 서부 국경의 부흥 운동가, 개혁가, 선동가로서의 재능이 있다. 이렇게 잘 만들어진 삶의 틀 밖에서 웰드는 뉴잉글랜드가 아닌 서부 변경에서 부흥 운동가, 개혁가, 선동가로서의 삶을 살았다. 웰드가 그의 초기 복음주의 신앙을 넘어섰거나 혹은 거부했을지언정, 그것이 그의 삶에 중요한 부분이 되고 에너지를 주었던 사실을 부인할 수는 없다.

그가 나중에 멀리했던 복음주의자들이 없었다면, 웰드는 존경받는 뉴잉글랜드의 장관 또는 후에 그가 경멸하였던 동해안 반노예제조약 주최자 중 한 사람이 되었을 것이다. 웰드는 복음주의자로서 생을 마감하지 않았지만, 그를 있게 한 전통적 운동에 대한 열정으로 그의 삶은 활기를 얻었다.

---

43   Weld to Angelina Grimké, New York, March 12, 1838, in ibid., 575-84.

제5장

사라 무어 그림케(Sarah Moore Grimké, 1792-1873). 나무 판화(The Library of Congress)

엘리자베스 케디 스탠턴(Elizabeth Cady Stanton, 1815-1902). 사진 인화(The Library of Congress)

프랜시스 윌라드(Frances Willard, 1839-1898). 네가티브 인화(The Library of Congress)

사라 그림케, 엘리자베스 캐디 스탠턴, 프랜시스 윌라드-성경 이야기들
복음주의와 여권신장 운동

나는 피니(Finney)의 부흥회에 함께 참석했던 학급친구들과 종교적인 경험을 철학적으로 충분히 토론했다. 우리 모두 동일한 결론에 도달했다. 그것은 우리가 특별한 변화를 경험하지 않았으며 우리는 거듭나지 않았다는 것이다. 왜냐하면 그들의 말처럼, 우리의 취향이나 즐기는 것들이 전과 다름이 없음을 발견했기 때문이었다. 나의 매부는 우리가 경험한 것들, 즉 착각의 본질, 육체적 상태, 정신적 흐름, 그런 흥분을 유발하는 교회 시스템, 우둔한 마음이 쉽게 종속되는 부담감에 대해 설명했다.

- 엘리자베스 캐디 스탠턴, 『8년 이상; 회상들, 1815-1897』

(Eighty Years and More: Reminiscences 1815-1897) (1898)

19세기 초반 미국 여권신장 운동의 발전과 제2차 대각성 운동 동안의 대중적 복음주의의 발흥 사이의 관계는 뜨겁게 논의되는 주제이다. 한편으로 감리교의 발전과 찰스 피니와 연결된 부흥으로 인해 만들어진 다양한 복음주의는 도덕적인 분노와 회심주의자의 열정을 제공하여 여성들로 하여금 셀 수 없이 많은 봉사 조직들을 통하여 공적으로 행동하도록 힘을 주었다고 주장되어 왔다.[1]

그러한 논쟁이 진행되면서 사회경제적 변화들로 혜택을 받은 중상층 여성들은 종교적인 개종들로 더 힘을 얻어 가정의 고된 일에서 벗어나 자신과 사회의 도덕적 변화를 추구하게 되었으며 복음주의 교회에서 조직, 모금, 대중연설 등의 기술도 배웠다. 다소 시끄러운 분열적인 복음주의는 이런 방식으로 19세기에 남성 중심의 단단한 벽을 뚫으며 수많은 여성들로 하여금 노예 제도 반대, 금주 운동, 선교, 여성참정권 운동 등을 펼칠 수 있도록 하였다.

이 깔끔한 설명이 문제가 없지는 않은데, 복음주의 종교가 19세기 여성들 사이에서 개혁을 추진하는 유일한 힘의 원천은 아니었고, 지속적인 것도 아니었으며, 주도적인 해방 세력도 되지 못했다.[2] 예를 들어 노예폐

---

1 Bethany Murphy이 이 주제에 대해 관심을 갖도록 해주었고 그녀의 논문을 읽도록 해준 것에 감사한다. Bethany Wade Murphy, "Evangelical and Feminist? An Evaluation of Nancy Hardesty's Assessment of the Relationship Between Evangelicalism and the Woman's Rights Movement in America," Master of Christian Studies Thesis, Regent College, 2005. 다음도 볼 것. Nancy A. Hardesty, *Your Daughters Shall Prophesy: Revivalism and Feminism in the Age of Finney* (New York: Carlson, 1991), and *Women Called to Witness: Evangelical Feminism in the Nineteenth Century*, 2nd ed. (Knoxville: University of Tennessee Press, 1990). 보다 최근의 해석은 Mark David Hall, "Beyond Self Interest: The Political Theory and Practice of Evangelical Women in Antebellum America," *Journal of Church and State* 44, no. 3 (Summer 2002): 477-99.

2 Nancy F. Cott, *The Bonds of Womanhood: Woman's Sphere in New England, 1780-1835* (New Haven: Yale University Press, 1977); Nancy Isenberg, *Sex and Citizenship in Antebellum*

지 운동의 여성 지도자들 중의 상당수는 복음주의의 영향을 비교적 적게 받은 자유주의 퀘이커교도, 보편주의자, 유니테리언 신자, 영성가, 아니면 다른 종교의 전통들에서 나왔다. 다른 많은 이들은 전통적인 복음주의 변화를 일찍 자신들의 삶에서 경험을 했으나 이후에 젊은 시절의 복음주의로부터 떠나거나 극렬히 반대하였다. 반면에 대다수는 자신들이 혜택받지 못했거나 그 전통과 싸우지 않은 넓은 복음주의 전통과 자신들 사이에 있는 충분한 사회적, 지적 공간으로 빠져나갔다.

결국 19세기 미국의 다수의 여권신장 운동 지도자들 중 소수, 특히 더욱 급진적인 부류들만이 다수의 복음주의 전통들의 특정 부류에 의해 권한을 받았으며, 지탱되었고, 지원받게 되었다.

본 장의 근본 목적은 여권신장 운동과 복음주의 사이의 관계에 대해서 논쟁을 다시 시작하려는 것이 아니다. 복음주의에 의해 긍정적으로든, 부정적으로든, 영향을 받게 된 매료와 환멸의 주제에 대해서 보다 더 멀리 탐험을 하자는 것이다.

앞 장들과는 다르게 이번에 집중할 것은 한명의 인물이 아니라 19세기를 산 몇 명의 여성들, 사라 그림케, 엘리자베스 캐디 스탠턴, 프랜시스 윌라드이다. 이러한 여러 가지 주제들을 포함하는 이유는 두 가지 때문이다.

America (Chapel Hill: University of North Carolina Press, 1998). 어떤 학자들은 미국의 페미니즘의 발생에 대한 상당한 자리를 내주는 종교는 생각하기 힘들다 보았다. 다음을 볼 것. Ellen Carol Dubois, *Woman Suffrage and Women's Rights* (New York: New York University Press, 1988), and Sylvia D. Hoffert, *When Hens Crow: The Woman's Rights Movement in Antebellum America* (Indianapolis: Indiana University Press, 1995).

첫째, 내가 알기로는 복음주의의 환멸에 대한 광범위한 기록을 남긴 미국 페미니스트의 확실한 표본이 없다.³

그것은 정확한 진술이다. 회심의 계기든 교회활동이든 복음주의에 깊게 연관된 대부분의 여성들과 그 이후에 복음주의의 전통과 거리를 두고 활동했던 이들은 공적인 대립이나 적개심 없이 자신들의 영적 여정들을 진행해 나갔다. 그들은 복음주의의 신조나 교리에 너무 깊이 끼어들지 않고도 믿음과 도덕적 행동의 핵심이라고 생각한 것에 대해 개선 및 재규명하였다.

둘째, 미국의 페미니즘 운동이 일어나면서 야기된 복음주의의 매료와 환멸에 대한 주제들을 보기 위해 복수의 여성을 선택한 두 번째 이유는, 이러한 접근 방식이 성경해석 방법론이나 교리 같은 문제들에 대한 공통성뿐 아니라, 여성들이 자신들의 새로운 영토를 탐험해가는 다양한 방법을 더 잘 보여주기 때문이다.

본서에 있는 다른 이야기들과 마찬가지로, 이들이 다양한 형태의 복음주의에 빠지게 된 최적의 장소, 즉 매료된 장소는 종종 그 이후(복음주의에 대한) 환멸의 조그마한 포자들을 운반하는 곳이 되기도 한다(즉, 매료의 장소는 환멸의 씨앗을 잉태하는 곳-역자주). 19세기 대다수 여성 운동 지도자들이 복음주의에 매료된 곳은 복음주의로의 개종에 대한 일반적인 조

---

3 한 명의 가능한 후보는 Catharine Beecher인데, 그녀의 아버지인 Lyman Beecher와의 관계에서 심리적으로 너무 얽매어 있었으며 (특히 보편적인 복음주의적 회심 경험이 그녀에게 부족했거나 그럴 마음이 없기도 했다) 결국 아버지의 복음주의에서 발을 뺐다. 그녀는 이 일들을 자세히 기록해 놓지는 않았다. 다음의 통찰력 있는 Beecher전기를 보라. Kathryn Kish Sklar, *Catharine Beecher: A Study in American Domesticity* (New York: Norton, 1976).

사 안에 드러나듯, 유사한 초기의 회심 경험이었다.

예를 들면 그림케 자매, 사라 무어(1792-1873), 엔젤리나 에밀리(1805-1879) 등은 남부에서 노예들을 소유한 가정에서 태어났지만 노예 제도 철폐론에 앞장섰을 뿐 아니라 남녀가 섞인 청중 앞에서 노예 제도 철폐 연설을 한 첫 번째 인물들이었음을 고려해보자.[4]

노예를 소유했던 그림케 자매는 후에 엔젤리나의 남편 테오도르 드와이트 웰드와 함께 19세기 개혁주의 운동권의 족보를 세워나갔는데, 이들은 먼저 노예 제도를 반대했으며 여성의 동등성과 투표참정권을 지원하였다. 캘리포니아 서부감독교회의 부유한 가정에서 자란 사라 그림케는 그녀가 열망했던 대학교육이 거부되었으며, 남부 상류층 여성 사회의 겉모습에 걸맞게 치장하라는 지겨운 안내를 받게 된다. 그녀는 그때의 삶은 "낭비와 어리석음"이었다고 썼다.[5]

이와는 대조적으로 그림케 가족의 부모와 친척들은 신중한 마음 자세를 지녔으며, 도덕적 의무를 수행하며, 지적 성취라는 가문 풍토가 흘렀다. 사라는 남부무도회와 저녁파티로 이어지는 외적 삶과 종교적 회심(개종)이라는 밀고 당기는 내적 세계 사이에서 충돌되는 면들이 많았다. 그 충돌의 촉매제는 헨리 콜락(Heny Kollock)이라는 사바나에 있는 장

---

4   Catherine H. Birney, *Sarah and Angelina Grimké: The First American Women Advocates of Abolition and Woman's Rights* (Boston: Lee and Shepard, 1885; rpt. Westport, CT: Greenwood, 1969). 다음도 볼 것. Gerda Lerner, *The Feminist Thought of Sarah Grimké* (New York: Oxford University Press, 1998), and Gerda Lerner, *The Grimké Sisters from South Carolina: Pioneers for Women's Rights and Abolition* (Chapel Hill: University of North Carolina Press, 2004).

5   Sarah Grimke의 일기, "Account of Religious Development," June 3, 1827, Pamela R. Durso, *The Power of Woman: The Life and Writings of Sarah Moore Grimké*, (Macon, GA: Mercer University Press, 2003), 26에 인용되어 있다

로교 목회자였다. 그의 열정적인 설교는 육체와 영혼 사이의 반복되는 줄다리기 싸움을 일으켰다.

이 일 후에 사라는 "나의 전 존재는 이제 포로가 되었다. 나는 완전히 자유롭게 항복했다. 그리고 예수님께 나의 영원한 충성을 맹세하였다. 열정적으로 나의 신실함을 나타나기 위해 나의 그림들을 태웠고, 시와 소설이 있는 작은 서재를 없앴으며 화려한 옷들을 불살랐다"라고 고백했다.[6]

그러나 그러한 외적 불들이 자신들 속에 있는 불을 다 끄지는 못했다. 사라는 (내적) 신앙심과 (외적) 성과 사이에서 여전히 갈등했다. 서로 상극인 불꽃들을 지핀 것은 종교적 열심과 사회적 일치 사이의 경쟁뿐 아니라, 노예 제도와 자유 사이에서의 갈등, 그리고 여성으로서 장식품같은 삶과 목적있는 삶 사이의 경쟁으로 촉발된 것이었다.

사라를 다음 단계로 밀어낸 것은 당연히 그녀 안에 어느 정도 중요한 씨앗들을 심은 헨리 콜럭과의 진전된 관계가 아니라, 아버지의 죽음이란 상황 안에서 죽음의 신과의 장기간 지속된 격리된 특별한 만남이었다.

사라는 죽어가는 아버지를 위해 의학 전문기술과 더 나은 기후를 찾기 위해 필라델피아와 뉴저지 등지로 여행했으며, 그 여행에서 참된 여러 퀘이커교도들도 만나게 되었다. 사라가 찰스톤으로 돌아온 후 잠시 영혼의 어두운 밤으로 들어갔다가 감리교 부흥회를 통해 일시적으로 회복되었으며, 감리교의 사랑축제(Love Feast)에서 공개 간증도 했다.

---

6 Sarah Grimké, "The Education of Women," in *Sarah Grimké, Letters on the Equality of the Sexes and Other Essays*, ed. Elizabeth Ann Bartlett (New Haven: Yale University Press, 1988), 115.

어떠한 이유 때문인지 그녀가 구체적으로 밝히지는 않지만, 아마도 감리교의 생생한 부흥주의와 완전주의 신학과 관련된 이유로 사라가 결심한 것은 대중주의적 부흥회보다는 평범하게 살면서 깨끗한 정신의 퀘이커교도들과 함께 하는 것이 낫다는 것이었다. 그것은 완전히 행복한 선택은 아니었다.... 사라는 "사역에로의 부르심"으로 무장한 채 필라델피아로 떠났다.

그러나 퀘이커 교도의 일원이자, 회원, 그리고 설교가로 인정받기 위한 15년간의 고생 후, 사라는 필라델피아 퀘이커로부터 추방을 당하게 된다. 그 일은 그녀의 어눌한 설교를 참지 못한 한 남성 장로의 주도로 대중의 모욕 속에서 추방당한 사건이었다.

이 일 후 사라는 더욱 급진적 입장인 동생 엔젤리나의 영향으로 들어갔다. 사라는 반노예제도협회에 들어가게 되었고 거기서 자신의 삶 대부분을 바칠 고상한 명분을 찾을 수 있었다. 그 경로 역시 어려웠다.

비슷한 일부 이유들로, 국가여성반노예제도협회(NFASS) 설립의 과제를 받은 그림케 자매들은 곧 동부 해안의 개혁주의와 복음주의 문화의 대중적 소용돌이 속으로 던져지고 말았다. 그들은 윌리암 로이드 개리슨(William Lloyd Garrison) 테오도르 웰드(Theodore Weld), 테판(Tappen) 형제들, 그리고 영국에서 온 이름난 반노예주의 운동가들과 만나게 되었다. 그들은 논쟁적이고, 강한 의지를 가졌으며, 자기주장도 강했다. 한 학자가 다음과 같이 지적하였다.

> 그곳에는 당파 안에 당파가 있었고, 본체를 중심으로 돌아야 할 위성들이 제각각 돌았으며, 성격적 충돌도 심했다.[7]

당연히 전략전술에서도 많은 충돌들이 발생하였다. 이런 무리들을 만나면서 그리고 노예 제도는 가증한 것이란 평범한 성경 읽기를 통해 사라는 『남부 주들의 성직자들을 위한 서신』(*An Epistle to the clergy of the Southern States*, 1836)을 쓰며 공적 무대에 처음으로 데뷔하였다.

그 편지는 부분적으로 성경을 풀어내거나, 그리스도의 희생적 대속에 대한 호소, 국가적인 죄악에 대한 판결 등을 담고 있었으며, 특히 남부에 있는 동료 복음 전파자들에게 가혹한 (노예)제도로 인한 도덕적 파멸의 심연에서 벗어나라는 열성적 호소였다. "하나님은 특별히 가난한 자들과 없는 자들, 멸시당하는 자들과 그리고 압제당하는 자들의 하나님"이라고 그녀는 썼다.

> 하나님은 미국 노예들의 슬픔을 알고 계시며, 그들을 해방하려고 은혜로 또는 심판으로 강림하실 것이다.[8]

서신의 색채는 명확히 복음주의적이다. 그녀의 호소는 성경의 권위, 그리스도의 십자가 보혈, 인간의 죄의 심각함, 종교의 본질, 성령의 권한 부여, 도래하는 종말의 심판 그리고 보상에 대한 확실성에 대해서이다.

> 지금 우리가 보여주고 있는 것은 얼마나 무서운 광경입니까?
> 우리는 한손으로는 그리스도의 십자가를 꽉 잡고 있고 다른 손으로는

---

7   Larry Ceplair, ed., *The Public Years of Sarah and Angelina Grimké: Selected Writings 1835-1839* (New York: Columbia University Press, 1989), 136.

8   Sarah Grimké, *An Epistle to the Clergy of the Southern States* (New York: American Anti-Slavery Society, 1836). 다음에서 재판되었다. Ceplair, ed., *The Public Years*. 103.

> 짓밟힌 노예의 목을 쥐고 있습니다. 우리는 한쪽 눈으로는 갈보리의 피 흘리신 희생에 애원하며 바라보고 있습니다. 그곳에서 흘려진 피로 우리가 대속받기를 기대하면서 말입니다. 반면 다른 한쪽으로는 분노와 경멸의 눈길을 보내면서, 그곳에서 죄에 대한 제물로 자신의 영혼을 드리신 그분의 표상을 욕되게 합니다!
> 나의 기독교 형제들이여!
> 성경에 어떠한 진리도 성경의 하나님 안에서 우리 마음에 증언합니다. 그것은 그가 더 이상 우리를 자신의 제자들로 인정할 수 없다는 것입니다. 만약 우리가 의도적으로 이 죄악을 지속적으로 행한다면, 이전의 바리새인들, 즉 의식적 법규준수를 엄격하고 격식 있게 지키면서, 여전히 과부의 집들을 집어삼켜버린 그들과 같을 것입니다. 우리는 더욱 깊은 그림자를 그들의 죄악 위에 추가했습니다.[9]

그림케 자매들은 이제 위험한 과정에 처해 있었다. 교단, 인종, 남녀 성별 차이, 헌법 개정을 넘어, 남녀 군중들 앞에서 노예 제도의 악과 그리고 이 악에 대한 해결책으로의 식민지화의 부적절함에 대해 연설하였다. 그러므로 그녀들은 갈등과 고립에 처할 뻔한 현실과 마주하게 되었다.

그들은 자신들의 관점으로 볼 때 노예 제도의 죄악을 묵인하든 지지하든, 먼저 그것에 대해 더욱 올바로 알고 있어야만 했던 목회자들과 그들의 교회에 더욱 비판적이었다. 징계가 곧바로 다가왔다. 메사추세츠주 총회의 회중교회 목회자들이 노예 제도 철폐론자들과 여성 운동가들에

---

9 Grimké, *An Epistle*, in Ceplair, ed., *The Public Years*, 101.

대한 강력한 공격을 시작했다.

그림케 자매들을 공격하기 위해 교묘하게 위장된 이 "목회 서신"이 교회 강단에서 읽혀졌으며 「뉴 잉글랜드 관찰자」(*New England Spectator*)에도 실렸다. 여성들은 자신들의 위치를 지켜야 하며, 조용히 자신의 일이나 신경써야 하고, 신앙심이 깊어야 하며, 사랑해야 하며, 그리고 여성으로서 타고난 약한 점을 잘 알아 남자에게 의지해야 한다는 내용이었다. 또한 그들은 주제넘지 않게 조용히 가르쳐야 하고, 가르치는 일을 할 경우, 자신들의 본연의 위치를 잊지 말아야 한다는 것이었다.[10]

엄청난 충격 속에 이 편지가 공개되자, 사라는 이미 성별평등과 여성들의 상황에 대한 편지들을 보스톤여성반노예제도협회 의장인 메리 에스 파커에게 쓰고 있었다. 사라는 반노예 제도, 여성평등, 반교권주의를 주창하는 방향으로 자신의 진로를 정했다.

파커에게 보낸 그림케의 일련의 편지들은 미국 페미니즘 운동의 가장 중요한 근본적인 문건들 중에 하나인데, 후에 루크레티아 모트(Lucretia Mott), 엘리자베스 캐디 스탠턴(Elizabeth Cady Stanton), 수잔 B. 앤서니(Susan B. Anthony)에게 영향을 끼쳤다. 비록 아직까지 성경적인 틀 안에 뿌리를 두고 있었지만, 이 편지들은 이후 환멸의 씨앗을 담고 있었다.

첫째, 그녀는 흠정역(AV)을 포함한 성경의 남성지배적 번역에 대한 확신을 잃었다.

따라서 바울이 당시 교회 안에서 여성들에 대한 편견을 무비판적으로

---

10 *New England Spectator*, July 12, 1837, "Pastoral Letter; The General Association of Massachusetts to the Churches Under Their Care." See Ceplair, ed., *The Public Years*, 211.

받아들였고 그 편견을 재생산을 하였다고 말하는 것을 주저하지 않았다.

둘째, 그녀는 또한 자신이 "기독교권" 또는 "기독교 세상"이라고 불렸던 것에 대한 확신을 잃어버렸는데, 이런 말들은 바리새적이며, 사랑과 자기 부정에 기초하는 종교를 종교적인 의무를 경직되게 행하는 것에 기초한 종교로 대체해 버린 것이라 여겼기 때문이었다.

비록 그녀가 여성들이 설교를 하도록 허용하는 퀘이커교도들과 감리교도들, 그리고 그리스도인들에게 찬사를 표시했지만, "여성사역을 옹호하는 자신의 주장의 근본적인 원칙은 남자와 여자의 완벽한 동등성을 요구하는 성경적 교리"인데, 이것을 어떤 기독교 교파나 전통도 지키지 않았음을 인정하지 않을 수 없었다.[11]

성경에 대해서 비평적으로 생각하고, 기독교 국가의 사회적 기록에 대한 확신이 없는 여성으로써, 그리고 어떤 교회나 전통도 인간 평등에 대한 여성의 권리를 준수하지 않는다고 믿었던 여성으로써, 그녀는 복음주의나 보수주의 기독교의 전통 내에서 지속적으로 행복하게 살 가망은 없었다.

역설적으로, 여성의 권리들을 위한 성경적 경우들을 연구하기 시작하며, 그림케 자매들은 그들 스스로 소외되는 처지로 전락하였다. 결과적으로 문자 그대로, 전통적인 성경적 해석의 여성상을 보유한 사실상 모든 기관들로부터 소외되었다.[12] 파커에게 보낸 그림케의 편지들은 흥미

---

11 Sarah M. Grimké, "Letters on the Equality of the Sexes and the Condition of Woman, Addressed to Mary S. Parker, President of the Boston Female Anti-Slavery Society." The series commenced in the *New England Spectator* on July 19, 1837, and was reproduced in *The Liberator* in 1838. See also, Ceplair, ed., *The Public*, Letter XIV, "Ministry of Women," 246.

12 Robert H. Abzug, *Cosmos Crumbling: American Reform and the Religious Imagination* (New

로웠다. 그 편지들은 사라가 급진적 운동가로 활동하던 초기 시절의 성경 이해와 종교적 확신 상태를 보여주었을 뿐 아니라, 여성평등 문제와 보다 넓은 지적, 문화적 개입의 조짐들을 보여준다.

  그녀는 역사, 부동산 법률, 결혼, 복장, 그리고 미국의 문화의 상태에 대해 할 말이 많았다. 그녀는 또한 미국 중상층 여성들이 어떻게 도덕적으로 보람된 삶을 살 것인가에 대한 오래되고 심도 있는 개인적 주제를 이렇게 회고한다.

> 삶의 초반기에, 나의 운명은 화려한 세상의 나비들 사이에 던져져 있었다. 그리고 경험과 관찰을 통해 볼 때, 이 계층의 여성들, 그들의 교육은 불행히도 불충분하다고 말하지 않을 수 없다. 결혼은 반드시 해야 하는 것으로 교육받기도 한다. 사람들로부터 이목을 끄는 단 한 가지 길, 겉모습의 매력으로 남자들에게 주목받고 관심을 끌어내는 것, 그것이 상류층 여자들의 가장 중요한 과제이다....
> 상류층 여성들은 예쁜 장난감처럼 또는 즐거움을 위한 단순한 도구들처럼 자신을 바라보며, 남자들도 그렇게 생각한다. 그리고 여성에 대한 거짓되고 깎아내리는 평가의 불가피한 결과인 마음의 공허함, 비정함, 천박함은 상류층의 어리석고 사악한 삶을 살아본 사람들에 의해서만 완벽하게 이해될 수 있을 뿐이다. 그리고 그러한 추구로부터 구주 예수의 음성에 의하여 부름받은 사람들, 지치고 무거운 짐을 진 영혼들은 나아와 예수를 배울 수 있도록, 그래서 지음받은 높고 거룩한 목적을 배워

York: Oxford University Press, 1994).

하나님을 섬기는 일에 자신을 바치도록 초대되었다.[13]

여기서 보듯이 이 글은 자서전적이며 열정적인 이상주의와 솔직한 열망이 강하게 뒤섞여 있다.

그러나 더 나은 삶을 위한 산파역할을 해야 할 "구주 예수의 목소리"가 또 다른 실망을 가져오거나, "높고 거룩한 목적들"이 복음 설교나 교회 봉사보다는 반노예 제도 투쟁, 페미니즘, 평화주의 운동 등으로 재조정될 수 있다면?

개혁주의자들이 반노예 제도, 여성 권리, 도덕적 권고 대 정치적 행동의 각각의 우선순위들에 대해 내부적, 외부적으로 전쟁을 치르는 동안, 그림케 자매들도 1837년 여름 시끄러운 논쟁의 중심에 들어서 있음을 알게 되었다. 그녀들은 이 모든 문제들에 대한 자신들의 확신을 자신하면서 무조건 자신들의 주장을 밀어붙였으나 들끓는 대중들의 논쟁의 용광로가 그녀들의 건강과 종교적 정통성에 피해를 입히고 말았다.

사라는 그들의 영향력을 고귀한 명분들을 위하여 사용할 수도 있었지만, 그렇지 않는 교회 기관들과 자신의 이익만을 섬기는 데 바쁜 목회자들에게 지속적으로 실망을 표현했다. 미국 내에서 발전한 전통적 종교모임들은 비성경적이었고 실용적 보증도 없다는 생각이 점차 확신으로 바뀌면서 그녀는 어떤 예배("영적인 가뭄의 장소들")에도 참석하기를 포기했다. 퀘이커주의와 그녀와의 긴장관계들은 1838년, 퀘이커교도가 아닌 사람과 결혼하는 그녀의 동생의 결혼식에 참석하면서 완전히 단절되고 말았다.

---

13   Grimké, Letter VII, "On the Condition of Women in the United States," in Ceplair, ed., *The Public*, 220.

분파적 영역의 힘에 대한 이러한 주장보다 제도적 종교의 옹졸함에 대한 그녀의 관점을 극적으로 입증할 수 있는 것은 없었다. 교회와 목회자들에 대한 환상이 사라지고, 형식적, 교리적 종교에 사로잡히는 것에 대한 환멸을 갖게 되며, 그리고 그들을 유지시켜 주는 권력 구조들을 경멸하면서도, 사라 그림케는 반노예 제도와 여성 권리를 찾는 일에 활동적이었던 많은 다른 여성들처럼 세속주의자나 무신론자가 되지는 않았다. 그녀들은 단지 형식화된 종교적 권위와 종교기관의 도움을 배제한 채 자신들의 영적 생활을 새롭게 세워나갔다.

이러한 삶은 어떻게 이루어지고 어떻게 이것이 되어 표현되었는가?

애나 스파이쳐(Anna Speicher)가 보여주듯, 이 급진 여성들의 영적 삶을 재구성한 최상의 자원들은 서로 주고받은 편지들이었다. 이것은 대중의 해명을 필요로 하지 않는 순수한 자신들의 영적 자매로서의 사랑을 나타낸 것이었다. 사라 그림케는 대중 연설가라기보다는 핵심을 짚어내는 능력이 타고난 작가가 더 잘 어울렸다.

여성권리 활동가인 엘리자베스 스미스 밀러에게 보낸 편지들에서, 그녀는 자신에게 "유일한 필요, 즉 그의 피조물들에 대한 사랑으로 드러난 하나님만을 사랑하는 것"을 얻는 데 노력하라고 하였다. 밀러에게 당부했던 것은 삼위일체론과 같은 종교적인 교리의 합리적 설명들을 찾기 위해 시간을 쓰지 말라는 것이다.

우리는 이러한 스콜라적인 교리들을 포기합시다.

(그런 일들은) 가슴 대신 머리를 통해 종교를 헛되이 찾는 무리들에게 맡깁시다.

우리는 하나님은 사랑이라는 그 믿음이 우리의 삶을 통해 보여줄 수 있도록 노력합시다.

그리고 그 신앙이 그 분 안에서 흡수되며 그 흡수로 이 땅 위에서 우리가 주님의 대표들이 되도록 합시다.

당신은 신앙의 모든 것을 가지고 있습니다. 당신이 확신하는 것 안에 '그곳에 하나님께서 계시며, 그분은 사랑의 존재이자 순결한 존재입니다. 그분은 우리에게 성결하기를 요구하고 계십니다. 그리고 우리의 행복은 그분의 요구 사항들과 관련된 것 안에 있습니다.'

이것이 내가 아는 전부이며 현재는 이것만으로도 충분합니다. 만일 우리의 발전을 위해서 필요한 것이 더 있다면, 그것 역시 반드시 주어지게 될 것입니다. 교리들이 기독교 안에서 너무 두드러진 자리를 차지하게 되었고, 순수한 사랑의 삶을 집어삼켜버렸습니다.

그것은 그렇게 알아서 나가도록 상관하지 맙시다.[14]

더 많은 것들이 이러한 기본적인 확신들로부터 흘러나왔다. 스파이쳐는 사라가 지속적으로 사랑하고, 직관적이고, 감정적인 것을 가치 있게 여기면서도, 다른 많은 급진 여성들처럼 여전히 목회자들, 교회기관들, 교리들, 종교의식을 포함한 종교의 "외형주의"(outsideism)에 대한 비판을 지속했음을 보여준다.

사라는 성경에 대한 비판적 관점을 더욱 발전시켰다. 사라는 "성경 안의 신성모독들, 기괴한 것들, 비합리적인 것들은 반드시 과학과 이성과

---

14 Anna M. Speicher, *The Religious World of Antislavery Women: Spirituality in the Livers of Five Abolitionist Lecturers* (New York: Syracuse University Press, 2000), 62-63.

상식 앞에 얼굴과 얼굴로 대면해야 한다"라고 말했다.[15]

그녀는 원죄, 대속적 속죄, 영원한 형벌 같은 전통적인 기독교 교리를 믿는 무리들에게서 빠져나왔다. 그녀는 자신의 급진적 명분들을 대한 지지를 계속 믿었고, 그 믿음은 그녀의 영성의 표현이자 반영이었다. 그것은 거부도, 우회도 아니었다. 그녀가 신성(deity)은 남성적 특성과 여성적인 특성 모두를 지닌다고 믿는 것이 도움된다고 여겼는데, 그것은 그녀의 신성에 대한 개인적 이해 관점에 비추어, 사실상 영성주의(Spiritualism)를 포용하였다.[16]

사라에게 영성이라는 것은 영들, 매개체들, 그리고 새로운 영역들을 실험하기 위한 수단이라기보다, "우리의 마음들을 부드럽게 하고 우리 안에 하나님과 같은 것을 생산해 내는" 새로운 방법을 제공해 주는 것이었다.[17] 그녀의 영성주의 경험은 죄에 관한 그녀의 관점을 재조정하게 만들었다. 죄는 하나님이 요구하는 신의 뜻에 대한 계획적 불순종이 아닌, 용서를 요구하는 이해 가능한 인간적 무지의 결과라는 것이었다.

더욱이, 그녀는 영성주의가 그녀를 덜 긴장되고 덜 낙심하게 만들었다고 주장했다. 그녀가 걸어간 대중적, 논쟁적 삶의 압박이 약해지면서 인지, 나이가 들어가는 자연적 흐름을 통해서 인지, 아니면 영성주의자의 통찰력들이 조용히 형성되어가면서 인지 모르나, 사라 그림케는 인생의 초기 대부분 동안 자신을 피해 다녔던 마음의 평온을 그제서야 되찾은

---

15 Ibid., 85.
16 여권과 영성주의 사이에서의 뛰어난 설명은 Ann Braude, *Radical Spirits: Spritualism and Women's Rights in Nineteenth-Century America*, 2d ed. (Indianapolis: Indiana University Press, 2001).
17 Speicher, *The Religious World of Antislavery Women*, 137.

것처럼 보였다.[18]

19세기 초의 부흥 운동들에 의해 깊이 영향 받았을지라도, 그녀는 전통적 복음주의자는 아니었으며, 1820-30년대에 처음 받아들인 급진적 명제들을 버린 적이 없었고, 인류에 대한 불평등을 적용한 종교적인 확신으로 동기부여된 자신의 삶에 대해 생각하기를 멈추지 않았다. 고통스럽고 불완전했지만, 복음주의 종교가 그녀에게 제공한 것은 끝없는 사교적 활동 및 성차별 체제에 헌신된 삶으로부터 평등을 요구하는 목적있는 활동에 헌신하도록 개조하는 방법이었다.

처음에는 성경 읽기였는데, 그것은 그녀의 개혁 명분에 관한 도덕적, 지적 토대를 제공해 주었다. 하지만 시간이 지나면서 그녀가 포용했던 것은, 비록 대부분은 자신의 방식이었지만, 처음에는 퀘이커주의였고, 그 다음은 그녀의 급진적 신앙의 확신을 그녀 안에서 헐겁게 받쳐준 영성주의 영역이었다.

독립된 정신처럼 홀로 종교적 전환을 위한 영혼의 항해를 했지만, 그녀는 자신 안에서 시작하여, 더 넓은 사회 안에서 완벽주의자들의 탐구인, 거룩을 추구하는 강력한 문화 형태를 만든 19세기 미국의 가장 강력한 문화 형성자들 중 한 명으로서 전형적인 예가 되었다.

처음에 복음주의 신앙심 안에 뿌리를 두었든, 감리교 아니면 찰스 피니의 성경 운동에 뿌리를 두었든, 아니면 오래된 개신교와 분파주의자 전통 안에서 뿌리를 두었든, (아니면 아마도 세 가지 모두의 합성물) 사라 그림케의 종교적 확신은 희생이라기보다 더욱 페미니스트와 노예폐지론자

---

18 종교적 확신을 짜내는 역할에 대한 Sarah Grimké의 삶에 대한 보다 확대된 논의는 다음을 볼 것. Ibid., 123-40.

로서의 진로를 위한 영감으로 발전되었다.

젊은 여성으로써 사라 그림케의 신앙이 더욱 강경해진 단계는 죄에 대한 인식, 참회, 죄악으로 다시 돌아감, 그리고 마지막 회심이라는 고전적인 복음주의 패턴과 함께 시작되었다. 그 패턴은 의미 있는 회심 경험이 정당하게 확인되고 인정이 된 후에도, 수정된 패턴으로 재구성될 수 있었으며 그녀의 경우에서는 더욱 그러했다.

종종 개개인들이 유형이 비슷한 (신앙)경험의 서막, 중심된 사건, 그리고 마지막 부분을 결정하는 것은 힘들다. 본서의 주요한 주제 중에 하나는 각 개인의 경험의 복잡함을 인정하면서, 어떤 방식으로 강렬한 복음주의 회심 경험들이 일어날 수 있었는지, 그리고 긍정적으로나 부정적으로 모두 개인적 변화와 행동을 만든 요인을 알아보려는 것이다. 좋지 않은 경험 때문에 후에 돌아선 것이든, 혹은 신앙 회심을 목적과 봉사를 위한 새로운 인생의 결정적 순간으로 포용하든, 깊은 심리적 중요성을 지닌 에피소드들은 그것을 경험한 무리들 속에 지속적으로 남겨졌다.

그럼에도 불구하고 신앙 회심은 쉽게 해석되지 않는데, 그것은 사회적, 개인적 상황을 보아야 하기 때문이다. 그것을 규정하거나 묘사하는 차원도 고려해야 한다. 그것은 기억과 의미에 대한 자기 해석을 통해 걸러진다. 그것은 구술과 이야기로 기록되고 들려진다. 효과를 위해 치장되거나 반론을 위한 무기들로 사용되기도 한다.

개개인의 인생에 들어있는 "진리"로서 호소되기도 하며 거짓을 혼합하기 위해 의식적으로 조절되기도 한다. 희극이며 비극이기도 하다. 결국, 더 일반적 패턴을 따르긴 하지만, 결국 철저하게 개인적이고 나름대로의 독특한 사건들이다.

두 가지 회심과 회심으로 인한 심오한 결과가 본 장의 나머지 이야기들을 그려갈 것이다. 회심 이야기는 19세기 두 명의 가장 중요한 여성 개혁가인 엘리자베스 캐디 스탠턴과 프랜시스 윌라드이며, 나중에 여성해방에 대한 서로 다른 접근 방식을 통해 같은 편이기고 했고 반대편이 되기도 한 그녀들에게서 경험된 일이기도 하다.

"여성권리 운동에서 급진파 진영의 최고 철학자이자 논평가"로 그려진 스탠턴은 1848년에 세네카폭포(Seneca Falls, 뉴욕주에 있는 도시 이름)에서 있었던 미국 최초의 여성권리 운동을 뒤에서 이끈 주인공이었다. 그곳에서 그녀는 자신의 유명한 『감정 선언』(*Declaration of Sentiments*)를 소개하였다. 그리고 그녀는 이 명분을 위해 자신을 기쁠 때나 슬플 때에도 반세기 이상 헌신하였다.[19]

남들 앞에 나서는 일을 한 그녀의 긴 인생 여정 동안 그녀는 많은 자료의 글을 쓰고 출판했다. 그 중에서 두 가지 작품이 대중 앞에 나서는 일을 사실상 끝낸 시기인 마지막 10년 안에 출판되었다. 『여성의 성경』(*The Woman's Bible*, 1895-98)과 그녀의 자서전 『팔십 년 이상: 회상들』(*Eighty Years and More: Reminiscences*, 1898), 이 두 권의 책은 어쩌면 그녀의 삶에서 신앙의 역할을 살펴볼 수 있는 가장 직접적인 책이다.

이 책들은 공통의 주제를 다루는데, 즉 일반적인 기독교와 기독교의 신성한 문서인 성경이 지대하게 여성에 적개심을 갖는 문화를 만들었다고 보는 것이다. 『팔십 년 이상: 회상들』은 처음에는 장난꾸러기 같은 유

19　Stanton에 대한 통찰력 있는 전기는 Elisabeth Griffith, *In Her Own Right: The Life of Elizabeth Cady Stanton* (Oxford: Oxford University Press, 1984). 또한 Mary D. Pellauer, *Toward a Tradition of Feminist Theology: The Religious Social Thought of Elizabeth Cady Stanton, Susan B. Anthony, and Anna Howard Shaw* (Brooklyn, NY: Carlson, 1991).

머 감각과 스토리텔링의 재주 때문에 활기가 있는 것처럼 보임에도 불구하고, 전통적인 빅토리아 여왕 시대에 관습에 얽매이지 않은 삶을 산 여성의 자서전처럼 읽혀진다. 모든 자서전들처럼 무의식적으로 추측되는 어떤 것 아니면 조심스럽게 또는 부주의하게 잘못 전해진 어떤 것은 종종 그것이 의식적으로 주장하는 것보다 더 그 속내를 드러낸다.

스탠턴의 경우 특별히 그녀의 초기 종교적 삶과 관련된 어린 시절과 소녀 시절에 대한 그녀의 회상들은 복잡하면서도 심리적으로 사람을 끄는 내용이 많다. 최근의 주석가들이 보여준 것은 스탠턴이 그녀의 어린 시절의 측면들을 인생의 논쟁적 재구성의 일부로 고조시키면서 억압했다는 것이다.

그녀의 어머니는 거의 등장하지 않으며, 사랑하는 이들의 죽음(그녀가 어렸을 때 하나 뿐인 동생을 제외하고)도 나오지 않으며, 그녀의 아버지가 노예를 소유했었다는 사실도 침묵하고 있다. 기득권적 배경은 기꺼이 축소되었고, 인종차별주의는 살짝 가려졌으며, 그녀의 신앙 경험은 그녀 자신의 경험으로 진리를 탐구하는 활동처럼 강한 설명적 비유로 덧씌워져 있다.

어린 시절의 신앙적인 면에 대한 스탠턴의 생각도 비슷한 면을 가지고 있는데, 세부적인 것보다 중요한 것은 분위기와 기분이 초현실주의 그림과 같다는 것이다. 그녀의 암울한 스코틀랜드 국교회에서의 성장은 하나 뿐인 동생이자 아버지의 하나뿐인 아들의 죽음이 가져온 음침한 경험과 함께 그녀의 마음속에 뒤섞였다(그녀가 단지 11살이었을 때에). 70년이 지난 후에도 그녀가 생생하게 기억한 것은 넓고 어두운 거실로 죽은 동생을 보러 들어가는 것이었다.

"관, 거울들, 사진들 모두 흰 천으로 덮여있었고, 아버지는 아들 옆에서 창백한 얼굴로 꼼짝 않고 앉아 있는 모습말이다."

그녀는 어린아이와 같은 어리광이라도 피우려고 아빠 무릎 위로 기어올라갔지만, "오, 나의 딸아, 나는 네가 아들이었다면 소원이 없겠구나!"라는 절대로 잊지 못할 말로 되돌아왔다. 죽음과 절망 후에 종교와 장례가 시작되었다.

"그 후 슬픈 죽음의 화려한 장관이 시작되었다."

"친구들의 눈물, 어두운 방들, 유령과 같은 정적, 죽음을 준비하는 살아 있는 자들에게 하는 권고, 근엄한 기도, 슬픔에 찬 구호, 장례식 행렬, 엄숙하고, 규칙적으로 울리는 종, 장례. 내가 얼마나 이 슬픈 날들 동안 고생을 했었는지!"

그녀는 그 후 슬픔과 우울함의 감정들을 신앙과 억누르는 감정과 쉽게 혼합하였다. 인생 70년을 회상하면서 그녀는 자신의 시련과 고난에 대해 "내가 신실하게 믿은 신학 교리들 때문에 생긴 어린 시절과 젊은 시절의 나의 고난들, 그리고 신앙, 교회, 교구 목사관, 묘지, 신앙, 엄숙하고 규칙적으로 울리는 암울한 종소리의 이름과 관련된 모든 것과 연관된 암울함"과 비교하면 가벼운 것으로 여겼다.[20] 엄숙하게 울리는 종이 칼빈주의 기독교의 음울한 두려움의 상징이자 애처로운 소리처럼 그녀의 산문과 감정을 통해 울렸다.

스탠턴의 소녀 시절의 신앙에 대한 묘사는 가부장제, 차가움, 두려움을 풍긴다. 거기에는 싸늘한 장면들과 차가워진 감정들로 가득하다. 그녀는 예배에 가려고 모하크계곡 위 눈으로 뒤덮인 존스타운 언덕을 가로

---

20 Elizabeth Cady Stanton, *Eighty Years and More: Reminiscences 1815-1897*, with an introduction by Gail Parker (New York: Schocken Books, 1971), 20-24.

질러 터벅터벅 걸어갔다. 그곳에서 높은 팔각형 상자(설교단)에 서서 많은 장황한 말을 하는 설교자의 설교를 들어야 했고, 음정도 없는 무반주 운율의 시편을 불렀다.

> '주님의 집' 안에서 차가운 환대들을 경험했다. 그런 분위기 속에서 '예정,' '믿음에 의한 칭의,' '영원한 천벌'에 대한 설교를 들으며 냉담하게 받아들이는 경험을 했다.[21]

이 영적, 감정적 황무지에 비해 숲속에서나 작은 연못들에서의 말괄량이 같은 놀이들, 그리고 이웃에 사는 목회자 시몬 호세크(Simon Hosack)가 자신을 알아주면서 그녀에게 그리스어와 라틴어를 가르쳐 준 조우는 너무나 대조적이었다. 거기는 배움과 지식의 세상이었고, 감정적인 따뜻함, 반겨줌, 그리고 자유와 기회가 있었다.

끔찍한 두려움과 함께 하는 차가운 마음의 칼빈주의는 별다른 경쟁력을 제공하지 못했지만, 찰스 피니의 부흥주의, 그리고 많이 수정된 칼빈주의와의 정서적 만남의 형태 안에서 오래된 질서로부터의 최후의 일격이 있을 예정이었다.

비록 스탠턴의 기록이 찰스 피니의 부흥회 일정에 대해 알려진 역사적인 사실들과 일치하지 않는 부분들이 있지만, 그녀의 복음주의적 회심에 대한 인상적인 설명은 그녀의 영적, 지적 여정을 개념화한 방법 속에서 더 깊은 진실을 보여준다. 뉴욕주의 다 타버린 구역의 중심지에 있던 트

21　Ibid., 25.

로이의 엠마윌라드학교에 재학 중일 때, 스탠턴은 이렇게 썼다.

> 가장 취약한 곳을 공격하는 유행병처럼 강렬한 부흥의 계절이 도시와 신학교를 휩쓸어 버렸다. 이전의 스코틀랜드 국교회에서 훈련받았던 나의 암울했던 칼빈주의와 나의 생생한 상상력 때문에, 나는 그것의 첫 번째 희생자 중 하나였다.

매우 개인적이고 무심한 묘사에서, 스탠턴은 불안 가득한 청중들을 향한 강력한 설교에서부터, 죄악의 확신에서 나오는 참회의 기도까지 부흥회 경험의 활기를 기록한다. 그녀는 자신이 피니와 만났고 대화도 나눴다면서 피니의 설교도 생생하게 묘사한다.

> 나는 지금도 그를 본다. 청중을 다 훑어버리는 그의 커다란 눈, 마치 풍차의 팔들과 같이 공중을 이리저리 날라다니는 그의 두 팔 말이다. 피니는 죄인들이 급류에 의해 휩쓸려 내려가 그 밑에 있는 불구덩이 속으로 들어가는 생생한 모습에 대해 설교하였다.[22]

그러나 스탠턴에게는 피니식 방식에 의한 회심이 발생하지 않았다. 그 경험은 문자 그대로 그녀를 정신적으로 큰 충격에 빠뜨렸으며 감정적 회복을 위해 집으로 돌아가야 했다. 그 뒤 그녀가 회심과 반대 내용을 기록한 이야기를 보면 그때 가족과 함께 여행을 떠났고 그녀의 형부가 소개

---

22 Ibid., 42-43.

한 진보적인 도덕철학에 대한 새로운 작품들을 접하게 되었다. 그러한 새로운 개념들은 새로운 방향으로 그녀를 인도했다.

> 따라서, '인류의 타락,' '본래의 죄악,' '완전한 부패,' '하나님의 진로,' '사탄의 승리,' '십자가의 고난,' '대속,' '믿음으로 인한 구원'이라는 지적 미궁 속에서 수개월 동안 방황으로 인해 지쳐있을 때, 나는 암흑에서 빠져나와 진리의 선명한 햇빛 안으로 들어가는 나의 길을 발견하였다. 나의 신앙적 미신들은 과학적인 사실에 기초한 합리적인 개념들에게 자리를 내주었다. 그리고 균형 있게, 새로운 입장에서 모든 것을 바라보게 되었기에, 나는 날마다 더욱 행복하게 되었다. 나는 젊은이들의 마음을 이러한 암울한 미신들로 가려버리고, 알려져 있지도 않고 알 수도 없는 두려움으로 젊은이들의 삶 안에 있는 기쁨을 독살하는 것이야말로 가장 중대한 범죄 중 하나라고 본다.[23]

스탠턴의 영적 순례 여정 중 가장 개인적 단계에 대한 설명에 문제가 없지는 않았다. 케시 컨(Kathi Kern)이 지적한 것처럼, 찰스 피니는 제2차 대각성 운동 기간 동안 정말로 트로이 도시 안에서 계속된 부흥을 일으켰었다. 그러나 그 부흥이 일어났던 시기는 4년 전이었고, 스탠턴은 엠마윌라드학교에 등록하기 전이였다.

피니는 스탠턴이 학교에 재학한 기간 동안 짧게 두 번의 행사들을 위해서 트로이를 방문했고, 그녀는 분명히 그를 만났을 수도 있다. 그러나

---

23 Ibid., 44.

그 이후, 혹은 이전에, 나이가라폭포에서 어떤 합리주의의 형태로의 그녀의 개종(신앙적 방향 수정)이 일어났다.

스탠턴의 사건에 대한 묘사와 알려진 역사적인 사실들을 조화시키려는 노력들이 모두 다 성공적이지는 않다. 그녀가 제2차 대각성 운동 기간 동안 트로이에서 피니를 통한 영감된 부흥에 사로잡혀 있었다는 것은 논쟁의 여지가 없지만, 누가 설교를 하고 있었는지 그리고 스탠턴이 어떻게 연관되게 되었는지에 대해 다룬 내용들에는 일관성이 없다. 한편 그것은 별 문제가 안된다. 케시 컨이 다음과 같이 제시했다.

> 피니는 스탠턴과 동시대를 살았던 사람들 중에 장기적인 노예 폐지론자들을 개종시킨 것으로 명성을 얻었다. 그것은, 그녀의 독자들을 위해 인정할 수 있는 신임장이었다. 피니에 의해 실패한 개종은 불가지론자들 사이에서는 영광의 증표인 다른 종류의 신임장일 수도 있었다.[24]

좋은 이야기처럼 기록된 것이 스탠턴에 대한 진실이 되었다.

비록 그 내용이 잘 연결되지는 않지만, 복음주의 기독교인으로서의 스탠턴의 짧으면서도 불행한 경력은 그녀에게 성경문자주의의 위험성, 종교 신조의 악행, 기독교 기관들의 타락, 그리고 성직자의 가식 등을 공격하도록 좋은 기초를 제공하였다. 여성의 참정권을 위해 그녀가 오랫동안 헌신한 한 가지 중요한 이유는 여성들이 너무 많이 교회에 빠져있다는 그녀의 확신 때문이었다.

---

24   Kathi Kern, *Mrs. Stanton's Bible* (Ithaca, NY: Cornell University Press, 2001), 44.

그리고 "여성들이 정치적 질문들에 대해 관심을 갖도록 흐름을 바꾸는 것"이 여성들을 종교적 억압으로부터 끊게 하는 한 가지의 방법이었다.[25] 다양한 형태의 종교적 이단학설 속으로의 스탠턴의 여정은 잘 설명되기 어렵다. 그녀는 볼테르(Voltaire)를 읽었고, 오거스트 콩트(August Comte)의 긍정주의(비록 여성주의자의 관점에서이지만)를 수용했으며, 심리치료와 신사상론(New Thought)도 경험하며 정처 없이 돌아다녔고, 미국과 영국에서 자유사상 운동에 참여하였다.[26] 그러나 무엇보다, 그녀는 사람들의 이익을 위해 신앙을 꾸몄다고 쉬지 않고 보수적인 성경적 기독교를 향해 공격했다.

청소년 시절 복음주의 기독교로 개종하는데 실패한 것을 시작으로 스탠턴은 신성한 교과서인 성경이 역사적으로 남성이 여성을 복종시키는 이데올로기적인 근거가 된다는 주장을 하는 페미니스트형 복음주의자로 끝을 맺고 만다. 80세 무렵 스탠턴은 여성과 관련된 성경의 관련 글귀에 대한 해석적 주석을 붙인 『여성 성경』(The Women's Bible)을 출간하기 위해 저명한 페미니스트모임을 소집하였다. 스탠턴의 위원회는 신지론자들(Theosophists), 신사상론(New Thought) 지도자, 자유사상가(Freethinkers) 등이 모인 작은 모임이었다.

스탠턴이 초기에 희망했었던 것처럼 그 모임의 종교적 구성은 절충주의적이 아니었다. 거기에서 교재가 하나 나왔는데 그 교재는 대부분의

---

25 Elizabeth Cady Stanton (*Boston Investigator*, 1875), Evelyn A. Kirkley, *Rational Mothers and Infidel Gentlemen: Gender and American Atheism, 1865-1915* (New York: Syracuse University Press, 2000), 126에 인용

26 Stanton의 삶에서 이 부분에 대한 것은 다음에 잘 다루어져 있다. Kern, *Mrs. Stanton's Bible*, 50-91.

남성을 제외하였을 뿐만 아니라, 여성 운동의 상당 부분들도 제외하였으며, 스탠턴에게 이것은 크게 문제되지 않았다. 이것은 심지어 스탠턴이 한때 대표직을 맡았던 전국여성참정권협의회에 의해서도 거부되었다.

스탠턴은 이런 어려움들을 생각해보지 않을 수 없었는데, 그것은 한때 잘못된 믿음에 의해 왜곡된 생각들 속에 자리잡은 미신을 대체하는 근거와 연관되어 있었다. 스탠턴은 말한다.

> 여성들은 자신들의 종교적인 보호자들에 의해 성경이 다른 모든 책들과 달리 우주를 다스리는 위대한 지성(Great Ruling Intelligence of the Universe)의 특별한 영감 아래 기록되었다고 교육받아 왔다. 그녀들은 성경의 말도 안 되는 허세를 지적하는 과학과 고등비평에 정통하지 않기에 비이성적인 집착으로 그것에 매달린다. 마치 야만인이 그의 우상 숭배물에게 하는 것 같이 말이다.[27]

그 여성들 중 한명인 프랜시스 윌라드는 『여성용 성경』을 만들기로 한 스탠턴의 위원회에서 활동하는 것을 거부했고, 그 일의 결과에 대해서도 만족하지 못했다. 그녀는 스탠턴처럼 젊은 시절 신앙적 회심을 경험했으나 나중에는 금주 운동의 명분을 위해 일생 동안 열정을 바쳐 여성참정권 운동에 뛰어들었다.

윌라드는 19세기 여성기독교금주조합(WCTU)의 지도자로써 가장 사랑받은 유명한 영향력을 지닌 여성들 중 한명이었다. 비록 그녀가 스탠

27　Elizabeth Cady Stanton, *The Woman's Bible*, with a foreword by Maureen Fitzgerald (Boston: Northeastern University Press, 1993), 213.

턴보다는 미국의 복음주의 종교성의 중심에 더욱 가깝게 남아 있었지만 그녀의 정기 간행물들이 보여주는 것은 그녀의 종교성이, 특별히 이후에 삶에 긴장감과 복잡함을 제공했다는 것이다.

그녀의 삶은 복음주의적 회심으로부터 여성 운동의 지도자가 되기까지 스탠턴과 흥미롭게 비교된다. 그녀의 상당한 분량의 글을 모은 편집자가 지적해 낸 것은 윌라드의 삶은 "19세기 종반 무렵 기간 동안의 다른 많은 미국의 젊은 여성 수천 명의 삶을 축약"했으며, 여성기독교금주조합에 가입한 수많은 회원들과의 가까운 관계를 설명해 준다는 것이다.[28]

서부 뉴욕 지방의 농장 가족에서 태어난 윌라드는 그녀의 부모님과 함께 처음에는 오하이오의 오벌린으로 이사 갔었고, 그 후 위스콘신의 자네스빌의 외곽에 있는 농장으로 옮겼다. 북동부에서 북서부로의 이주, 다시 시카고 교외로의 이주, 그리고 19세기 중반 미국에서 가장 큰 개신교 교파였던 감리교에서 열심히 신앙생활을 한 그녀의 신앙적 궤적은 그녀를 미국의 신앙적 문화의 심장부와 중심지에 두었다. 그렇게 복음주의적 회심 경험도 일어났다.

윌라드는 교회 연줄이 탄탄한 기독교 가정에서 자랐지만, 19살 때였던 1859년 여름 전까지는 자신만의 확신이 서지 않았다. 여러 사건들이 옥죄었다. 다가오는 북서부여자대학교(North Western Female College)의 졸업은 그녀에게 더 이상은 회피하거나 무시할 수 없도록 미래의 삶에 대한 선택들을 제시했다. 그녀의 어머니는 딸에게 약한 몸과 지적 성향으

28　Carolyn De Swarte Gifford, ed., *Writing Out My Heart: Selections from the Journal of Frances E. Willard, 1855-96* (Chicago: University of Illinois Press, 1995), 8.

로 삶이 버거우니 하나님께서 정하신 "올바른 길"을 구해야 가장 안전하게 지켜질 수 있다고 솔직하게 말해 주었다.

윌라드의 출판물이 1859년에 드러내고 있는 것은 내적 성찰과 많은 책을 읽으면서 나름 찾고 있던 자기이해 과정을 통해 나타난 열정 속에서의 긴장감이었다. 그녀는 약점, 성취, 열망 등을 조금 적어 놓았다.[29] 그러면서 반복적으로 거울 속에 있는 자신을 본 내용과 자신의 보잘것없는 몸에 대한 솔직한 평가도 걸맞지 않게 적어 놓았다.

훨씬 나중에 쓴 그녀 자신의 기록에 따르면, (그녀의 이 사건들에 대한 일기는 사라졌지만) 그녀가 장티푸스에 심하게 걸렸을 때 결정적인 순간이 왔다. 그 병으로 죽을지 살지 모를 때, 윌라드는 두 번 내면의 음성을 들었다. 한 번은 하나님의 사랑과 용서의 목소리가 복종하기를 촉구하는 것이었고, 또 한 번은 자기 의존과 의심의 목소리가 그녀에게 어려움을 견뎌내라고 종용하는 것이었다.

> 첫 번은 순백의 날개들과 같이 따뜻하고, 밝고, 안전한 느낌이었다. 다음 것은 차갑고, 암울하며, 박쥐의 날개짓 같은 것이었다. 그 갈등은 잠시 지나가는 것처럼 보이지 않았다.
> "나의 약점 때문에 그러한 압박은 의심할 여지없이 그것 자체보다 더 지속된 것처럼 보일 수밖에 없었다. 말로 한 것은 아니었지만 마침내 진지하게 내 마음을 다해 깊은 양심의 언어로 '만약 하나님께서 내가 회복되게 해주신다면 저는 기독교인이 되도록 노력해 보겠습니다'라고 결

---

29 Ibid., 37-44.

심했다. 그러나 이 결심은 평온을 주지 못했다. 그 내면의 목소리는 '너는 반드시 당장 이 결단을 선포하라'고 말했다."³⁰

윌라드는 그 후 어머니에게 (이 결심이 "자기 굴복의 대가를 치르게 했다기보다는 엄마에게 말하는 것이 내 자존심을 더 낮추는 대가를 치르게 했다는 말") 말씀드리고, 병에서 회복되어 새길을 비틀거리며 가게 되었다. 그 시점에 감리교인들의 신앙과 거룩을 향상시키려고 만들어진 감리교 상부 구조는 윌라드를 위해 기독교인의 여정을 위한 내용물을 제공하였다.

그녀는 감리교 안에서 가장 유명한 설교들을 들으려고 했고, 14일간 매일 밤 이어진 부흥회에서도 강단 앞에 나아가 무릎도 꿇었으며, 성경 공부에도 참여했고, 여성 멘토들로부터 조언을 구하면서, 그녀의 가장 큰 죄악(자만)과도 씨름도 했으며, 정규적으로 성경 읽기와 기도를 열심히 하였고, 1859년 12월에는 크리스천으로서의 삶을 살겠다는 뜨거운 회심을 공개적으로 하기로 마음먹었다.³¹

그녀는 새해를 경건과 선한 배움의 결단과 함께 시작하여, 사랑의 축제(Love Feast), 수업모임, 정기적인 성찬 참여, 수습 기간 동안 회원자격 등을 포함하는 모든 감리교 의식에 함께했다. 윌라드의 신앙적인 회심에서 특징적 내용들은 감리교인들 모두에게도 동일하게 나타난 것이며, 그

30　Frances E. Willard, *Glimpses of Fifty Years, the Autobiography of an American Woman* (Chicago: H. J. Smith, 1889), 622-23.
31　Willard는 1859년 12월 14일 이 글을 썼다. 그것은 유명한 감리교 감독 Matthew Simpson이 한 설교였고 그 설교는 그녀를 개인적인 회개가 아닌 필수적이었던 공개적인 회개를 하도록 설득하였다. 그녀는 기독교 신앙에서 공개적으로 고백한다는 일이 가장 실천하기 어려운 일임을 분명히 알았다. 다음을 볼 것. Willard, *Writing Out My Heart*, 53-54.

것은 그녀의 성격을 고치고자 하는 결단과 남의 유익을 위해 사는 삶을 사는 것을 포함하는 것이었다. 그녀는 단지 복음주의적 기독교에만 헌신했던 것이 아니라 감리교에 몰두하였는데 그 이유를 다음에서 설명한다.

> 나는 다른 어떠한 전투적인 교회보다 성경 안에서 가르쳐지는 감리교적 관점을 좋아한다. 왜냐하면 나는 감리교 안에서 자랐고, 내가 감리교 말고 다른 데 소속된다면 굉장한 슬픔과 불만을 갖게 될 수도 있겠기에 나는 그런 일이 일어나길 원치 않았다.[32]

공적 봉사로 윌라드의 삶을 위한 토대를 제공하게 된 것은 단순한 성경적 신학, 가족을 향한 충성심, 대중의 기대치라는 삼박자였다. 비록 윌라드는 엄격하게 자신을 살핀다거나, 임사(臨死) 체험, 그리고 19세기 중반 중서부 지방 감리교 안에서의 일반적인 종교 의식 등을 행하던 감리교 신앙에서 실질적으로 흔들리지는 않았으나 그녀의 회심에 대한 일부 양상들은 조금 더 살펴봐야 한다.

윌라드는 오직 그녀의 회심을 자신의 성격의 변화와 대중에게 유용한 봉사의 길로 나아가는 문으로 여겼을 뿐만 아니라, 그녀가 초기 회심 이후에 그것에 대해 말한 일부 내용들은 들어볼 만하다. 비록 그녀가 예수의 삶에 의해 영감받았지만, 삼위일체 교리에서는 별 감명이 없었다. 또한 자신을 헌신된 감리교인이라고 부르긴 했지만 편협한 마음과 분파주의는 거부하였다. 스스로 갈라디아서 3:28을 인용하면서 그리스도 안에

---

32 Ibid., 57.

서 남자나 여자나 종이나 자유자나 차별이 없다며 선언하였다.

> 그는 늘 반분파주의적 정신을 교육하기로, 그래서 그것에 반대하며 살기로, 반대하며 글쓰기로, 그리고 반대하며 말하기로 결심하였다. [33]

윌라드의 삶은 교육가로, 금주 운동 개혁가로, 여성 운동의 지원자로, 그리고 미국 대중의 성자(聖者)로 잘 알려져 있기에 반복할 필요는 없다. 그러나 그녀의 신앙적인 삶의 궤도는 비록 종종 전통적으로 감리교인 및 복음주의라 하지만 그런 이름이 허용하는 것보다 훨씬 복잡하다. [34]

그녀의 신앙 회심 후 처음 몇 년은 쉽지 않았다. 그녀는 깊게 사랑했던 자매 메리의 죽음으로 인한 고통 속에서 천국에서의 가족 상봉을 열망하였지만, 또한 무너진 영혼과 성적 정체성으로 인한 심각한 어려움을 경험하였는데, 그것은 그녀의 친구 메리 바니스터(Mary Barnnister)를 향한 열정적 사랑때문이었다.

더 상황을 악화시킨 것은, 메리 바니스터가 윌라드의 형제 올리버와 결혼을 한 것이었다. 그녀가 자신의 마음과 머릿속에서 일어나고 있는것을 이해하고 그것이 어떻게 그녀의 신앙과 연관되는지를 파악하려 할 때 그 일로 그녀의 혼란과 고통이 그녀의 펜을 통해 쏟아져 나왔다. 메리와 올리버가 함께한다는 생각에 자극받은 윌라드는 메리와의 열정적인 관

---

33 Ibid., 58.
34 Frances Willard의 공적 경력과 종교적 신념에 대해서는 보다 근거 있고 잘 조직된 설명은 Ruth Bordin, *Frances Willard: A Biography* (Chapel Hill: University of North Carolina Press, 1986).

계를 기록했다.

사람들은 너와 내가 지금 하고 있는 것처럼 사랑하는 것은 옳지도 자연스럽지는 않다고 말한다. (왜냐하면 이것은 현재형이며 이 밤에도 나는 비참한 상태에 빠져 있으면서도 옳든 그르든 나는 기쁘다고 말할 참이다). 우리 사랑은 우리 이전에 그 어느 두 여성도 해보지 못한 사랑이다. 우리의 사랑은 격정적이고 열정적이며 깊고도 모든 부분에 미치는 사랑이다. 그것은 비정상적이이다. 그것은 "불가능"한 것이다. 우리는 결코 함께 있을 수 없다는 것은 말도 안되는 불가능한 일이다.

운명과 환경이 그것을 명령한다. 내 사랑이여 얼마나 어려운가! 내가 아끼고 축복을 나누며 나의 우상과도 같은 메리여! 사랑은 나를 매만지며 내 심장의 가장 부드러운 곳마저 갈기갈기 찢어놓는구나. (신이여 저를 용서하옵소서.... 당신이 말씀하신 대로 당신만 사랑하기 위해 최선을 다해 기도도 해봤고 고뇌와 함께 저를 가르치기도 했지만 이렇게 되었습니다.) 이 사랑은 나의 본성 가장 깊은 바닥마저 뒤집어 놓고 만다.

내 마음의 심장 속에서 그대도 부상을 입었다. 어떻게 도와줄까?

하나님이 이 일로 나를 징벌하실까? 하나님은 내게 내가 선택한 최고의 축복이 기껏 독으로 돌아오고 저주로 바뀌어 버리고 마는 우정을 보내셨다는 말인가?

난 어떡해야 한단 말인가?

나는 무엇을 해야 한다는 말인가?[35]

---

35 Willard, *Writing Out My Heart*, 134.

19세기 중서부 미국의 종교적인 문화 안에서 여성들의 성적 정체성을 고려해볼 때, 다른 여성들과 윌라드의 관계에 대해 적절하게 기록하는 것은 어렵지만, 진 베이커(Jean Baker)의 결론, 즉 윌라드와 메리 바니스터의 관계가 "어쩌면 생식기적으로는 순결했다 하더라도 이 일은 윌라드의 성적인 정체성을 결국 결정했다"는 것이 아마도 맞을 것이다.36

   그녀는 자신의 인생 전반을 통해 다른 여성들과 일련의 깊고 열정적인 관계들을 유지했었고 절대 결혼하지 않았으나 그렇다고 성적 정체성이나 여타 행동을 통해 대중적 논쟁을 일으키지는 않았다. 비록 그녀가 일기에서 다른 일부 여성들을 향한 사랑의 깊이를 감추지는 않았지만, 그렇다고 메리 바니스터와의 그녀의 첫 번째 관계에서 보여진 신앙과 성적 정체성 사이의 방황 만큼 드러내지도 않는다.37

   윌라드의 삶 속에서 형성된 진지한 믿음이 보다 깊은 경건한 복음주의적 형태로 변형되었을 때가 더러 있었다. 1866년 1월 에반스톤에서 있었던 거룩부흥회(Holiness Revival)에 가족과 함께 참석했다. 거기서 뵈베 팔머(Phoebe Palmer)와 왈터 팔머(Walter Palmer) 같은 리더들로부터 크게 감명을 받았지만, 완전성화 교리(즉각적인, 도달할 수 있는 성화)를 이해하지는 못했었다고 그녀는 고백한다. 또한 어떻게 사람이 내적 유혹에서 자유롭게 될 수 있는 것이 가능한지도 이해할 수 없었다.38

---

36 Jean H. Baker, *Sisters: The Lives of America's Suffragists* (New York: Hill and Wang, 2005), 148.
37 Willard는 1868년 그녀의 친구 Kate Jackson과 함께 유럽 여행을 떠났다. 베를린에 머물면서 그녀는 미국인 젊은 여성 Julie Briggs을 만났는데, Willard는 Mary Banr.ister와의 관계만큼이나 강도를 가지고 그 미국 여성에 대해 썼다. 다음을 볼 것. Jackson's jealousy was hard for Willard to manage. See Willard, *Writing Out My Heart*, 282-85.
38 Ibid., 222-23.

그녀는 팔머 부부와의 조우로 인해 잠시 신앙이 깊어지긴 했지만, 거룩신학 안의 성화의 신비를 능가하는 금주개혁의 실천을 더 선호하였다. 10년이 지난 1877년 윌라드는 그 유명한 부흥사인 드와이트 엘 무디(Dwight L. Moody)의 보스턴부흥성회에서 여성모임을 이끌어달라는 부탁을 받게 되었다. 윌라드는 그 초청을 수락하고 성경 속의 난제들과 싸우면서, 보스톤교회에서 수천 명의 여성들에게 연설하였다. 그러나 무디와의 관계가 잘된 것은 아니었다.

윌라드는 금주 운동들이 계속 지속되도록 요구했는데, 부분적으로는 돈도 필요했고, 자신을 그 운동의 대의에 몸을 바친다는 명분에도 부합했기 때문이었다. 무디는 그녀의 뜻과 충돌하였는 데, 그 이유는 윌라드가 금주 운동 강령을 유니테리언파와 함께 하려고 준비한 것 때문이었다. 무디의 복음주의는 그렇게까지 나아갈 수는 없었다. 또한 윌라드는 남녀를 구분한 부흥회모임, 누구와 함께 어울려야 하는지 지시당하는 것, 그리고 무디의 독재적 성향 때문에 마찰을 빚었다. 그녀의 말에 의하면 심각했다.

> 무디 형제의 신앙적인 포용력에 대한 성경해석은 나에게 너무 문자적이었으며 너무도 꽉 조이는 것이어서 도저히 수용할 수 없었다.

비록 윌라드가 무디와 결별한 것을 자기희생의 위대한 행동으로 제시하였지만, 무디식 부흥주의적 복음주의는 여성기독교금주 운동협의회의 절충적인 유권자들과는 절대로 함께할 수 없었다. 서로가 서로에게서 분

리된 것은 서로에게 유익이었다.³⁹

그녀를 향한 초기의 끌림들이 무엇이었든, 윌라드는 절대로 성화 운동가나 복음주의적 부흥주의자가 되지는 않았다. 그녀의 명분은 금주 운동이었고 논리적인 확장에 의하면, 여성참정권 운동이었다. 이 명분들은 종교적으로 더 진보적이고 정치적으로 더 급진적인 여성들과 함께 연계한 활동을 시작하게 해 주었을 뿐만 아니라, 또한 그녀에게 비정통적 관점들의 탐구를 위한 교회론적 공간 찾아보도록 해주었다.

비록 윌라드의 종교성의 기본 위치는 처음에 에반스톤에서 받아들인 중서부 감리교이지만, 그녀는 생각의 새로운 물결에 눈을 감지 않았으며, 종교의 다른 양상들을 묵인하는 것에 꺼려하지도 않았다. 그녀는 거의 어려움 없이 다윈주의와 성경비평주의를 받아들였는데, 그것들이 전통적이며 가부장제적인 성경적 명령을 붕괴시키는 것처럼 보였기 때문이었다. 만약 성경문자주의적 종말이 창세기의 (아담의)갈비뼈를 여성의 남성에 대한 복종이라는 문자적 해석의 종결을 의미하는 것이라면 더욱 좋은 것이었다.

그녀는 일기를 통해 진화와 같은 지구의 긴 역사 이론들과 고등비평주의가 어떻게 자신을 아버지와 다른 관점에서 성경을 보게 했는지 쓰고 있다.

> 그의 딸은 사실이나 실제보다 더 고차원적인 성경의 진리를 발견하고 그것에 따라 사는 삶을 살아왔으며, 아버지가 하나님의 말씀을 경외하

39　Willard, *Glimpses of Fifty Years*, 361; Moody의 부인에게 보낸 Willard의 편지는 그녀의 행동을 설명해 주고 있었다. Ibid., 359-60. 다음 책에 나오는 해석도 볼 것. Bordin, *Frances Willard*, 87-90.

는 것 만큼이나 그녀 역시 말씀 안에 계신 하나님을 경외한다.[40]

기독교에 대한 윌라드의 이후 관점들은 초창기의 생각과 경험에 뿌리를 내리고 있다. 분파주의자가 되지 않겠다는 그녀의 초기 결단은 다른 기독교 전통들, 즉 개신교, 가톨릭, 아르메니안에서 뿐 아니라 동양의 종교적인 전통들에 대해서도 더욱 성숙한 평가를 하도록 해 주었다.[41] 그녀는 다음과 같이 썼다.

> 나는 엄격하며 충성스러운 정통 감리교인이지만, 위대한 선을 모든 종교 안에서, 그리고 그들이 아는 것보다 더 좋은 것을 건설하고자 신약의 기름진 토양으로부터 꽃을 피우려 한 숭고하고 아름다운 도덕주의자들 안에서도 동일하게 발견한다. 인간을 위한 사랑이나 하나님에 대한 믿음의 단어는 나의 연민과 다르지 않다. 그러나 벌들이 여러 향기로운 정원에서 꿀을 모아 다양하게 얻은 것들로 익숙하게 자신의 벌집으로 날아가는 것처럼, 나도 오랫동안 나의 피난처가 되고 위안이 되어주었던 나의 옛 신앙의 달콤함과 신성함이 있는 집으로 돌아간다.[42]

---

40 Ibid., 158; and Willard, *Writing Out My Heart*, 388-89.
41 불행히도 개신교 여성들, 특히 감리교 배경을 가진 여성으로 Willard는 로마가톨릭 금주 운동가들과의 관계 건설에 상당히 관심이 있었다. 그녀의 인생 후반에는 터키의 박해를 피해 나온 아르메니안 난민들의 주장에 공감하며 Marseilles에 있을 때 아르메니안 봉사활동에 대해 감동적으로 썼다. 1896년 9월 27일 그녀는 일기를 적었다: "우리는 난민촌에 있는 임시로 만들어진 아르메니안 교회에 갔는데 그 예배는 기억에 남으며 눈물로 날만큼 감동을 주었던 예배였다. 금박을 두른 예복을 입고 점잖고 나이든 사제가 서 있는 제단 위로는 예수의 승천 성화가 걸려있었으며 이 성화는 10만 명이나 몰살당한 이들이 예수처럼 승천할 것이라고 믿는 성도들에게 풍성한 영감을 불어넣었다." Ibid., 417.
42 Willard, *Glimpses of Fifty Years*, 627-28.

사랑하는 가족들이 모두 그녀보다 먼저 죽자, 윌라드는 심리적인 현상에 대한 관심과 영성주의에 대한 특정한 측면들에 대한 관심을 자극한 천국과 내세에 대해 궁금해 하였다. 또한 종종 신지학(Theosophy)과 기독교사회주의에도 끌렸으나 그런 일들은 그녀의 감리교 신앙의 핵심에서부터 자연스레 나온 소산이었고 그런 관심들이 강력하고 새로운 전통으로 그녀의 마음을 사로잡거나 충성을 명령할 수 있는 것은 아니었다.

윌라드가 23년 정도 쓰지 않던 일기를, 1893년에 다시 쓰게 된 것은 어머니의 죽음과 엄마와 딸의 사랑과 영적 거처였던 오두막쉼터(Rest Cottage)가 허물어진 것이 그 촉진제였다. 1893년 1월 1일이에 쓴 첫 번째 일기에는 윌라드의 성숙한 영성의 중심부를 들여다볼 수 있을 만큼 은밀하다. 그녀는 하늘을 쳐다보았다. 왜냐하면 그 하늘에 그녀의 가족이 있기 때문이었다. 그녀는 도덕적 인격을 형성시켜 주는 것으로 자신의 신앙을 보았다. 성경을 읽고 찬송가도 부르는 등 작은 규율들을 유지한 것도 늘 해 오던 감리교적 습관이었다.

> 우리는 반드시 하나님에게 붙어 있어야 한다. (우리의 행위의 필요한 결과인) 영원한 생명에, 임무에, 상급에, 형벌에 그리고 우리의 형제이자, 본보기이자, 대속자인 그리스도에게 붙어 있어야 한다.[43]

세기말 감리교는 부흥주의, 성경주의, 완전주의를 상실하고, 의무감, 도덕, 봉사의 감각에만 확고히 매달려있는 상태였다. 왜냐하면 인간의

---

43 Willard, *Writing Out My Heart*, 363.

삶의 존엄성은 이 세상과 다음 세상 모두에서 계산되기 때문이었다.

윌라드가 젊은 시절 매혹되었던 감리교에 친절하려 했다면, 감리교 신자들은 언제나 그녀에게 친절하지는 않았다. 볼딘의 말처럼, 그녀는 "자신의 재능에 감탄하며 그녀의 많은 명분들을 지지해 준, 하지만 그녀가 교회에 요청한 자신에게 걸맞는 요구들이 받아들여지지 않은 감리교 계급 제도에 의해 여러 번 심각한 타격을 입었다."[44]

윌라드가 미국 역사에서 가장 크고 가장 영향력있는 도덕개혁 운동 중의 하나인 여성기독교절제협회의 회장으로서 감리교감독제 교회(Methodist Episcopal Church)의 총회에 형제 대의원으로 선출되었을 때, 그녀가 여성이라는 그 단순한 사실로 인해 대소동이 일어났다. 그녀는 즉석에서 장로교인들에 의해 무시당했는데, 그것은 그녀의 관록을 무시한 남성 성직자들에 의한 일련의 권위적인 모욕 가운데 최근의 일이었다.

이 모든 일들이 보통은 대립각을 세우지 않는 윌라드로 하여금 개신교 안의 여성들의 위치를 날카롭게 찾아보도록 자극을 주었고, 결국 『강단 위에 여성』(Woman in the Pulpit)이란 책으로 출판되었다. 이 책은 윌라드가 1888년 뉴욕감리교총회에 자신의 감리교교구 대표로 나간 1년 후인 1889년 나왔다.

후에 밝혀진 것이지만 말기 질병을 앓던 어머니가 딸 윌라드의 참석을 막았고, 감리교총회에서도 평신도 대표로 여성들이 참가하는 것을 부결시켰다. 윌라드가 죽은 지 몇 년이 지난 1904년까지는 감리교회 안에서 여성들이 절대적 다수임에도 불구하고, 4년마다 열리는 교회집행 모임

---

44 Bordin, *Frances Willard*, 160.

에 평신도 대표로 여성들이 참석하지 못했다.

교회의 계급주의적 관료주의로부터 지원받는 개신교 남성 성직자들의 차별적인 태도는 윌라드를 급진적으로 바꾸었고 그녀로 하여금 비평적인 성경 주해로 나아가도록 했다. 『강단 위의 여성』에서 그녀의 일반적으로 공손하고 화해적인 어조는 강하고 보다 논쟁적으로 몰아간다. 고린도의 여성들을 향한 바울의 남성 일변도적 말씀에 대해 동일한 남성 일변도적 해석을 한 딘 알포드(Dean Alford)의 『불합리함의 대폭풍』(*Cyclone of Absurdities*)을 인용한 후에, 윌라드는 강조한다.

> 지금 합리적인 사람이라면 이 주석을 읽게 합시다.
> 그리고 기억해야 하는 것은 훌륭한 공립교육 제도권 졸업생 2/3가 여성들입니다. 이 학교들의 선생님도 1/3이 여성입니다; 거의 교회 성도들의 3/4이 여성입니다. 주일학교를 통해 여성들은 교회에서 이미 신학적으로 갖춰진 선생들이 되었습니다.
> 그러나 다른 면을 보면, 교도소 안에 있는 재소자 6만 명 중 5만 5천명이 남자들입니다. 매년 15억 달러 어치의 위스키, 맥주, 담배가 거의 완전히 남자들에 의해서 소비됩니다.
> 그런데도 이 훌륭하다는 주석에서 합리적인 사람이 정신적이거나 영적인 양식을 발견할 수 있는지 찾아봅시다. 성경적인 해석이라고 불리는 그 복잡한 요리에서 한 줌의 상식만 찾을 수 있다고 해도 최상의 재료가 될 것입니다.[45]

---

45 Frances E. Willard, *Woman in the Pulpit* (Chicago: Woman's Temperance Publication Association, 1889), 25-26. Reproduced with helpful introduction by Carolyn De Swarte Gifford

윌라드는 그때 성경해석학과 권력 사이의 연관을 명백하게 밝혀 냈다.

> 이 모든 복종 이론은 남성들에 의해 성경을 편파적으로 해석한 데서 생겨났다.... 이것은 변덕스러운 사실인데 그것은 남성들이 의도한 것처럼 보이는 것으로, 여성들은 남성들이 하는 일 외에는 어떤 직업을 가져도 된다는 논리이다. 변호사들은 의사가 되고 싶으면 할 수 있다. 의사는 만약 자신이 그렇게 하기를 원하기만 한다면 법정에서 변호할 수 있을 것이다. 그러나 변호사나 의사나 각각 자신들이 선호하는 영역이 있으며 자신들의 텃밭에 다른 사람들이 들어오는 것을 탐탁지 않게 여긴다. 여기에 한 술 더 떠서 목회자들은 남녀 구분의 성별 자긍심에다 성직자 제도의 자긍심까지 더하여 강조한다는 사실이다.[46]

여성동등권 확보를 위해 프랜시스 윌라드, 엘리자베스 캐디 스탠턴, 그리고 사라 그림케는 교회 안에서나 사회에서, 아니면 둘 다에서 결국 성경과 성경해석을 어떻게 할 것인가로 끝내게 되었다.

비록 이들이 목회자들과 교회의 남성 일변도에 대해 공통적으로 비판은 하였지만, 성경에 접근하는 방식은 저마다 달랐다. 윌라드는 기꺼이 감리교적 전통 안에서 여러 면들을 활용하였다. 심지어 교회 내 사역에서 그들의 재능을 활용하도록 여성들에게 허락한 성경 주석을 밀어붙이기 위해 여성 성직 안수의 명분을 지지하는 남성 감리교도들의 지원도

의 도움이 되는 서문과 함께 다시 제작되었다. Gifford, ed., *The Defense of Women's Rights to Ordination in the Methodist Episcopal Church* (New York: Garland, 1987).

46 Willard, *Woman in the Pulpit*, 39.

활용하였다. 그녀의 싸움은 성경 안의 가부장제에 관한 것이라기보다 19세기 교회의 남성 지도자의 성경해석과 관련된 것이었다.

스탠턴의 의제는 보다 더 급진적이었다. 그래서 윌라드가 『여성 성경』을 만들려고 세운 스탠턴위원회에 참여하는 것을 거부하였다는 것은 놀랍지 않다. 이 상황은 스탠턴이 사전 협의 없이 윌라드의 이름을 수정위원회의 한 명의 기고자로 올린 사실에 의해 도움을 받지도 못하였다.

윌라드는 대체로 자유사상 프로젝트와 연합하게 되면 여성기독교금주협의회의보다, 복음주의적 단체가 그녀 자신을 지원하는 것에 지장을 줄 수 있다는 점을 간파하고 자신의 이름을 뺐다. 그렇지만 스탠턴은 상관하지 않고 진행해 나갔으며, 결국, 수정위원회 내의 복음주의자, 유대인, 그리고 더욱 보수적인 여성들의 부재는 『여성 성경』의 급진적 어조를 강화했을 뿐만 아니라 19세기 후반 미국 안에서 대다수 여성들을 향한 호소까지 제한하는 결과를 빚었다.

『여성 성경』의 두 번째 책 출판 준비를 하며 스탠턴은 셀 수 없는 많은 편지들을 여성들에게 보냈는데, 거기에는 두 가지 질문이 있었다.

① 성경의 가르침이 여성 해방을 전진시켰는가 아니면 후퇴시켰는가?
② 성경의 가르침이 인류의 어머니들(Mothers of Race)을 더욱 고귀하게 하였는가 아니면 품위를 떨어뜨렸는가?

이 두 질문에 대한 스탠턴 자신의 답은 명확했다. 즉, 1번 "(여성 해방을) 늦추었다"는 것이며, 2번은 "품위를 떨어뜨렸다"는 것이다. 뿐만 아니라 다양한 의견들을 반영하는 온갖 답변을 『여성 성경』 부록 안에 실었다. 윌라드의 반응은 외교적인 특징을 보여 주었다. 그것은 세계 여러 국가 중에서 여성들을 가장 배려하며 대접해주는 곳은 모두 기독교 국가들이라는 것을 해외로 나가는 미국 여성선교사 운동에서 주문처럼 외우는 내용을 명확히 반복하는 것이었다.

그녀는 성경이 "거룩해진 모성"의 발전을 가능하게 했다는 것이고, 삶, 결혼, 질병 그리고 죽음까지도 신성하게 하였다는 확신을 반복했다. 아부와 회유를 위한 자신의 잘 실천된 재능을 보여주면서 그녀는 다음과 같이 말했다.

> 엘리자베스 캐디 스탠턴 부인과 같은 여성은 없었다. 그녀는 모든 종류의 불법과 잔학함에 맞서 불타는 심장을 가졌으며, 지성은 빛났으며, 입술은 달변으로 빨랐다. 이전의 많은 세대 동안 그 나라 사람들의 사상과 애정이 성경과 아직 하나 되지도 않은 이 나라에서 이런 여성이 배출된 적은 없었다.

윌라드는 또한 남성들이 성경해석을 이기적으로 읽어냄으로 계시의 진보역량을 과소평가하였으며, 그들이 성경해석학의 접근에서 과학, 역사와 윤리 사이를 구별하는데 실패하였다고 말하면서도, 그녀는 "성경은 하나님으로부터 우리에게 온 것이고, 성경은 신앙과 행위의 충분한 규범"이라 생각한다는 비판적 신념을 반복하여 표명했다.[47]

스탠턴은 더 이상 동의하지 않을 수가 없었다. 그들의 불일치의 토대

---

47 Stanton, *The Woman's Bible*, appendix, 200-201.

들은 19세기 후반 미국 안에서 사상 분야와 대중적인 여성 운동의 안에서 빚어졌으나, 그 뿌리는 그들의 소녀 시절들로 거슬러 올라가는 제2차 대각성 운동에 대한 서로 다른 지적, 감정적, 영적 반응에서 드러났다.

스탠턴 같은 경우 정통 기독교는 그녀의 칼빈주의적 성장과 피니에 의한 음산한 회심 경험으로 끝내 어두운 감정과 연결되어 있었다. 윌라드에게 있어서의 정통 기독교는 중서부 감리교의 전제인 미덕, 어머니의 무조건적인 사랑, 그리고 기독교는 적이 아니고 도덕적인 발전의 친구라는 그녀의 확신과 함께 끝까지 연관되어 있었다.

두 여성 모두 미국의 기존 성직 제도와 그 교회들에 의한 권력의 위선적인 조작에 대한 경멸감을 가지고 있었다. 둘 다 그러한 조작이 성경으로부터 도움을 받았고, 선동되었다고 보았다. 그러나 스탠턴 같은 경우 성경은 단지 해석 방법뿐 아니라 그 본질에 있어 철저하게 가부장적이라 보았다. 윌라드는 성경은 하나님의 말을 담고 있지만, 남성들이 자신들의 이익의 관점에서 성경을 바로 읽지 않기로 택했다고 보았다.

19세기 수천의 미국여성개혁가 중에서 가장 의미 있는 리더였던 사라 그림케, 엘리자베스 캐디 스탠턴, 프랜시스 윌라드는 종교적인 배경, 복음주의적 회심, 그리고 시민 구조와 대중의 도덕성을 재정의하려한 기독교적 열망이라는 동일한 출발점에서 시작했다. 문화역사가 로버트 아브저그(Robert Abzug)는 개혁은 "음주습관 같은 것을 서양 문화의 기본인 신학적, 사회적 토대를 다시 생각하는 것으로 바꾸는 일"에서 "복음주의적 기독교 세계의 붕괴"로 이어졌다고 말했다.[48]

---

48   Abzug, *Cosmos Crumbling*, 228.

19세기의 대부분의 미국인의 우주(세계)를 받들고 있던 거룩한 문서는 성경이었으며, 그래서 처음에는 그림케가, 그 다음에는 스탠턴과 윌라드가, 성경을 새로운 관점으로 읽기 시작했다는 것은 놀라운 일이 아니었다.

이러한 움직임의 일부는 과학과 성경비평주의의 새로운 발전의 도움을 받긴 했지만 성경을 새롭게 읽는 일의 대부분은 학문에 의해서가 아니라 여성으로써 남성 위주의 성경해석학과 교회체제에 대립해 온 그들의 경험들에 의해 가능했다. 급진화와 세속화의 정도는 어린 시절 그들의 신앙과 초기 성인 시절 교회에 얼마나 감정적으로 또는 영적으로 애착이 있었는지와 관련 있었다.

이 면에서 스탠턴이 가장 급진적으로 변했고, 윌라드는 급진적인 면에서는 가장 적은 변화를 보였으며, 그리고 얼마나 멀리 그들이 기꺼이 성경에 대해 새로운 페미니스트적 해석을 할 수 있었는지를 보여준다. 복음주의의 거룩한 문서(성경)는 초기 여성 운동의 역사에서 흠집 없이 드러나지 않았으며 복음주의 신앙 운동의 가장 유명한 리더들도 흠집 없이 나타나지 않았다. 성경도, 여성 리더들도 모두 상처를 입었다.

제6장

빈센트 반 고흐(Vincent van Gogh), 폴 고갱(Paul Gauguin)에게 헌정된 자화상, 캔버스에 그린 유화, 1888(© President and Fellows of Harvard College)

빈센트 반 고흐 – 고난의 순례 여정
복음주의와 세속화

진정으로 좋은 일을 행하고, 적어도 누군가는 그 일을 기억하며 살아간다는 것을 알며, 다음 세대에 좋은 본보기를 남길 수만 있다면, 죽어도 여한이 없을 것이다. 선행은 영원하지 않을 수도 있지만, 그 안에 담긴 사상은 영원하다. 그리고 선행 그 자체는 오랫동안 존재할 것이다.

- 빈센트 반 고흐,
『화가, 샤를 도비니(Charles Daubigny)의 죽음에 조의를 표하며』(1878)

빈센트 반 고흐의 출판된 편지들 중 **다음의 두 가지 발췌문을 살펴보자.**[1]

---

[1] Vincent van Gogh에 대한 2차적 기록들은 많다. 다음 전기들은 유용하다. Marc Tralbaut, *Vincent van Gogh* (New York: Viking, 1969); Alfred J. Lubin, *Stranger on the Earth: A Psychological Biography of Vincent van Gogh* (New York: Da Capo, 1996); and Abraham Marie Hammacher, *van Gogh: A Documentary Biography* (New York: Macmillan, 1982). van Gogh의 정

첫 번째 것은 그의 유일하게 남아있는 설교문 중에서 발췌된 것으로, 반 고흐가 대중에 영합하려던 복음주의 전통 속에서 기독교 목회자로 남아있고자 하는 열정을 아직 갖고 있던 시기이자 가장 복음주의적이던 1876년 가을 리치몬드감리교회에서 설교한 내용이다.[2]

두 번째 것은 10년 후에 쓰여진 것으로 오빠로써, 그의 여동생 빌헬미나에게 쓴 세상사에 관한 조언들 중 일부로, 그의 종교적 관점과 영성이 많은 면에서 중요한 변화를 겪었을 때 쓴 것이다. 이 설교는 반 고흐의 차별화된 목소리를 들을 수 있다는 점뿐만 아니라, 내용과 은유적 구조가 반 고흐의 1873년부터 1880년에 걸친 가장 독실했던 기독교 순례 여정에 집중된 주제를 보여주기에 충분한 가치가 있다.

> 시편 119:19.
> 나는 땅에서 나그네가 되었사오니 주의 계명들을 내게 숨기지 마소서.
> 우리의 삶이 순례자의 여정(*천로역정)이라는 것은 오래되었지만 좋은 믿음입니다. 우리는 이 땅에서 나그네로 살아가지만, 우리가 혼자가 아닌 까닭은 하나님 아버지가 우리와 함께 계시기 때문입니다. 우리는 순

신적 불안 원인에 대한 다양한 가설들은 다음에 정리되어 있다. Wilfred Niels Arnold: *Chemicals, Crises, and Creativity* (Boston: Birkhäuser, 1992). 본 장은 Gogh의 생애에 대한 것이든 그의 예술에 대해서든 어떤 새로운 것을 덧붙이려고 하는 것은 아니다. 다만 Gogh의 약혼과 복음주의적 종교에 대한 환멸에 대해 이전에 다른 것보다는 보다 더 진지하게 다루어 보려고 하였다. Gogh의 생애에서 종교적 차원에 특별히 관심을 갖는다면 다음에 나오는 작품들에 관심을 가지면 될 것이다. 항상 그랬듯이, Gogh의 편지들을 보는 것이 출발에 가장 좋다.

2 뛰어난 부대 이미지와 함께 설교(성경 읽기와 찬송)는 다음에 다시 나온다. Martin Bailey, *van Gogh: Portrait of the Artist as a Young Man in England* (London: Barbican Art Gallery, 1992), 116-17. 또한 Gogh의 복음주의적 포퓰리즘에 대한 통찰력 있는 에세이와 John Bunyan의 *Pilgrim's Progress*에 대한 뿌리는 Debora Silverman, "*Pilgrim's Progress* and Vincent van Gogh's Métier," 95-115.

레자들이고, 우리의 삶은 이 땅에서 천국으로 가는 긴 산책 혹은 여행이라고 할 수 있습니다....

한 사람이 이 세상에 태어나는 것은 기쁜 일이지만, 그보다 더 큰 기쁨은 한 영혼이 환난을 통과하고 천국에서 다시 태어날 때입니다. 슬픔이 기쁨보다 낫습니다. 그리고 기뻐하는 마음 가운데 슬픔이 있을 때도 마찬가지입니다. 잔칫집에 가는 것보다 초상집에 가는 것이 나은 것은 근심이 마음에 유익하기 때문입니다.

우리 본성에는 슬픔이 있습니다. 하지만 예수 그리스도를 바라보는 것을 배워왔고, 또 배우고 있는 자라면 기뻐해야 할 이유가 언제나 있습니다. 사도 바울이 고백한 "근심하는 자 같으나 항상 기뻐하고"라는 말씀처럼 예수 그리스도를 믿는 자들에겐 소망 없는 죽음이나 슬픔은 없습니다. 절망도 없습니다. 오직 끊임없이 거듭나는 것, 끊임없이 어둠에서 빛으로 가는 것만이 있습니다. 그들은 소망 없는 자들처럼 애통해 하지 않습니다. 기독교 신앙은 삶을 늘 푸른 나무처럼 만들어줍니다....

그렇지만 우리는 매 순간을 아무렇게나 살아가서는 안 됩니다. 우리는 매순간 아무 의미 없이 살아가서는 안 됩니다. 싸워야 할 싸움을 싸우고, 매진해야 할 일들에 매진해야 합니다. 우리가 해야 하는 것은, 온 마음과 힘을 다해 주님을 사랑하는 것이고, 이웃을 내 몸과 같이 사랑하는 것입니다.

이 두 가지 계명은 우리가 반드시 지켜야 할 것들이고, 만일 우리가 이 두 가지 계명을 지키고, 헌신한다면 우리는 홀로 있는 것이 아닙니다. 하늘에 계신 아버지께서 함께 하시고, 도와 주시고, 인도해 주시기 때문입니다. 매일, 매 순간마다 힘을 주시고, 능력 주시는 그리스도 안에서 우리는 모든 것을 할 수 있습니다....

사람의 마음은 바다와 매우 닮았습니다. 폭풍이 치고, 파도가 있고, 깊음이 있습니다. 또한 그 안에 진주도 있습니다. 하나님과 경건한 삶을 추구하는 사람의 마음에는 다른 이들보다 더 많은 폭풍이 몰아칩니다.

우리가 하나님께 바라는 것이 무엇입니까?

그것은 굉장한 것입니까?

그렇습니다!

그것은 굉장한 것입니다. 그것은 우리 마음의 평화, 영혼의 쉼이고, 우리에게 주시는 그 한 가지로 인해 우리는 더 많은 것을 원하지 않습니다. 우리는 많은 것이 없이도 무엇을 해낼 수 있고, 주님의 이름을 위하여 고난들을 견뎌낼 수 있습니다. 우리는 자신이 주님의 것이고, 주님은 우리 아버지시라는 것을 알기 원합니다. 우리는 당신의 것, 즉 기독교인이 되기를 원합니다. 우리는 하나님을 원하고, 하나님께 사랑 받고 인정받기 원합니다....

우리의 삶은 순례자의 여정과도 같습니다. 저는 언젠가 매우 아름다운 그림을 본 적이 있습니다. 그것은 저녁 풍경화였습니다.[3] 오른 편 멀리에 언덕들이 저녁 안개 속에서 푸른 빛을 내보이고 있었습니다. 언덕들 위에는 장엄한 석양과, 은빛, 금빛, 보랏 빛을 띠고 있는 회색 구름들이 있었습니다. 황야와도 같은 들판은 가을이었기에 풀과 노란 이파리로 덮여 있었습니다. 풍경 속의 길은 높은 산으로 이어져 있었습니다. 멀리, 산의 꼭대기에는 저무는 해가 영광을 비추는 도시가 있었습니다.

---

3 Martin Bailey는 이 그림을 확인하기 위해 상당히 설득력 있는 그러나 결론적 증거는 부족한 제시를 하고 있다. George Boughton's *God Speed*!; Bailey, *van Gogh's*, 96-99.

그 길에는 지팡이를 든 순례자가 걷고 있었습니다. 그는 이미 아주 오랫동안 걸어왔고, 매우 지쳐 있었습니다. 그는 어둠 속에서 "근심하는 자 같으나 항상 기뻐하고"라는 사도 바울의 고백을 떠올리게 하는 여인, 혹은 검은 옷을 입은 형상을 만납니다.[4]

반 고흐는 순례자의 삶을 천로역정(존 번연은 반 고흐가 좋아하는 작가였다)으로 관념화하고 있는 것을 볼 수 있다. 또한 기독교인의 삶은 바다의 폭풍우와도 같고, 하나님의 허락을 받기를 원하며, 사랑에 헌신하고, 평화와 안식을 절박하게 찾고, 끊임없이 거듭나며, 슬픔과 기쁨의 양극을 오가지만, 그 슬픔은 순수하고 고결한 상태이다.

특징은 순례자의 여행의 본질을 압축한 풍경화를 통한 순례자의 여정에(어둠에서 빛으로, 죽음에서 생명으로) 대한 만질 수 있는, 생생한 묘사이다. 기독교의 본질, 반 고흐의 헌신에 대한 이미지들, 그리고 그것에 대한 이런 은유들과 추측들은 1870년대 반 고흐의 서신에서 계속 나타난다. 어둠, 죽음, 슬픔, 거절당함이 한 쪽에 있고, 빛, 거듭남, 기쁨, 수용이 반대쪽에 있다.[5] 반 고흐는 이 변증법의 어디가로부터 자신의 오락가락하는 기질을 위한 안식과 희망을 찾고자 했다.

---

4 영국 리치몬드에 있는 웨슬리안감리교회에서 1876년 가을 Gogh'가 한 설교. 이 설교의 완전한 원고 내용은 다음을 볼 것. *The Complete Letters of Vincent Van Gogh* (Greenwich, CT: New York Graphic Society, 1959), 1, 87-91. 그의 설교에 대한 그 자신의 성찰을 보려면 그의 동생 Theo에게 보낸 편지를 볼 것. *Letters*, 1: 172-73. Gogh'는 다음과 같이 썼다. "앞으로 나는 어디로 갈지 생각하는 것이 즐겁다. 나는 복음을 설교할 것이며 잘 전할 것이며 누구나 가슴 속에 복음을 지니고 있어야 한다. 주님이 내게 이것을 주시길. 테오야, 너는 한 가난한 설교자가 세상에서 홀로 서 있으나 주님이 우리 안에 계속하여 양심과 믿음을 일깨우고 계시다는 사실을 충분히 알 것이다.... 그렇지만 나는 외롭지 않다. 아버지가 나와 함께 하고 계시기 때문이다.

5 Lubin, *Stranger on the Earth*, 20.

이제 그가 죽기 몇 해 전에 그의 여동생 빌헬미나에게 쓴 오빠로서의 충고의 편지를 이 설교와 비교해보려고 한다.

네가 쓴 나무와 비에 대한 글에 대해 뭐라고 할 수 있을까?
너는 자연 속에서 많은 꽃들이 발에 짓밟히고, 얼어버리고, 햇빛에 시드는 것을 봤을 거야.
그리고 익은 곡식이 모두 흙으로 돌아가 싹을 틔우고 새롭게 잎을 피우는 것도 아니며 대부분의 곡식은 자연적으로 성장하지 못하고 제분소로 가고 말아.
그렇지 않니?
이제 사람을 곡식과 비교해 보자.
건강하고 자연스러운 사람에게는 곡식처럼 싹을 틔우는 힘이 있어.
따라서 자연적인 삶은 싹을 틔우는 것과 같지. 곡식에 싹 틔우는 힘이 있다면, 우리에게는 사랑이 있어. 마치 희망이 사라진 맷돌 안의 곡식처럼 우리의 자연스러운 성장이 저지되고, 싹 틔울 수 없는 상황이 될 때 우리는 당황해서 어쩔 줄 모르게 된단다.
만일 우리가 이런 상황에 처해 당혹스러울 때, 어쩔 수 없이 상황을 지켜보면서도 자의식과 자존심을 포기하지 않고 문제가 무엇인지, 또 실제로 어떤 일이 일어났는지 알아내려고 하는 사람들이 있어.
그와 같이 어둠에서 빛을 밝혀온 사람들의 책을 찾아볼 수는 있지만, 분명한 것은 그러한 책들은 영감을 받은 성경 외에는 발견하기가 너무나 힘들고, 개인적인 위로도 얻기 힘들단다.
그리고 문명인들을 가장 힘들게 하는 질병은 우울증과 비관주의야....

우리는 성경만으로 충분할까?

오늘날에 예수님께서 다시 오신다면, 우울함에 잠겨있는 자들에게 여기가 아니다. 일어나 걸으라. 너는 왜 죽은 자들 가운데에서 산 자를 찾는가?라고 하시겠지.

만일 세상의 빛이 말이나 글에 의해 유지된다면, 우리가 사는 이 시대를 말하고 글로 남겨야 할 권리와 의무가 있어.

그리고 그런 말과 글이 고전 기독교혁명과 비교할 만큼 사회 전체를 변화 시킬 훌륭하고 선하며 강력한 힘이 있다면 그것은 말과 글로 기록되어야만 해. 나는 요즘 사람들보다 성경을 자세히 읽었다는 것이 다행스럽다는 마음이 들어. 왜냐하면 과거에 그토록 고결한 이상이 있었다는 사실이 내 마음을 한결 편하게 해주기 때문이야.

그러나 나는 옛날 것이 아름답다고 생각하기에, 새로운 것들 또한 아름답다고 생각하려고 더욱 노력해. 같은 의미에서 과그와 미래가 우리에게 직접적인 영향을 미치는 것처럼, 현재 우리가 사는 시대에서는 더욱 직접적으로 활동할 수 있다고 보는 거야.

네가 쓴 글로 돌아와서, 우리를 돕거나 위로하려고 간섭하는 힘이 저 위에 있다는 믿음은 내 자신이 받아들이기에도, 다른 사람에게 조언하는 것도 어렵구나.

섭리는 정말 기묘한 것이지만, 진지하게 그것이 무엇인지 네게 말해 줄 수가 없구나.

네가 글을 쓰려면 공부를 해야 한다고 생각한다는 점이 놀라울 따름이구나.

내 사랑하는 동생아, 그건 옳지 않단다. 네덜란드에서 공부를 시작하느니, 춤을 배우거나, 장교나 공무원 혹은 네 주변의 가까운 사람과 사랑에 빠지는 것이 낫겠구나. 차라리 바보짓을 몇 번이든 하렴. 공부는 사람을 둔재로 만들 뿐 아무 의미가 없어. 공부하고 싶다는 말을 다시는 듣고 싶지 않구나.

난 아직도 가장 불가능하고, 적절하지도 않은 연애를 하고 있단다. 이 사랑으로 인해 창피와 망신만 당할 뿐이지만 말이야.

그리고 나는 이게 맞다고 생각해.

왜냐하면 과거의 나는 사랑에 빠졌어야 할 시기에 종교와 사회에 헌신했고, 지금보다 더 예술을 신성한 것으로 여겼거든.

종교나 정의, 혹은 예술이 왜 신성하다는 걸까?

사랑에 빠지는 것 말고는 아무것도 하지 않는 사람들이 사랑과 마음을 이념에 희생하는 사람들보다 더 진지하고 거룩한데 말이야.[6]

여기에는 사랑의 우월성에 대한 찬미와 자연의 물질적 변화에 대한 열정, 현실에 지친 우울함에 대한 고찰이 있다는 공통점이 있지만, 글의 분위기와 내용은 매우 다르다. 여기서는 성경은 부족하고 섭리는 불투명하며, 하늘 위에 있는 힘은 헤아리기 힘들고, 전통적인 종교는 쓸모가 없다고 말한다. 그리고 그는 예수님이 우리가 믿을 만한 창조적인 생명의 능력을 지닌 존재라고 생각하지 않는다.

위에 순서대로 소개한 두 개의 발췌문은 반 고흐의 초기 복음주의적 경건함과 종교에 대한 그의 생각을 아주 분명하게 보여주는 진술들이다.

---

6 Vincent가 1887년 가을 파리에 있던 가장 어린 여동생 Wilhelmien J. van Gogh에게 보낸 편지. *Letters*, 3: 425-28.

왜 반 고흐가 그의 10대 후기와 20대 초반에 이 복음주의적 경건함에 매료되어 있었을까?

복음주의의 경건함의 본질은 무엇이었을까?

그리고 이것이 왜 그의 삶에 지속되지 못했고, 그는 무엇으로 그것을 대신했을까?

이러한 변화가 그의 예술에 어떠한 영향을 끼쳤고, 적어도 그의 예술에 지대한 변화를 가져다 준 19세기 말의 유럽의 세속화의 영향력들에는 어떤 것이 있었을까?

이러한 질문들은 너무나 흥미롭고 주목할 만한 것들이지만, 이 질문에 대한 답변은 명확히 찾거나 규정하기 힘들다. 왜냐하면 반 고흐의 많은 글들은 항상 자신의 삶에 대한 일정한 관점으로 쓴 글들이 아닌, 1890년 여름, 그를 결국 비극적인 자살로 이끈 그의 신경질적이고, 삶을 끊임없이 괴롭혀 온 오락가락한 기질로 쓴 글들이기 때문이다.

비록 학자들 사이에선 반 고흐의 종교적 변화는 네덜란드개혁교회파였던 그의 부모님(그의 아버지는 네덜란드 흐로닝엔경건학교와 연계된 개혁교회 목사였다)의 영향으로 무비판적으로 종교를 받아들인 후 정확히 어떠한 이유에서인지는 모르지만, 1873년 6월 그가 런던으로 직장을 옮긴 후 열렬한 복음주의적 경건이 시작되었다고 생각하는 것이 보편적인 의견이다.[7]

많은 학자들은 반 고흐의 처제인 요한나 반 고흐 본저(Johanna van

---

[7] 이 논쟁은 다음 책에 조심스럽고도 민감하게 다루어져 있다. Cliff Edwards, *van Gogh and God: A Creative Spiritual Quest* (Chicago: Loyola University Press, 1989), 15-37. 다음의 책도 참조할 것. Jan Hulsker, *The Complete Van Gogh* (New York: Henry N. Adams, 1980). "Gogh의 기억"(Memoir of Vincent Van Gogh)은 다음에서 그의 제수에 의해 다시 제작되었다. *Letters*, 1:xv-lxvii. 중요한 해였던 1874-75년 Gogh의 종교적 감수성의 상태에 대한 다양한 실마리는 다음을 볼 것. *Letters*, nos. 21, 25, 26, 31, and 33.

Gogh-Bonger)가 쓴 반 고흐의 삶의 회고록에 반 고흐의 종교적 감수성에 변화를 준 요인은 집 주인의 딸인 유지니 로외(Eugenie Loyer)를 향한 짝사랑이었다는 말에 동의하였다.[8] 다른 학자들은 고흐의 부모님이 고흐를 낳기 바로 전 해에 아기를 유산한 심리가 고흐에게 영향을 끼쳤을 가능성, 또는 칼빈주의적 양육으로 인한 우울증, 또는 가족과 떨어져 낯선 나라에서 살게 된 것이 주된 이유일 것이라는 주장에 관심을 기울였다. 이러한 이유들에 대한 여러 가지 해석들은 반 고흐의 편지만으로는 결정적인 입증을 하기엔 무리가 있다.

헤이그에 있는 구필갤러리(Goupil gallery)에서 런던지점으로의 이동은 반 고흐의 외로운 감정, 가족과 그가 사랑하는 네덜란드로부터의 분리, 그가 일하던 예술시장의 상업적 대량 생산에 대한 환멸과 광범위한 독서 프로그램을 통해서 접한 어네스트 르낭(Ernest Renan)이 쓴 『예수의 삶』(*Life of Jesus*)과 조지 엘리엇의 『아담 비드』(*Adam Bede*) 등이 이 편지가 보여주는 것들이다.

또한 반 고흐는 그의 젊은 친척인 아네트 하네벡(Annette Haanebeck)의 죽음과 근접한 몇 년 동안 일어난 친척들과 지인들의 죽음에 굉장히 혼란스러웠던 것으로 보인다. 반 고흐의 인생에 있어 가장 큰 사랑인 유지니 로외(Eugenie Loyer)로부터의 거절이 그의 종교적 독실함에 영향을 끼쳤고, 관습적인 기독교로부터의 마지막으로 돌아서게 된 부분적 요인은 1881년 그의 두 번째 짝사랑인 사촌 코르넬리아 보스(Cornelia [Kee] Vos)

---

8   Gogh의 첫 번째 대단한 사랑을 한 첫 번 이름에 대해서는 약간의 혼동이 있어 왔다. 이제 그 이름은 정리되었는데, 그녀는 Eugenie Loyer였고, Ursula라고 불리운 것은 그녀의 어머니가 그렇게 불렸기 때문이다. 문헌에 어떻게 오류가 발생했는지에 대해서는 다음을 볼 것. Martin Bailey, *Young Vincent: The Story of Van Gogh's Years in England* (London: W. H. Allen, 1990).

로 인한 것이다.⁹

반 고흐의 삶에 분명한 역동적인 영향을 끼친 요인이 무엇이 되었든, 두 여인과 사랑에 빠진 시기에, 장소적 변화와 깊은 영적 독실함이 그의 우울한 감정과 연관되어 형성되었다. 그는 맨 처음 런던으로 이주했고, 그 다음은 파리로, 다시 런던으로, 또 다시 파리로, 그리고 럼스게이트(Ramsgate)에서 영국의 교외 지역인 아일워스(Isleworth), 네덜란드의 도르트레흐트(Dordrecht), 암스테르담(Amsterdam), 벨기에의 보리나주(Borinage), 브뤼셀(Brussels)과 헤이그(Hague) 등으로 이주하였다. 심지어 이러한 많은 이주와 함께, 숙박 장소와 직장, 친구와 고향집으로 방문하는 경로의 변화도 함께 일어났다.

반 고흐가 그의 답신 편지에 기록한 것에 의하면, 이러한 감정적 변화는 중요했는데, 그의 삶에 있어서 이별, 특별히 영원한 이별인 죽음은 결코 간과할 만한 사소한 일이 아니었기 때문이다. 분명히, 공간적, 감정적 안정감이 반 고흐가 대중적 복음주의와 친밀감을 갖게 된 결정적 요인은 아니었다.

그렇다면 무엇이었을까?¹⁰

한 가지 관찰 가능한 종교적 어조의 변화는 1875년 그의 편지들 중 그의 남동생이자 반 고흐 스스로 영적 조언가로 삼은 테오(Theo)에게 보낸

---

9   Van Gogh'가 한 여성과 사랑을 가지려는 바람은 과장하기 어렵다. Lubin은 Gogh가 Amsterdam에 있는 Rijksmuseum를 방문했을 때를 적어두었다. "그는 그의 제자 Kerssemakers에게 자기는 한 남자가 젊은 한 여성을 안고 있는 Rembrandt의 그림 *The Jewish Bride*를 보고 또 보기 위해 10년을 허비해도 좋다"라고 말했다는 것이다. *Stranger on the Earth*, 7.

10 Gogh의 종교에 대해서 쓴 에세이들은 다음을 볼 것. J. Frits Wagener, Judy Sund, Tsukasa KÖdera, and Clifford Walter Edwards, in Joseph D. Masheck, *Van Gogh's 100* (Westport, CT: Greenwood, 1996), 193-260.

글에서 잘 나타난다. 그는 4월에 르낭의 글을 허락하에 인용한다.

> 한 사람이 이 세상에서 올바르게 행동하기 위해서는 자신의 개인적 욕구를 모두 희생해야 한다. (종교적 선교사가 된 사람들에게 조국보다 위의 생각이 더 중요하다.) 8월에는 테오에게 그가 들은 설교에 대해 언급하고 테오에게 교회에 정기적으로 참석하라고 격려한다. 9월에 반 고흐는 그의 아버지를 믿음과 기도, 성경공부의 롤 모델로 소개하고, 무덤, 죽음, 삶을 초월하는 날개를 얻는 것에 대해 쓴다.

같은 해 9월에 그는 산상수훈으로부터 "심령이 가난한 자는 복이 있나니 천국이 그들의 것임이요"와 "생명으로 인도하는 문은 좁고 길이 협착하여 찾는 자가 적음이라"의 성구를 인용한다. 반 고흐는 편지의 마지막을 자신이 좋아하는 성경 구절이자, 사도 바울이 사역에 많은 고난을 겪은 후 기록한 고린도후서 6:10 "근심하는 자 같으나 항상 기뻐하고"를 인용한다. 10월에 반 고흐는 테오에게 토마스 아켐피스(Thomas a Kempis)가 쓴 『그리스도를 본받아』(*Imitation of Christ*)를 인용하면서 "아름다운 찬송가 몇 편"을 보낸다. 그가 인용한 찬송가는 다음과 같다.

주여!
그 길이 아무리 어두울 지라도
내 길이 아니라 주의 길로
주님 손으로 친히 나를 인도하시고
나를 위해 그 길을 고르소서.

내 주를 가까이 하게 함은

십자가 짐 같은 고생이나

내 일생 소원은 늘 찬송하면서

주께 더 나가기 원합니다.

때로는 슬픔에, 때로는 불행에

전진하라.

그리스도인들이여, 전진하라.

선한 싸움을 싸우고,

생명의 떡으로 강건하라.

그 달 말에, 반 고흐는 테오에게 자신이 일했던 구필겔러리의 동료종업원으로 퉁명스럽게 생겼지만 고흐처럼 고독했던 젊은 영국청년 해리 글래드웰(Harry Gladwell)을 돌보기로 결정했다고 말한다.

> 매일 저녁 우리는 집에 같이 가고, 내 방에서 같이 식사도 하고, 남은 밤 시간엔 내가 주로 성경도 크게 읽어 주고 있어. 우린 성경 전체를 통독할 계획이야.[11]

몽마르트 아파트에 사회적으로 고립된 반 고흐와 글래드웰이 믿음의 친구가 될 거라고 아무도 상상 못했지만, 아침엔 식사를 같이하고, 저녁엔 성경을 같이 읽은 믿음의 동반자가 되었다. 반 고흐의 믿음의 경주는

---

11 *Letters*, 26, 33, 34, 37, 41 and 42. Gogh는 종종 바울의 "슬프나 늘 즐걸다"는 표현을 Theo에게 보낸 편지에서 썼다. *Letters*, 112 and 115.

결코 쉬운 일이 아니었다. 그의 우울하고 극단적인 경향은 좁은 길, 고난의 여정, 그리고 순례에 필요한 일편단심에 대해 강조하는 성경의 본문과 기독교적인 문학에 집중하도록 이끈 것처럼 여겨진다.

하지만, 반 고흐의 기독교 여정뿐만 아니라 후기에 그의 그림의 발전에 지대한 영향을 끼친 그의 경건함을 결정지은 또 하나의 요소가 있다. 반 고흐는 기독교의 가장 진정한 표현은 예수 그리스도의 가난한 자들을 위해 헌신하는 삶을 산 사람들이라고 믿게 되었다. 예를 들어, 그가 영국에 머무는 동안 그에게 가장 감동을 준 두 명의 작가는 조지 엘리엇과 찰스 디킨스(George Eliot and Charles Dickens)였다.

특별히, 조지 엘리엇의 작품 『자넷의 참회』(*Janet's Repentance*) 속의 인물인 트라이안(Mr. Tryan) 씨는 가난한 자들을 대상으로 희생적으로 사역을 해온 복음주의적 목회자이다. 또한 『급진주의자 필릭스 홀트』(*Felix Holt, the Radical*)라는 조지 엘리엇의 작품에서 필릭스 홀트가 장인으로서의 단순한 삶을 살기로 결정하는 부분은 반 고흐에게 평생에 잊지 못할 인상을 남겨 준다. 디킨스의 영국 내 도시에 거주하는 가난한 사람들에 대한 감성적 묘사 또한 반 고흐에게 강한 인상을 남긴다.

반 고흐는 또한 존 번연의 『천로역정』과 찬송가 작가이자 영국 종교시인인 토마스 아켐피스가 쓴 『그리스도를 본받아』, 그리고 찰스 해돈 스펄전(Charles Haddon Spurgeon)의 설교에 깊은 영향을 받았다.[12] 반 고흐가

---

12 Bailey, *Young Vincent*, 85, and Bailey, *Van Gogh*, 64. Gogh'는 여러 번 *Felix Holt*를 언급하며 그것은 그의 여러 작품들, 특히 *The Soup Kitchen* and *Bedroom in the Yellow House*을 포함한 그림들에 영감을 주었다고 했다. Gogh'는 스펄전 목사의 다음 책도 읽었다. *Spurgeon's Gems, Being Brilliant Passages from the Discourses of the Rev. C. H. Spurgeon* (New York: Sheldon, Blakeman, 1858).

존 번연에게 받은 특별한 영향은 번연의 "기독교의 파괴적인 주제에 대한" 매우 시각적인 묘사, 즉 그리스도께서 주로 신학적인 자기 부정과 겸손, 그리고 세상적인 금욕에 대한 영적인 우위가 있는 가난한 자들에게 오셨다는 내용이었다.

그러므로, 순례자들은 그리스도를 모방하며, 물질적 소유와 사회적 지위로부터 관련 없는 사람이나 낙오자, 그리고 헐벗은 자들이었다.[13] 번연이 말하는 귀족적 세속성의 가치와 질서를 파괴하는 죄의 정의는 반 고흐의 영혼에는 고기와 와인이었다. 복음주의적 경건함에 대한 그의 헌신적이고 제도적인 표현은 자연적으로 열렬한 성경의 통독과 가난한 자들에게 메신저로 오신 예수님에 대한 그림에서 나타났다.

비록 그는 계속해서 예술, 자연, 문학을 사랑했지만(이 부분에 대해서는 그의 삶에 걸쳐 그린 많은 그림 작품에서 드러난다) 반 고흐의 편지는 그가 미적 감각과 성경에서 읽은 종교적 헌신이 요구하는 뚜렷한 배타적 입장과 조화시키는 데 어려움을 겪었다는 사실을 보여준다. 나중에 반 고흐는 후자가 전자를 이긴다고 믿었지만, 이러한 믿음은 그가 스스로 해결할 수 없는 엄청난 내적 갈등을 불러 일으켰다.

그는 문화, 자연, 인간의 자유의지를 어떻게 그리스도의 주권에 종속시킬 것인가라는 끊임없는 고전 칼빈주의의 딜레마의 고민에 사로잡혔다. 공존 가능성, 수용성 및 해법을 찾아내지 못한 결과, 종교와 예술 그리고 자연에 대한 그의 열정은 점차 통합보다는 경쟁적이 되어가는 것처럼 보였다. 1875년에 걸쳐 반 고흐의 경건함은 세상적 예술거래서약

13　Silverman, "*Pilgrim's Progress* and Vincent van Gogh's Métier," 97.

에 대한 정반대 결과를 가져왔고, 그로 인해 1876년에 직장에서 떠나라고 통보받았지만, 그런 일은 반 고흐에게는 큰 충격이 아니었다. 하지만, 절망은 반 고흐의 몫이었고, 결국 7년간 예술 세계에 몸을 담아 온 반 고흐에게 미친 영향은 실로 지대했다.

 16살의 나이에 견습생으로 지내왔던 그의 직업은 끝났고, 직업적 안정감, 경제적 독립, 가족에 대한 책임은 반 고흐에게 중요한 요인으로 작용했다. 그 후로 3년 동안 그는 럼스게이트와 이즐워쓰학교에서 가르쳤으며, 도르트레흐트에서 서점 점원으로 일했으며, 암스테르담(Amsterdam)학교에 목회자로 들어가기 위한 시험을 준비했고, 브뤼셀에 있는 선교사훈련학교에 들어가 벨기에의 보리나쥐탄광 지역의 전도자로 임명받았다.

 이 시절이 반 고흐가 복음주의적 종교를 가장 강렬히 흡수하게 된 시기이다. 영국에 체류하는 기간 동안 그는 턴햄그린회중교회(Turnham Green Congregational Church)에 출석하며 주일학교에서 가르쳤고, 동시에 리치몬드지역에 있는 웨슬리안감리교회에 참석하여 설교하고, 기도모임에도 참석하였다.

 그 곳에서 그는 본 장 첫 부분에 인용된 유명한 설교를 하였다. 그의 설교에서 그는 영원한 목적지인 천국으로 가는 여정은 기쁨과 출산의 고통이 섞인 순례의 삶이라고 묘사하였다. 그가 사용한 주된 은유는 폭풍이 몰아치는 강의 한 가운데에서 항해하는 배의 모습이었다. 예수 그리스도께서 갈릴리 바다에서 폭풍을 만나 겁에 질려 있는 제자들을 위해 폭풍을 잠잠케 하신 것처럼, 하나님께서도, 믿는 자들의 삶에 고요함, 평화, 사랑과 자비를 가져올 수 있다고 묘사되었다. 심지어 반 고흐는 삶을 풍랑으로 거침없이 묘사했고, 몹시 힘든 순례의 여정이며, 눈물의 계곡이고, 나아가 "평온함은 신뢰할 수 없는 것"이라고 묘사했다.

그것이 분투하고, 고통 받는 가운데서도 "슬프지만 기뻐해야 하는" 이 땅의 이방인인 순례자의 운명이다. 전반적인 설교의 어조는 이 땅의 삶에서 강한 고난의 감정을 더한 젊은 열정과 고귀한 열망들이다. 그 설교는 반 고흐가 기억 속에서 끄집어 낸 오래된 두 격언을 인용함으로 끝난다.

> 많은 투쟁을 겪어야 하며, 많은 고난을 겪어야 하고, 많은 기도를 해야 하며, 그 끝은 평화로 끝날 것이다.

그리고

> 물이 입술까지는 닿지만, 그 이상 높은 곳으로는 닿지 못한다.

아마도 영국에 체류하는 동안의 반 고흐의 경건함의 본성을 이해하기 위해, 그의 설교보다 더 중요한 자료는 바로 반 고흐가 가르친 학교에서 성직자/교사의 부인인 안나 슬라데-존스(Annie Slade-Jones)에게 보낸 글 모음집이라는 것이 최근에 밝혀졌다. 네덜란드어로 쓰여진 이 글의 첫 장은 시편과 찬송 그리고 시집에서 발췌된 글들이다.

> 이 글은 고린도서에 나오는 성경 구절들을 포함한 영어 글(내가 사람의 방언과 천사의 말을 할지라도...), 그가 즐겨 부르던 3개의 찬송들(주 예수 크신 사랑, 오 거룩하신 주님, 거친 풍랑에 흔들려 두려움에 떨 때에), 그리고 2개

의 롱펠로의 시들(*The Secret of the Sea* & *Afternoon in February*)을 인용했다. 또한 그가 좋아하던 독일 시들과 프랑스 작가들의 글을 포함하기도 했다. 이 모음집 외에도, 반 고흐는 그의 글 귀퉁이에 자신이 암송한 것으로 보이는 성경 구절들을 기록하였다.[14]

그러나 반 고흐의 교사로서, 그리고 영국조합교회주의자들과 감리교인들을 위한 설교가로서의 활동은 그리 오래 지속되지 않았다. 외로움과 경제적 어려움, 미래에 대한 분명한 전망에 대한 결여는 그의 방향성을 바꾸어 놓았다. 가족의 강요에 의해 그는 도르트레흐트에서 서점의 점원으로 일자리를 얻었다.

장소의 변화는 그의 강렬한 종교적 헌신과 기독교 사역에 참여하고자 하는 결단력을 불러 일으켰다. 주중에 일하기 전에, 일하는 중에, 그리고 일을 마친 후에 계속된 열정적인 성경 읽기는 반 고흐의 주변인들에 의해 더 잘 알려졌고, 주일에는 네덜란드개혁교회, 얀센파, 로마 가톨릭과 루터 교회에도 참석하였다. 그러는 내내 그와 방을 함께 쓰던 친구는 다음과 같이 증언한다.

> 반 고흐는 점점 더 우울해졌어요.... 종교는 그의 여가 시간과 생각을 모두 점령했어요.[15]

---

14 Gogh가 영국에서 보여준 몇몇 특징들 중 놀랍게도 그가 길을 오래도록 걸어다닐 수 있었다는 것이었다 (한번은 여동생을 방문하기 위해 100마일을 걸은 적도 있었다). 그 외에도 Harry Gladwell의 여동생의 죽음과 장례식에 대한 깊은 반응도 특기할 만한데, 그것은 더 심한 소외와 죽음이었다.

15 "Vincent van Gogh as Bookseller's Clerk," in *Letters*, 1: 107-14.

이러한 경건함에 대한 열정과 깊은 우울증의 가까운 연계성은 반 고흐의 종교적 순례의 성향을 결정지었다. 그는 친구 테오에게 자신이 성경에 푹 빠져 산다는 것과 성경을 매일 묵상하고, 그것이 그가 가는 길에 빛이 되어 자신의 삶을 바꾸길 원했지만, 동시에 교회에 가까이 가거나 사람들이 가까이 있어도 때로 외롭고 슬프다고 편지했다. 그럼에도 불구하고, 그는 여전히 기독교 목회자가 되길 원했으며, 이러한 마음과 동기는 다음과 같은 사실에서 우러났다.

> 우리 가족은, 모든 면에서 기독교에 기반한 가족 구성원들로, 매 세대마다 꼭 한 명씩은 복음을 전한 사람이 있었다.
> 그렇다면, 이러한 가정에서 지금 이 순간에도 복음을 전하고자 부르심을 받은 사람이 나온다는 것은 당연한 일이 아닌가?[16]

목회자가 되려는 반 고흐의 염원은 한편으로는 불편한 일이었고, 암스테르담대학교에서 신학을 공부해야 한다는 현실은 아주 충격적인 것이었다. 가족들이 수업료를 지원해줬음에도 불구하고, 그는 라틴어와 헬라어 입학 시험에 통과하지 못했다는 사실이 드러났다.

그가 암스테르담에서 테오에게 쓴 편지에는 학업에 대한 고역, 실패에 대한 두려움, 그리고 좁고 터널 같은 길을 끝없이 답사해야 하는 여정(예술가의 시각에서 서술한 표현), 잦은 설교 시험, 성경심화 과정으로 인한 죽음 같은 경험(어린 소년이 물에 익사하는 듯 한 죽음), 그리고 그의 동료 순례

---

16 *Letters*, 1: 88 and 89.

자이자 슬픔과 비통의 사람인 해리 글래드웰(Harry Gladwell)을 만나는 일 등이 주로 서술되어 있다.

엄격한 고대 언어 공부에도 불구하고, 신학공부 준비보다는 반 고흐가 그림과 책에 빠져있던 것처럼 보인 것은 아마도 그가 고대 언어를 그다지 열심히 하지 않았기 때문일 수도 있다. 들라로슈(Delaroche), 미슐레(Michelet), 칼라일(Carlyle), 디킨스(Dickens) 등을 통해 반 고흐는 "부활과 생명의 무언가"를 알아냈고, "나는 보다 폭넓은 독서를 원하지만, 사실상, 그 어떤 책들보다 더 완벽하고 더욱 아름다운 예수 그리스도의 말씀 속에 모든 것이 들어 있기에 다른 책들을 읽을 필요가 없다는 것을 알고 있다"라고 고백했다.[17]

한편, 많은 이들에게도 주요 과제가 재미없다고 느껴지듯, 반 고흐도 그 과제들을 실제로 하는 것보다 준비하고 계획하는데 시간을 더 많이 썼다. 한 교수의 과목을 수강한 후 그는 테오에게 자신의 억압된 마음을 다음과 같이 썼다

> 암스테르담의 심장부이자, 유대교 광장의 중심인 이곳에서 숨이 막힐 듯 더운 여름에 굉장히 박식하고 기민한 교수들이 강의하는 헬라어 수업을 듣고, 동시에 그들이 내는 어려운 헬라어 시험들이 너를 기다리고 있다고 생각해봐.[18]

암스테르담대학교의 입학 시험이 굉장히 가까워졌다는 것을 점점 더 인식하게 되었을 때 그는 그것이 어마어마한 도전이라는 것을 깨달았다.

---

17 Ibid., 1: 111. Gladwell과의 만남은 다음에 적혀 있다. letter 109. See also ibid., 1: 96-108.
18 Ibid., 1: 103 and 113.

라틴어와 헬라어 공부는 그의 방정식, 수학, 역사, 지리 공부에 어려움을 더해 주었다.

그는 테오에게 자신의 마음속 가장 큰 소원은 될 수 있는 대로 최대한 빨리 공부를 끝내고 목사 안수를 받아 "목회자로서 실천적인 업무를 시행하는 것"이라고 말했다. 반 고흐는 학업에 대해 묘사하기를 "개가 뼈를 갉아 먹는 것"과 "내 삶을 위한 달음질과 싸움"이며, "선한 용기를 위해 반드시 따라야 하는 연습"이라고 말했다.

이러한 아픔과의 분투가 계속 되어질 때, 반 고흐의 편지 내용은 종종 그림에 관한 것들, 책, 도시 풍경, 그리고 그의 마음속에 불타오르는 슬픈 감정들로 밝게 빛나고 있었지만, 안타깝게도 신학교 입학 시험에 관해서는 전혀 언급이 없었다. 1877년 크리스마스 바로 전에, 개인 교사를 하면서 반 고흐는 자신의 동생을 위해 암스테르담의 스카이라인에 대해 말로 그림처럼 묘사하였다.

> 해가 지고 있고, 창문을 통해서 본 나의 마당으로 나와 있는 작은 길 위의 포플러 나무들의 풍경은 한 마디로 아름다워.
> 호리호리한 형상과 얇은 나뭇가지들은 회색 빛 저녁 하늘을 우아하게 수놓고 있어.
> 그리고 오래된 무기 공장 건물이 물가에 이사야서에서 말한 "오래된 못의 물"과 같이 조용히 서 있고, 물가에 가까운 벽은 녹색 빛이 나고, 상당히 노후했어.
> 더 멀리에는 작은 정원과 장미덤불로 덮인 울타리가 보이고, 뜰에는 일하는 사람들과 작은 강아지의 검은 형상이 보여.

방금 긴 회색 머리의 얀(Jan) 아저씨가 동네를 돌고 있는 걸 봤어.

멀리 선착장에는 배의 돛들이 보이고, 아체(Atjeh) 앞에는 상당히 검고, 빨갛고 회색 빛나는 빛들이 이곳저곳에서 켜지고 있어.

지금 이 순간에는, 벨이 울리고 노동자들이 선착장 문쪽으로 몰려들고 있고, 동시에 우리 집 뒤뜰의 가로등이 켜지고 있어.[19]

불행히도, 반 고흐의 풍경을 묘사하는 능력은 헬라어 단어를 외우는 능력보다 훨씬 뛰어났다. 1878년 초에 그는 테오에게 자신이 공부에 실패할 수 있음을 미리 말했었고, 같은 편지에는 예술성이 전혀 없는 목회자인 리용(Lyons)이 공장 노동자들에게 보인 헌신에 대해 깊은 감명을 받았으며, 그를 존경하고 있음을 기록했다.

그의 헬라어와 라틴어 강사였던 멘데 다 코스타(Mendes da Costa)는 비슷한 맥락에서 반 고흐가 고전적 동사의 활용법보다는 외면받고 무시받는 사람들에게 더 큰 관심을 가지고 있다고 말했다. 멘데 다 코스타는 특히 반 고흐의 소위 "정신적 성도착증," 즉 학업에 대한 무관심을 속죄하기 위해 스스로 체벌하는 그의 능력을 참을 수 없었다고 언급한다. 다 코스타에 의하면, 반 고흐와 그의 아버지는 암스테르담 입학 시험 준비가 갈수록 의미 없어지므로 여기서 중단하는 것이 낫다는 데 동의했다고 말한다.[20]

반 고흐의 회고록 설명에서는 신학교 입학준비에 대한 포기를 다르게

19　Ibid., 1: 115.
20　Ibid., 1: 119. 다음도 같이 볼 것. Dr. M. B. Mendes da Costa, "Personal Memories of Vincent Van Gogh During His Stay at Amsterdam." 처음 발행된 것은 *Het Algemeen Handelsblad*, December 2, 1910이며 다시 발간된 것은 *Letters*, 1: 169-71.

설명한다. 그는 테오에게 자신이 계획을 바꾼 진정한 이유는 아버지께 학비를 빌리는 일이 자신의 자신감을 철저히 무너뜨리기 때문에 더 이상은 아버지께 돈을 빌리고 싶지 않았다고 말한다.

> 너도 알다시피, 내가 다른 언어들도 이미 배웠기 때문에 별거 안 되는 라틴어를 완벽하게 습득하는 건 아무것도 아니야.
> 하지만, 내가 말했다시피 라틴어까지 배우는 건 너무 부담이 돼.
> 부모님께서는 내가 말씀을 안 드려서 모르고 계셨겠지만, 내 눈에는 이 대학교와 신학교 교수진은 적어도 말로 형언할 수 없을 정도로 엉망이고, 바리새인들을 길러내는 곳이야.[21]

과연 이것이 대학교 입학에 실패한 학생이 자신의 굴욕을 합리화하기 위해 한 말인지, 아니면 신학교육의 실체를 보고 그것을 싫어한 한 남자가 평가한 내용인지는 아무도 모른다. 만약 후자가 맞다면, 반 고흐는 그 당시 교수진과 그들이 가르친 학문을 동경하지 않았던 수많은 19세기 신학생들 중 한 사람이 될 것이다.[22]

그러나 반 고흐가 학업을 중단한 진정한 이유는 아마도 더 복잡한 이유에서였을 것이다. 편지는 학업준비를 시작한 시점부터 그의 마음이 관심이 없었다는 것을 분명히 보여준다. 그는 가난한 사람들을 위한 목회자가 되기 전에 메마르고 무관한 신학교에서 무엇과도 대체할 수 없는

---

21 Hulsker, *Vincent and Theo*, 61-62.
22 19세기 신학교육의 일부 취약성은 다음을 볼 것. K. D. Brown, *A Social History of the Nonconformist Ministry in England and Wales 1800-1930* (Oxford: Oxford University Press, 1988).

자신의 귀한 시간을 허비하고 싶지 않았다.[23] 그는 자신의 지도 교사에게 존 번연의 『천로역정』과 아켐피스의 『그리스도를 본받아』와 성경이 그 어떤 고전적 역사적 문서보다 더 중요한 안내서라고 반복해서 말했다.[24]

간단히 말해, 그는 신학 학문으로 가난하며 낮은 자들을 섬기는 목적을 이루고 싶어하지 않았다. 고대 언어공부에 대한 소원이나 소질을 갖지 못한 채, 그는 공부에서 물러나면서, 공부에 실패한 사실보다는 그 공부 본연 자체의 의미를 발견하는 데 실패한 사실이 더 크다고 스스로에게 말했다.

에튼(Etten) 지역에 있는 아버지의 목사 사택에서의 짧은 체류 후, 반 고흐는 브뤼셀에 있는 복음주의훈련학교로 떠난다. 이곳은 암스테르담 대학교의 6년 과정과는 다르게 3년 과정의 학교였고, 교수들이 고대 언어와 신학적 학문 지식에 대해서는 그나마 덜 요구했으며, 대신 실천적인 사역과 마음으로부터 오는 믿음을 더욱 단련해 주는 곳이었다.[25]

이는 반 고흐에게는 다른 종교기관의 감시 아래 새로운 도시에서의 새로운 시작을 의미했다. 그에게는 학업과, 가족과 친구로부터의 분리, 경제적 궁핍, 전에는 없었던 종교적 강요는 죽을 만큼 힘든 요소들의 조합이었다. 설상가상으로 새로운 문제가 떠오른다.

그는 성공적인 복음전도자가 되기 위해서는 "유명한 연설가"가 되어야 하며 이를 위해서는 뛰어난 화술, 설득력, 사람들을 환호하게 하는 능력

---

23 암스테르담에 머물 때 Gogh는 Begijnhof에 있던 영국개혁교회에 출석하며 영국 기독교가 자신에게 준 영향을 계속 말했다. 또한 그는 유대인들에게 복음을 전파하기 위해 British Society가 주관하는 시온채플(Zion Chapel)의 주일학교에서 가르쳤다. Bailey, *Young Vincent*, 111.
24 Mendes da Costa, "Personal Memories," 170.
25 *Letters*, 1: 123.

이 있어야 함을 깨닫게 된다.[26] 그는 새로운 직업을 위해 비유에 대한 긴 설교문을 준비하였고, 이는 후에 누군가 그에게 즉흥적인 설교를 요구하는 것에 대비한 행동이었다.

예상했듯이, 고질적인 우울증이 다시 찾아왔다. 종종 찾아오는 가족들이 그에게 활기를 주었고, 이는 그의 성격에 때론 유쾌하고 때론 침울함을 가져다주는 시소 같은 역할을 하였다. 하루는 테오와 함께 브뤼셀에 있는 갤러리에 방문한 뒤에 그는 노동자들이 사는 동네로 산책을 갔다.

그는 거리를 청소하는 청소부가 늙은 하얀 말이 끄는 카트를 타고 오는 것을 보고, 마음속에 "말의 일생"을 애쿼틴트화로 만들고자 하는 마음을 가졌고, 해골과 뼈들로 둘러싸인 늙고 수척한 지친 말의 마지막 일생을 묘사했다.

반 고흐가 삶과 죽음을 은유로 묘사하는 표현은 "굉장히 우울한 장면"이었다. 그는 테오에게 "우리가 말로 표현하거나 형언할 수 없는 고독감의 이미지, 즉 외로움, 가난, 절망, 세상 모든 것의 끝, 하나님께서 우리 마음속에 주시는 생각을 볼 때마다." "적어도 나한테는 굉장히 우울한 장면"이라고 편지했다.

같은 편지에서 그는 테오에게 "브뤼셀에서 하는 수습 공부는 내가 목회자로서 공식적으로 임명되는 도움을 주지는 않았지만, 적어도 내가 벨기에 남부 보리나쥐지역광산에서 일하는 복음전도자르서 내 직업적 소명을 추구하도록 도움을 줬어"라고 언급한다.

그는 "'낮의 밝은 빛이 존재하지 않는 자들'과 '수만 가지의 위험이 발

---

26 Ibid.

생하는 곳에서 일하는 자들'을 위해서 사역을 하는 것보다 그 어떤 일들이 '세상 모든 것의 끝'을 잘 대변해 줄 수 있겠는가"라고 말한다. 반 고흐는 만약 하나님의 임재를 깊은 절망 속에서 만날 수 있다면, 그곳은 바로 석탄 무더기가 쌓인 보리나쥬의 깊은 땅속이라고 생각했다.[27]

암스테르담에서의 공부를 포기한 후, 반 고흐는 자신의 인생 실패 목록에 브뤼셀학교를 올리지 않기 위해 복음전도자로 임명받으려고 한다. 그는 테오에게 다른 이유들, 즉 자신의 불순종, 학문적 자질과 집중력 부족이 자신의 실패가 아닌 경제적인 이유에서라고 강조했다.[28] 학생으로서 그가 실패들이 드러날 때마다, 그는 자신의 소명은 벨기에 광부들을 향한 열정과 결단력이라고 치부했다. 항상 그랬듯이, 반 고흐의 첫 시작은 아주 고무적이었다. 그림 같은 시골 지역(마리스는 그 풍경으로 멋진 그림을 그릴 수 있었다)은 브뤼셀의 좋은 기억들과 뒤러(Durer)의 동판화를 떠올리게 한다고 생각했다.

그는 종교적 모임과 성경 과목들, 그리고 "우리의 고통을 아시는 고난의 아들"에 대해 말할 기회가 주어지는 것들에 대해 즐거워했다. 그는 가난하고 낮은 계층의 사람들에 대해서 "이들은 자신의 고향을 그리워하는 사람들이다. 향수병이 있는 타지인들 역시 우리와 함께 속했다는 감정을 느껴야 한다"라고 말했다. 그의 편지는 이상할 정도로 타지 사람들의 지하에서의 삶과 그 곳에서 살아온 사람들에 대해 열광적이었다. 물론, 그곳에는 다른 이면도 있었다. 사람들은 수척했고, 탄광 가스폭발, 탄광 사

---

27 Ibid., 1: 123-26.
28 Ibid., 1: 126. 다음도 볼 것. "Vincent van Gogh and Master Bokma," in Ibid., 1: 180-82. Master Bokma는 브뤼셀에서 복음주의자들을 위한 훈련학교에서 Gogh를 지도한 선생님이었다.

고, 오염된 간, 장티푸스, 그리고 열병의 희생자들이었다.

반 고흐의 작품 "무거운 짐을 진 자들"(The Bearers of the Burden)은 여인들이 이 직업이 끔찍하게 거칠다는 것과 석탄 가루를 먹게 될 것이라는 사실을 알지 못한 채 허리를 굽히고 무거운 석탄 부대들을 지고 가는 모습과 광산 지역의 회색빛이 도는 적막감을 보여준다.[29]

반 고흐가 보리나쥐탄광 지역에 체류한 기간 동안의 발생한 모든 사건들은 그의 열정적이고, 거의 미친 사람의 수준으로 자신을 부정하고 사역에 집중한 것에 대한 현존하는 헌사이다. 그는 자신을 모든 궁핍에 복종시키고, 가난한 사람들과 동일시하며, 편리한 모든 것들을 배제하고, 심지어는 자신이 사랑한 예술까지도 포기했다.

제한된 여가 시간에 그는 "어려운 시간들"(Hard Times)과 "톰 아저씨의 오두막"(Uncle Tom's Cabin) 그리고 인간을 억압하는 구조에 대해 깨닫게 해 주는 누군가의 삶에 대한 소설들을 읽었다. 비록 이 시기의 그의 편지는 그의 사역을 향한 성취감과 만족도를 기록하고 있지만, 가난한 자들을 위한 미칠 듯한 강도는 고흐를 지치게 하였으며, 그의 가족들을 점점 놀라게 만들었다. 그 장면은 그의 고통스러운 심리적 변화를 가져왔고, 복음주의적 종교를 향한 그의 서약은 반 고흐의 삶의 새로운 방향을 제시한 조력자로서의 역할이 아닌, 오히려 막대한 피해를 가져오게 되었다.[30] 빈센트 고흐의 삶이 늘 그랬듯, 벨기에에서의 가난한 자들을 위한 복음주의적 선교사로서의 직업은 3가지 고통스러운 장애를 남겼다. 공식적인 사역의 종료는 벨기에 광부를 대상으로 그가 어렵게 얻은 선교

---

29 다시 출판된 Bailey, *Van Gogh*, 104-5.
30 *Letters*, 1: 126-31.

승인이 철수된 1879년이었다. 벨기에개신교교회연합은 연말 보고에서 이렇게 언급했다.

> 보리나쥐에서 복음을 전하는 것이 그의 소명이라고 믿었던 젊은 네덜란드 청년인 빈센트 반 고흐를 받아들이고 후원했던 우리의 사역은 우리가 예상했던 결과를 가져오지 못했습니다. 반 고흐는 병들고 상처받은 자들을 돌봄으로 동경할 만한 자질을 보여줬고, 수 없이 그는 헌신과 자기희생의 모습을 보여 주었습니다. 그는 사람들과 함께 불침번을 서며, 심지어 자신이 가지고 있는 최고의 옷과 속옷을 나누어 주었습니다. 만약, 성도들을 치리하는 목회자에게 필수적인 말씀의 은사가 그에게도 있었다면, 반 고흐는 분명 더 뛰어난 복음전도자가 되었을 것입니다.[31]

반 고흐의 실천적 사역은 그의 설교보다 더 큰 목소리를 내었기에 벨기에 복음주의자들은 반 고흐에게 더 이상 사역에 대한 요구를 하지 않았다. 그는 복음전도자로서 바스메(Wasmes)마을의 석탄 광산에서 6개월 기간의 임시직을 얻었지만, 이 일마저 같은 비판을 받고 종료되었다.

반 고흐의 쿠메(Cuesmes)마을에서의 독립 복음전도자로서의 또 다른 사역 역시 눈물로 끝이 났고, 이는 그리스도의 가난한 자들을 위한 복음주의자로서의 마지막 사역이 되었다. 이 사건은 한때 복음 선포자로서 부르심을 받았다고 믿었던 그가 복음주의를 거부하게 되는 계기가 된다.

31　Hulsker, *Vincent and Theo*, 79-80.

우리의 영혼에 커다란 불이 있을 수도 있다. 하지만 누구도 그 곳에 다가가 자신을 따뜻하게 하지 않는다. 그리고 행인도 굴뚝에서 나오는 작은 연기 조각을 보고 지나쳐버릴 뿐이다.[32]

어떤 이유에서 복음주의자들이 반 고흐를 거절한 것이 반 고흐가 그들이 주장하는 믿음을 져버린 계기가 되었을까?

보리나쥐에서 반 고흐가 섬김사역을 하는 동안, 노동자 계급을 섬긴 19세기 많은 복음주의적 선교사들처럼, 그 당시의 복음주의 신조가 의식주의 결핍으로 힘겹게 살고 있던 사람들에게는 전혀 두관한 것임을 깨달았던 것일까?[33]

비록 1879년까지는 반 고흐가 이 부분에 대해서는 직접적으로 언급하지 않았지만, 그 후에 그가 보냈던 회신은 충분한 단서들에 대한 설명을 포함하고 있다. 당연히 거절감으로부터 온 불쾌감으로 인해, 반 고흐는 세익스피어, 디킨스, 헤리에트 비처 스토우 등, 권위 있는 학자들, 특히 종교 분야의 권위 있는 학자들에 대한 열정적인 냉소주의를 발전시켜 나갔다.

같은 방식으로 그는 파리와 런던의 상업 예술 중개인들과 자신의 잇속만 차리는 암스테르담 신학자들, 그리고 벨기에서 만난 복음주의 지도자들에 대해 존경심을 잃고 환멸의 마음만 늘어갔다. 그는 테오에게 이

---

32 *Letters*, 1: 109. Quoted in Bailey, *Young Vincent*, 114.
33 다시 나온 다음 책에서 스코틀랜드 Glasgow에 있던 선교사들에 대한 논평을 볼 수 있다. S. J. Brown, *Thomas Chalmers and the Godly Commonwealth* (Oxford: Oxford University Press, 1982). 산업혁명 시대의 영국의 도시 선교사들에 대한 많은 보고서들이 비슷한 모양을 보이고 있었다.

렇게 쓰고 있다.

> 꼭 말해줄 게 있는데, 복음주의자들은 예술가들이랑 다른 점이 전혀 없어. 오래된 학교가 하나 있는데, 종종 혐오스럽고, 압제적이며, 공포의 집합체야. 그곳의 사람들은 편견과 관례의 흉갑과 강철 갑옷을 입고, 어떠한 문제를 해결할 때는 불필요한 시스템과 지위를 유지하면서 그들의 후배들을 지키고 외부 사람들은 배척하는 집단이야.

반 고흐는 셰익스피어 소설에 등장하는 술에 취한 폴스타프와 복음주의자들의 영성을 비교하면서, 그들은 정상적인 인간의 감정도 통찰력도 없는 사람들이라고 결론지었다.[34] 종교학자들에 대한 비슷한 불신은 그로부터 1년 뒤, 사촌 키 보스(Kee Vos)를 향한 짝사랑을 한바탕 치르고 나서 발견된다.

그는 사랑에 대한 거절을 "예수회에 빠진 목회자"에 부과된 정신적 감옥이라고 썼는데, 이는 그가 목회에 대한 집착도 없었고, "카드의 다른 면"에 대해서 어느 정도 알고 있었기 때문이다.

> 나에게 하나님의 성직자는 죽은 거나 다름없어.
> 하지만, 그렇다고 나를 무신론자라고 할 수 있을까?
> 목회자들은 나를 그렇게 생각하겠지.
> 그러라고들 해.
> 하지만, 나와 다른 사람들이 살아있지 않았다면 이런 사랑을 느낄 수 있을까?

---

34 *Letters*, 1: 133.

그것을 하나님, 인간의 본능, 또는 무엇이라고 부르던 간에, 사랑 안에 뭐라고 정의 내리기 힘든 시스템이 있는데, 그건 살아 있고, 굉장히 현실적인 거야. 내가 봤을 땐, 하나님 같기도 하고, 하나님과 다름없는 거야.[35]

한때 반 고흐가 되고자 추구했던 종교적 학자들에 대한 그의 비판은 종교적, 예술적, 문학적, 영적인 면에 있어서 복음주의적인 면보다 더 포괄적이고, 한편으로는 보다 덜 상호경쟁적인 점들이 동반되었다.

내 생각에는 사람과 그들의 업적 속에 있는 내면의 도덕적, 영적, 숭고한 아름다움은 하나님으로부터 온 것이고, 그 모든 것들은 아름답고 정말 좋은 것들이야.
그리고 사람과 그들의 업적 속에 있는 온갖 나쁜 것들은 하나님으로부터 온 것이 아니고, 하나님이 그런 것들을 인정하시지도 않아.

이러한 방법으로 반 고흐는 그 당시 종교 및 예술과의 상반되는 관점을 넘어 "우리가 믿고 사랑해야 하는 모든 것" 안에 있는 통일성을 찾는 관점으로 나아갈 수 있었다. 그렇게, 그는 셰익스피어 안에 있는 렘브란트(Rembrandt)와 나아가 렘브란트 안에 있는 복음주의적인 무언가를 도출해 낼 수 있었다. 그럼에도 불구하고, 오랫동안 갈등해온 이 문제에 대한 해결은 쉽게 찾아오지 않았으며 고흐는 아무것도 해결하지 못했다. 그는 자신이 5년이라는 시간을 "거의 직업 없이 이곳 저곳을 떠돌며" 지

---

35 Hulsker, *Vincent and Theo*, 107-8.

냈음을 깨달았고, 적절한 직업이나 경제적 자원, 가족들의 존경, 혹은 가족도 없이 살고 있음도 알게 되었다.

그는 스스로를 불리한 환경과 손상된 명성, 불충분한 구속적 사랑에 갇힌 새장 속의 새로 묘사했다. 비록 그의 새장이 활짝 열리지는 않아도, 1879-1880년도에 상당한 변화가 그 안에 일어났다. 함께 했던 벨기에 복음주의자와 헤어진 후, 반 고흐의 편지는 그동안 끝없이 인용해 온 성경 구절과, 경건한 지침들, 그리스도인의 희생적 삶에 대한 열망들을 더 이상 포함하지 않게 되었다. 복음주의적 개신교인이었던 반 고흐는 보리나쥐석탄광산 어딘가에 묻혀버렸다.[36] "검은 나라" 벨기에에서 나온 극심한 고통의 영혼인 그에게 강렬한 성경적 기독교인의 형태의 고통스러운 처방이 내려지지 않았다. 반 고흐는 그것이 좋건 나쁘건 간에 사랑이 예술보다 훨씬 뛰어난 것이라고 믿었고, 사랑이 그의 열정이었다. 1880년에 그는 이렇게 말했다.

> 하나님을 아는 최선의 방법은 모든 것들을 사랑하는 것이다. 친구, 아내, 당신이 좋아하는 무언인가를 사랑하면 하나님을 더 알 수 있는 길로 들어서게 될 것이다.[37]

본 장의 앞 부분에 인용되었던 어린 여동생 윌에게 쓴 편지에도 비슷한 내용이 포함되어 있다. 반 고흐는 오빠로서 동생이 어떻게 경건성에

---

36 *Letters*, 1: 133.
37 Hulsker, *Vincent and Theo*, 87.

대한 노력을 줄여야 하는지, 그 대신, 삶과 사랑, 춤, 그리고 자연의 새로움과 자연의 색을 발견해야 하는지를 조언했다.

> 아무것도 안하고, 다만 사랑에 빠진 사람들이 자신의 사랑과 마음을 한 이념에 희생한 사람들보다도 더 거룩하고, 진지하단다.

 이러한 문장들은 10년 전만해도 반 고흐의 설교문에 결코 등장하지 않던 내용들이다. 같은 맥락에서, 반 고흐는 그동안 복음주의 기독교의 제도와 신학, 신학전문가, 그리고 그 영향력이라는 환상과 자신이 맺은 우울한 서약을 져버린 것으로 보인다. 그는 더 이상 전문적 목회자들에 의해 수행되는 신조를 믿는 사람이 아닌, 삶과 사랑, 자연, 그리고 행복추구에서 오는 변화의 힘을 믿는 사람이 되었다.

 그는 아마도 무신론, 불가지론 또는 이성에 근거한 것이 아닌 감정과 경험, 인상과 표현에 근거한 새로운 믿음에 대한 부정에 대해 적절한 묘사를 하지 않았을 것이다.

 반 고흐의 복음주의적이고 제도화된 기독교의 포기는 거룩한 것에 대한 모든 관심의 포기를 의미하는 것은 아니었다. 데보라 실버만(Debora Silverman)은 그녀의 훌륭한 책 『협력』(*Collaboration*)에서 1888년 프로방스의 아를마을에서 있었던 반 고흐와 고갱의 협력에 대해, 반 고흐의 네덜란드개혁주의 유산과 고갱의 로마 가톨릭 배경의 진정한 성스러운 예술 표현에 대한 연구였다고 주장한다.[38]

---

38 Debora Silverman, *Van Gogh and Gauguin: The Search for Sacred Art* (New York: Farrar, Straus, and Giroux, 2000). 다음도 볼 것. Alfred Nemeczek, *Van Gogh in Arles* (Munich: Pres-

그녀는 반 고흐가 전적으로 따분하고 제한적인 칼빈주의 가정의 허구적 고정관념에서 성장한 것에 대한 해석을 반박하면서, 고흐가 자연과 예술을 사랑하는 법과 네덜란드개혁주의 전통을 어떻게 현대화되는 신학 흐름과 연관짓는지를 부모로부터 부분적으로 배워왔다고 주장했다.

그의 믿음과 실천의 우여곡절에도 불구하고, 위의 것들은 반 고흐의 인생 마지막까지 계속되었다. 아를에서 자신들의 그림 속에 가톨릭의 이미지를 들여오기 위한 고갱과 에밀 베르나르의 공공연한 시도와 마찬가지로, 농업의 축제적인 문화와 유명한 프랑스가톨릭 소작농의 미신을 거부한 반 고흐의 시도도 있었다.

반 고흐는 자신이 생각하기에 예수님의 십자가에 달리심과 겟세마네 동산(인간의 절망의 표현으로써), 또는 다른 성경적 이야기와 이미지들을 그리는 것이 상스럽고 거짓된 시도라는 것에 대해 견딜 수가 없었다.

실버만은 여기서 만족해하지 않았다. 그녀는 반 고흐가 어떻게 거룩한 내용들을 전달할 수 있을지 다른 방법들을 찾았고, 노동에 대한 존엄성을 강조하며 "베로 짠 옷을 입고 땅을 경작하는 노동자들과 부서진 벽돌들에서 신성을 표현"하려는 시도를 통해 그가 받은 네덜란드개혁교회 유산의 느낌을 전달하였는지를 증명하려고 하였다.

이를 통해 반 고흐는 자연의 물질성과 자연의 노동자들 속에서 무한성을 찾으려 노력하였다. 그는 사후세계에 대한 비전통적인 관점을 유지했다. 즉 애벌레가 나비가 될 수 있다면 화가에게도 다른 세계가 없겠느냐는 것이다(고흐의 비유). 그는 그리스도가 순교자나 종교적 선생이 아닌

---

tel, 1995).

생명을 주는 예술가라는 점에 매료되어 있었다. 그래서 베르나르에게 이렇게 썼다.

> 모든 철학자 중에 오직 그리스도만이 확실성의 원리, 영생과, 시간의 무한성, 죽음의 부재, 고요와 헌신의 존재 이유에 대해서 단언하신 분입니다. 그리스도는 다른 예술가들보다 훌륭한 성육신하신 예술가로서 대리석과 점토, 색상의 예술을 경멸하셨습니다.[39]

예술가들이 아무리 대단하더라도, 고작 사물만 만들 뿐이다. 하지만 그리스도는 "순결한 창조의 능력"으로 살아 있는 사람을 만드시는 분"이시다. 반(半)신학자처럼 사색하는 반 고흐의 예술적 인상은 전통적 성경 예술에서 온 것이 아닌, "씨 뿌리는 자"(The Sower, 1888) 같은 그림에서 왔는데, 이 그림은 낮은 노동자 계층에 대한 세속적이고 무거운 질감을 "캔버스 표면의 모든 구멍을 촉촉히 적시는 눈부시게 내리쬐는 태양"과 잘 결합한 작품이다.

실버만은 "현실의 삶에 기반을 둔 소작농과 비물질적 빛의 발광의 조화는 반 고흐가 상징주의를 현대 종교예술에 처음 접목시킨 새로운 예술 신학이자 현실에 대한 태도에 대한 발견"이라고 역설한다.[40]

---

39 Letters, 3: 496. Quoted in Silverman, *Van Gogh and Gauguin*, 175.
40 Ibid., 82. Van Gogh의 그림 *The Potato Eaters* (1885)을 볼 것. 이 그림은 등잔 불빛 아래에서 지친 농부들이 간소한 음식을 먹는 모습을 보여 주고 있다. 그의 목표는 "램프 아래 감자를 먹는 이 사람들을 그린 것은 이들이 음식에 손을 대는 바로 그 손으로 땅을 팠으며, 손으로 하는 노동을 바로 말해주는 것이고 얼마나 정직하게 그들의 음식을 마련하게 되었는가를 강조하기 위해서였다."

※ 반 고흐와 세속화

조지 엘리엇(George Eliot)의 경우처럼, 반 고흐의 복음주의적 기독교로부터의 개인적 순례는 19세기 유럽에 만연한 사랑과 창조에 기반을 둔 개인적 철학과 깊은 연관성이 있다. 그들의 일대기 자체는 그들의 개인여정이라는 의미에서 19세기 유럽의 세속화를 잘 드러낸다.

반 고흐의 세속화를 살펴보기 가장 좋은 방법은 그가 1880년 중반에 제작한 그림 작품들을 분석하는 것이다. 1881년부터 1885년 네덜란드에서 반 고흐가 그린 약 200여 점의 그림들은 한 주요한 화가의 창조적 혁신의 실험적 작품으로 연구되어 왔으나 그의 진정한 걸작은 후기 작품이다.

고갱(Gauguin)의 영향과 프랑스 남부지역의 결합이 그의 팔레트-그의 영혼까지는 아니더라도-를 밝혀주었을 때, 주목할 만한 밝은 색채와 명암을 보인 그의 후대 그림들과 대조적으로 그의 초기 작품들은 네덜란드의 어두움을 보여준다.[41] 캔버스를 처음 마주할 때의 첫인상은 40가지 종류의 무채색으로 된 작품 같지만, 면밀히 살펴보면 그 작품들은 주제와 테크닉의 조합인 색감과 밝음의 실험이다.

반 고흐의 초기 작품들은 직업적 불가지론, 가족의 기대와 경제적 어려움 등 대부분 성인 초기의 사람들이 겪는 압박으로부터 벗어난 농촌

---

41 *Van Gogh/Gauguin: The Studio of the South* (Amsterdam: Van Gogh Museum, 2002). Gogh의 초기 작품들에 대한 가장 믿을 만한 안내는 Louis van Tilborgh and Marije Vellekoop, *Vincent Van Gogh Paintings*, vol.1, *Dutch Period 1881-1885* (Van Gogh Museum, Amsterdam, 1999). 이 시기 Gogh의 44점의 작품 상당수에 대한 추가적인 논의는 암스텔담에 있는 고흐박물관의 종합적인 안내에 의존하였다.

여성과 농촌의 삶을 묘사한다. 반 고흐는 효심에서 우러난 결정보다는 경제적 필요에 의해 목사인 아버지 집이 있는 누에넨(Nuenen)에서 이 시절을 보냈다.

이 시기에 반 고흐는 아버지에 대한 종교적 실망감을 갖게 되었고, 1885년 갑작스런 아버지의 죽음으로 슬픔의 복합적인 감정에 휩싸이게 된다. 1885년 즈음에 만들어진 세 작품 중 한 작품은 아버지의 죽음 전에 그려졌고, 나머지 두 작품은 아버지의 죽음 뒤 얼마 되지 않아 그려졌다.[42] 이 작품들은 유럽 세속화 역사의 충격적인 주제들을 묘사하고 있다. 편리함을 위해서 이 작품들은 완성된 연대순으로 살펴보는 것이 아닌 세속화의 연대순으로 살펴볼 것이다.

첫 번째 작품은 "누에넨의 오래된 교회 종탑: 농부의 교회 마당"(The Old Church Tower at Nuenen: The Peasants' Churchyard)으로 이 교회는 간단한 나무 십자가로 표시된 오래된 무덤에 둘러싸여 있는 12세기 적부터의 유물이다. 반 고흐의 이 작품은 아마도 밀레(Millet)의 "그레빌의 교회"(Church at Grevilie, 1871-74)의 영향을 받았을 것이라고 생각되며, 폐허가 된 교구들로 둘러싸여 있으면서도 그래도 기독교권의 유산으로 남아 있는 교회 종탑은 연구 대상이자 깊이 있는 그 어떤 상징으로 여겨졌다. 반 고흐의 의도는 다음과 같은 것을 보여주려는 것이었다.

> 수백 년에 걸쳐 소작농들은 자신들이 평생을 다해 일군 땅에 묻혔다. 죽음과 매장이 얼마나 단순한지, 이는 마치 가을에 잎사귀가 떨어지는 것

---

42 유용한 전기 요약은 Melissa McQuillan, *Van Gogh* (London: Thames and Hudson, 1989), 19-87, and A. M. Hammacher, *Vincent Van Gogh* (London: Spring Books, 1961).

처럼, 약간의 땅을 파서 작은 나무 십자가 하나 세우면 끝나는 일이다. 교회마당의 잔디가 끝나는 곳에서 수평선을 배경으로 마지막 경계를 이루고 있는 들은 마치 바다의 지평선과도 비슷하다. 이제 이 폐허는 교리와 종교가 아무리 잘 수립될지라도 붕괴되고 있음을 보여준다. 그러나 소작농의 삶과 죽음은 무덤가의 꽃과 풀이 싹이 나고 다시 썩어서 남겨지는 것처럼 수백 년간 시종 여일하다.

빅토르 위고(Victor Hugo)—그 역시 이내 땅에 묻혔다—는 종교는 지나가고 신만이 남아 있다(Les religions passent, Dieu demeure)라고 말했듯이 말이다.[43]

요컨대, 고흐는 자신의 기독교의 유물, 즉 교회와 사람들이 생명과 죽음으로 굳게 연결되어 있는 문화의 그루터기를 생각했다. 그러나 이 그루터기마저 산산히 조각났으며, 문화의 죽음을 초현실적으로 보여주는 누에넨의 오래된 교회는 반 고흐가 그리는 속도만큼 빠르게 사라져 가고 있었다.

교회 첨탑은 반 고흐가 사용한 수채화물감이 캔버스 위에서 기름으로 변해가기도 전에 무너졌고, 그의 마지막 누에넨 작품은 교회의 남겨진 건물 조각들이 팔리기 바로 직전 작품이다. 참으로 누에넨의 오래된 교회의 전체 역사는 역사가들이 유럽 세속화에 대해 묘사하고 설명한 이야기들과 놀랄 만큼 닮아 있었다.

로마네스크 교회는 유럽 인구의 기독교화가 교구별로 매우 힘들게 진

---

43 Tilborgh and Vellekoop, *Van Gogh*, 156-57.

행되고 있는 초기 중세 시대에 지어졌다. 역사가들이 반 고흐의 죽은 소작농 그림에 나오는 것과 같은 기독교에 대해 열띤 토론을 했지만, 중세와 초기 근대 유럽 주민들과 교회들의 교구가 도시의 중심 가까운 곳 어딘가에 있었던 것은 부정할 수 없는 사실이다.

놀랍게도 결속 상징의 일환으로 1792년 누에넨의 중세 교회는 기독교 국가들이 프랑스 혁명가들의 일격을 받은 후 몇 년이 채 되지 않아 무너져 내렸다. 마치 유럽의 가톨릭과 개신교회들이 프랑스혁명으로 무너진 기독교 국가를 다시 세우기 위해 영웅적인 노력을 펼친 것과 마찬가지로, 1803년 누에넨의 오래된 교회를 다시 세우기 위한 열정적인 노력이 있었지만, 유럽 교회와 누에넨의 복구자들은 결코 과거와 똑같은 복구는 불가능하다는 것을 깨달았다. 프랑스혁명은 서구 유럽에서 교회들이 가졌던 교회의 힘과 사회적 영향력을 영원히 바꾸어 버렸다.[44]

반 고흐는 누에넨에 머무는 동안 또 다른 교회를 배경으로 한 그림을 그렸는데, 이 그림 역시 유럽의 세속화 역사에 나타난 포괄적인 주제로 다룬 작품이다. 그의 "누에넨의 개혁 교회를 떠나는 회중들"(Congregation Leaving the Reformed Church in Nuenen)이란 작품은 1882년 그의 아버지가 사역했던 지역에 있는 개혁 교회와 교인들을 보여주는 그림이다.

19세기 초는 그 어떤 시기보다 유럽에서 많은 교회들이 세워지고 복원된 시기이며, 반 고흐의 아버지가 시무하던 개혁 교회는 누에넨 소수 개혁공동체에 구미를 맞춘 교회이다. X-레이를 통해 완성된 그림의 초기 스케치를 관찰해 보면, 반 고흐가 삽을 어깨에 멘 외로운 소작

---

44 W. R. Ward, *Christianity Under the Ancien Regime, 1648-1789* (Cambridge: Cambridge University Press, 1999).

농이 한 겨울에 한 교회를 터덜터덜 걸으며 지나면서 장면을 그렸음을 알 수 있다.

누에넨에 있는 중세 교회탑 주변에 흩어져 있는 나무 십자가들과는 반대로 반 고흐의 외로운 소작농은 현대와 끊어져 있는 것처럼 보인다. 확실한 이유는 알 수 없지만, 반 고흐는 그 소작농 그림 위에 교회로 향하는 무리―주로 여자들인데 상복같은 옷을 입은 몇명을 제외하면 대부분 밝은 옷을 입고 있었다―의 모습을 덧칠했다.

왜 그랬을까?

이 그림이 단조롭고 황량한 겨울 모습을 좋아하지 않는 어머니께 보내질 선물로 그린 그림이었기 때문일까?

아니면 이 그림이 외로운 소작농이 교회를 지나치는 그림을 그린 밀레의 "그레빌의 교회"(Church at Greville)를 복제한 것처럼 보였기 때문일까?

아니면 이 그림이 최근에 돌아가신 반 고흐의 아버지를 기념하기 위해 다시 그린 그림이었을까?

따뜻한 가을의 색상과 상복을 입은 여인들의 모습 때문이었을까?

이유가 어떠하든, 반 고흐가 그린, 가톨릭 마을에서 아버지가 시무하던, 대부분 여성 예배자들이 모이는 개혁 교회의 모습은 19세기 유럽 종교를 대변하고 있다는 것에는 의심할 여지가 없다. 종교적 다원주의, 신앙고백의 자부심, 존경심(반 고흐의 "누에넨에서의 전도사 시절"[The Vicarage at Nuenen] 그림을 참고하라), 여성화(feminization)는 역사가들이 유럽 세속화의 신호이자 원동력이라고 해석하였고, 이 모든 것들이 고흐의 작품에

담겨 있었다.[45]

반 고흐의 누에넨의 종교적 3부작 가운데 마지막이자 가장 잘 알려진 작품은 "성경이 있는 정물"(Still Life with Bible)이다. 이 그림은 굉장히 단순한 구성을 갖추고 있다. 펼쳐진 성경, 현대 소설, 꺼진 촛불, 테이블 커버이다. 하지만 이 그림은 더 심오한 생각과 의미를 가지고 있다. 이 성경은 반 고흐의 아버지의 것이며, 이사야 53장이 펼쳐져 있고, 그 구절은 고난받는 종에 대한 말씀이고, 이는 그리스도의 삶과 죽음의 예시하고 있다.

19세기 후반 많은 예술가들과 지식인들이 그랬듯이 반 고흐도 성경에 대한 애증의 관점을 가지고 있었다. 한편으로 그는 성경을 우울하고 지역주의 감정이 담긴 것으로 보았으나 다른 한편으로 성경의 장엄함과 오랜 역사에 대해서는 칭찬했다.

그는 그리스도에 큰 관심을 갖고 있었다. 반 고흐는 "편협하고 전염될 수 있는 어리석음으로 우리에게 고통과 당황함을 안겨주는 성경 내용들 속의 유일한 위로는 예수님이다. 그리스도는 딱딱한 껍질과 쓴 과일들로 둘러싸인 씨와 같다"라고 말했다. 성경의 "쓴 과일" 부분에 대한 거부와 "간고를 많이 겪었으며 질고를 아는 자"에 대한 매료는, 그의 내적 갈등뿐만 아니라, 아들의 불신앙을 걱정하는 아버지에 대한 세대 간 종교 갈등에 대해서도 잘 보여준다. 일기들과 소설의 독자들 역시 위의 내용들이 19세기 유럽 문학의 위대한 주제라는 것을 알게 될 것이다.

---

45   이 주제에 대한 뛰어난 역사적 논의는 Hugh McLeod, *Secularisation in Western Europe, 1848-1914* (New York: St. Martin's, 2000). 여성의 역할과 1960년대 일어난 일들에 대한 중요성을 강조하는 세속화에 대한 새롭고도 보다 논쟁적인 논의는 Callum G. Brown, *The Death of Christian Britain* (London: Routledge, 2001).

반 고흐의 성경이 있는 정물에는 의도적으로 최근 출판된 에밀 졸라 작가의 "삶의 기쁨"(la joie de vivre, 1884)이 나란히 배치되어있다. 반 고흐는 그의 여동생에게 그는 재미를 위해 모파상, 라블레, 로슈포르, 볼테르의 작품을 읽고, 에밀 졸라의 작품은 "진실을 알기 위해" 또는 "삶 그 자체"에 대한 만족감을 위하여 읽고 있다고 이야기했다.[46]

성경과 졸라의 소설은 나란히 있기 때문에 일견 성경적 우울감과 근대주의의 해방에 대한 대조처럼 보이지 않겠지만, 실상은 그 반대이다. 고난받는 종은 고난에 관한 이야기인 동시에 결국 구속에 관한 이야기이며 ("그는 생명의 빛을 보고 만족할 것이다"), 졸라의 소설은 제목과는 다르게 인간의 복잡한 현실에 대한 냉담한 대우에 관한 이야기이다.

다시 말해, 반 고흐는 성경의 "고귀한 이상들" 및 과거와 미래의 연관성에 대해 존경하는 마음을 가졌고, 반면 졸라는 "행동을 취할 수 있고," 상황을 바꿀 수 있는 유일한 시간인 현재를 직시하게 도와주었다. 또한 이사야서에 나오는 고난의 종과 졸라의 소설 속에 등장하는 폴린 꿰누(Pauline Quenu)와 연계성이 있음도 알 수 있다.

폴린은 고아로 자라며 주변 모든 사람들에게 학대를 받았음에도 "희생의 성육신, 타인을 위한 사랑, 죄로 가득한 인류를 위한 자비"의 구속적 모습으로 나타난다.[47] 그러므로 반 고흐의 정물화 그림은 우울한 성경과 근대적 삶의 기쁨의 대조를 나타내기보다는 현 세대를 위한 삶의 진리를 표현하는 예술가와 소설가의 책임감을 표현하고 있다. 그런 의미에서 성

---

46 Vincent Van Gogh to Wilhelmien, Summer/Autumn 1887. *Letters*, 3: 425-28.
47 다음 책에서 해석은 설득력 있게 논의되었다. Edwards, *Van Gogh and God*, 45-51.

경은 불필요한 것이 아닌, 단지 불충분한 것이었다.

반 고흐의 성경이 있는 정물은 예술에 익숙지 않은 사람의 눈에는 어둡고 정적인 분위기로 보일지 모르지만, 이 작품은 "하루 만에 빠르게" 그려졌으며, 자유로운 붓놀림과 기존의 색상 틀에서 벗어난 실험적인 그림이다.[48] 나아가 이 작품은 졸라의 자연주의로 나타난 근대성이, 비판적인 유럽 신세대들은 결코 진가를 알 수 없는 성경이 가진 "오래된 아름다움"에 꼭 필요한 추가적인 요소임을 인식한다.

반 고흐는 졸라의 신실재론(新實在論)이 근대 문명 속에 있는 "비관론과 우울감"의 모든 것을 폄하하지 않음을 깨달을 정도로 기민했지만, 그의 정물화는 기독교국에서 근대화로 넘어가는 중요함을 상징하는 무너진 중세 교회탑 만큼이나 정적인 그림이었다. 반 고흐의 그림에서 그가 의도적으로 그린 것인지는 알 수 없지만, 꺼진 촛불은 졸라의 "삶의 기쁨"(la joie de vivre) 옆에 있는 것이 아닌 바로 성경 옆에 위치해 있다.

반 고흐의 종교적인 3부작 작품은 유럽의 세속화의 궤도를 이해하는 데 중요한 함축적 의미를 지니고 있다. 종교의 사회적 중요성의 감퇴가 근대화의 모든 포괄적 요소에 포함된 끊임없는 도시화, 산업화, 사회화의 과정 때문이라고 생각하는 고전주의적인 사회학자들과 종교사회 역사학자들은 최근 몇 년 동안 압력을 받게 되었다.

근대화의 과정은 단선적이고 불가역적이어야 했기 때문에 세속화는 근대화의 피할 수 없는 결과라는 것이 표준적 견해였다. 오순절교파와 종교적 근본주의의 세계적인 팽창으로 이어진 이론과 미국 종교 역사의

---

48 1885년 10월 말 Teo에게 보낸 Gogh의 글은 다음에 나와 있다. *Letters*, 2: 429.

완강한 저항으로 학설이 올바르지 않은 것처럼 보였다.

하지만, 이것들이 반 고흐의 그림과 관련성이 무엇이며, 대안이 무엇이었을까?

특히, 작은 규모의 세속화 예술의 전문가들에게까지 설명이 가능한 대안적인 전문 문학을 구성하는 것이 가능한 일일까?

유럽 세속화 시대에 저명한 영국의 역사가 휴 맥레오드(Hugh McLeod)가 시도한 한 창조적인 방법은 반 고흐의 3부작에 자연스럽게 적용되는 것처럼 보인다.[49] 맥레오드는 근대 유럽 종교의 역사를 3가지 비유로 특정지워진 세 시대, 즉 등록, 표, 웹사이트로 나눈다. 맥레오드의 논지는 18세기로부터 해방되어온 유럽 역사의 중심 주제이다.

그가 정의하는 종교의 3가지 시대는 고해성사의 시대(교구 등록자들이 모든 주민들의 기록을 보관했던 시대), 집단 해방의 시대(단체가 회원표를 발부하고 교회 등의 자발적인 협회를 형성하던 시대), 개인 해방의 시대(마치 웹사이트를 디자인 하듯, 개인이 자신의 종교적 성향을 형성할 수 있는 시대)이다. 반 고흐의 그림도 비슷하게 고해성사의 시대(교구 교회와 모두를 위한 묘지), 집단 해방의 시대(누군가를 위한 자발적인 종교), 개인적 해방의 시대(예술과 문학의 새로운 움직임 속에 개인 표현의 자유)로 나누어 묘사한다.

반 고흐의 자신의 삶과 일은 유럽 사상의 역사 속에 보다 넓은 동향의 가슴 아픈 한 가지 예이다. 그의 개인적 세계관은 칼빈주의적 유산에서 개인 해방으로 변화되었고, 그의 예술 역시 현실주의에서 인상파주의로

---

49 Hugh McLeod, *Secularisation in Western Europe*. 삼각 구도는 McLeod의 책에서는 나오지 않으나 역설적으로 암스텔담대학교에서 있는 세속화주제학술대회에서 제출되었다. 이 내용을 나누게 되어 감사한다.

또 나아가 후기 인상파주의로 변화되었다. 그의 편지들을 자세히 살펴보면 이 변화에 대한 시도를 위한 요소들을 발견할 수 있다.

편지들 속에는 반 고흐의 네덜란드의 작은 마을에서 파리, 런던, 브뤼셀과 암스테르담 등의 유럽의 주요 도시로의 초기 지리학적 이동, 프랑스 계몽주의와 자연주의자들의 연구에 대한 그의 문학적 여행, 산업혁명 기간 동안 그가 가까이서 체험한 영국과 벨기에의 노동자 계급의 끊임없는 빈곤, 반 고흐의 정통 칼빈주의와 복음주의의 지식적 감성적 빈곤에 대한 인식의 성장, 목회자, 교회 단체, 전문적 신학 등 기독교 믿음에 대해 느꼈던 관심으로부터 몇 광년 거리 만큼 멀어진 것에 대한 확신, 섭리의 작용에 대한 추측성 철학보다는 인간에게 주어진 자연의 영광성에 대한 작용이 더 위대하다는 신념에 대한 성장, 새로운 세계 지도는 교구 교회들에 의해서 만들어진 것이 아니라는 진기한 주제에 관심을 가진 동료 예술가인 고갱에 대한 신세, 그리고 무엇보다도 좋든 나쁘든 자연과 정직한 노동에 대한 충절 외에는 인간이 의지할 만한 절대 권력이 없다는 확신의 깊어짐이 편지 내용에 포함되어 있다.

유럽 세속화의 집단적 역사에 전혀 관심이 없었던 한 개인의 삶에 어떻게 이 모든 종류의 세속화가 일어났고, 심리적 기제는 무엇이었을까?

반 고흐의 삶과 작품은 사회역사가들이 모든 맹렬한 특수함과 변덕스러운 특이성을 단순히 받아들이는 것보다는 불안하고 어려운 질문들에 통찰력을 제공하는 데 큰 기여를 하였다.

그렇다면 반 고흐의 종교적 순례는 어디에서 끝이 났을까?

그가 테오와 막 깊은 관계를 맺기 시작한 젊은 화가인 에밀 베르나르 (Emile Bernard)에게 쓴 말년의 편지들을 보면, 반 고흐는 톨스토이와 조지 엘리엇의 종교적 관점에 대한 그의 관심과 일본 예술의 종교적 중요성 그리고 중세 로맨스의 스타일 속에서 성경적 장면들을 그린 동시대의 예술가들에 대한 참을 수 없는 감정들에 대해서 기록하였다.

반 고흐는 톨스토이의 『나의 종교』(My Religion)라는 책을 읽은 후, "기독교가 과거에 가지고 있던 안락과 생명을 일으키는 능력" 같은 영향력과 "좀먹은 것 같은 파산의 상태와 혁명, 전쟁을 통해 끔찍한 번개 같은 재앙을 일으키는 근대 세계"를 초월할 수 있는 능력을 가진 새로운 종류의 종교에 자신을 던져 넣고 있었다. 편지의 다음 문장에서 반 고흐는 어느 것에도 영향받지 않는 소박함을 가진 일본 예술에 매료되어 공부하고 있다고 썼다.

> 마치 스스로를 자연 속의 꽃처럼 여기는 일본 예술이 우리에게 가르치는 소박함은 진정한 종교가 아닐까?....
> 이 종교는 공부가 아닌 내겐 즐거움과 행복이야.

그는 특히 자연의 명확성과 소박함, 느긋하고 정돈된 아름다움을 표현하는 일본 예술가들에 감명받았다. 반대로, 그는 베르나르에게 고갱과 다른 예술가들이 자연 풍경에 성경의 이야기들을 그리려는 시도가 "모조"이자 "꾸며낸" 것이라고 말했다. 그는 "소작농이 밭에서 태어난 송아지를 농장으로 끌고 가는" 심오한 진리를 표현한 그림 앞에 무릎 꿇고 예배드리는 편이 낫다고 고백했다.

자신이 대면한 예술 기관과 종교 기관의 바리새파주의를 멀리 해왔던 고흐는 자연을 감정적 또는 미학적 오류에 대한 암시로 다루려는 어떤 예술적 표현에 대해서도 똑같이 불편하게 여겼다.

그는 베르나르에게, 고통을 다루기 위해 겟세마네동산을 그리는 것보다, 그리고 온유함을 다루기 위해 산상수훈을 그리는 것보다는 다른 방법이 있음을 알려주면서, 차라리 "오늘날의 현실은 우리가 생각을 통해 추상적으로 고대 시간들을 재건하려고 할 때, 우리 삶의 사소한 일들이 명상을 못하게 방해할 때, 그리고 우리 자신의 모험이 우리를 우리의 개인 감정(기쁨, 지루함, 고통, 분노, 혹은 미소) 속에 끼어넣을 때조차 우리의 마음을 사로잡는다"라고 말한다. 그의 강렬한 결론은 유대-기독교(Judeo-Christian)를 주제로 한 밀레와 코로의 신중하고 예민한 작품들을 제외한 다른 "성경적 그림은 실패작이다"라는 것이었다.[50]

1870년대의 10년을 열정적인 성경공부로 보낸 반 고흐는 몇몇 말씀은 부정할 수 없을 정도로 아름답기는 하지만, 고대 말씀보다는 자연이 영적인 현실에 더 나은 창문이 되어준다고 믿게 되었다. 하지만, 어떤 사람들처럼 반 고흐의 성경적 기독교와의 만남은 극히 부정적 체험이라고 결론 내리는 것은 실수하는 것이다.

종교적 사명을 추구한 반 고흐의 무서운 열정은 그의 미치광이 같은 성격의 원인이라기보다 결과였다. 반 고흐의 잦은 이주와 빠르게 성장하는 근대 도시들에 둘러싸인 끔찍한 격리, 그리고 그가 추구하려 했던 관계 속에서의 사랑과 만족을 채우지 못한 무능력은 그가 스스로 고백하기도 한 우울증을 더욱 가중시켰다.

이러한 환경 속에서, 성경은 그에게 "순례자"적 삶과 자신을 희생하

50　*Letters*, 3: 542 and B21.

는 사랑의 어려움에 대한 설명을 해주는 듯 했다. 외로움 속에서, 말씀은 하나님과 타인에 대한 한 종류의 관계에 대해서만 설명해 주었다. 기독교 기관에 접근할 수 있는 열쇠를 쥔 사람이 자신이 고백하는 신앙의 규범에 합당한 삶을 사는 것이 아니라는 고통스러운 발견은 상업적 예술과 예술기관에 대해 느낀 유사한 환멸과 비슷한 수준의 고통을 안겨주었다.[51]

전통적 기독교에 대한 그의 환멸이 커질수록, "질고를 아는 자"조차, 과거에는 영광스러웠던 기독교의 이야기가 19세기 후반 사람들에게 권위있는 말조차 할 수 없다는 확신을 경감시켜주지 못했다. 대신 그는 상당히 훌륭한 방법으로 자신의 창조적인 힘을 촉발시켜준 신비한 자연의 중요성에 관심을 기울였다.

하지만 이런 국면에도 불구하고, 열정적인 성경 학생이자 가난한 벨기에 사람들에게 선한 사마리아인이었던 반 고흐는 가짜와 부정을 피하기로 결심하였다. 그의 그림과 베르나르에게 쓴 교훈적인 편지들 속에는 빈센트 반 고흐 안에 자리한 복음주의적 선교사로서의 무언가가 살아 있으며, 특히 성경과 자연을 예술적 매춘으로 몰아가는 가혹한 시도를 한 이들에 대한 비평도 존재한다.

그럼에도 후반기에 그려진 낯선 천사 그림과 함께 유일하게 반 고흐의 비난에서 자유로운 종교적 예술가는 렘브란트와 들라크루아(Delacroix)였고, 반 고흐는 그들의 유산을 즐기는 여유도 있었다. 그들에 의해, 반 고흐가 그린 천사는 천상적인 몸으로 표현되기보다는 네덜란드 젊은 소작

---

51   1880년대 Gogh의 종교에 대한 접근을 설명하는데 있어 민감하고도 도움이 되는 것은 다음을 볼 것. Edwards, *Van Gogh and God*, 85-153.

농의 몸을 가진 천사로 묘사되었다.

비록 이렇게 흔치 않은 종교적 주제의 탐험에도, 반 고흐는 이상화된 추상성이나 정서적인 경건함의 위상을 떨어뜨리는 일은 꺼려했다.[52] 그의 열정적 신실함은 그의 초기 삶의 복음주의적 헌신을 형성하였고, 이러한 절개는 죽을 때까지 지속되었다. 하지만 이 이야기에는 한 가지 반전이 더 남아있다.

반 고흐는 스스로 목숨을 끊었기 때문에 오베르스(Auvers)에 있는 가톨릭교회로부터 교회장(葬)을 진행하는 것이 거부되었다.[53] 그의 시신은 지역 주민들이 영구차로 나른 뒤 반 고흐가 그림을 통해 영원성을 부여한 밀밭 옆에 묻어주었다. 그들이 지금까지 그리스도에게 속한 가난한 자들을 섬겨온 종인 반 고흐의 시신을 그들 곁에 묻어준 반면, 고흐가 혐오하던 제도적인 종교 단체의 대표들은 그를 외면한 것은 적절해 보인다.

---

52 Silverman, *Van Gogh and Gauguin*, 421-23; Martin Bailey는 Gogh'는 2가지 다른 종교적 그림을 그렸는데 1888년 겟세마네동산의 그림이었고 이 그림들은 파손되었다고 말했다. *Young Vincent*, 88.

53 Bailey, *Young Vincent*, 154.

제7장

에드먼드 윌리엄 고스 경(Sir Edmund William Gosse), 존 싱어 사전트(John Singer Sargent) 作. 캔버스에 그린 유화, 1886(© National Portrait Gallery, London)

에드먼드 고스-아버지와 아들
복음주의와 어린 시절

단도직입적으로 말하겠습니다. 나는 오래 참고 인내하며 경험한 후, 복음주의 종교나 폭력적인 형태의 어떤 종교가 인간의 삶에 유익하거나 가치가 있거나 바람직한 부속물이라는 비진리(다른 단어를 사용할 수 있다면 얼마나 좋겠습니까 마는)에 대해 확실하게 반대할 권리를 갖습니다. 그것은 마음과 마음을 분리시킵니다.

그것은 가장 부드럽고 관대한 사랑, 가장 친절한 삶, 가장 고상한 기쁨과 육신에 대한 부인을 무작정 추구하게 하는 무익하고 터무니없는 이상을 제시함으로써, 영혼을 풍성케 하고 평온하게 하는 모든 것을 사납고 공허하며 부정적인 것으로 바꾸어버립니다.

그것은 정죄라는 엄격하고 무식한 정신을 격려합니다; 그것은 양심의 건강한 운동 장치에서 모든 것을 제거해 버립니다; 그것은 쓸모없고 잔혹한 미덕을 만들어냅니다; 그것은 죄악들을 발명하는데 그것들은 결코 죄악이 아닌 것들이며 순수한 즐거움의 천국을 자책감의 쓸모없는 구름으로 어둡게 만들어 버렸습니다. 만일 우리가 이처럼 병적이고 덧없는 존재로서 아무도 답사해 본 적이 없고 그것의 계획에 대해서도 아무것도 아는 것이 없는 그런 장소로 들어가기 위한 대기실과 같은 곳에서 아무것도 할 수 없는 그런 광신적 상황에 직면한다면 끔찍한 일일 것입니다.

이것은 사실입니다. 내 아버지는 삶의 양식과 지식을 잘 알고 있다고 믿었습니다. 그가 나에게 바랬던 것은 아무것도 생각하지 말고 그 안에서 영원한 삶의 유익들만 생각하라는 것이었습니다.

- 에드먼드 고스, 『아버지와 아들』(*Father and Son*, 1907)

위의 글은 에드먼드 고스의 책 『아버지와 아들』에 있는 **마지막 부분**인데, 이 책은 20세기가 시작된 후 10년 안에 쓰여졌다.[1] 이 책에는 『두 가지 기질의 연구』(*A Study of Two Temperaments*)라는 부제가 붙어있다. 또한 에드먼드의 아버지이자 빅토리아 여왕 시대 저명한 자연주의자였던 필립 헨리 고스와 그의 외아들이자 후에 영국의 가장 영향력 있는 문학가 중 한 명이 된 에드먼드 사이의 관계를 찾아 나선 책이다.[2]

이 책은 고스의 최고의 문학적인 성취이자, 또한 특별히 부모와 자녀 사이의 관계, 가족의 생활에 대한 복음주의 종교의 해로운 효과 등을 가

---

1 Edmund Gosse, *Father and Son, a Study of Two Temperaments* (London: Penguin, 1983), 248. *Father and Son* 은 1907년 처음 William Heinemann에 의해 나왔다. 모든 인용은 Penguin English Library 판에 의존했다.

2 Edmund Gosse의 짧고 도움이 되는 초상화는 다음을 볼 것. Philip Gosse, and Emily Gosse, *Oxford Dictionary of National Biography* (New York: Oxford University Press, 2004).

장 호소력 있게 파헤친 책이라 여겨지고 있다. 또한 그 이상의 내용이 이 책에 있다. 『아버지와 아들』은 빅토리아 문명의 도덕과 가치를 20세기로 잇는 다리 같은 책이다. 그 다리 위를 오가는 복음주의 종교의 역할, 현대과학의 등장(특별히 진화생물학), 개인적 정체성의 건설, 가족관계의 구조가 지나간다.

이러한 의미에서 『아버지와 아들』은, 우연히도 아버지가 빅토리아 시대의 저명한 자연과학자였고, 젊은 아들 역시 시인이자 문필가였기에, 부자지간의 관계 이상의 내용이 들어 있다. 그것은 빅토리아 시대의 영국의 종교와 문화를 보여주는 영속적 기념물이다. 이 책의 포괄적인 의미는 이 책이 왜 20세기 초반의 예술가들과 문필가들에 의해 열정적으로 환영받게 되었는지, 또한 왜 많은 이들이 자신의 어린 시절 경험들의 메아리들을 그 안에서 발견했었는지 그 이유를 설명하도록 도와준다.

리차드 길더는 "나 자신의 경험도 (얼마나 많이 당신에게 그렇게 말했어야 했는지!) 거의 비슷했었다"라고 했으며, 루드야드 키플링도 "심리의 미묘함, 환경에 대한 추론적인 계시, 그리고 그 무엇보다, 당신 아버지를 너무도 잘 알아냈다는 깨달음은 나에게 매우 깊은 즐거움을 주었다. 나는 만족한다고 말하지 못한다. 왜냐하면 이 일은 오직 만족만 하기에는 나 자신의 경험과 너무 가깝기 때문"이라는 감정적 공감을 표시하였다.[3]

이 책보다 4년 앞서 나온 사무엘 버틀러의 『모든 육신의 길』(*The Way of All Flesh*)은 빅토리아 시대 종교적인 아버지에 불만을 품은 아들의 풍자적인 거부를 그려내지만, 고스의 책은 더 극적인 방법으로 한 가치 체

---

3 Ann Thwaite, *Edmund Gosse, a Literary Landscape, 1849-1928* (Chicago: University of Chicago Press, 1984), 436.

계에서 다른 가치 체계로 이동하는 에드워드 시대 지식인들의 상상력을 잘 포착하였다. 그의 책은 1930년대의 조지 오웰의 사회주의 소설이나 1950-60년대의 잭 케루악의 『길 위에서』(*On the Road*) 같은 (대작들이) 동시대인들을 매료시킨 것과 비슷한 반열이라 볼 수 있다.[4] 고스는 자기 책이 특이한 어린 시절을 그저 그렇게 그려낸 것 이상의 책임을 예리하게 알고 있었다. 『아버지와 아들』은 우레와 같은 선언으로 다음과 같이 시작한다.

> 이 책은 두 가지 기질, 두 양심 간의 거의 두 시대에 걸친 투쟁의 기록이다. 이 투쟁은 불가피하게 분열로 끝나 버렸다. 여기에 나오는 두 사람, 한 사람은 뒤로 후퇴하려고 태어났고, 다른 한 사람은 앞으로 전진하지 않을 수 없었다.[5]

그렇게 자신만만하게 시작은 했지만, 책의 내용이나 목적이 고스의 선언만큼 충분하지 않았고, 장르 역시 확실하지도 않았다. 비록 『아버지와 아들』이 가장 쉽게는 전기물이나 자서전 장르라고 말할 수 있지만 부분적으로 사회적, 지적 역사로도 볼 수 있는 특이한 결합으로 볼 수 있다.

---

4 비록 1903년에 사후 발표되긴 했으나, Samuel Butler's *The Way of All Flesh*는 대부분 1880년대에 쓰여졌다. 버틀러의 소설은 부분적으로 자서전이나 그의 편지들은 Goss의 책보다는 아버지와 아들의 사랑의 관계에 대해 덜 드러내 주고 있다. 이 책에서의 음조는 보다 자의식이 강한 불손하고 우상타파적이다. 두 작가의 보다 통찰력 있는 비교는 다음을 볼 것. David Grylls, *Guardians and Angels: Parents and Children in Nineteenth-Century Literature* (London: Faber and Faber, 1978), 153-90. Orwell의 케이스에서 나는 1930년대 발간된 다소 다큐 스타일에 대해 생각해 본다. *Down and Out in Paris and London* (1933), *The Road to Wigan Pier* (1937), *and Homage to Catalonia* (1938), 1940년대 나온 보다 유명한 작품들은 다음이다. *Animal Farm* (1945) *and Nineteen Eighty-Four* (1949).

5 Gosse, *Father and Son*, 35.

영국 문학 안에서의 전기물이나 자서전류 전통에 익숙한 사람들은 알 겠지만, 그 전통이란 것이 성인(聖人)들의 삶을 통해 드러난 중세 성인 전 연구로부터 (각 인물들의) 개성과 정체성의 핵심을 파헤치려는 현대적 인 시도까지 포용하는 복잡한 전통이다.[6] 문화와 문화적 기대들은 무엇 이 인간의 삶에 대해 중요한지와 따라서 주어진 삶에 대해 어떤 것이 말 할 가치가 있는지에 대한 개념을 형성해 준다. 고스의 『아버지와 아들』 은 어거스틴, 루소, 보즈웰, 밀 등이 그린 자서전 작업이 광범위한 내용 들을 포용하는 것처럼, 복잡한 (전기류) 전통을 모호하게 나타내는 두드 러진 작품이다.[7]

고스의 목적은 자신의 억눌린 어린 시절 이야기를 하면서 이 책의 마 지막 문장인 "그 자신을 위해 자신만의 내적인 삶을 만들어 나가는 한 인 간의 특권"을 방어하기 위한 것이었다.[8] 하지만 그런 야심마저도, 가령 에드워드 시대의 일반 독자층이 자식의 불효라고 간주할 수 있는 폭로가 되지 않게 하려는 예의, 그리고 지혜롭게 하지는 않았을지라도, 확실히 자식을 사랑한 부모에 대한 경의와 존경을 포함한 모든 종류의 제한으로 인해 억제되어 버린다.

그러기에 『아버지와 아들』은 복잡한 내용으로 덮여 있다. 그 안에는 영국 빅토리아 시대(대영제국 최전성기-역자주)의 한 지방의 청교도적인 가족에 대한 자세한 역사적 내용들이 가득하며, 그것은 사회적, 지적 역

---

[6] 예를 들어 다음을 볼 것. George P. Landow, ed., *Approaches to Victorian Autobiography* (Athens, Ohio: Ohio University Press, 1979).

[7] 공공연히 세속주의적 입장에서 전기를 쓴 것은 다음을 볼 것. Harold Nicolson, *The Development of English Biography* (New York: Harcourt, Brace, 1928).

[8] Gosse, *Father and Son*, 251.

사학자들의 관심을 자극하기에 복잡하다. 또한 여기에는 강렬한 감정이 가끔은 노골적으로, 가끔은 은밀하게, 가끔은 고의적으로 억누른 상태로 뒤섞여 표현되었다. 그렇지만 이 책은 그 무엇보다도, 아버지나 어머니의 관점이 아닌, 그 아들의 관점에서 쓰여졌다.

『아버지와 아들』의 문학 장르에 대해 더 이야기할 것이 있는데, 왜냐하면 고스가 이 책의 첫머리에서 자신의 다음 이야기는 "양심에서 나온 진실이며, 엄격한 의미에서 만약 이것이 진실이 아니라면 이러한 것을 낸다는 것 자체가 이것을 읽을 사람들을 우롱하는 것에 불과하다"라는 비장한 선언을 하고 있기 때문이다.

그렇다 해도 이 주장을 근본적으로 신뢰할 수는 없다. 고스가 어린 시절 이야기를 나이든 남자의 여과된 기억을 통해 구성했을 뿐만 아니라, 엄격하며 종교적인 집안 분위기 속에서 어린 그가 살아남기 위해 환상을 지어내거나, 장소도 명확치 않으며, 필요할 경우 거짓말도 했는데, 심지어 기도하고 있을 때의 자기 모습 관찰에서도 거짓이 들어간 대안적(代案的)인 자아를 만들어냈다는 실마리를 곳곳에서 찾을 수 있기 때문이다.

고스가 자신의 내적인 삶을 "만들어가는 것"에 대해 이야기할 때, 그가 증언하고 있는 그 사실은 "그 자아가 전기작가에 의해 밝혀진, 나타난, 아니면 만들어진 어떤 것이 되었다는 것이다." 이러한 현대적 의미에 있어서, 자서전은 부분적으로 "해석 자체의 본질과 과정에 대한 자기의식 반영의 활동이다."[9] 그러므로 완전한 진실이라는 고스의 호소가 순진하

---

9   Howard Helsinger, "Credence and Credibility: The Concern for Honesty in Victorian Autobiography," in Landow, ed., *Approaches to Victorian Autobiography*, 56-63. 다음도 참고할 것. Linda H. Peterson, *Victorian Autobiography: The Tradition of Self-In-terpretation* (New Haven: Yale University Press, 1986), 28.

면서도 솔직하지 못하지만, 고스는 자신이 특별한 일을 하고 있으며, 에드워드 시대란 상황에서 아버지에 대한 그의 초상화는 부도덕한 것까지는 아니지만 (아버지에 대한) 무례한 분위기로 위험하게 기우는 면을 보여주고 있음을 고스도 알고 있었다.

고스가 충분히 예상했던 바 자신이 고의적으로 자기 아버지의 명성을 더럽혔다는 비판을 누그러뜨릴 수 있었던 것은 오직 진실과 효성을 향한 호소였다. 『아버지와 아들』이 전기에서 자서전으로 미끄러지며 왔다갔다 할 때, 그 관점은 언제나 작가였던 에드먼드 고스의 관점이었지, 자연주의 과학자였던 그의 아버지 필립 고스의 관점은 아니었다.[10]

이 책의 특이한 힘은 고스가 억눌린 어린 시절에 그 악들을 퍼뜨린 아버지에 대한 애정을 잃어버린 것처럼 보이지 않은 채, 또 쓰라림을 벗어 보려고 항복하지도 않은 채 어린 시절의 악들에 관해 쓸 수 있었다는 점이다. 고스가 암울한(가장 선호하던 단어 중 하나) 어린 시절과 요지부동이었던 아버지에 대한 인상을 잘 전달하기 위해 조심스럽게 언어를 선택했다는 것은 의심할 여지가 없다.

비록 그의 아버지가 (자식들을) 이기려고 하면서, 보상을 해주는 특징을 가진 남자로써 묘사는 되었지만, 종교라는 힘으로 (자식들을) 제어하려던 그의 아버지는 전제군주나 다름없었다는 점이 에드먼드의 단어 선택을 볼 때 의심의 여지가 없다. 선망과 존경의 측면에서, 에드먼드는 아버지에게 한편으로는 재빨리 끌려갔다가도, 다른 한편으로는 단어나 어귀들을 조심스럽게 선택함으로 빠져나오기도 한다.

---

10 *Father and Son* 의 장르에 대해 통찰력 있는 논의와 서구적 전기 전통과의 연관에 대해서는 다음의 서문을 볼 것. Penguin English Library edition by Peter Abbs.

예를 들자면, 에드먼드는 그의 두 번째 결혼 후에 아버지의 기분이 살짝 녹아진 것을 발견하였다. 아들이 잠시나마 그의 친구들과 함께 어울리는 더 많은 자유가 주어졌을 때 말이다. 그는 "이것은 내가 새로운 친구들과 어울리는 것을 막으려고 하지 않으시는 아버지의 일시적 방심을 드러낸 놀라운 증거였다. 아버지는 이상하게도 인도적인 분위기(human mood)로 자신을 유지했다"라고 썼다.[11] "이상하게 인도적이었다"는 말은 특별하게 충격적인 칭찬이다.

그리고 『아버지와 아들』 안에는 어쩌면 이런 표현이 너무 많다. 에드먼드의 어린 시절의 진짜 악당은 통상적으로 그 아버지가 아니라, 그 아버지의 종교였다는 것이 그려지기는 하지만, 아들의 단어 선택은, 그 의도가 어떻든 간에, 아버지의 집안 내에서의 독재를 어떤 동기에서든 독자들로 하여금 잊어버리게 만들지는 않는다. 어떻게 정강화가 되었든, 에드먼드는 그 자신을 분명하게 피해자로 보았으며, 그 피해의식은 그 글 안에 깊게 새겨졌다.

그렇지만 본 장의 목적은 『아버지와 아들』에 대한 새로운 비판적 반성을 시도하는 것이 아니다. 어쩌면 그것이 매우 필요할 수도 있다. 그러나 이 책을 통해 복음주의적 개신교의 강렬한 형식 안에서 고스 가족이 어떤 삶을 이루어 나갔는지를 보고자 한다. 비록 『아버지와 아들』이 이러한 노력을 위한 1차 자료이지만, 다른 자료들, 그리고 보다 넓은 구조에도 고루 관심을 가질 것이다. 그 목표는 중요한 책의 문학적 가치 판단에 도달하는 것뿐 아니라, 가족, 정체성, 그리고 성격에 복음주의적 종교의 특정한 형

---

11 Gosse, *Father and Son*, 185. *Father and Son* 안에서의 저자 자신의 목소리에 대한 보다 광범위한 논의는 Grylls, *Guardians and Angels*, 172-90를 보라.

태가 어떻게 작동을 했었는지 그 방법을 더 분명히 밝히는 것이다.

이런 과정에서 그의 아버지와 어머니 그리고 플리머스형제단의 복음주의 교파를 향한 그들의 공유된 헌신뿐만 아니라 그 아들에 대해서도 강조될 것이다. 비록 숫자는 적어도 플리머스형제단 교파는 1820년대 더블린의 아일랜드 교회에서 갈라져 나온 분파로서 현대 개신교 근본주의 운동의 가장 중요한 뿌리 중의 하나이며 특히 세대주의적 전천년주의 신학으로 크게 주목받는다.

『아버지와 아들』에 대해 문학비평가들은 플리머스형제단 교파를 칼빈주의 복제약 같이 형편없고 편협한 종파라고만 단순하게 보다 보니, 고스 가족의 종교적인 문화형성에 그것이 왜 그리 강조되고 있는지를 제대로 못보고 있다.[12] 1907년에 『아버지와 아들』이 런던에서 출판되면서, 고스의 동시대 문인들에게서 즉시 찬사를 받았다. 그해에 나온 가장 통찰력 있는 논평 중 하나를 쓴 헨리 제임스는 고스에 대해 다음과 같이 썼다.

> 『아버지와 아들』은 이례적으로 발랄하며, 흥미롭고, 아름답게 완성된, 놀랍게 완성된 당신이 이제까지 쓴 것 중 정말 최고라 부를 수 있다. 이 작품은 엄청나면서도 흠잡을 데 없는 생명을 지니고 있으며 그 종류와 정도에서 비범하며, 실로 쾌활하고 강렬하다. 그리고 시작부터 끝까지 선입견으로 치우쳐 있으면서도 그대로 솔직하며 매우 객관적인 모습이

---

12   이 신학은 특별히 예수님의 재림을 강조하며 특히 예수님과 적그리스도의 통치에 근거한 종말론을 강조한다. 근본주의에 대한 기원에 대해서는 John Nelson Darby의 세대주의적 신학의 중요성을 설명한 것이 있는데 다음을 볼 것. Ernest Robert Sandeen, *The Roots of Fundamentalism: British and American Millenarianism, 1800-1930* (Chicago: University of Chicago Press, 1970). Plymouth Brethren 의 보다 많은 정보는 다음을 볼 것. Harold Hamlyn Rowdon, *The Origins of the Brethren, 1825-1850* (London: Pickering and Inglis, 1967).

보기 드물게 당당하기에, 그것이 나를 후려친다. 따라서 당신이 신앙심이 두터운 열정과 종교적 분노에 대해 글을 쓴다면, 가장 먼저 찾아야 할 전문가의 위치에 있다.[13]

제임스가 인정했듯이 빅토리아 여왕 시대의 아버지와 아들 사이의 사적인 관계에 대해 이처럼 부자 사이를 훤히 들여다보이는 책을 쓴다는 것은 일반 대중들의 취향을 전통적인 영역을 넘어선 데까지 확장한 것이었다. 나아가, 고스의 솔직하고 유연하며 쓴 뿌리가 없는 글은 불효라는 모든 혐의를 벗겨주고 흩어져 버리게 만들었다.

이전의 논의에 비추어 보면 제임스의 고스에 대한 "전적인 솔직함과 객관적"이라는 범위는 과대평가라 볼 수 있다. 포스트모더니즘 세대에서 본다면 이런 주장은 정당한 해석학적 의심이다. 고스의 전기작가들도 고스가 잘못 기억했었거나 아니면 고의적으로 일부 측면들을 왜곡하여 썼다고들 평가한다. 예를 들면, 『아버지와 아들』에서는 에드먼드의 어린 시절 그의 가족이 대부분 런던에 있는 조그만 어두운 집 안에서 지낸 것으로 보이지만, 실제로는 상당 시간을 웨일즈, 데본, 돌셋 등지에 있는 해변가에서 보냈다.[14] 유사하게 독자들은 『아버지와 아들』의 에필로그 부분에서 아들이 아버지의 종교를 런던에서 상당히 일찍부터 반발했다는 인상을 받는데, 실제로는 그때 에드먼드는 20대가 되기 전까지 아직

---

13 Henry James to Edmund Gosse, Rye, England, November 10, 1907, in Rayburn S. Moore, ed., *Selected Letters of Henry James to Edmund Gosse, 1882-1915, a Literary Friendship* (Baton Rouge: Louisiana State University Press, 1988).
14 Thwaite, *Edmund Gosse*, 23.

도 플리머스형제단의 주일학교에서 가르치고 있었다.

더욱이 17세기 영국시에 대한 고스의 책 중 하나가 존 처튼 콜린스(John Churton Collins)의 실증적인 비판을 받으면서, 고스는 믿을 수 없는 작가라는 오명으로 그의 문인으로서의 앞날이 거의 멈춰 설 지경에까지 이르게 되었다. 비록 콜린스가 각주에서 각주로 넘나들며 문학적으로 고스를 너무 사납게 괴롭혔다는 비난을 면하기는 어렵긴 하나, 고스의 글이 역사적인 정확성 측면에서 제멋대로이기에 혼란을 주었다는 점을 드러냈다.[15]

그것은 단지 고스 정도 되는 인물이 역사적인 사실과 사건에 대하여 보다 더 부주의했다는 것뿐만 아니라, 그가 더 좋은 이야기를 만들려고 자신과 관련된 사건들을 상상으로 부풀리려는 경향이 있었음을 보여준다.

예를 들어 다음을 고려해보자.

빅토리아 시대 시인 어거스투스 찰스 스윈번와의 첫 만남에 대한 그의 세 가지 다른 기록들(하나는 그의 사적인 일기 안에서, 다른 둘은 출판된 이야기 안에서)의 날짜, 시간, 사건 등이 맞지 않는다. 게다가 그의 각 이야기의 어조와 스타일에서 스윈번의 기록과 서로 엇갈린다. 그 둘이 실제 만난 곳은 대영박물관(British Museum)의 독서실이었는데, 스윈번은 그곳을 참고문헌을 찾아보기 위해서 찾았었고, 고스는 하급 직원으로 일하고 있던 터였다. 스윈번은 고스가 자신을 만났을 때 "완전히 기절한 상태였고 내 이마를 살짝 베어있었다"라고 썼다. 그 사건에 대한 고스의 서술들은 그 사고의 시간과 날짜가 내면적으로 일치하지 않을 뿐만 아니라, 또

---

15   Gosse와 John Churton Collins 사이의 고통스럽고도 긴 갈등의 이야기는 다음에 잘 나와 있다. Thwaite, *Edmund Gosse*, 277-97.

한 스윈번의 일상적인 언급보다 인간적인 드라마가 더해진다. 고스는 다음과 같이 썼다.

> 오후 2시쯤 나는 출입구 옆에 많은 사람들을 보면서 독서실을 막 지나가고 있었다. 누군가가 졸도했다는 말을 듣고 가까이 가보니 익히 알려진 얼굴의 시인인 어거스틴 찰스 스윈번이었다. 그의 넓은 이마에는 반창고를 붙였지만 피가 번져 있었으며 머리카락은 헝클어지고 피투성이가 되었다…. 그가 너무도 심하게 이마를 쇠기둥에 부딪쳐 약 6센티미터 정도 길이로 찢어졌고 뼈까지 뚫고 들어간 것 같이 보였다.[16]

여기서 문제가 되는 중요 논점은, 사사로운 사건을 둘러싼 일에 역사적 원전(原典)비평으로 고스를 트집잡자는 것이 아니라, 그가 평생 동안 특별히 좀 유명한 이들과 연관된 것을 쓸 때는 매우 화려하게 쓰는 경향이 있었다는 점을 지적하는 것이다. 대단한 통찰력과 비범한 신랄함을 겸비했던 버지니아 울프는 고스에 대해 다음과 같이 기록했다.

> (그의) 편협함, 성장의 추함, 그의 아버지의 거의 제정신이 아닌 종교적인 광적인 열심으로 그 집안에는 문화, 아름다움, 촌스럽지 않은 면, 정중함 등이 없었다. 마치 꽃에게 태양이 필요하듯이 에드먼드 고스는 삶의 이 모든 요소들을 향해 본능적으로 몸을 돌렸으며 간절히 원했다.
> 한번 옮겨 심은 꽃은 거의 강압적으로 방향으로 돌려야 하는 것이 당

---

16 Thwaite, *Edmund Gosse*, 71-72.

연하다. 그렇게 하지 않으면(방향이 다르면), 기어오르기가 너무 힘들고 몸을 사정없이 비틀어야 하며-비유를 하나만 더 들자면-사빌 로우(Saville Row)에서 옷을 주문할 정도는 되어야 할 것이다.[17]

요약하면 성장 배경이 거의 선입관이 없었던 고스는, 아버지의 손아귀에서 벗어나게 되면서, 자신의 자아를 발견했고, 명성과 대단한 인물들을 정신없이 쫓아다녔으며, 항상 자신을 가장 그럴듯한 매너로 드러내는데 관심을 두게 되었다는 사실이다. 이것들 중 어느 것도 전기와 자서전으로 뛰어난 성공적 작품인 『아버지와 아들』의 예술적 탁월함을 훼손시키지는 않았으나, 처음부터 상기해야 하는 것은, 이 이야기가 약점이 많은 바로 그 아들에 의해 이야기되었다는 점이다.

어찌되었든, 『아버지와 아들』이 아무리 훌륭한 예술 작품이라고 해도, (그의 아버지란) 대리석에서 떨어져 나온 (독자적인) 작품이거나 순수한 객관성을 지닌 작품으로 너무 쉽게 가정하는 것은 실수일 수 있다는 것이다. 아무도 그렇게 기대하지 않으며, 기대해서도 안된다.

『아버지와 아들』의 종교적 구조 분석을 시작할 때, 에드먼드가 7살이 되기 전에 돌아가신 그의 어머니의 역할부터 살펴보는 것은 기대에 벗어나는 것처럼 보인다. 고스 어머니의 죽음은 이 책 3장에 나오는데, 어머니의 삶과 죽음은 뒤에 긴 그림자를 드리웠다. 고스의 어머니 에밀리 보웨즈는 어려움에 처한 부유한 보스턴 출신 가문의 딸이었는데, 런던 동부 해크니에서 열린 작은 플리머스형제단의 성회에서 그의 아버지를

---

17 Virginia Woolf, *Collected Essays*, vol. 4 (New York: Harcourt, Brace and World, 195), 82.

만났다.

에밀리가 이 교파에 끌리게 된 것을 플리머스형제단의 미래 역사에 비추어 보면 모순적인데, 그 이유는 이 교파는 초대 교회의 사랑과 단순함을 회복하고자 교회연합을 강조하였고, 교회의 소유물과 교회들 사이의 사소한 차이들에 얽매이지 않았기 때문이다. 그녀는 품위 있고, 지적이며, 사교성이 있고, 그리고 매우 신앙심이 깊었다. 그녀는 가치없다고 여긴 상상 속의 허구가 가진 매력과 평생 전쟁을 치렀지만, 자신은 많은 발행 부수를 냈던 종교전단지를 많이 썼던 작가였다.

그녀는 그 전도지로 낯선 사람들을 전도하는 일에 재능이 있었는데, 그런 일은 고스에게는 매우 창피한 일이었다. 에드먼드가 기억하기로는 어머니가 아버지보다 감정 면에서 더 강했으며, 어쩌면 자기 시대의 찰스 웨슬리나 조지 휫필드가 될 수 있도록 크리스천 아들로 고스를 키워내는 일에 전력을 다했다. 타협하지 않으려는 노력에 대한 고스의 생생한 예시는 왜 그렇게 많은 역사학자들이 여성의 종교성과 모성의 (그 종교성) 전달이 복음주의적 신앙을 유지하는데 있어 가장 강력한 힘으로써 보는지 보여준다.[18]

고스의 부모는 신앙 면에서나, 성경적이고 예언적인 문학에 대한 헌신에서나, 그리고 하나님의 아이로 에드먼드를 키우겠다는 결심에서나 서로 같은 생각을 가지고 행복하게 결혼했다는 것은 의심할 여지가 없다.

그러다가 이 모든 것이 어머니 에밀리가 유방암 진단을 받은 끔찍한

---

18 다음 예를 볼 것. Callum G. Brown, *The Death of Christian Britain: Understanding Secularisation, 1800-2000* (London and New York: Routledge, 2001). Brown은 특히 1960년대 여성들의 경건이 무너지면서 물질주의적 전이가 생긴 것을 현대 영국의 세속화가 급벽히 진행된 것에 그 이유를 두고 있다.

소식으로 다 무너져버렸는데, 그 일 이후, 에드먼드가 반 세기가 지난 뒤에 쓴 『아버지와 아들』에서조차 어머니의 병명을 부르는 것을 견뎌내지 못했다. 어린 아들 고스의 눈을 통하여 본 그 어머니의 질병과 죽음에 대한 글은 모든 문학 안에서 무척 사랑했던 부모의 죽음을 그린 최고의 가장 감동적인 글 중 하나이다.

> 우리(어머니와 자신)는 아늑한 말도 나누지 못했다; 어머니의 손은 내 손을 쓰담기에도 너무 약했다; 계속하여 크게 울리는 기침은 무서웠고 나를 괴롭혔다. 나는 내가 어머니의 높은 침상 곁에 서 있으면서 어색하게 쑥스럽게만 느껴졌고, 나는 매우 작고 중요하지 않은 존재로 축소되었으며, 어머니는 내가 닿을 수 있는 모든 범위로부터 떠나가고 있었으나 나는 그것도 몰랐고 어떻게 끝나가는지도 몰랐다. 어머니는 이전의 어머니가 아니었다; 정말로 꼿꼿이 서 있었던 어머니의 머리가 지금은 베개 위에서 굴러다니든지 아니면 묻혀있었다. 어머니의 밝고 사랑스러운 눈으로부터 나오던 불꽃도 모두 소멸되어 버렸다.
>
> 나는 이해할 수 없었다; 나는 이것에 대해서 오래도록 내 어린 시절의 어두움 속에서, 다락방 안에서, 아니면 현재 내 침대가 있는 차가운 방 한쪽 구석에서 되뇌어보았다. 그리고 내 영혼 안에 깨어있었음을 몰랐던 내 자신에 대한 강한 맹목적 분노가 치밀었다.[19]

어머니 에밀리는 자신의 죽음이 가까워오면서 모든 것이 더욱 어렵게

---

19   Gosse, *Father and Son*, 79-80.

되어버렸다. 그것은 그녀가 아들 에드먼드를 신실한 크리스천 제자로 키우겠다는 그녀의 엄숙한 의무를 성취하기 위해 아들 곁에 더 이상 있을 수 없을 것이란 의식 때문이었다. 숨을 거둘 순간에 그녀는 남편 필립 고스에게 "우리의 어린양을 이끌고 나와 함께 걸어갑시다"라고 말하였다.

이것은 그녀가 더이상 완수할 수 없는 임무를 남편에게 넘겨주면서 이제는 당신 자신을 바치라는 분명한 호소였다. 에드먼드는 그것에 대해 이렇게 썼다.

> 요람에서부터 시작된 (주님께 드려지는) 나의 헌신은 가장 엄숙하고, 가장 쓰라리게, 가장 저항할 수 없는 강요로 봉인되었다. 가장 성스럽고 가장 순결한 어머니의 임종에서 말이다. 그러나 이 얼마나 무거운가, 아틀라스의 짐처럼 견디기 어렵고 힘겨운 짐을 작고 약한 어린 아이의 어깨 위에 내려놓다니![20]

고스는 동일한 이유로 아틀라스의 짐의 참된 무게가 자기 위에 떨어진 것이 아니라, 아버지 위에 떨어졌다고 결론을 내렸을 수도 있다. 『아버지와 아들』에 실린 글에서도, 그리고 그들 사이에 교환한 사적인 편지에서도 이것이 분명하게 드러나는데, 그것은 에밀리의 죽음이 집안에서 사랑하며 부드럽게 하는 모습이 사라지게 하였을 뿐만 아니라, 또한 그들이 모두 사랑했으며 함께하지 않고는 쉽게 살아갈 수 없었던 어머니의 임종 소원을 들어주기 위해 아버지와 아들을 끔찍한 맹약 안에서 구속하

---

20 Ibid., 81.

였다는 것이다. 그 아버지에게는 그 맹약이 희망한 목적을 이루기 위해 아들에 대해 갑절의 노력과 끊임없는 경계를 필요로 하는 것이었다. 반면 그 아들에게 이것은 완전한 동의나 고통스러운 도항 중에 하나를 요구하는 것과 같았다. 어느 쪽도 체념하고 받아들이기 어려운 것이었다. 그것은 어머니가 예기치 않았던, 두 사람에게 남은 유산이었다.

어머니가 돌아가신 몇 달 뒤의 아버지와 아들 사이는 빅토리아 시대의 엄격한 복음에 의해 양육된 집안에서의 경건한 가정적 특성으로 새로운 심리적 활력이 생겨났다. 아버지와 아들은 매일 성경을 공부하였으며 히브리서에 대한 해박한 신학적 각주를 추가하는 작업도 하였다.

히브리서에 대한 신학적 각주 작업은 율법과 은혜, 희생과 구속, 믿음과 행위의 복잡함을 소화하려는 목적으로 진행되었지만, 그리 성공적이지는 못했다. 아버지와 아들은 집에서 오직 복음주의의 전통에서 내려오는 찬송가만 함께 불렀는데, 특별히 찰스 웨슬리와 존 웨슬리, 샬롯 엘리엇, 제임스 몽고메리 등이 지은 찬송가들이었다.

존 헨리 뉴먼과 존 캠벨이 지은 고교회파(High Church) 전통의 찬송가는 그 아름다움과 영성에도 불구하고, 로마 가톨릭 산물이라 하여 적극적으로 피하였다. 마지막 때에 관한 지나친 집착을 보이는 세대주의적 신학을 강조하는 플리머스형제단의 독특한 계시록 해석이 자신들의 계시록 읽기에 반영되었다. 고스는 이렇게 썼다.

> 둘은 함께 그 짐승의 숫자를 조사하였다. 그 숫자는 666이었다. 둘은 함께 나라들을 조사했다. 그들의 이마에 바벨론의 표식이 새겨있는지 보기 위해서 말이다. 우리는 히브리어로 아마겟돈이라고 불리는 그 장소

안으로 세상의 왕들을 불러 모으는 악마의 영들을 보기 위해 함께 성경을 연구했다.[21]

오직 전천년적 세대주의 신학의 성스러운 천막 밑에서 성장한 사람들만이 상상력으로, 과거와 현재와 미래의 사건들을 해석하므로, 그리고 마지막 때의 도래에 대한 모든 정보를 조직하므로 정신적 틀의 능력에 대해 증언할 수 있다. 그것의 가장 공통된 특징 중 하나는 격렬한 반가톨릭주의이다. 로마 가톨릭교회는 적그리스도, 음녀, 바벨론의 매춘부 등으로 다양하게 그려졌다.

모든 당시 사건들과 신문 기사들은 성경적 예언의 두터운 여과를 통해 읽혀졌다. 아버지와 아들은 "이탈리아의 어디에서든 교황제를 흔들 가능성을 지닌 사회 무질서가 일어나면"(성경의 예언이 들어맞고 있다고) 매우 즐거워했다.[22] 예언적 해석과 종교적 특별함, 그리고 정치적인 지향점을 지닌 이같은 방식은 비평적 논쟁에 둔감한 성경적 종합 안에 섞여 용해되었다.

만약 어머니의 죽음이 아버지의 기질과 그의 아들과의 관계를 만든 중대한 사건이었다면, 1857년 출판된 필립 고스의 『옴팔로스』(*Omphalos*)는 또한 다른 중대한 사건이었다.[23] 1850년대 후반까지 필립 고스는 뛰어난 자연연구학자로 명성을 이루었다. 그의 광범위한 출판물들은 『자메이카 내의 박물학자의 여행』(*A Naturalist's Sojourn in Jamaica*), 『데번셔 해변에서 박물학자의 산책』(*A Naturalist's Rambles on the Devonshore Coast*), 『수족관』

---

21 Ibid., 94.
22 Ibid., 95.
23 Philip Henry Gosse, *Creation (Omphalos): An Attempt to Untie the Geological Knot* (London: J. Van Voorst, 1857).

(*The Aquarium*)을 포함하여, 그를 자연세계의 조심스러운 관찰자, 그것을 (학문적으로) 정리한 도감 작성자, 조직가, 그리고 자연세계를 그려 보인 인물로서 널리 알려지도록 하였다.

필립 고스는 이같은 작업을 통한 유명세로, 적어도 부분적으로 빅토리아 시대 중반 영국의 해변가의 발전과 수족관 대유행에 기여했다. 자연 역사 부문의 존경받는 저자로써, 그리고 왕실 사회(Royal Society) 회원이자 그 모임에 자주 참가하는 일원으로, 필립 고스는 영국 과학계의 위대한 인물들인 찰스 라이엘과 찰스 다윈과 말을 터놓고 지낼 정도였다.

오래된 지구의 역사와 자연 선택, 그리고 종의 변형에 대한 개념들이 1850년대에 급속히 퍼져나갔으며, 다윈의 『자연 선택의 방법에 의한 종의 기원』(*The Origin of Species by Means of Natural Selection*, 1859)이 출판되면서 그 정점에 이르게 되었고 필립 고스는 이에 기여해야 한다는 압박을 받았다. 명예나 돈을 위해서가 아니라, 오직 성경과 그가 모은 화석 사이의 뚜렷한 모순을 화해시키기 위해, 아니면 에드먼드의 말대로 "진리의 형태는 두 가지인데, 양자는 서로 부정할 수 없으며 상호 맞선다라는 역설 안에 독특한 고뇌"를 다루기 위한 고차원적 일념으로 아버지는 나서지 않으면 안되었다.

필립 고스가 내놓은 이론은 시간 전의 법칙(Law of Prochronism, 문자 그대로, 시간 전에)으로 그의 논점은 오래된 존재를 이루는 물질적 구성을 이미 가진 상태에서 세상이 창조되었다는 것이다. 그러므로 아담은 배꼽을 가지고 있었지만 절대로 탯줄을 가지고 있지 않았으며, 에덴동산에는 완전하게 자란 식물과 나무들이 존재해 있었다는 것이다. 필립 고스가 주장하는 것은 세상이 창조되었을 때, 세상은 "순식간에 생명이 이미 오래 전부터 존재하였던 행성의 구조적인 모습을 제시하였다"는 것이다.

에드먼드에 따르면 아버지는 그 책의 출판을 "긴장감의 흥분" 속에 기다렸고, 그 책이 나옴으로 "지질학을 성경의 두 팔 안에 안겨주며, 사자가 어린양과 함께 풀을 뜯어먹게 되는 것에 관한 과학적 추측의 혼동을 종결시킬 것"이라 생각했다는 것이다.

그러나 어떤 출판물도 (그의 책보다 원저자의) 의도대로 완전히 이루어질 수 없다는 것이 판명되었다. 과학계의 지식인들은 도저히 받아들이기 어려운 것이라 비웃었고, 그리스도인들은 하나님을 마치 사기꾼처럼 만들었다고 했으며, 언론은 "하나님이 지질학자들을 유혹하기 위하여 화석들을 돌무더기 안에 숨겨놓았다"라고 놀렸다. 자연과학자로서 힘들게 얻어진 필립 고스의 명성은 한순간에 무너졌다. 존 처튼 콜린스의 손에서 이루어진 무시무시한 언어의 학살로 인한 아버지의 상황을 에드먼드는 이렇게 썼다.

> 아버지는 이러한 운명 앞에 아무런 준비가 되어있지 않았다. 그는 대중의 응석받이 연인이었다. 계속 언론의 총애를 받았으나 지금은 고대 어둠의 천사들 같은 매우 엄청난 폭도들이 (아버지를) 파멸시키려고 방해하고 있다.[24]

필립 고스는 누구의 도움도 없는 외로움 속에서 일해야 했기에, 무오한 성경을 향한 헌신, 그리고 과학적 관찰자로 자연신학과 철학의 혼탁한 물속으로 걸어 들어가 한계를 넘어간 일들로 인해 값비싼 대가를 치러야

---

24 Gosse, *Father and Son*, 104-6.

했다. 모든 아버지들이 영특한 자녀에 대한 긴장감을 가지게 만드는 한 가혹한 글에서, 에드먼드는 아버지는 진정으로 철학자는 아니었다고 썼다.

> 그는 기질적으로나 교육 수준에 있어서 방대한 일반화들을 형성하는 것 혹은 사소한 세부적인 문제들로부터 방대한 연구 속으로 도피하는 것에 무능하였다. 그는 자연의 광대함 안에서는 아무것도 아닌 하나의 렌즈만으로 모든 것을 보았다. 그 안에는 어떤 감각들도 부재하였다. 내가 생각하기에, 그는 모든 그의 정의로움에도 불구하고, 자유의 중요성이라는 개념이 없었다. 모든 그의 지성에도 불구하고, 그의 마음이 전적으로 생각할 수 있는 영역의 경계선들이 언제나 그를 둘러싸고 있었다; 하나님의 말씀에 대한 모든 그의 믿음에도 불구하고, 그는 하나님의 호의로우심에 대한 확신이 없었다; 그리고 모든 그의 열정적인 신앙심에도 불구하고, 그는 습관적으로 두려움을 사랑으로 오해하였다.[25]

비평가들이 일반적으로 추정하는 것은 필립 고스의 편협한 종교가 그를 편협한 과학자로, 편협한 아버지로 만들었다고 하는데, 동일하게 가능한 것은 그의 삶의 모든 측면에서 그는 틀에 박힌 합리성을 지닌 자세들을 수용하려는 피할 수 없는 성향도 있었다는 것이다.

이런 의미에서 성경의 무오함에 대한 그의 믿음, 사실상 성경 전부의 유산에 향한 그의 헌신, 본문에 대한 그의 문자적 해석, 매우 계획적으로 짜여진듯한 그의 세대주의적 전천년설, 자연의 종들을 목록화하고, 해부

---

25   Ibid., 123.

하고 수집하기 위한 그의 열정, 유연한 관계 형성의 부적격성, 그리고 모든 것을 조종하려는 그의 욕망은 그의 종교의 선택이 편협한 마음의 원인만큼 증상일 수 있다는 가능성을 보여준다.

반직관적으로 예언적인 계산에 특별히 끌렸던 19세기 사람들은 방법들에 있어서는 매우 합리주의자였다는 것이 사실이라면, 그것 또한 제대로 증명되었다. 그들은 문명의 역사들을 조사하였고, 문서들을 매우 깊숙이 파고들어갔으며 엄청난 복잡함과 정교함으로 도면과 지도와 도표들을 만들었다.[26]

필립 고스는 1년 안에 그가 사랑했던 아내와 그가 가치 있게 여겼던 평판을 잃고 말았다. 에드먼드가 볼 때 이 일들로 인해 (아버지는) "이단의 첫 번째 기미"를 보였는데, 하나님은 잔혹한 불행으로 그를 가지고 노는 것처럼 보였으며, 그의 명성이 먼지가 되도록 갈아지는 동안에 가만히 계신 것처럼 보인 하나님을 향한 분노를 발했기 때문이다.

비록 그 안에 둥지를 틀고 있던 우울증이 성공적인 재혼에 의해, 박물학자로 조금 회복된 평판에 의해, 그리고 자주 그의 아들과 해변가를 행복하게 산책함으로 일시적으로 완화가 되었지만, 필립 고스가 1857년 겪은 산산조각나는 듯한 사건들로부터 온전히 회복되지 못했다는 것은 부인할 수 없다. 그렇지만 변하지 않은 무엇이 있었다면, 그의 아들의 영원한 운명을 지켜내야 한다는 무서운 집념이었는데, 이제부터 그것을 보고자 한다. 에드먼드 고스의 어린 시절에 대해 우리가 아는 세부 자서전적 내용들을 볼 때, 분명한 것은 『아버지와 아들』 안에 열거되어 있는 그

---

26 David Morgan, *Protestants and Pictures: Religion and Visual Culture, in the Age of American Mass Production* (New York: Oxford University Press, 1999). 이 책은 Morgan의 논쟁이다.

생생한 기억들이, 그들의 전형성과 사실에 입각한 정확성보다 아버지와 플리머스형제단에 의해 제시된 정체성에서 분리되어 나와 자신만의 개인적인 정체성을 연마하려는 아들의 탐구 안에 있는 상징적이고 감정적인 중요성에 의해 선택되었다는 것이 분명하다.

이러한 자기실현의 소소한 에피소드들은 에드먼드 고스에 의해 익살스러우면서도 인간적으로 재언급된다. 그들의 분명한 매력들이 침울할지도 모르는 부분이 완화되도록 도와준다.

자신이 가게 창문 안에 본 크고 페인트칠된 소리나는 팽이를 하나님이 배달해 달라는 에드먼드의 기도, 주는 것, 의자를 예배하므로 정말로 하나님이 벌주시는지를 실험한 종교적 우상숭배 실험, 그리고 아버지가 허락하지 않은 파티에 가는 것이 하나님의 뜻이라고 하나님이 자신에게 말씀하셨다는 것과 같은 고전적 이야기들은 모두 경건한 영역들을 어린애같이 뒤집는 얘기들이다.

동일하게 우리 마음을 사로잡는 것은 데번셔에 있는 작은 플리머스형제단 모임에서의 아버지와의 만남들에 대한 고스의 기억들이다. 예를 들면 괴짜인 플로(Miss Flaw) 양이 그를 "납치"한 것, 그의 아버지에게 관심을 보이는 여성들에 대한 그의 평가들, 그리고 그 무엇보다도 그의 침례이다.

종교적 개종의 선포로 완전히 물에 잠기는 침례는 플리머스형제단의 중심된 종교의식이며, 그래야 매주마다 빵을 떼는 성례에 참여를 포함한 완벽한 회원 지위를 얻어 모든 특권들을 얻는다. 고스는 공식 침례를 그의 어린 시절 전체의 중심된 사건으로 여겼는데, 모든 것을 더욱 주목하게 만든 것은 그가 10살 나이에 그 경험을 한다는 것이 일반적이지는 않았다는 것이며, 그것은 그에게 유명인이라는 지위를 갖게 해주었다는 것이다.

그 사건에 대한 고스의 가짜 영웅적 묘사 가운데는 한 여성이 옷을 전부 걸친 채 침례 욕조 안으로 빠졌다가 그녀의 스커트(크로노린) 밑에 있는 공기 팽창 때문에 수직으로 섰다는 즉흥적 이야기도 있는데, 이것은 완전한 자기 풍자이다.

> 그 광경은 단순히 우리와 같은 이런 은둔자들뿐만 아니라, 심지어 삶과 신기하고 다채로운 경험들에 익숙한 세상적인 사람들에게도 감명 깊을 수도 있을 정도였다. 나에게는 그것이 언어를 뛰어넘은 휘황찬란한 것이자, 표현할 수 없도록 흥분되는 것이었으며 각종 홍보와 영광에 대한 개시였다. 그곳에는 많은 지원자들이 있었다. 그러나 그 나머지, 즉 단순히 성인 남성들과 여성들은 큰소리로 감사를 전하였는데, 그것은 내가 이끈 곳으로 가는 특권을 받게 되었기 때문이었다. 나는 그 시간의 영웅으로 인정받았다.[27]

그것의 예식적, 심리적인 변덕이 무엇이든 간에, 에드먼드 고스의 침례는 아버지와의 영적 전쟁에서의 마찰을 잠깐 휴전으로 이끌었다. 공적 침례는 결국 플리머스형제단이 그 신자의 개종을 표시하는 장치였다. 그것을 통해 아버지가 아내의 임종 때 침상에서 한 약속은 성취되었다. 영원한 생명이 확고하게 얻어지게 되었다.

그렇지 않았는가?

고스는 자신이 침례를 받은 것과 신앙에 대한 대중적인 고백의 사건들

---

27 Gosse, *Father and Son*, 156-61.

을 뒤돌아보며, 그 모든 일은 신비로운 휴거 그리고 이번 생에서 다른 생으로 가는 개인적인 해방보다 지적인 찬성, 공동 사회의 모방, 그리고 예배의 일치와 더욱 관계가 있었다고 쓰고 있다. 그것은 두 개의 인격이 한 몸 안에 살고 있는 것처럼 보였다. 그 하나는 순응주의자이면서 경건한 구원의 단어를 말하는 인격이고, 다른 하나는 단순한 공개적 전시 외에는 아무 것도 없었다는 것을 잘 아는 "개성이 강한 사람"이었다.

고스의 두 갈래로 갈라진 종교적 페르소나와 그 사실을 그가 그것을 인식하고 있었다는 사실은, 아버지와 피할 수 없는 자기실현에 대한 충돌을 만들었을 뿐만 아니라 또한 자신의 경험을 진행시킬 수 있는 흥미로운 내적 변증법을 제공하였다.

예를 들면, 그의 인격의 한쪽 면은 다른 쪽 면에 자신의 사적인 기도들이 아무 관중도 참석하고 있지 않을 때, 단순한 기계적인 고백이자, 공허한 말이며, "진정한 성유(聖油)"의 부족이었다고 고백해야 했다. 유사하게 그는 자신의 침례를 비웃기 위해 나타난 거친 노동자 계층의 부부가 그 경험에 큰 감동을 받아, 그것이 비록 악마의 환상이자 유도된 실패라는 생소한 체계를 통한 것이었음에도 불구하고, 개종하기로 결심했다는 그 사실에 흥미를 갖게 되었다. 고스는 개인적으로 그들의 이야기와 곤경에 감명을 받아 돈을 저축하여 그들의 오두막을 방문하여 돈을 주는 박애주의를 보였다.

그러나 그 돈은 그 남편의 은혜를 모르는 탐욕으로 강탈되었다. 결국 고스는 돈도, 그 부부의 감사도 없이 집으로 무거운 걸음을 옮겨야 했다. 결과적으로, "인류애의 어린 나무는 나의 가슴 안에 묻히게 되었다 마치 생석회처럼 말이다"²⁸라고 고백했다.

비록 고스가 거기에 간 것을 비밀로 하였지만, 그의 글에 보면, 그는 그 결과가 비밀로 남는 것을 원하지 않았음은 확실하다. 자신의 아버지에게 그 이야기를 한 것에서, 혹은 그 사건의 기억 속에서, 경건하게 베푸는 자인 고스(네 왼쪽 손이 무엇을 하고 있는지 네 오른쪽 손이 알지 못하게 하라)는 은혜를 베풀었으나 진가를 인정받지 못한 브르조아이자, 고스와 대립하고 있는 것으로 보인다.

복음주의의 주변을 정기적으로 떠돌아다니는 이런 볼썽사나운 돈에 얽힌 스캔들(재정 비리) 중 하나인, 좀 더 심각한 돈과 관련된 한 사건이 에드먼드의 신앙적 감수성에 오랫동안 영향을 남겼다. 어느 지방의 플리머스형제단 신도가 부유하고 나이가 많은 사람을 하숙인으로 받아들였고, 불법적으로 자신의 지위를 악용해 그의 유언을 바꾸었다. 결국 외국에 살고 있던 그 나이 많은 신사의 아들은 아버지가 그 형제단 신도로 인해 유산을 상속받지 못하게 되었다.

형제단은 그렇게 받은 돈의 일부를 선교와 종교적인 명분을 위해 기부하였다. 심지어 그의 형사재판에서도, 그 형제단 신도는 반성도 없이 자신의 행동을 변호하였다. 고스는 플리머스형제단이 전통적인 의미에서 종교적인 위선자가 아니지만, 아무리 사기를 쳐서 얻었을지라도, "세상의 즐거움들 안에서 사용되는 것보다 종교적인 선전"에 쓰는 것이 그 돈을 위해서는 더 잘된 일이었다고 믿게 되었다. 이 불미스러운 사건은 고스로 하여금 똑같은 결론에 이르도록 내몰았다. 그 결론은 종교, 특별 배

---

28 Ibid., 174.

타적인 종류의 종교의 경우(신앙이라는 이름의 종교만 앞장세우는) 더 이상 깨끗한 윤리적인 것들에 대한 보증이 되지 못한다는 것을 많은 복음주의의 탈영병들이 다양한 경로를 통하여 받아들이게 되었다는 것이다.[29]

윤리적인 것들에 대한 더 심각한 질문이 하나님의 정의와 영원한 처벌의 문제에 대한 아버지와 아들 사이의 대화들에서 다시 떠오르게 되었다. 대부분의 복음주의 개신교인들처럼, 고스의 아버지도 영원한 대속은 가톨릭 신자들, 유니테리언 신자들, 그리고 누구든지 개인적인 구원에 대한 엄격한 복음주의적 개념으로부터 벗어난 사람들에게는 거부되었다고 믿었다.

예를 들어, 이 관념은 오스트리아의 모든 거주민들은 (가톨릭이기 때문에) 영원한 처벌을 받게 될 멸망을 당하게 되었다거나, 아니면 나이 많은 수녀의 성스러운 삶이 구원의 관점에서는 아무것도 아니란 취급을 받게 된다는 것이었다. (이런 생각들은) 고스에게는 암울한 충격이었다. 고스는 이것에 대해 이렇게 쓰고 있다.

> 나는 이것이 별로 마음에 내키지 않았는데 그것에 회의적이었기 때문이다. 나는 여전히 이런 엄청나게 중요한 비밀이 플리머스형제단의 작은 모임에 위임될 수 있다는 것, 그리고 수많은 무관심한 경건한 신학자들에게 감추어져왔다는 것이 불가능하다고 생각했다.[30]

29　Ibid., 189.
30　Ibid., 231.

엄격한 구원론적 문제들만이 위태로웠던 것이 아니었다. 모든 살아 있는 생명체를 향한 아버지의 정중함과 영원한 처벌에 대한 쇳덩이 같이 단단한 강조 사이의 뚜렷한 모순이 에드먼드를 가장 혼란스럽게 하였다.

> 다른 사람—아무리 싫은 사람이나 자격이 없는 사람이라 할지라도—의 고통이나 곤란을 보고만 있을 수 없을 만큼 온화한 사람이, 수백만의 많은 사람들이 지적 이해력 문제로 인해 하나님에게 처벌받는다는 사실을 묵인한다. 아버지의 이같은 모순된 인식은 도구의 이상한 불규칙성의 결과 때문인 것으로 보였다. 성경의 절대적 온전함을 당연하게 여기고 자신의 훈련된 과학적 정신을 그들에게 적용함으로써 안타깝게도, 상상력의 기능, 도덕적 정의감, 그리고 자신의 깊은 본능적인 마음의 온유함을 질식시켰다.[31]

아무리 그의 아버지가 사람들이 단순한 이해력의 오류로 인해 영원한 처벌을 받도록 될 것이라는 공식에 만족하지 않으셨다고 해도 에드먼드는 아버지가 믿음보다 더 좋은 사람이라는 것뿐만 아니라, 그의 믿음들이야말로 아버지가 가장 인정하지 못하는 특성들의 근원이었음을 보게 되었다. 에드먼드를 자신의 아버지의 통제하는 영향력에서 벗어나는 지점으로 이끌어간 신학 토론들보다 더욱 의미 있는 것은, 예술과 문학을 향한 그의 사랑이었으며 그 사랑이 그의 성인으로서의 삶의 주도적인 열정이 되었다는 것이다. 모순적이게도 이것의 일부는 아버지의 체제 내부

---

31 Ibid., 231-32.

에서 육성되게 되었는데, 그의 지식을 통해서였다. 그것들은 히브리어 성경들, 복음주의 찬송가, 라틴어 운문들, 캐리비안섬의 지도들, 그리고 자연을 향한 심오한 사랑을 통한 지식들이었다.

아버지는 그 아들에게 자연의 모든 면들을 가서, 관찰해 보도록, 그리고 기록해 보도록 가르쳤다. 아버지가 베르길리우스의 시를 낭송할 때 시 안에서 그는 즐거움을 누렸다. 에드먼드는 "시의 귀절들의 소리 안에 존재할 수 있는 그 계산할 수 없는 놀라운 아름다움... 그리고 그것의 마법이 나의 마음을 영원히 사로잡았다"라고 썼다.[32]

그 아버지는 아들에게 디킨스를 읽도록 허용하여 주었으며, 그를 데리고 홀만 헌트(Holman Hunt)의 『성전 안에서 그리스도를 발견하기』(Finding of Christ in the Temple)를 구경하도록 하였고, 월터 스코츠 경(Sir Walter Scotts)의 서사시의 운문을 큰 소리로 읽도록 하였다. 그리고 수채화가였던 그의 두 번째 아내가 에드먼드에게 그림 그리는 것을 소개하는 것도 허락해 주었다.

그곳에는 당연히 엄격한 제한들이 있었다. 스코츠 경의 시들은 허용이 되었다. 그러나 그의 소설들은 허용이 되지 않았다. 그리스의 조각은 (에드먼드에 따르자면 사악하기에는 너무나도 아름다운) 배제되었는데 왜냐하면 이것이 이교 신들을 기념하였기 때문이었다. 셰익스피어도 금지되었다. 그럼에도 불구하고 흥미롭게도 에드먼드는 학교에서 국가 고시들을 위해서는 셰익스피어를 읽어야만 했다.

이것은 하찮지만 그러나 의미심장한 예로써 어떻게 세속화하는 경

---

32 Ibid., 143-44.

향들이 공공의 처방을 통해 종교 교파들 속으로 파고들 수 있었는지 그 이유이다. 사우데이(Southey), 콜러리지(Coleridge), 그리고 워즈워스(Wordsworth)는 허용되었다. 그러나 말로(Marlowe)의 호색적인 『영웅과 레안드로스』(Hero & Leander)는 아버지와 두 번째 아내로 하여금 모두 무조건 반대의 입장에 서도록 만들었다. 허용과 탄압의 분위기는, 문학에 대한 개인적 모험들을 일부 청소년들이 성적인 탐험을 위해 모아두는 흥미로운 류와 같은 것으로 재설명한 에드먼드에게 마치 장난같은 역할을 했다.

자메이카에서 삶의 초기 시절 일부를 보낸 아버지는, 그에게 『톰 크린글의 통나무』(Tom Cringle's Log)를 읽도록 허락하였는데, 열대우림 속에서 악한 주인공의 낭만이 그 아들의 상상력에 불을 지폈다. 그 모험들, 반란들, 이색 장소들, 그리고 "끝없는 열대의 태양"에 대한 묘사들이 어린 에드먼드에게 "나는 결국엔 집에서 우리를 이끌던 인생의 협소함으로부터, 그리고 율법과 예언자들에게 묶여있는 족쇄에서 도강쳐야겠다는 믿음"을 갖게 만들었다.[33]

무의식적으로 그리고 부지불식간에, 자연 세계를 향한 그 아버지의 열정, 라틴어와 히브리어 시인들의 리듬 안에서의 그의 즐거움, 그리고 자신이 여행한 세계의 역사는 성과 속에 대한 명확한 경계를 토대로 넓게 의지하고 있던 그의 종교체계가 전복되도록 도왔다. 예를 들면, 에드먼드에게 바다 밑의 마법 세계를 소개시켜 준 사람이 바로 그 아버지였다. 그리고 심지어 집에 작은 수족관을 만들어서, 바다 생물들도 길렀다. 에드먼드는 다음과 같이 쓰고 있다.

---

33 Ibid., 171.

> 방 안에는 2, 3개의 수족관이 있었는데, 바닷물을 담은 어항들, 유리로 된 벽면들, 그 안에는 모든 종류들의 생명체들이 기어다니거나 헤엄치며 다녔다; 그것은 나에게는 끝없는 즐거움의 밑천이 되었다. 그리고 그 시간에 그것들을 관찰한 후 그 바다동물들의 습관들을 적어두기 시작하였다.[34]

자신의 책 『수족관』(*The Aquarium*)에서 필립은 자연과학자의 삶이 행복한 이유는 그것이 "그를 자아의 협소한 영역 밖으로 끌어내었고 즐거움과 경이로움의 순전하고 그리고 완전한 지역으로 넣었기 때문이었다"라고 쓰고 있다.[35] 하지만 필립에게는 경이로움에 대한 차이점이 있었는데, 하나님의 창조에 대해서 묵상하는 인간들에게 주어진 신적인 산물로 상상하는 것과 전적으로 허구적인 세상들과 새로운 가능성들을 창조하는 자아의 능력과 자아에 기반을 둔 한 개념으로써의 상상의 차이였다.

그럼에도 불구하고 『아버지와 아들』에서 에드먼드에 의해 소개된, 지루하며 상상력이 없는 아버지와, 생생할 정도로 상상력이 풍부한 아들에 관한 내용을 뒤집을 필요가 있다는 것은 논쟁할만하다. 그 아버지는 에덴과 종말론(시간의 처음과 종말)에 대한 그의 터무니없는 개념들에 뿌리 내린 성경적 상상력이 가능했을 뿐만 아니라, 에드먼드의 시 역시 격식을 갖춘 일관성, 방법론적 정확성, 그리고 정확한 묘사가 요구되는 고답

---

34 Ibid., 88.
35 Thwaite, *Edmund Gosse*, 28. See Philip H. Gosse, *The Aquarium: An Unveiling of the Wonders of the Deep Sea* (London: J. Van Voorst, 1856), and *The Romance of Natural History* (Boston: Gould and Lincoln, 1861).

파의 이상들(Parnassian ideals)에게 영향을 받았다.[36]

관찰하고 목록화하는 것이 일이었던 자연과학자로서의 아버지의 열정의 일부가 시적인 성향을 지닌 아들의 시구절 안에 살아 있었다. 그러나 그것은 에드먼드가 『아버지와 아들』 안에서 보는 방식은 아니었다. 에드먼드에게 있어서 상상력과, 황홀감, 즐거움, 그리고 모험의 세계는 휴식, 기도, 그리고 성경 읽기를 위한 짧은 막간들로 된 다섯 번의 종교적인 모임들이 촘촘하게 배치되어 있는 빅토리아 시대의 안식일에 대한 그의 기억할 만한 기술에 의하여 예시화된 것처럼 복음주의적 종교의 칙칙함과 대조되었다.

기질적으로나 정신적으로 에드먼드는 자기 자신을 헤브라이즘파라기보다는 헬레니즘파라고 생각했으며, 반면 그의 아버지는 자기와는 반대라고 생각했다. 주장하는 바에 따르면, 자신의 상상력을 적절히 배출할 수 없었기에, 에드먼드가 플리머스형제단 신학이 사과없이 그리스도의 재림 날짜 문제를 하늘로 던져버린 한 지점에 관심을 집중하기시작했다는 것은 당연하다. 그는 예수의 재림, 성도들의 휴거, 그리고 나서 만약 그의 기억을 믿을 수 있다면, 자신의 젊은 시절의 종교적인 여정의 그 결정적인 전환점의 순간을 적어 나갔다. 어느 따뜻한 여름 오후에, 그는 쇼파 위에 누운 채 정원, 단풍, 그리고 반짝거리는 바다의 아름다운 광경인 바깥을 쳐다보았다. 하늘이 보통과는 다르게 아름다웠다. 그 분위기도 일반적이지 않게 조용했다. 분명하게 감정적으로 영향을 받았다.

---

36 이에 대해 나는 Dana Logan의 발행되지 않은 다음 논문에 빚을 지고 있다. "Edmund and Philip H. Gosse: Negotiations Between Fantasy and Reality." 이 논문은 자극을 주며 보다 광범위한 방법으로 파괴적인 주제를 다룬다.

그리고 조금씩 가까워진 런던으로의 이사를 두려워하였는데, 에드먼드가 희망하기로는, 그것은 재림이 가까이에 있었기 때문이었다. "주 예수여 지금 오시옵소서"라고 그는 울부짖었다. 그러나 곧바로 기숙사들로 되돌아오고 있는 학교 학생들의 평범한 소리와 차를 마시기 위한 종소리가 그의 신비로운 환상을 깨부숴버렸다.

그는 이렇게 썼다.

"'주님께서는 오지 않으셨다. 주님께서 절대로 오지 않으실 것이다'라고 나는 중얼거렸다. 그리고 내 마음속에 있는 과장된 신앙의 인공적인 구조가 비틀거리며 무너져 내리기 시작하였다."[37]

이상할 정도로 역설적이게도, 그가 그동안 가르침을 받아온 것처럼 주님께서 구름을 타고 절대로 오지 않으실 것이라는 결정적 체념은 한참 후에 아버지의 임종 자리에서의 더 강하게 흔들린 장면과 나란히 대조를 이뤘다. 『아버지와 아들』안에 여러 단서들이 있는데, 그것은 아버지가 자신의 죽음 전에 그리스도의 재림을 기대하였지만, 아버지의 (주님 재림)계산들이 틀린 것으로 증명되면서 아버지는 반복적으로 실망하게 되었다는 것이다.

에드먼드는 (아버지의) 그 실망감이 점차 분노로 바뀌었다고 보았다. 아버지의 죽음 (만약 에드먼드가 쓴 것이 액면 가격 그대로 받아질 수 있다면)에 대한 그의 기록에 따르면, 오랜 시간이 지난 뒤 헤롤드 니콜슨에게 아버지는 버림받음의 분노 안에서 하나님께 대항하는 모습으로 변하여, "배신으로 인해 하나님을 욕하면서" 비참하게 죽었다고 전했다.[38] 그리스도

---

37 Gosse, *Father and Son*, 234-35.
38 Thwaite, *Edmund Gosse*, 315.

의 임박한 재림에 대한 그의 신앙은, 죽음을 맛보지 않게 되는 성도들의 휴거와 함께, 어쩌면 가장 풍성한 상상력을 제공하는 매력적인 내용이었고, 아버지가 합리적 열정으로 수용한 교리들 중에 잠재적으로 가장 끔찍한 내용이었다.

『아버지와 아들』에서 에드먼드 고스의 모습은, 그가 첫 직업으로 대영박물관의 사서 조수로 일하려고 집과 학교를 떠난 후에 아버지의 종교적 통제에 대한 그의 반항이 가속화되었다는 점이다. 에드먼드가 "임시 종교재판소의 고통"이라고 부른 아버지의 끈기 있는 시도는 그 강도나 결과에서 무섭도록 끔찍한 역효과를 만들었다. 하지만 그는 자신의 어린 시절부터 매우 조직적으로 주입되어 온 그 종교를 즉각적으로는 전복시킬 수 없었다. 런던에서도 에드먼드는 플리머스형제단 총회에 계속 참석하였고, 주일학교에서 가르쳤으며, 두 명의 나이 많은 형제단 여성들과 함께 하숙하였다. 그리고 이스트 엔드에서 바나도 박사와 복음주의의 박애주의 사역에 짧게 관여하기도 하였다.

하지만 그의 인생의 위대한 흐름은 다른 수로들을 찾기시작했다. 대영박물관이 그에게 이상적인 환경을 가능하게 하였는데, 시와 스칸디나비아인의 언어와 문학에 그의 관심을 추구하도록 말이다. 이것은 또한 그에게 런던의 문학과 예술 문화 속으로의 입장권을 제공하였다.

그는 옷을 잘 입었고, 언변도 잘 했으며, 인정받기 위해 끊임없이 인맥관리를 하였다. 그는 아부의 힘을 발견하였다. 그는 스윈들 같은 중요한 시인들, 그리고 선라파엘파(pre-Raphaelite) 화가들과 관계를 맺기 시작하였다. 아버지가 쉴 새 없이 아들에게 보낸 편지를 보낸 이유는 아들이 플리머스형제단의 이상들을 증진시킬 수 없는 그런 유의 모임을 배양하고 있다는 느낌 때문이었다. 아버지가 물론 맞았다.

아버지와 아들 사이의 직접적인 충돌은 불가피하게 보였는데, 그 충돌이 1873년에 일어났다. 즉각적인 도발은 아버지의 최근 예언에 대한 것이었다. 아버지는 예수님의 재림이 임박하였을 뿐만 아니라, 또한 모든 기독교인들이 휴거되지 않을 것이라 확신하면서 "오직 경성하고 있는 자들, 실질적으로 준비되어 있는 오직 그런 자들만이, 즉 지속적인 애정을 품은 채, 이 세상과 분리된 모습으로, 마음의 할례 안에 머물러 있는 전적으로 주님의 것인 자들만이 휴거된다고 믿었다."³⁹

구원론에서의 불가피한 키질을 통해, 아버지가 보기에는 참된 크리스천은 이미 소수이지만 더욱더 나누어지게 될 것인데, 즉 (재림과 휴거를 위해) 경성하며 사는 자들과 멋대로 대충 사는 자들 사이에, 그리고 신약성경 비유의 지혜로운 자들과 미련한 자들 사이에 나뉘게 될 것이다. 진짜이긴 하지만, 다소 부주의한 신자들이 포함된 "남겨진 자들"은 이교도인 적그리스도의 세상 통치 아래 불타는 시험을 받아야만 할 것이다.

아버지는 이런 것들을 단호히 믿었으며, 자신은 하나님으로부터 주어진 특별한 통찰력으로 예언문학을 이해하고 있다고 가정하면서, 하나뿐인 사랑하는 아들도 (자기처럼) 똑같이 믿게 하려고 얼마나 닥달했을지 모른다. 그는 에드먼드에게 이렇게 편지를 썼다.

오! 그 끔찍한 환란을 견디도록 뒤에 남겨지는구나.

이것은 확실하게 즉시 다가오고 있단다. 만약 깊이 교육받은 많은 이들

---

39 Evan Charteris, *The Life and Letters of Sir Edmund Gosse* (New York and London: Harper, 1931), 43-44.

의 사상들이 정확하다면, 그 오직 한 가지 가능성은 공개적인 배교와 악마를 숭배하는 것, 아니면 사형 집행인의 도끼일 것이다!⁴⁰

에드먼드는 세상에서 자신의 문학적 지분이 늘어나고 있으며, 이제 지구라는 행성에서 빛나는 업적을 이루기 직전이라 생각했던지라 (들려올라갈) 휴거에 대한 소망을 갖지 않을 모든 이유를 가졌다. 1873년 3월에 아버지에게 보낸 답장 편지는 (이제는) 젊고 독립적인 성인인, 그의 종교적인 견해에 대한 가장 포괄적인 선언문이었다. 그는 자신의 개인적인 매우 짧은 신앙 선언에서 이렇게 썼다.

나는 그리스도를 믿는다. 하나님—인간, 그는 세상의 죄악들을 없애려고 자신의 피를 주신 분이다. 이것을 뛰어넘어서는 다른 어떤 신조도 가지고 있는지 나는 모른다.

이어서 에드먼드는 아버지가 가장 소중하게 여기는 믿음의 내용들을 조목조목 반박하였는데, 자기는 성경의 축자영감과 성경의 무오성을 믿지 않는다 선언했으며, 불신 세상으로부터 자신을 분리시켜야 한다는 것도 거부하면서, 그리스도의 대속 희생에 의해 구원을 받게 될 사람들에 대한 아버지의 협소한 묘사도 공감하지 않았다. (부자 간의) 종교적 논의들이 이러했던 것처럼, 위기에 처한 자명한 신학 문제들보다 더욱 흥미로운 것은 에드먼드의 진화하는 믿음을 강조하는 가정들이었다.

---

40   Charteris, *Life of Gosse*, 45.

거대 담론을 세우기 위한 다윈의 폭넓은 범위를 아우르는 능력과 아버지의 과학에 대한 미시적인 접근을 비교하면서, 에드먼드가 확실히 말한 것은, 자신은 아버지처럼 구체적인 내용을 위해 성경을 읽은 것이 아니라, "구원의 원대한 계획의 뜻"을 알기 위해서라는 것이었다. 그가 받아들일 수 없었던 것은, 성경도 꾸란처럼 문화에 대해 경직된 법제정자(그의 비교)라는 것이었다. 그는 성경이 각 세대에 맞게 해석해야 하는 일반적인 규칙들을 주었다고 믿었다.

그는 1850년 전에 고린도에게 보내진 내용이 무엇이 되었던 간에 그것이 19세기 영국에서 직접적으로 적용하도록 의도되지는 않았다고 보았다. 노예 제도가 신이 성경 안에 인증한 것이라는 남부 지방의 농장 주인들의 확신은 더이상 모든 사람들이 받아들일 수 없는 것이라고 썼다. 공개적으로 볼 때, 그의 편지 내용들 중 이 부분에서의 고스의 논쟁은 영국의 개신교 우월주의로 가득하다.

어떻게 고린도의 이교도들에게 보내진 바울의 편지가 직접적으로 영국, 즉 영광스러운 복음이 오랜 세월 동안 전해진 이 국가의 최고의 사상의 정수를 형성한 곳에 적용될 수 있는가?

고스가 구원에 대한 그의 아버지의 계획이 너무 협소하다고 생각을 했었을 수도 있다. 그러나 그는 자신의 시대와 공간의 반이슬람주의, 반가톨릭주의, 반외국인 정서들을 충분히 흡수하였다. 고스의 하나님은 플리머스형제단이 아니었을 수 있다. 그러나 그는 확실하게 우호적이고 세련된 영국의 개신교 신자였다.[41]

---

41 Edmund Gosse와 그의 아버지 사이 내용은 Tottenham, March 4, 1873, in Charteris, *Life of Gosse*, 45-56.

자신의 아버지에게 보낸 고스의 놀랍도록 솔직한 서신의 중심에는 『아버지와 아들』 안에 스며들어있는 것과 동일한 기본적 개념이 들어있었다. 그는 자신의 시와 문장들을 "고칠 수 없을 만큼 세상적이"라고 한 아버지의 경멸적 퇴짜로 인해 상처받았다. 그에 비해 자연과학의 추구는 근본적으로 신의 뜻을 순종하는 것이었다. 왜냐하면 그것은 신성한 창조물을 대하는 것이었기 때문이다.

에드먼드는 지적, 창조적 공간에 대한 미숙한 탄원 속에서 아버지에게, "당신은 세상에서 만족시키기가 가장 어려운 아버지"라고 썼다. 그는 또한 자신의 한켠의 삶은 토트넘의 플리머스형제단 사이에서 살고 있으며, 다른 한편으로는 런던의 도시의 지식인들 사이에서 살고 있다는, 그래서 자신을 위선자라고 말하는 아버지에게 그 문제에 대해 반박하면서 고통을 당하고 있었다.

> 런던에서 알려고 마음만 먹으면 모든 사람들은 내가 작은 반국교회파주일학교의 교장이라는 것을 안다; 브룩스트리트(Brook Street)에서 알려고 마음만 먹으면 모든 사람들은 내가 시인이고, 비평가이며, 그리고 문맹퇴치자라는 것을 안다. 아버지만 이 모든 것들이 아니라고 알고 계셨다.[42]

그러나 신경질적인 아버지의 비평의 기류는 멈추지 않았다. 「프레이져 매거진」(*Fraiser's Magazine*)에 실린 에드먼드 자신이 쓴 기사는 에드먼드의 가장 날카로운 반박들 중 하나가 수반된 또 하나의 공격이 나타

---

42 Charteris, *Life of Gosse*, 54.

난다. 에드먼드는 다음과 같이 썼다.

> 당신은 자신이 본 것을 내가 지금까지 만나온 어떤 전문적 신학자보다 더 자신의 신학 안에 쑤셔 넣으려고 고집하십니다. 왜 그렇게 당신은 하나님의 은혜의 수로들을 좁게 하여 당신의 정원을 통해서만 흐르는 단순한 작은 개천들로만 하나님의 은혜가 흐르게 만드십니까?
> 나는 당신이 진리를 매우 편협한 것으로, 매우 정형화된 것으로, 매우 변덕스러운 것으로써 대하시는 이유를 모르겠습니다. 당신은 들판과 해변가 주변에 있는 자연의 즐거움은 허락하지만, 친구라는 사회 안에서 발견되는 것 같은 인생으로서의 즐거움은 금지하십니다.[43]

이 편지도 서로에 대한 포용력, 존경, 자식의 자유, 그리고 이후에 더욱 강하게 『아버지와 아들』에서 발전된 주제들에 대해 에드먼드가 콕 집어 지적한 내용의 일부를 포함하고 있다. 에드먼드 고스는 1870년대에 그의 20대 시절을 보냈다. 그의 견해들은 확실히 빅토리아 시대의 시대 정신(zeitgeist), 즉 당대 시인과 소설가들이 빅토리아 시대의 협소한 제약들로부터 벗어나기 위해 자의식적인 활동을 시작한 것을 뒤따라가고 있었다.

빅토리아 시대의 문화전쟁에서 에드먼드는 진보의 편에 서서 더욱 포용적이고, 더욱 교양을 갖추면서, 더욱 발전적이고, 더욱 시적이 되어갔으며, 그의 종교적인 확신들은 변화하는 환경에 맞추어 수정되었다. 가장 현대적인 독자들의 동정심은 그의 아버지의 종교적 확신에서 나온 끔

---

43 Ibid., 60.

찍한 협소함에서 벗어나려고 지적, 도덕적인 자유를 추구한 에드먼드와 함께 보조를 맞춘다.[44]

고스에 대해 글을 쓴 대부분의 비평가들은 스스로 고스 안에서 지적이고 종교적 자유주의의 명분의 중요한 원형을 찾는 남녀 문필가들이다. 마찬가지로, 고스의 아버지의 종교와 관련된 너무 극단적 견해들을 변호하는 것은 거의 불가능했다. 특히 세상으로부터 분리되어야 함을 강조한 형제단의 주장이나 그리스도 재림의 임박, 그리고 성경의 무오성과 문자주의에 뿌리를 내리고 있는 성경의 관점 등이 그것이었다.

그러나 아버지의 정신 세계의 한 면은 시간이 지나면서 옳았음이 증명되었다. 그의 아버지는 런던에서의 초기 시절 에드먼드가 끈질기게 자신의 문학적 평판을 만들어보려고 하고 있을 때, 그런 지식인들과 아들의 교제가 매튜 아놀드(Mathew Arnold)가 "반대자(잉글랜드 국교회에 대한 반대자들-편집자주)들의 저항"(the dissidence of Dissent)이라고 부른 것에 장기간은 헌신하지는 못할 것이라고 예상했다.

지적인 모임을 사랑했고, 런던의 클럽에서 즐거움을 찾았으며, 자신보다 더욱 중요한 사람들에게는 아부했고, 비평적인 호평을 사랑했고, 케임브리지대학교 문학 분야에서 클라크 강사(Clark Lecturer)로 임명되자 기뻐 춤추었던 에드먼드는, 토트넘에서 이 세상과 의도적으로 분리된 채 모여 있는 플리머스형제단을 끈기 있게 성장시켜줄 수 있는 사람은 아니었다.

---

44 이것은 지난 20년이 넘도록 대서양 양편에서 *Father and Son*을 가르친 내용에서 간추린 관찰에 부분적으로 근거를 둔다. 그러나 이것은 또한 특히 강한 종교적 확신을 가진 일부 독자들에게는 Edmund가 자기의 사랑하는 아버지에 대하여 무의식적으로 불효한 것으로 간주되었다.

이 모든 것은 비평 문학에서 한번도 언급된 적이없는 아버지와 아들 사이의 대조를 보여준다. 거의 매력 없는 종교 내에서, 플리머스형제단이 성직자, 계급제도, 그리고 교파들을 중시하던 19세기의 흐름에 대항하여 만인제사장권을 강조하는 원시(초대) 기독교 형태의 하나로 출발했다는 사실은 간과하기 쉽다.

그러므로 형제단의 반성직제도(anti-sacerdotalism)는 민주적이고 대중주의적인 역동성을 가지고 있다. 형제단 모임 안에는 안수 받은 성직자들이 없었다. 모든 신도들이 여성들만 제외하고 모임에서 말할 권리가 있었다. 그들은 교회 안에서는 여성들의 복종에 대한 역할을 강조한 바울 서신들의 문자주의적 해석의 피해자들이었다.

이론적으로는, 적어도 플리머스형제단은 계층, 교육, 그리고 지위에 상관없이 기독교 형제애의 이상에 헌신하였다. 그러므로 『아버지와 아들』에 보면, 그의 아버지는 영국에서 가장 저명한 자연주의 학자 중 하나라는 신분에도 불구하고, 끈기 있게 별난 괴짜로서, 한 형제처럼 형편없이 교육받은 형제단 무리들을 보살폈다.

그의 아버지가 데본에 있는 메리교회의 한 작은 모임을 이끌고, 사람들의 주목을 받는다는 사실로 인해 어떤 즐거움을 누렸음은 의심의 여지가 없다. 아니면 그의 목양사역이 시간이 흐르면서 교양 있는 신도들이 거기에 조금씩 추가되었다는 것에서도 찾아볼 수 있다. 그러나 헌신된 그의 목양사역에서의 고귀한 측면으로 볼 때, 그것은 그 독특한 집단을 향해 지나치게 겸손하거나 아니면 우월감을 가지지는 않았다는 것이다. 공정하게 보자면 에드먼드가 이것의 일부를 파악했음을 다음의 기록에서 알 수 있다.

나는 그 조그만 공동체가 겸손하고, 양심적이고, 무식하고, 점잖은 사람들이 모인 독특한 모임이라는 것을 내 독자들이 알 수 있도록 색칠할 수 있었으면 좋겠지만, 그런 다양한 색깔들로 매우 생생하게 표현할 수는 없다. 연대기나 소설을 통해, 나는 이들과 닮은 어떤 것과도 만나는 행운을 결코 가져보지 못했다. 나의 기억에 의하면 적대감과 세상적인 경멸에 대한 풍자는 종교적 전통의 성유가 무색할만큼 원색적이다.

19세기 영국 어디서도 흔히 볼 수 있었던 인기 있던 시골 종교에 대해 좋게 쓴 것은 에드먼드의 공로이지만, 그러나 이것은 그가 자신을 위해 갈망한 삶은 아니었다.[45] 그의 아버지는 자신의 종교적 운명을 시골의 가난한 이들과 함께 던져버리는 것에 어느 정도 만족하고 있었지만, 에드먼드는 다른 야망을 가지고 있었다. 고스의 자서전들과 편지들로부터 런던 플리머스형제단의 교회와 주일학교로부터 그가 언제 정확히 빠져나오게 되었는지 그 날짜와 사건들에 대하여 정확하게 아는 것은 힘들다. 하지만 고스가 글을 쓰고, 교제하며, 여행하는 일에 더욱 치중하면서, 형제단과 교류하는 일 역시 줄어갔다.

아버지와의 관계도 어느 정도 원만해졌던 것으로 보인다. 아버지와 아들 모두 행복한 결혼에 빠졌고, 에드먼드는 문학계에서의 성공적인 이력을 쌓아가는 일에 충분한 공간을 만들어내는 것이 가능했고, (아버지와 아들 사이의) 오래된 주도권 다툼도 힘이 다소 빠졌다. 남아 있는 증거들로

45　Gosse, *Father and Son*, 115. 19세기 영국 시골지방에 대한 가장 좋은 설명은 James Obelkevich, *Religion and Rural Society: South Lindsey 1825-1875* (Oxford: Clarendon Press, 1976). 19세기 문학과 일반 종교에 대한 확장된 논의는 이 책의 저자에 의한 다음 책을 참고할 것. *Religion of the People: Methodism and Popular Religion c. 1750-1900* (London: Routledge, 1996), 49-72.

부터 그 아버지가 단순히 더 이상 다 큰 아들을 통제할 수 없다는 불편한 사실을 수용했는지는 알기 어렵다.

그러므로 그가 단순히 나이가 들면서 원만해진 것인지, 시인이자 작가로써 아들이 확실히 성공하면서 부모로서 뿌듯해지면서 생긴 것인지는 분명하지 않다. 후자 쪽의 해석은 확실히 에드먼드의 해석이었다. 아버지를 열렬히 사랑했던 그 어떤 아들도 임박한 죽음과 이별의 첫 번째 확실한 싸인이 된 그 "공포"(에드먼드의 말)를 결코 잊을 수 없다. 그 "공포"를 처음 겪은 후, 에드먼드는 가장 가까운 친구 중 하나인 조각가 하모 토니크로프트(Hamo Thornycroft)에게 편지를 썼다.

> (아버지가) 나이 드시면서 약해지신 것이 아버지의 기질조차 부드럽게 했다는 생각은 이상하고 한심하다. 너도 알다시피 내가 어렸을 적에 아버지는 내게 더 엄격하고 굽히지 않았었는데 말이다. 그때 나는 아버지에 대한 어떤 두려움으로 텅 빈 집안을 돌아다녔었다. 그러나 지금 그는 사람에게 매달릴 정도로 다정하다. 그리고 자신이 만든 문제들이 생기면 미안해 하신다. 나는 어제 눈물을 흘리면서 그와 작별했다.[46]

비록 그 오래된 신조들이 나이와 함께 부드러워지긴 했지만, 버려진 것은 아니었다. 그 아버지는 플리머스형제단이 정의하는 견해들에 대해 관심을 잃지 않았는데, 그 가운데 그리스도의 재림 교리에 맹렬한 애착을 보였으며, 그 교리에 대한 믿음은 아버지 인생의 말년을 그의 평생을

46　Edmund Gosse to Hamo Thornycroft, Torcross, Nr. Kingsbridge, July 10, 1879, in Charteris, *Life of Gosse*, 117.

바친 주님의 재림하시는 모습을 보려는 기괴한 시도를 위해 현미경을 망원경으로 바꾸게 만들었다. 추운 1월 어느 밤에 열어둔 창문으로 별들을 응시하느라 얻게 된 기관지염이 결국 아버지를 죽게 만든 마지막 질병이었다는 것 역시 끔찍한 역설이다.

1888년 그 아버지의 죽음은 아마도 십여 년 전에 있었던 아버지의 "우편 검열 중단"보다는 에드먼드의 종교적인 감정들에 준 충격이 적었다. 아버지의 통제력이 약해지면서 에드먼드의 남아 있던 종교성도 함께 빠져나가는 듯이 보였다. 그의 편지들은 가끔씩 자신의 시에 대한 존 헨리 뉴먼의 평가에 불만을 제기하거나, 17세기 시들과 자서전에 자신의 관심을 알리는 것을 제외하고는 거의 종교적 이슈들은 제기하지 않았다. 고스의 알려진 작품이나 사적인 작품을 깊이 연구한 에반 차르테리스(Evan Charteris)는 다음과 같이 결론을 내렸다.

> 엄격한 신조는 그 자신의 지성이나, 청소년기 동안 관심을 가진 마음을 떠다니는 문제들과는 맞지 않았다. 그런 신조에 대한 그의 믿음은 운명이 미리 정해져 있었다. 그 엄격함은 그 약점이 되었다. 신축성이 있는 틀이었다면 확실하게 교리와 연관되어 있지 않거나 교리 선언문에 딱 들어맞지는 않더라도 고스의 성격적 특징인 영적 인식을 계속 붙들 수 있었을 것이다. 그리스도에 대한 재림 신앙을 곧 버린 것처럼, 다른 것도 그러했다.[47]

---

47 Charteris, *Life of Gosse*, 218-19.

차르테리스는 비록 고스가 결정적으로 플리머스형제단의 그 복음주의적 신앙을 거부하였지만, 그 (형제단의) 진지함과 편협함의 성소 안에 빠져든 것은 그렇지 않았다면 그에게 닫혀 있었을 특이한 영적 세계에 대한 특별한 통찰력을 그에게 주었다고 생각했다. 나는 잘 모르겠다.

고스의 존 돈네(John Donne)와 제레미 테일러(Jeremy Taylor)에 대한 전기에서 그의 관심을 더 끌어당긴 것은 이들의 신학이나, 신앙심, 아니면 성결함보다 시와 운문의 작가로서의 중요성이었다.[48] 테일러의 구문론, 비유적 묘사, 은유, 장식적인 양식이 고스의 흥미를 자극하였는데, 무엇보다 테일러의 위대한 작품들인 『성스러운 삶의 규칙과 연습』(*Rule and Exercises of Holy Living*, 1650), 『스물 여덟 개의 설교들』(*Twenty-Eight Sermons*, 1651), 그리고 『성스러운 죽음의 규칙과 연습』(*Rule and Exercises of Holy Dying*, 1652) 안에서 기독교인의 삶에 대해서 말한 것 말이다.

테일러에 대한 고스의 전기는 17세기의 중반 폭풍우 같은 시대를 통과한 교회 다니는 사람들의 시험과 시련에 대한 통찰력이 없지는 않았으나, 테일러의 작품 속에 있는 신앙적 내용에 대한 생생한 열정은 거의 보이지 않았다. 전체적으로 고스는 성스러움이 묘사된 아름다움보다 그 언어의 아름다움에 더욱 끌리게 되었다.[49] 고스는 성스러운 삶의 사도로부터 영적인 통찰력을 구하는 크리스천으로서가 아니라, 한 명의 글쓰는 대장장이가 다른 한 명의 글쓰기 대장장이에게 관심을 가진 것처럼 쓴다.

---

48 Edmund Gosse, *The Life and Letters of John Donne* (London: William Heinemann, 1899).
49 Edmund Gosse, *Jeremy Taylor* (New York and London: Macmillan, 1904).

아버지의 죽음 이후 고스의 신앙적 입장이 무엇이었는지에 대해 파악하기는 쉽지 않다. 의심, 불확실성, 죽음의 공포가 그의 편한 벗들은 아니었다. 아버지의 넋을 잃게 만든 내세에 마음을 빼앗기기에는 고스의 인생은 너무도 완전하였고, 성공적이었고, 흥미로웠다. 비록 고스가 아버지의 후회할 줄 모르는 합리성과 아버지의 영성 안에서의 신비주의의 결핍에 대해 비판하였지만, 그에게도 신비주의는 거의 없었다.

그는 조지 엘리엇이 지적인 필요에 의해 경험한 것과 같은 고뇌를 겪지 않았지만, 감정적으로는 그녀가 내키지 않는 불신앙으로 가는 도상에서 그리스도의 생애를 해부하며 느낀 것과 같은 고뇌를 동일하게 경험한 것처럼 보인다.

그는 엘리엇의 엄격한 도덕화를 믿지 않았기에 어떤 류의 도덕적, 형이상학적 신조를 선전하려는 충동을 느끼지는 않았다. 그는 아름다운 것과는 동떨어진 어떤 특정한 종교 모임에서 예배하는 것보다 영국 하원 도서관 안에서 교양 있는 무리들과 함께 있을 때 더 편했다. 우리는 왜 그의 친구들이 그를 종교적인 뻔한 말을 하거나 모난 부분이 없는 훌륭한 동료라고 말했는지 이해할 수 있다. 반면, 다른 이들은 그를 자기중심적이고, 가시가 많고, 조금은 잘난체하는 녀석이라고 코았다. 버지니아 울프는 고스에 대해 다음과 같이 인정사정 없이 썼다.

> (고스는) 가정부처럼 신경질적이었으며, 여성 총독과 같이 의심스러웠다. 그는 아무도 그렇게 의도하지 않는 곳에서 악의를 냄새 맡을 수 있었으며, 불평꺼리들을 수년 동안 저축해 놓을 수도 있었다. 그는 자기 코 밑에 있는 탁자의 전등 심지가 너무 세게 꺼졌다고 말할 만큼 (별별 것을

다) 끝없이 언쟁을 할 수 있었다. 적대적인 리뷰는 그를 분노와 그 절망의 격발 속으로 던져버렸다.... 아마도 79년의 생애 동안 어떠한 공적 사적 슬픔보다 그에게 더 고통을 준 것은 컬튼 콜린스(Churton Collins)에 의한 가차 없는 평가였을 것이다.[50]

1920년도에 하원의원 발포어(Lord Balfour) 경의 저택에 청동으로 된 고스의 흉상이 세워진 것을 그린 맥스 비어봄(Max Beerbohm)의 에드먼드 고스에 대한 유명한 풍자화가 있다.[51] 그 풍자화의 중앙에는 고스와 고스의 흉상이 받침대 위에서 서로를 선망하면서 응시하는 장면이 있다.

고스와 그의 흉상 주변에는 다수의 저명한 문학계의 인물들인 체스터턴(G.K.Chesterton), 조지 무어(George Moore), 러드야드 키플링(Rudyard Kipling), 아놀드 베넷(Arnold Bennett), 토마스 하디(Thomas Hardy) 등이 둘러싸고 있다. 명석하면서도 매우 애정 어린 풍자로 비어봄(Beerbohm)은 고스(의 일생)의 핵심적인 어떤 것을 잡아냈다. 즉, 문학 동료들에 대한 그의 애정, 권력과 영향력의 한가운데에서의 즐거움, 그리고 그의 변덕스러운 자기도취이다.

단지 상상만 해보는 것이지만 만약 기회가 주어졌다면, 비어봄은 에드먼드의 아버지에 대해 어떻게 그릴 수가 있었을까?

고스의 아버지가 데번(Devon)에 있는 메리(Mary)교회의 시골뜨기 같은 소작인들에게 그리스도 재림의 확실성에 대해 설교하고 있는 모습이 아닐까 싶다. 런던(중심부의) 칼턴정원 안에 있는 발포어 경의 집과 (시골) 마

---

50   Virginia Woolf, *Collected Essays*, vol. 4, 81-82.
51   Charteris에서 Max Beerbohm에 대한 훌륭한 예를 다음에서 볼 수 있다. *Life of Gosse*, 440.

구간 위의 네모반듯한 텅빈 방 안에 모여 있는 플리머스형제단 사이에는 단지 세대적 간격 이상의 간격이 있었다.

그곳에는 좁혀질 것 같지 않은 문화적 간극(間隙)이 있었는데, 그것은 구름 속에 돌아오시는 그리스도를 기다리고 있는 변덕스럽고 (시대에) 어울리지 못하는 이들의 모임과 에드먼드 고스의 업적을 축하하기 위해 세계적인 위대한 제국의 수도에 모여든 명사들의 모임 사이에 펼쳐져 있는 간극 말이다. 『아버지와 아들』의 끝맺음으로 돌아갈 시간이다. 이 끝맺음과 함께 본 장을 시작하였다. 그 아버지와 그 아들의 관계에 대한 그의 마지막 구절들에서 아들은 청교도주의의 엄격한 통제로부터 벗어났다. 에드먼드는 세 가지 요점을 매우 명확하게 지적한다.

첫째, 아버지와 자신과의 관계와 연관되는 것으로, 아버지의 복음주의 종교에 대한 특이한 이해로 인해 부자관계가 왜곡되었은 생각이었다.

그는 (탄식하며) 썼다.

> 얼마나 매력적인 동반자였겠는가,
> 얼마나 즐거운 부모였겠는가,
> 얼마나 예의 바르고 챙겨주던 친구였겠는가!
> 만약 모든 것을 망쳐버린 이 까다로운 신앙심만 아니었다면 내 아버지는 내게 얼마나 멋진 사람이 되었겠는가![52]

---

52 Gosse, *Father and Son*, 248.

그의 아버지가 아니라 아버지의 종교가 부자간의 관계를 망쳐버린 해악의 뿌리였다는 고스의 믿음보다 더 분명한 성명서는 있을 수 없었다.

둘째, 다음 요지도 앞에서처럼 분명하게 표현한 것인데, 그것은 아버지가 17세기 그 위대한 영국의 성자들의 직계 라인에 서 있다는 것이다.

(그 근거는) 아버지가 나열한 기독교의 미덕 순위에서 사랑, 자선, 윤리 같은 것보다는 신앙이 더 중요하다고 주장해 왔다는 데 있었다. 아버지는 아들이 부도덕하게 살고 있었기 때문이 아니라, 배교의 말기적 질병에 (아들이) 감염이 되었다고 가차 없이 아들을 다그쳤다.

에드먼드는 초기 현대 종교에 대한 참된 전문지식을 가졌는데, 그는 어쩌면 정확히 믿기로는 세기의 전환(19세기에서 20세기로) 시기에 영국 안에 일어난 대변화가 기독교를 압도하고 있었고, 그래서 신앙의 종교로부터 사랑과 자선의 종교로 기독교가 수정되고 있음을 믿었다는 점이다.

그는 다음과 같이 썼다.

> 방치되어온 사람들을 향한 도덕적이고 육체적인 개선에 대한 지속적 관심과 선행에 대한 강력한 선전은 확실히 최근에 생긴 기독교의 선도적인 특징이다. 비록 이것이 구세주의 원래의 의도의 한 부분을 구현한 것으로 보이지만 말이다. 이것은 가톨릭이든, 개신교이든 17세기의 위대한 설교자들에게는 알려지지 않았으며, 아버지에게는 그림자 정도로 밖에는 매력을 주지 못했다. 내 아버지는 실로 (17세기) 제자들의 그 마지막 (제자)이었다.[53]

53　Ibid., 239-40.

에드먼드는 이 변화를 수용하였으나 그 아버지는 확실히 그렇게 하지 못했다.

셋째, 종교에 대한 아버지와 아들 사이에 있었던 많은 토론에서 에드먼드에게 보다 분명히 문제가 된 것은, 종교적 권위에 대한 빅토리아 시대적 충돌이었다.

그 아버지에겐 성경이 모든 것, 즉 과거, 현재와 미래에 대한 모든 지식에 잘 맞는 열쇠였다. 반면 에드먼드에게 성경은 그러한 권위를 가지고 있지 않았다. 사실 그는 너무 자주 희랍어와 영어로 된 성경을 읽으면서 지루했다고 고백하였다. 아버지는 가장 비싼 성경들을 보내면서 가장 "신뢰할 만한" 복음주의의 주석가들의 주석서들을 읽어보라고 촉구하였다. 그러나 다른 그 아무것도 문학의 다른 형식들보다 덜 흥미롭다는 사실로부터 에드먼드를 벗어나게 하지는 못하였다. "그 자신을 위한 그 자신만의 내적인 삶을 만들어 내기 위한 인간의 특권을 소유한" 에드먼드는 아버지의 권위뿐만 아니라, 성경적인 권위와 제레미 테일러로부터 존 헨리 뉴먼에 이르기까지의 영국의 (찬란한) 종교적 전통의 무게도 거부하였다.

요약하면, 에드먼드는 19세기에 자란 20세기의 아이였다. 아버지에 대한 아들의 초상화에는 그 아버지는 어떻게든지 19세기 후반까지 살았던 17세기의 사람이었는데, 그는 자신이 평생 연구한 화석들의 살아있는 인간 형상이었다.

제8장

제임스 아서 볼드윈(James Arthur Baldwin). 마크 거슨(Mark Gerson) 作. 원래 네가티브 인화로부터 현대 브로마이드 인화, 1971년 7월 (© Mark Gerson/National Portrait Gallery, London)

제임스 볼드윈-설교자이자 예언자
복음주의와 인종

한 사람이 백인의 나라 안에 태어난다. 백인 개신교 청교도 국가 안에서, 그곳에서 그 사람은 한때 노예였다. 그곳에서 모든 그 기준들과 그리고 모든 그 형상들... 당신이 세상에 대하여 당신의 눈을 뜨게 되었을 때, 당신이 보는 모든 것: 어떠한 것도 당신에게 적용되지 않는다.... 예를 들면, 나는 교회 안에서 태어났다. 나의 아버지는 매우 융통성이 없었고, 올바른 사람이었다. 그러나 우리는 할렘 안에 있었다-당신이 살아보았다면, 당신은 알 것이다. 끔찍한 집 안에서... 내가 조금 더 나이가 들었을 때, 집에서 직접 만든 술, 족발, 돼지곱창의 이 모든 악취, 그리고 빈곤과 그리고 지하실: 이 모든 것이 거룩한 교인(Holy Roller), 백인의 하나님과 함께 나의 마음 안에서 끔찍하게 뒤섞이게 되었다. 나는 정말로 조금은 정신이 나가기 시작하였다.

- 스터드스 테르켈(Studs Terkel)과 함께한
제임스 볼드윈의 인터뷰 중에서(1961)

제임스 볼드윈이 스스로 떠난 망명지인 남부 프랑스에서 죽은 지 얼마 지나지 않아, 그의 형은 사라 조던 포웰이 편곡한 "놀라운 주 은혜"(Amazing Grace)를 연주하였는데, 이 찬송가는 아마도 백인과 흑인 복음주의자들 모두에게 가장 사랑받는 곡이다. 이 찬송가를 쓴 존 뉴톤(John Newton)은 한때 노예무역상인이었다.

노예무역은 제국의 착취시스템을 위해 노예들을 공급하는 것이었다. 뉴톤은 서부 아프리카 흑인들을 카리브해의 섬들과 미국으로 실어 날랐다. 그들은 그곳에서 영국의 북부지방에 있는 방적공장에서 쓸 목화를 키우기 위해 농사짓는 농장으로 팔려가게 되었다. 인간성을 말살하는 삼각 무역으로 인해, 아프리카의 피해자들은 그런 식으로 신세계에 도착하였으며, 그들을 사로잡은 백인들의 종교에 주기적으로 종속되었다.

그러나 뜻밖에도 많은 노예들이 독립전쟁 발발 전에 설립된 (영국) 식민지 교파들의 종교적 신앙으로는 끌려들어가지 않았다. 그다음 반 세기가 지나면서 두드러진 변화가 일어났으며, 그것은 아프리카계 미국인들(흑인들)의 문화와 정체성에 헤아릴 수 없는 결과를 가져왔다.

아프리카계 미국인들은 모리비안 교도들을 시작으로, 감리교도들과 침례교인들에 의해 경건주의적 복음주의의 대중적 형태로 수천 명씩 빠른 속도로 개종하였다. 경건주의는 중부 유럽지방에서 밀려난 개신교 소수파 안에서 형성되었다가 알미니안 감리교도들과 복음주의 침례교도들에 의해 받아들여진 후 확산되었다.[1]

---

[1] 아프리카에서 온 노예들에게 복음주의적 기독교가 매력이 있었다는 도움되는 설명의 시도들은 다음을 볼 것. Sylvia R. Frey and Betty Wood, *Come Shouting to Zion: African American Protestantism in the American South and the British Caribbean to 1830* (Chapel Hill: University of North Carolina Press, 1998), and Michael A. Gomez, *Exchanging Our Country Marks: The*

어떤 이유에서 다수의 아프리카 흑인들이 유럽 백인들에 의해 만들어진 종교 전통에 휩쓸려 들어갈 만큼, 여전히 남아 있는 아프리카의 부족적인 종교성과 감정적으로 인기 있는 대중 개신교 형태 사이에 강력한 전기가 흘렀는지, 학자들은 아직도 충분히 이해하지 못하고 있다.

이것은 예측할 수 없는 결과를 가져온 있음직하지 않은 역사적 연결 상자 중 하나였다. 비록 미국의 아프리카 노예들 중 다수는 복음주의 개신교로 개종하지 않았지만, 기독교로 개종한 다수는 복음주의 대중주의 신앙들 중 하나를 선택하였다.

게다가, 감리교와 침례교 전통들 내에서, 아프리카계 미국인들은 놀라운 내구력을 가진 오직 흑인들만의 전통을 만들어냈다. 이들은 회심과 침례예식에 흥미를 갖게 되었고, 대속과 구원의 주제들에 정서적으로 끌렸으며, 도덕적 존엄성과 친교적 지원이 함께한 그들의 신앙에 의하여 무장되었고, 찬양과 예배에 대한 문화적인 호소력을 갖춘 형식들을 만들어 낼 수 있었다는 점에서 흑인복음주의 교회들은 북미 대륙 안에서 아프리카인의 표현의 가장 똑부러지고 구별되는 모습을 갖추었다.

20세기 시작부터, 성결교 성결 운동 전통들이 오순절주의로 변형되었다. 흑인복음주의는 미국의 도시 안에서 새로운 종교 전통을 숱하게 만들어냈다. 이들 교회들 중 하나가 할렘 안에서 모든 국가들을 위한 오순절신앙교회의 갈보리산성회회관이었고, 그곳에서 제임스 볼드윈이 10대 초반 회심 경험을 했다.[2]

Transformation of African Identities in the Colonial and Antebellum South (Chapel Hill: University of North Carolina Press, 1998).
2 James Baldwin은 그의 일생 동안 그의 이름으로 소설, 희곡, 에세이, 인터뷰, 연설 등 광범위하고

비록 볼드윈은 침례교인으로 자랐지만, 침례교 설교자인 양아버지와 와의 관계는 온통 문제투성이었다. 볼드윈은 자기 양아버지는 "강단에서는 그럴듯했지만 집에서는 괴물이었다"라고 회고한다.

볼드윈은 "아마도 그가 모든 종류들의 영혼들은 구원하였을지라도, 그의 모든 자식들을 잃었다. 한 명도 빠짐없이 모두 말이다. 그리고 이것은 처벌하는 정도의 문제가 아니었는데, 그는 우리를 죽`려고 했었다. 나는 몇 명의 사람들만 미워했었지만 사실상 단 한 사람만 미워했다고 볼 수 있는데, 그 대상이 바로 나의 (양)아버지였다"라고 했다.[3] 그로 인해 그

도 많은 문헌을 남겼는데 이것은 모두 아프리카개신교주의에 대한 그의 복잡하고도 모호한 관계를 보여준다. 본 장에서 다룬 주제에 가장 중요한 작품은 *Go Tell It on the Mountain* (New York: Knopf, 1953), *Notes of a Native Son* (Boston: Beacon, 1955), *Giovanni's Room* (New York: Dial, 1956), *Another Country* (New York: Dial, 1962), *The Fire Next Time* (New York: Dial, 1963), *Blues for Mister Charlie* (New York: Dial, 1964), and *The Amen Corner* (New York: Dial, 1968). 그의 다음 책도 볼 것. *The Price of the Ticket: Collected Nonfiction 1948-1985* (New York: St. Martin's, 1985); *Collected Essays* (New York: Library of America, 1998); Fred L. Standley and Louis H. Pratt, *Conversations with James Baldwin* (Jackson: University of Mississippi Press, 1989); and Nikki Giovanni and James Baldwin, *James Baldwin and Nikki Giovanni: A Dialogue* (Philadelphia: J. P. Lippincourt, 1973). Baldwind에 대한 도움 되는 전기들은 다음을 볼 것. James Campbell, *Talking at the Gates: A Life of James Baldwin* (New York: Viking, 1991), and David Leeming, *James Baldwin* (New York: Knopf, 1994). There is also a rich literature of literary criticism bearing on the theme of Baldwin과 Afro-Protestantism에 대한 주제를 다룬 가장 유용한 책들과 자료들은 Carolyn Wedin Sylvander, *James Baldwin* (New York: Frederick Ungar, 1980); Therman B. O'Daniel, ed., *James Baldwin: A Critical Evaluation* (Washington, D.C.: Howard University Press, 1977); Quincy Troupe, ed., *James Baldwin: The Legacy* (New York: Simon and Schuster, 1989); Trudier Harris, ed., *New Essays on Go Tell It on the Mountain* (New York: Cambridge University Press, 1996); and D. Quentin Miller, ed., *Re-Viewing James Baldwin* (Philadelphia: Temple University Press, 2000). 나는 특히 Baldwin의 복잡한 종교적 감수성을 다룬 훌륭한 다음 책을 지적한다. Clarence E. Hardy III, *James Baldwin's God: Sex, Hope, and Crisis in Black Holiness Culture* (Knoxville: University of Tennessee Press, 2003). James Baldwin에 대해 보다 전체적인 맥락에서 읽기를 원하면 보다 전문적인 해석자의 입장에서 그의 종교를 다룬 것을 보는 것이 시작하는데 좋다.

3 James Baldwin, "Disturber of the Peace: James Baldwin—An Interview," 1969년 Standley and Pratt에서 Eve Auchincloss and Nancy Lynch에 의해 수행된 다음을 참고할 것. *Conversations*, 78. 그가 자기 아버지를 자신이 만난 그 누구보다 더 신랄한 사람의 한 사람으로 여겼으나 그 자신 안에 깊이 묻어두었던 것은 "차라리 부서진 매력"이었다는 것이다. 그런 다른 한 예는 James Baldwin, "Notes of a Native Son," in *Collected Essays* (New York: Library of America, 1998), 64.

가 증오하는 아버지의 설교가 아닌, 할렘에 있는 마더호른(Mother Horn's) 오순절교회에서 인생을 바꾼 경험을 하게 되었다. 볼드윈의 첫 연극, "아멘 코너"(The Amen Corner) 무대의 주연 배우, 마가렛의 귀감이 되었던 로사 아르티마 호른은 남부 캐롤라이나에서 태어나 드레스 만드는 일을 하다가 오순절주의 설교자가 되어 세계 대공황기 동안 동부 해안도시들에서 강력한 사역을 설립하였다.

볼드윈은 회심 경험에 대한 두 가지 이야기를 남겼는데, 그 중 하나가 존 그리메스의 회심의 대한 반자서전적 이야기가 그의 가장 유명한 소설인 『산에 가서 그것을 말하라』(Go Tell it on the Mountain) 안에 나온다. 다른 하나는 유명 잡지 「뉴요커」(The New Yorker) 안에 출판된 이야기인데, 회심 후 24년이 지난 뒤 『내 마음 안의 어느 지역으로부터의 편지』(Letter from a Region in My Mind)에 나온다.

기억에 의해 여과되었고 어느 정도 합리화되기도 한 볼드윈의 실제 이야기는 대공황 동안 할렘 안에서 가난한 14살 아프리카계 미국인 소년에게나 가능했던 인생의 선택들에 대한 통찰력 있는 묘사이면서, 흑인 문화 안에서 복음주의적 종교의 애매한 역할까지 잘 그려냈다.

> 내가 14살이 되던 그 여름 동안 끌어오던 신앙적인 위기를 겪었다. 나는 '신앙적인'이라는 그 단어를 일반적이고 자의적인 의미로 사용하는데, 나는 그때 하나님을 발견하게 되었다. 성도들과 천사들, 불타는 듯한 지옥 말이다. 그리고 그 때로부터 나는 기독교의 국가 안에서 태어나게 되었다. 나는 이 신을 유일한 신으로 받아들였다. 나는 그가 오직 교회의 담벼락 안(사실 우리 교회 안)에 존재하는 분이라고 추측했다. 또한

하나님과 안전은 같은 말이라고 나는 추측했다.[4]

그는 자신이 이해하지도, 절제할 수도 없는 성적 감정들에 의해 고문 당하게 되었고, 매춘 알선업자들, 술주정뱅이들, 그리고 범죄자들이 둘러싸고 있는 문화도 두려웠으며, 백인 경찰관들에게 끝없이 괴롭힘을 당하는 환경에 종속되어 있음도 보았다.

그래서 그는 그 교회 연극 의식들의 "안전"을 위해, 그 도시의 밝은 빛들을 포기했다. "죄악의 삯들이 어느 곳에든지 눈에 보인 그곳 할렘 안에서," 볼드윈은 모든 흑인 소년은 생존하기 위해서 "속임수 장치"가 필요하였다고 쓰고 있다. 그는 싸우거나, 춤추거나, 아니면 노래를 할 수도 없었기에, 그의 속임수 장치는 그 교회였다. 자신의 삶을 주님께 항복한 학교 시절, 그의 가장 친한 친구가 그를 이국적인 마더 호른에게 데리고 갔다.

> 그곳에 그녀가 앉아있었는데, 예복을 입은 채 미소를 지은 모습, 극단적으로 자부심이 강한, 그리고 그녀의 얼굴 안에 녹아 있는 아프리카, 유럽, 그리고 미국 인디언들의 미국을 모두 갖춘 멋진 여성이었다.

그녀는 볼드윈에게 그가 누구 아들인지 물었다. 아이러니하게도 동일한 질문은 할렘의 매춘부 알선업자들이 하는 것이기도 했다. 볼드윈은

---

4   James Baldwin, "Letters from a Region in My Mind," collected in *The Fire Next Time* and reproduced in *The Price of the Ticket: Collected Nonfiction 1948-1985* (New York: St. Martin's, 1985), 337.

"내가 어떤 육체적인 지식을 알기 훨씬 전에 영적인 유혹"에 항복하면서 단번에 대답하였다.

"왜요, 당신 것입니다."

이제 볼드윈은 궁극적인 영적인 유혹으로 여겼던 개종 경험의 길을 가게 된 것이다. 그는 다음과 같이 기술했다.

> 나는 더욱 죄책감을 갖게 되었다. 그리고 겁을 먹게 되었다. 그리고 이 모든 것을 내 안에 담아 두었다. 그리고 자연적이자 필연적으로, 어느 날 밤, 그녀가 설교를 마치자, 모두 포효하면서 비명을 지르고, 울부짖기 시작하였는데, 나 역시 강대상 앞에 바닥에 쓰러졌다.
>
> 이것은 가장 이상한 감정이었는데, 내 인생에서 경험해 보지 못했던 일이었다. 그때까지, 아니면 그때부터 말이다. 나는 이런 일이 일어나게 될 것이라고, 아니, 일어날 수 있다는 것도 알지 못했다. 한 순간 나는 나의 두 발로 서 있었고, 노래 부르며 손뼉치고 있었으며, 그리면서도 동시에 내 머리 안에서는 하나의 연극 줄거리를 만들어내고 있었는데, 내가 그 당시 하고 있는 일에 대해서 말이다.
>
> 그 다음 순간, 전환과정도 없이, 그리고 넘어진다는 감각도 없이, 등을 대고 드러누워 있었다. 불빛들이 나의 얼굴 쪽으로 쏟아져 내리고 있었고, 모든 성도들이 내 위에 수직으로 서 있었다. 나는 내가 그렇게 낮은 밑에서 무엇을 하고 있었는지 몰랐고, 어떻게 내가 그렇게 되었는지도 몰랐다.
>
> 그때 나를 가득 채운 그 비통함을 나는 묘사할 수 없다. 이것은 마치 마을을 휩쓸고 간 홍수처럼 내 안으로 이동하였다. 모든 것을 무너뜨리며,

자녀들을 그들의 부모님으로부터 갈라놓고, 사랑하는 연인들을 그들로부터 갈라놓는, 그리고 모든 것을 알아볼 수 없게 폐허로 만들어버리고 마는 홍수 말이다.

내가 실제로 기억하는 모든 것은 고통이었다. 그 말로 할 수 없는 고통; 이것은 마치 내가 천국을 향해 위로 고함을 치고 있었지만 그러나 천국은 나의 말을 듣지 않으려는 것 같았다. 만약 천국이 나를 듣지 않으려 하고, 사랑—나를 씻겨주며 나를 깨끗케 해줄 그 사랑—이 그 천국에서 내게 내려오지 않는다면 그 후에 닥칠 완전한 재앙은 내 몫이 될 것이다.

그렇다!

이것은 정말로 말로 표현할 수 없는 어떤 의미를 갖는다. 즉 백인 국가, 영국계 튜튼족, 그리고 반성적(性的) 국가에서 흑인으로 태어나는 것 말이다.

당신은 매우 빠르게, 이것을 인식하지 못한 채, 함께할 수 있는 모든 희망을 포기한다.

흑인들은 주로 밑을 바라보거나 위를 바라보지만, 서로는 쳐다보지 않는다. 당신을 바라보지는 않는다. 백인들은 주로 멀리 내다본다. 그리고 우주는 단순하게 소리나는 북이다; 그곳에는 길이 없다. 어떻든 길이 없다. 그래서 그때도 그리고 그때 이래, 그것은 인생을 사는 것, 당신의 어머니와 자녀들을 사랑하는것, 아니면 당신의 친구들이나 당신의 어머니와 아버지를 사랑하거나 사랑받는 것처럼 보였다.

단순히 별들과 달, 행성들, 꽃들, 풀, 그리고 나무들이 아니라, 다른 사람들인 그 우주는 당신이란 존재를 위해서는 어떤 식으로라도 진화하지는 않았다. 당신을 위한 공간도 만들지 않았다. 그래서 만약 사랑이 그 우주의 입구들을 흔들어 넓게 열지 않는다면, 다른 어떤 힘도 열지 않을 것이며 열 수도 없을 것이다.

그리고 만약 누가 인간의 사랑에 실망한다면-그렇지 않은 사람이 있는가?-하나님의 사랑만이 홀로 남겨지게 된다. 그러나 하나님은-그러나 나는 이것을 심지어 그때도 느꼈다. 오래 전, 그 엄청난 마루바닥에 마지못해 누워있을 때 말이다-백인이다.

그리고 만약에 그의 사랑이 그렇게 위대하다면, 그가 모든 그의 자녀들을 사랑한다면, 왜 우리 흑인들은 지금까지 내동댕이침을 당하고 있는가?

왜?

내가 그 후에 언급한 모든 것에도 불구하고, 나는 그 땅바닥에서 아무런 답을 발견하지 못하였다.-그 답변은 아니지만, 어쨌든-그리고 나는 그 바닥에서 밤새 누워 있었다. 내 위에서, 나를 통과하면서 성도들은 노래를 불렀고, 즐거워하였으며 기도를 하였다. 그리고 아침에 나를 일으킨 그들은 내가 구원받았다고 말했다.

어쩌면, 정말로 나는 그렇게 되었다. 어떠한 면에서 말이다, 왜냐하면 나는 완전히 피로하여 지치고 기진맥진하고, 그리고 처음으로 모든 나의 죄책감의 고문으로부터 풀려나게 되었기 때문이다.[5]

비록 볼드윈의 기록이 아프리카계 미국인의 도시 경험의 현실을 복음주의적 메시지 안에 암시된 영적 평등주의의 약속과 화해시키지 못하는

---

5 Baldwin, *The Price of the Ticket*, 343-44.

자신의 지속된 무능력으로 수정됨에도 불구하고, 그의 개종 이야기의 핵심 안에는 생생한 청소년기 경험이라는 심리적으로 강하게 끌어당기는 묘사가 있다. 죄책감으로 쪼개진 그의 정신은 비상한 힘으로 (흑인) 공동 의식(儀式)의 맥락에서 분해되고, 부분적으로 다시 세워졌다.

복음모임(the gospel meeting)의 리듬들은 문자적으로 그를 바닥에 때려눕힌 후, 정신적, 영적 매춘의 자리로부터 위를 바라보도록 그를 강요하였다. 그 경험을 정당화시켜줄 수 있는 이미지를 붙잡고, 그는 자신이 가야만 하는 길에 있는 모든 것을 휩쓸고 지나가는 쓰나미 같은 홍수 위에 주저앉았다.

그가 죄책감과 수치심의 고통으로부터 어떤 위안을 찾았든, 볼드원은 분명하게 그 사건을 비통함, 고통, 그리고 실존의 불협화음과 연관시켰다. 어떤 것이 그의 갑작스러운 경험을 통해 해체되고 구축되든, 볼드윈은 아프리카계 미국인의 오순절주의 하나님은 흑인의 고통과는 관련이 없으며, 숭배받기에 적합지 않은 백인으로만 보였다.

다른 방식으로 표현하자면, 볼드원에게는, 흑인의 오순절주의는, 그들이 그 반대라고 아무리 주장해도, 사회의 구조적 인종차별주의 안에서 여전히 단순한 협력자였을 뿐이었다. 이후에 자신의 삶에서 개종 경험을 뒤돌아보면서, 볼드원은 그 자신에게 다음과 같이 물어보았다.

왜 인간의 위안은 "너무 이교도적이고 너무 절망적인 방식으로" 성취되어야 하는가?

그리고 결론 내리기를, 백인복음주의 교회들이든 흑인복음주의 교회들이든, 둘 다 무분별함, 외로움, 그리고 공포라는 비슷한 원리들에 의해 지배되고 있었기 때문이라고 보았다. 그는 이렇게 썼다.

나는 기독교 원리들이 믿음, 소망, 사랑이었기를 정말로 믿고 싶었다. 그러나 그것들은 분명히 대부분의 기독교인들을 위한 것, 혹은 우리가 기독교 세상이라고 부르는 것을 위한 것이 아니었다.

볼드윈의 종교적 개종은, 그가 자신의 젊음을 청중들을 끌어들이기 위해, 그리고 자신의 양아버지를 자기 분야에서 패배시키기 위해 이용한 3년간 이어진 오순절주의 설교로 안내했다.

볼드윈은 "구원" 받은 후에는, 잃었던 것을 되찾고 자아를 만족시키기 위해 설교자가 되기 원했음을 인정한다. 그곳에는 복음주의적 패턴이 보인다. 또한 거기에는 다른 혜택도 있었다. 설교 준비와 실제 설교를 하는 매주일 반복되는 규칙적인 리듬은 문화적으로 신성한 공간을 열어주었고, 그 공간에서 그는 양아버지로부터 그리고 비난받지 않는 더 큰 사회적 압박들로부터 피할 수 있었다. 이 방식으로 볼드윈은 자신이 양아버지를 활동하지 못하도록 하였으나, 훗날 그는 자신 스스로를 활동하지 못하도록 하였음을 깨달았다고 결론 내렸다.

청소년기 동안 그가 흑인오순절주의에 빠졌던 기간이 비록 비교적 짧았지만, 그 효과에서 나온 운동들은 평생 지속되었다. 그 순전한 명랑함과 흑인오순절주의의 찬양과 예배의 강렬한 연극성은 거의 그를 압도하였으며, 분노와 적의만으로는 거부할 수가 없게 되었다. 감각적인 경험을 표현하는 힘과 공동체의 상호성은 그 단점들과 잘못들이 무엇이든, 볼드윈에게 심오한 인상을 주었다. 그는 이러한 사실에 대해, 그의 말보다 더 나은 표현을 찾거나 산문체로 요약하는 것이 불가능할 만큼 확실한 통찰력과 당당함을 가지고 썼다.

그가 이야기하는 것들을 들어보자.

> 그 교회는 매우 흥분된 상태였다. 내가 이 흥분과 분리되도록 나 자신을 만드는 데 오랜 시간이 걸렸다. 나는 이처럼 맹목적이고 적나라한 경험을 해본적도 없고, 앞으로도 그럴 것이다. 그런 음악 같은 음악은 없다. 그 성도들이 즐거워하고, 죄인들은 오열하고, 탬버린들이 울리면서, 모든 목소리들이 한 목소리로 모아져 주님께 거룩을 부르짖는, 그런 드라마도 없다.
>
> 나에게는 이처럼 다채롭고 지쳐 있으며 다소 의기양양하면서도 변모된 얼굴로, 주님의 선하심에 대한 가시적이고 구체적이며 끊임 없는 절망의 밑바닥에서 말하는 그런 비애감이 여전히 없다.
>
> 나는 때때로 경고도 없이 교회를 가득 채우고, 레드벨리와 많은 사람들이 증언하듯이, 교회를 "흔든" 그런 열기와 흥분은 본적이 없다. (그 뒤로는) 내가 설교 중에 그들과 하나가 되어 기적적으로 그들이 말하는 "하나님의 말씀"을 실제로 전하고 있다는 생각을 했을 대 느낀 힘이나 영광과 같은 것은 일어나지 않았다. 그들의 고통과 즐거움은 나의 것이었다. 그리고 나의 고통과 즐거움도 그들의 것이었다. 그들은 자신들의 고통과 즐거움을 나에게 맡겼다. 나도 나의 것을 그들에게 맡겼다.
>
> 그들의 "아멘!, 할렐루야! 그렇습니다 주님! 주님의 이름을 찬양합니다! 형제에게 선포하라!" 등의 외침들은 우리가 강대상의 밑에서 흠뻑 젖어 노래하고 춤추면서 고통과 즐거움 안에서 모두 일치될 때까지 내 목소리를 지탱해 주었고 더 높이 소리칠 수 있게 해주었다.[6]

---

6 Ibid., 3245-46.

이 글을 읽고, 볼드윈의 내면에 있는, 아니면 정말로 흑인복음주의 전체의 경험 중심에 있는 근본적 긴장감과 양면성을 이해하지 못할 사람은 없을 것이다. 볼드윈이 묘사한 것을 경험했다는 것과 그 드라마의 감독, 그 음악의 지휘자, 그 춤의 안무가, 그 메시지를 직접 작성한 자, 감정적 열기의 규제자, 그 반응의 인도자가 되어보았다는 것은 전혀 다른 것이다.

한 번 맛을 본 후에는, 언어와 음악과 드라마와 육체적 경험을 통해 울려 퍼지는 상호관계의 달콤한 만능약은 쉽게 대체할 수 없었다. 몇 년이 지난 후, 볼드윈이 할렘에서 청소년으로써 자신의 설교 방식에 대하여 질문을 받게 되었을 때 이렇게 대답했다.

> 나는 재즈 음악가가 주제에 대해 즉흥적인 연주를 하는 것처럼, 나도 (성경) 본문으로부터 (설교를) 즉흥적으로 만들어냈다. 나도 본문을 연구는 했지만 설교를 기록한 적이 결코 없다. 나는 연설문을 절대로 써본 적이 없다. 나는 연설문을 읽지 않는다.
>
> 이것은 일종의 주고 받는 것이다. 당신은 당신이 말하고 있는 사람들을 감지해야 한다. 당신은 그들이 듣는 것에 따라 반응해야 한다.[7]

이것이 볼드윈의 독특함인데, 그것은 자신의 방법을 묘사하기 위해 흑인 음악에서 가져온 비유를 선택한 것이다. 그리고 자신의 말씀 전달에

---

7 Jordan Elgabry and George Plimpton이 공동으로 Baldwin을 인터뷰한 것이 처음 나온 것은 "The Art of Fiction LXXVIII: James Baldwin," *The Paris Review* 26 (Spring 1984): 49-82. Republished in Standley and Pratt, *Conversations*, 234-35.

있어서 흑인 예배 경험의 상호관계를 강조하였다.

 이것이 볼드윈이 흑인 교회에 대해 가장 경탄한 두 가지 요소이다. 어떻게 되었든, 아무리 볼드윈이 아프리카계 미국인의 종교가 흑인들의 자기혐오, 인종적인 열등감을 가져다주는 악마의 작업을 계속해왔다는 이유로 대부분 혹평하였다. 그의 소설, 연극, 수필들은 세계 대공황 기간에 할렘 안에서 왜소하며, 보기 흉하고(그의 자기 정체성), 성적으로 혼돈된 흑인 청소년 시절에 마주쳤던 많은 종교적 주제들로 가득하다.

 흑인의 오순절주의에 대한 볼드윈의 청소년기의 환멸, 아니면 그가 그것을 묘사한 것처럼, "서서히 무너져간 나의 신앙, 나의 요새의 붕괴"는, 알아차리지 못하게 그러나 가차 없이 일어났다. 그는 (자신의 신앙의 요새를 공격한) 많은 재료들로 구성된 세속적인 공성용 공격무기와 마주쳤다. 그는 성경을 둘러싸고 있는 벽 바깥에서, 톨스토이를 시작으로, 독서를 다시 시작하였다. 그가 학교 안에 있는 유대인 친구들에게 가져다준 그 조그만 복음주의 전도지들이 보나마나 우스꽝스러운 것이었음을 그는 믿게 되었다.

 신약성경의 신뢰할 수 없는 것에 대한 상식적 논쟁들로 무장한 그의 유대인 친구들로 인해 성경의 영감설에 대한 그의 자신감은 약화되었고, 설교자로써 성경적 영감설을 믿는 자신의 기초가 약하다는 사실을 점차 파악하게 되었다. 그는 흑인들이 저주받은 함의 자손들이라는 것과 그리고 마치 그것이 진실인 것처럼 행동하는 기독교 세계의 교파들의 믿음도 알게 되었다. 그의 양아버지의 구제할 수 없는 분노, 복음사역을 하는 친구들의 사소한 비리들, 인간의 인종청소라는 위대한 얼룩, 아직도 성적 환상들에 사로잡혀 있는 자신의 불결한 마음, 그리고 그밖에 많은 것이 그를 설득하였다. 그것은 기독교가 사람을 더 나은 존재로 만들어준다는 자신의 선전 문귀(프로파겐다)를 제대로 전달해 주지 못한다는 것이었다.

점차 그는 교회를 인간들이 모인 그리고 모두가 사랑과 경건의 허상을 유지하도록 꾸민 하나의 극장으로 보게 되었다. 심지어 천국에서의 영원하며 위대한 생명의 보상 역시, 인간의 가치들을 영원한 공간으로 성화시키려고 계획한 사람들의 단순한 소망의 성취라고 보게 되었다.

천국을 완벽한 성스러운 장소로 인정하는 것에서 멀리 떨어지면서, 볼드윈은 천국을, 권력과 편견을 신성화시키며 그것은 영원하다고 뻔뻔하게 주장하는 백인 기독교 문화의 발명품 정도로 보았다. 이같은 환멸이 분명히 우세했지만, 자신이 뒤에 남겨두고 떠나야 하는 것에 대한 볼드윈의 양면성이 고통스럽게 자신에게 다가왔다. 재앙을 만났지만, 그것을 극복하는 교회 동료 회원들의 용기를 그는 존경하였으며, 흑인들의 친교의 편안한 유쾌함과 재즈와 복음음악의 자유에 대한 사회적인 표현을 사랑하였다. 그러나 이것이 그를 붙잡기에는 불충분했다.

비록 볼드윈이 본서 앞 부분에 나온 일부 인물들과는 거의 한 세기나 차이가 나지만, 기독교와 도덕적 우월성 사이의 불균형에 대해 반복적으로 표현한 근심은 그 도덕적인 진지함에서 거의 빅토리아 시대 사람들과 다름없어 보인다. 물론 그가 보는 도덕성의 정의는 (앞선 세대와는) 근본적으로 다르고 더욱 현대적이다. 만약 필요하다면 하나님 없이 하겠다는 그의 현실적인 결단도 마찬가지이다.

> 누구든 진정으로 도덕적 인간이 되기를 원한다면... 반드시 첫째, 그 자신을 모든 금지, 범죄, 크리스천 교회의 위선들과 결별해야만 한다. 만

약 하나님에 대한 개념이 정당성, 혹은 유용성이 있다면, 그것은 오직 우리를 더욱 넓어지게 하며, 더욱 자유롭게 하며, 더 사랑하도록 만든다는 것이다. 만약 하나님이 이것을 할 수 없다면, 그렇다면 이제 우리가 그를 없애버릴 때가 왔다.[8]

볼드윈이 청소년 때 마지막으로 하나님을 거부하지는 않았지만, 흑인 오순절파의 유명한 설교자의 일에서는 떠났다. 그가 목회사역을 떠난 후 "내 자신을 배반하지 않고 정직한 사람"이 되기 위해서였다고 (그 이유를) 나중에 썼다.[9] 볼드윈의 눈에는 흑인 교회 안에 있는 사역의 부정직성은 적어도 두 가지 부분이 있었다.

첫째, 설교자들과 관련있는 것이다.
둘째, 설교 내용과 관련있는 것이다.

그는 이렇게 썼다.

> 강단 위에 있는 것은 마치 무대 위에 있는 것과 같다; 나는 그 장면들 뒤에 있었다. 그리고 어떻게 환상이 작동하는지 알았다. 나는 다른 사역자들을 알고 있었다. 그리고 그들 삶의 질도 알고 있었다. 이것은 성적 감정에 관한 엘머 겐트리(Elmer Gantry) 같은 류의 위선을 의미하는 것은 아니다; 이것은

---

8 Baldwin, *The Price of the Ticket*, 352.
9 Ibid., xvi, and James Baldwin interview with Studs Terkel in Standley and Pratt, *Conversations*, 23.

그것보다 훨씬 깊고, 더욱 치명적이고 미묘한 위선이었다.

이처럼 큰 위선에 비하면 성적 호기심이나 심지어 음란한 마음조차, 극단적으로 매마른 사막에 있는 물과 같을 것이다.

그 마지막 동전이 바쳐질 때까지 나는 어떻게 군중을 조작하는지 알고 있었다. 이렇게 하는 것은 많이 어렵지 않았다. 그리고 나는 '주님의 일'을 위해 드려진 그 돈이 어디로 갔는지 알게 되었다. 비록 내가 알려고 하지 않았을지라도 말이다. 나는 나와 함께 일을 하는 그 사람들을 향한 존경심이 없었다. 나는 이것을 그때는 말할 수 없었다. 하지만 내가 알고 있었던 것은 만약 내가 계속 목회를 했다면 나 자신을 위한 존경심 역시 가질 수 없었을 것이라는 점이다.[10]

볼드윈이 목회사역 내부의 이런저런 비리들을 실제로 얼마나 많이 보았는지, 그리고 (목사들이) 강단에서 설교하면서 얼마나 많은 환상을 만들어 자의식에 대한 논평을 말했는지 다 말하기는 힘들다. 하지만 어느 쪽이 되었든, 이런 것들은 볼드윈으로 하여금 자신의 고차원적인 도덕적 토대를 근거로 하여, 사역과 흑인 종교공동체의 중심 역할에서 도망치도록 만들었다.

만일 그 설교자들이 고상하지 못하였다면, 지배적인 백인의 기독교국가의 역사에 뿌리내린 그 설교는 볼드윈에게는 더욱 문제가 되었다. 강단을 떠난 지 27년이 지난 후, 볼드윈은 설교를 할 수 있는 또 다른 기회가 왔다. 이번에는 할렘 안에 있는 흑인오순절주의교회가 아니라 세계교

---

10 Baldwin, *The Price of the Ticket*, 347-48.

회협의회(WCC)의 1968년 모임에서 최근 암살을 당한 마틴 루터 킹 주니어를 대신하는 연설자로 말이다.

볼드원은 완곡하게 말하지 않았다. 그는 청중들에게 "하나님의 창조물들 중 하나로, 그리고 기독교회가 가장 배신한 한 사람으로" 연설하였다. 그는 예수님께서 "너희가 지극히 작은 자에게 한 것이 곧 내게 한 것이"라고 하신 말씀을 따른다고 주장하는 백인 기독교 세력에 의해 노예가 되었으며, 압박받고, 착취당하는 전 세계 흑인 대표로 연설했다.[11] 볼드원은 흑인 기독교의 중심에 자리잡고 있는 수치스러운 역설을 다음과 같이 똑똑히 말했다.

> 내가 자라났던 교회 안에서 우리는 노래를 불렀다―그리고 우리가 노래를 불렀을 때 무엇을 의미하는지 알았다―"나는 꾸짖음과 비난을 당해 왔다." 우리는 총부리 앞에서 우리의 기독교, 우리의 신앙을 얻게 되었다. 백인 기독교인들이 제공한 사례들 때문이 아니라, 그 사례들이 있었음에도 불구하고 말이다. 만일 여러분이 노예선에 타고 있는 흑인이었다면, 그 노예선이 "좋은 배이신 예수"라고 불리웠다면 크리스천이 된다는 것은 매우 어렵다. 인류를 대적하는 이 죄악―마땅히 죄악으로 불러야 한다―은 교회와 전 기독교 세계를 오늘날 우리가 있는 곳과 같은 위험한 장소로 끌고 갔다.... 그리고 만약 그렇다면, 그것은 2천 년 전 평판이 나빴던 한 유대인 범죄자(예수)에 의해 시작된 혁명을, 마찬가지로 평판

---

11 James Baldwin, "White Racism of World Community," 다음에 원래 발간되었던 세계기독교협의회(WCC)에서 한 연설. *Ecumenical Review* (October 1968). 다음에 재판됨. Baldwin, *The Price of the Ticket*, 435-42.

이 나쁘고 개선의 여지가 없는 사람들에 의해 지금 다시 시작되었다고 말할 수 없을 것이다.

만약 당신이 서양에 있는 대부분의 흑인들과 같은 환경에서 태어났고, 주변을 돌아보며 정말 전세계의 흑인은 어쩌다 어른 비슷한 존재가 된 것으로 생각한다면, 오늘날 세워져 있는 교회의 파괴는 바람직할 뿐만 아니라 불가피하다는 것이 완전한 진실임을 인정해야 할 것이다.[12]

볼드윈은 아프리카와 미국 흑인들의 경험의 중심에 있는 끔찍한 고통은 노래 안에, 춤 안에, 그리고 연설 안에 감싸져 있는 고통으로, 그 고통에 대해 어떻게 다가가는지도 모르고, 그것은 회개하거나 수용할 생각도 전혀 없는 백인 기독교인들을 완전히 당황시키고 있다고 진술했다.

그런 까닭에 판단할 참된 도덕적 다림줄을 발견하는 것이 불가능한 불안한 기독교 세계는 스토클리 카마이클(Stokely Carmichael), 말콤 엑스(Malcolm X), 마틴 루터 킹 주니어(Martin Luther King Jr.) 같은 흑인들 교회를 포함한 백인 기관들의 잔인한 권력활동에는 눈감으면서, 권력을 추구하고 있는 위험한 흑인 광신자라며 비난한다.

백인 기독교인들은 문자 그대로 흑인의 경험에 무감각하였다. 그들은 마할리아 잭슨(Mahalia Jackson) 같은 여성의 힘을 이해하는 것이 가능하지 않았는데, 그녀의 목소리는 켄터베리성당 안의 어느 누구의 목소리와도 달랐다. 또한 그들은 레이 찰스(Ray Charles)에게서 나오는 슬픔의

---

12   Ibid., 436-37.

깊이 같은 것도 받아들일 수 없었으며, 이기심 없는 음조를 지닌 그 음악 자체와 접촉할 수도 없었다(흑인 음악은 흑인 가수의 정서 안에서만 이해 가능—역자주).[13]

수 많은 사람들이 모인 공공의 자리에서 기독교가 소멸될 것이라는 거의 예언적 예측을 하면서, 볼드윈은 "기독교 교회가 주장하는 도덕(공적인 도덕), 우리의 성생활 및 가족구조를 지배하는 이 도덕은 이 세상을 위해서나 이 세상 안에 있는 사람들을 위해서 매우 부적절하기에 지금 반드시 처리해야 한다"라고 말했다.

그 어떤 것보다 백인 기독교인들에게 더욱 필요한 것은 기쁨, 즉흥, 자유 같은 인간적 감정과 접촉하는 것이다. 그리고 감히 "속죄함을 받고, 회개하여 거듭나야 한다." 그렇지 않으면 그들(백인)의 자녀들이 오래토록 피 묻은 청구서를 갚아야 될 수도 있다.

볼드윈은 마틴 루터 킹 주니어 암살 직후, 세계교회협의회에서 연설했다. 그때는 미국 안에서 흑인권력 운동이 일어나는 중이었고, 남아프리카에서의 인종차별주의(Apartheid)에 대항하는 시위가 일어났으며, 베트남전쟁 중이기도 했다. 그의 연설은 단지 권력과 영향력의 구조에 대항하는 다른 60년대의 시위와는 차원이 달랐다. 그 연설은 백인 기독교 세계를 향한 예언적인 명령이었는데, 십자가형을 당한 구세주의 모범을 따른다고는 해놓고 사실은 따르지 않은 그들에게 회개하고 따르라는 것이었다. 이것은 정직한 사람이 되고자 분투하였던 그 소년 설교자의 그

---

13 Ibid., 440.

마지막 설교였다. 볼드윈의 또 다른 특징은 그에게 흥미를 불러 일으켰던 것이 기독교 교리나 신성한 문서들이 아니라 기독교에 온전히 헌신하는 것, 혹은 그 이외의 사랑의 원칙들에 관한 것이었다는 점이다. 그가 보기에 그것들은 설교는 되었지만 실천은 되지 않았기 때문이었다.

종교에 대한 볼드윈의 복잡한 관점들에 다가가는 한 가지 방법은 세계교회협의회의 모임에서 연설했어야 했던 한 남성(마틴 루터 킹 주니어)과 그의 관계를 보는 것이다. 마틴 루터 킹 주니어는 볼드윈처럼 설교자의 아들이었으며, 흑인 기독교 정신의 진정하고도 상징이라고 할만큼 우두머리였는데, 그는 1950년대 후반 아틀란타에서 볼드윈을 처음 만났다. 킹은 볼드윈이 이전까지 만나보았던 다른 어떤 설교자와도 닮지 않았다.

> 그 한 가지 때문에, 분명히 이것을 담대히 말 할 수 있는데, 내가 그를 좋아했다는 것이다. (나 같은) 사람이 세계적으로 유명한 사람을 좋아하는 것은 드문 일이다. 그들이 세계적으로 유명해지면 무감동이라 할만하게 그들은 자신들을 좋아하지 않게 된다. 그런데도 달리 어떻게 할 말이 필요 없을만큼 킹은 즉각적으로 엄청나게 승리를 거두고 있었다.[14]

비록 그(킹)가 감정적으로 절제나 자기억제가 되어있다는 것을 볼드윈이 알았다 할지라도, 볼드윈은 킹의 인격적 완전성을 선망하였다. 그것이 그를 "무시무시한 자만"으로부터 구원하였는데, 볼드윈은 그것을 흑인 지도자들의 특징이라 생각했다.

---

14 James Baldwin, "The Dangerous Road Before Martin Luther King," in *The Price of the Ticket*, 245.

볼드윈에게 있어 킹은 "영적인 실체에 견고하게 닻을 내리고 있는 매우 달변인 그 사람으로" 감명을 주었다. 그와 같은 감명은 볼드윈에게서 "자신의 직업 안에 너무 널리 퍼져 있는 그 가증스러운 경건"을 빼앗아가 버렸다."15

절대로 (흑인들은 백인들과 분리해 살아야 한다는) 분리를 수용하지 않은 흑인 지도자로써, 흑인들의 고통과 희생의 실재를 이해한 진지한 크리스천이었던 킹에 대한 볼드윈의 선망은, 몽고메리 안에 있는 그의 고향 교회에서 킹이 설교하는 것을 처음 들었을 때, 줄어들지 않고 되레 강화되었다.

킹이 특별히 볼드윈에게 감명을 주었던 것은 그의 웅변술이나 그의 존재가 아니었다. 그 설교자와 그 청중 사이에 있는 그 명백한 사랑과 서로의 존경이었다. 연설가(혹은 설교자)로써 킹의 능력의 비밀은 공상으로의 선동적인 도피에 있었던 것이 아니라, 그의 말을 듣고 있는 그 사람들을 친밀하게 알고 있었던 데 있었다.

> 그리고 그는 그들을 아프게 하고 좌절시키는 것들에 대하여 이야기하는 솔직담백함을 지녔다. 그는 어떠한 쉬운 위로도 제공하지 않는다. 그리고 이것이 그의 청중들을 절대적으로 긴장하도록 유지한다. 그는 그들 스스로 자기 존중을 하도록 정말로 지속적으로 요구한다.16

---

15 Ibid., 246.
16 Ibid., 250.

미국의 인종 문제를 다루는 미국 백인들의 역량에 대한 냉소주의가 주기적으로 생긴 것은 의심할 여지가 없지만, 볼드윈은 킹의 집요한 주장인 사랑은 편견에 뿌리박힌 증오보다 더욱 강력한 호소력이 있었고 사랑이 해방을 향하여 다가가도록 한다는 것에 부분적으로나마 매혹되었다.

킹은 볼드윈과는 다르게 아버지와 아내의 사랑으로 돌봄을 받았으며, 킹의 기질 안에는 "견고함과 평안함의 강렬한 조합"이 있음을 볼드윈은 감지하였다.

볼드윈은 킹의 앞길이 쉬운 길이 아닐 것임을 잘 알고 있었다. 백인의 증오, 흑인의 질투, 그리고 개인적, 구조적 악의 세대들은 물리치기 어려운 적군이었다. 볼드윈이 킹의 다음 설교를 들었을 때는, 그를 향한 고발과 몽고메리 사람들에 대해 날조된 경제 사기의 실패가 있은 직후 애틀란타에 있는 에벤에셀침례교회에서였다. 그날 볼드윈은 킹의 목소리 안에 있는 고뇌와 고통의 새로운 음조를 간파하였고, 볼드윈으로 하여금 악의 본성에 대해 심각한 신학적 심사숙고를 하도록 자극하였다.

> 왜냐하면 악이 이 세상 안에 있기 때문입니다: 그것은 이 세상 안에 머물 수도 있습니다. 어떤 신조나 어떤 교리도 이것에 대항하는 증거가 못되며 진정으로 사람도 마찬가지입니다; 언제나 벌거벗은 사람만이 홀로 몇 번이고 몇 번이고 다시, 이 흑암의 어두운 입구들로부터 자신의 구원을 얻기 위해 반드시 힘써야 합니다.[17]

---

17 Ibid., 256-57.

볼드윈의 특징은 자비심이 많은 신적 존재에 기대거나 눈을 내려뜨리는 것이 아니라, 그 문제를 정면에서 똑바로 바라보며 자기 개인의 의지에 의존하는 데 있었다. 1960년대를 지나면서, 볼드윈은 킹의 백인진보주의의 추종에 대해 더욱 분노가 치밀었고, 비폭력적 행진과 탄원에 대한 킹의 전략보다는 말콤 엑스와 스토클리 카마이클의 더욱 분노한 흑인 급진주의에 더욱 끌리게 되었다.

비록 성취한 것에 대해서는 회의적이었지만, 볼드윈은 워싱턴에서 있은 위대한 행진에 감동받아 1965년 열린 셀마에서 몽고메리까지의 행진에 킹과 함께 참여하였다. 어찌 되었든 간에 점차적으로 볼드윈이 믿었던 것은 킹의 접근법은 단순히 "반드시 치르어야 할 가혹한 결산의 그 시간"을 연기시키고 있었다는 것이었다.

킹이 죽기 직전 그 두 사람은 할리우드에서 다시 만났다. 그곳에서 볼드윈은 말콤 엑스에 관한 영화 대본을 작업하고 있었다. 게다가 이곳에는 볼드윈의 틈새 사이의 페르소나를 볼 수 있는 또 하나의 예시가 있다. 이슬람 국가 및 말콤에 대한 비판적 자료들을 볼드윈의 다양한 논픽션 모음에서 발견할 수 있지만, 흑인 역사에서 기독교는 잔인하고 압제적인 종교라는 말콤의 진단에 볼드윈이 분명하게 동감하였음을 발견할 수 있다.

볼드윈을, 말콤 엑스의 "폭력적 (흑인) 민족주의"에 대항하여 "비폭력적 인종 통합"을 주장한 마틴 루터 킹에 대한 무비판적 지지자로 보는 단순한 추정은 시민권(Civil Rights) 시대에 경험된 모든 흑인의 경험을 그렇게 보는 경직된 견본만큼이나 볼드윈에게 적합하지 않다.[18]

---

18 나는 Matthew James Cressler에게 발행되지 않은 그의 다음 에세이를 읽게 해 준데 대해 감사한다. "From Mountains to Fires: James Baldwin's Disenchantment (s) with the Christian

예를 들어, 1961년에 스터즈 터클(Studs Terkel)과의 면담에서, 볼드원은 백인 우월성에 대한 자의식이 평형추를 만든 방식에 대한 자신의 생각을 제시한다. "서양 역사의 전승 전체를 단순히 받아들이고—이슬람 신학은 겨우 대명사 한두 개를 바꾸어 예루살렘에서 이슬람으로 보내는 정도로 균형을 맞추려 함으로써—백인 세계를 대적하게 한다는 것이다. 백인 세계는 이것에 대해 아무것도 할 수 없으며, 이슬람 지도자들이나 다른 어느 누구를 비난할 수도 없다. 그들 스스로 자신의 역사를 마주 대하려는 의지가 있을 때까지 말이다."[19]

볼드원은 할리우드에서 킹을 만나게 되었을 때, 자신이 말콤 엑스의 영화 대본을 작업하는 것에 킹이 반대한다는 것을 알아차리게 되었지만, 남부크리스천리더쉽회의를 대표한 킹의 유창하고 겸손한 연설에 감동되었다. 볼드원은 "불과 수년 전과 비교할 때 얼마나 놀랄만한 그날 밤 그의 어조인가!"라고 썼다.

워싱턴리더쉽회의가 끝난지 5년 후, 볼드원에 따르면 마틴은 "5년 동안 더 피곤하며 슬퍼졌지만 여전히 탄원만을 계속 하고 있었다. 하지만 그 운동력은 사라졌다. 사람들은 더 이상 그들의 탄원들을 믿지 않았으며. 더 이상 그들의 정부를 믿지 않았기 때문이다."[20]

모든 것이 유혈과 절망으로 붕괴되었다. 한 세기 일찍 테오도르 드와이트 웰드가 노예 제도 폐지 운동과 그 기독교적인 기반에 대해 환멸을 가지게 된 이유는 그가 보기에 그것이 남북전쟁으로 피할 수 없게 된 날

Church." 여기서 Baldwin의 Martin Luther King과 Malcolm X에 대해 보다 깊게 다루어진다.
19 "An Interview with James Baldwin," by Studs Terkel in 1961, in *Conversations*, 13-14.
20 Baldwin, "No Name in the Street," in *The Price of the Ticket*, 519-23.

을 연기하였다고 믿었기 때문이었다. 볼드윈은 점차 같은 식으로 킹의 시민 운동을 보았다. 볼드윈과 킹이 헐리우드에서 만난지 얼마 지나지 않아, 그 둘은 뉴욕에 있는 카네기홀의 무대에서도 같이 섰다. 킹이 죽임을 당했다는 그 충격적인 소식을 볼드윈이 전해 듣기 전까지, 이것이 그 두 사람이 만난 마지막 시간이었다.

볼드윈은 애틀란타에서 있은 킹의 장례식에 참석하였다. 볼드윈은 그 장례식을 "내가 이제까지 살면서 끝까지 앉아 있었던 가장 실제적인 교회 예배, 아니면 언제까지나 끝까지 앉아 있기를 희망한 예배"였다고 말한다. 특징적으로 그 장례식에 대한 볼드윈의 서술은 거기에서의 설교보다는 그 음악에 있었다. 왜냐하면 그는 그 흑인 교회의 음악을 가장 사랑했었기 때문이었다. 그는 특별히 "나의 하늘 아버지가 나를 지켜보시네"란 한 여성 독창자의 노래에 감명받았다.

> 그 노래는 오래 전 어두운 들판들을 뛰어넘어 울려퍼졌다; 그녀는 언약 백성이 오래 전에 삶과 함께, 그리고 더욱 넓은 삶과 함께 계시 안에서 끝나고 사랑 안에서 이동하는 그런 노래를 노래하고 있었다.[21]

감정이 가라앉자, 볼드윈은 "애틀란타에서의 엄청난 날에, 어떤 것은 내 안에서 바뀌었고, 어떤 것은 떠나갔다"라는 슬픈 현실과 함께 남겨지게 되었다. 사라진 것은 미국 흑인들의 대속적 고난과 미국 백인들이 삶

---

21 Ibid., 531. Baldwin의 흑인 종교 개념 안에서의 음악의 중요성을 다룬 뛰어난 논의는 다음을 볼 것. Saadi A. Simwe, "What Is in a Sound? The Metaphysics and Politics of Music in *The Amen Corner*," in *Re-Viewing James Baldwin*, ed. D. Quentin Miller (Philadelphia: Temple University Press, 2000), 12-32, and Hardy, *James Baldwin's God*, 54-58.

의 진실을 솔직하게 자백할 가능성에 대한 낙관주의의 그 마지막 조각들에 대한 볼드윈의 믿음의 흔적들이었다.

그는 "그 실패와 그 배신의 기록은 영원히 남을 것이고, 요약하면 자신들 멋대로 거만하게 스스로를 미국인들이라 부를 권리를 갖는다는 유럽의 이 야만적 자손들을 영원히 저주한다"라고 썼다.[22] 볼드윈에 따르면 킹의 삶과 죽음의 모든 슬픈 이야기가 남긴 교훈은 이 세상의 희망이란 것이 하나님, 이데올로기, 혹은 인간의 잠재성 안에 있는 신앙에 있지 않다는 것이었다. 대신 "다른 사람에게 가 아니라, 자신에게 요구하는 것"에 희망이 있다고 보았다.

이 논의에서 볼드윈과 킹이 가까운 친구였다는 것, 혹은 그들이 미국의 인종 문제를 개선하기 위해 비슷한 전략을 나누었다는 것을 추론하는 것이 잘못된 것일 수도 있으나, 그가 킹을 크게 선망한 것은 그의 도덕적 힘과 확신에 대한 영적인 토대들 때문이었음이 볼드윈의 글에서 분명하게 드러난다.

1960년대 다른 많은 흑인 운동가들의 폭력적 죽음 후에 다가온 킹의 죽음으로 인해, 볼드윈은 미국을 다스리는 하나님이 여전히 도덕적으로 부정직한 백인들의 하나님이라고 여겼다. 킹의 죽음으로 인해, 볼드윈은 자신이 무조건적으로 존경했던 미국 사회의 기독교의 리더들의 공공연한 견해들도 거부하게 되었다.

이런 의미에서 킹을 죽인 그 총알은 한 흑인 설교자의 아들(킹)을 딛고 일어서려던 다른 한 이(볼드윈)가 지닌 대속적 영향력마저 산산조각내고

22　Baldwin, "No Name on the Street," 453-54; Hardy, *James Baldwin's God*, 51-54.

말았다. 볼드원은 기독교는 미국 인종 문제의 해결책을 제공하지 못했으며, 만일 해결책이 있었더라도, 오히려 그것을 악화시키고 정당화시켰다고 확증하였다.

지배적인 백인 기독교 세계의 설교자들과 그들의 메시지에 대한 볼드원의 실망감과 분노가 무엇이든, 흑인이든 아니면 백인이든 교회를 기반으로 한 기독교에 대한 볼드원의 거부는 복잡한 문제가 아니었다. 왜냐하면 음악과 연극과 의식과 흑인의 기독교의 상징들(그것 자체가, 그것의 전반의 공동 사회의 경험이기에)이 그의 마음 위에 깊이 새겨지게 되었기 때문이었다.

그 자신의 기록에 따르면, 볼드원은 그의 첫 번째이자 가장 유명한 소설인 『가서 산 위에서 이것을 말하라』를 완성하여 팔려고 돌아다닌 후, 흑인 기독교, 흑인의 경험, 그리고 자신의 복잡한 가족 상황에 대한 두 번째 작업을 시작하였다. 그때 그는 자신이 또 다른 소설을 쓰게 될 것을 믿지 않았다. 그가 두려워한 것은 (앞서의)『가서 이것을 말하라』의 단순한 축소판이 될 수도 있다는 것이었다. 그래서 그는 『아멘 코너』(*The Amen Corner*)라는 연극 대본을 써서 실험해 보았다.

그 대본은 1952-53년 파리에서 스스로 택한 유배 동안에 쓰여졌음에도 불구하고, 그 연극은 1968년까지 출판되지 않았으며, 볼드원의 종교적 투쟁보다 사회적 논평에 더욱 관심을 갖는 비평가들로부터 놀랍게도 거의 주목을 받지 못했다.[23] 볼드원의 다른 작품들, 즉 소설이든 논픽션

---

23 Baldwin, *The Amen Corner*. Baldwin의 희곡에서 종교적인 주제들을 진지하게 다룬 비평은 다음을 볼 것. Michael F. Lynch, "Staying Out of the Temple: Baldwin, the African American Church and *The Amen Corner*," in Miller, *Re-Viewing James Baldwin*, 33-71.

이든, 그 어느 작품도 흑인 기독교 전통에 대한 애매모호함과 복잡함 때문에 해석의 중심부까지 가까이 다가서는 것이 불가능하다.

『아멘 코너』는 부분적으로 그와 그의 부모와의 관계에 대한 심리적인 탐험으로 기록되었고, 부분적으로 극장매체를 통해 접근되는 것이 가장 좋은 흑인 기독교를 보여주는 시도로써 기록되었다. 그 책은 짧고 접근할 수 있지만, 아프리카계 미국인의 기독교의 본질에 대한 복잡한 내용과 왜 볼드윈이 (많은 교회 가운데) 한 교회를 절대로 찾을 수 없었는지 알려준다.

그 연극("아멘 코너")은 할렘에 있는 어느 공동주택이 그 배경으로 나온다. 그 집은 마가렛 알렉산더 자매의 집과 교회인데, 마가렛은 그녀의 갓 태어난 딸의 죽음(그 어린 아기는 엄마의 가난과 영양부족의 피해자), 그리고 위스키를 좋아하는 재즈 음악가인 루크와의 결혼생활이 무너진 후, 교회사역에 헌신한 자매로 나온다.

마가렛은 모든 것을 태워버리는 신앙심을 통해 자신의 죄책감을 속죄하고 그녀의 산산조각 난 마음을 다시 일으켜보려 애쓴다. 그녀의 이런 신앙심은 그녀의 남편 루크를 위한 자리를 남겨두지 않았고, 그녀의 아들 데이비드를 위한 여지도 거의 없었다.

아들 데이비드는 육신의 죄악으로부터 지켜내기 위한 방법 중 하나로 그 교회의 철저한 규율에 매이게 되었다. 데이비드는 재능 있는 피아니스트였는데, 그 교회와 술집 사이에서 벌어지는 내적 갈등이라는 줄다리기 싸움 속으로 빠져든다. 그의 구원을 위한 어머니의 바램과 타고난 음악인 재능과 인생을 따라 살아야 한다는 그의 아버지의 본능 사이에서 말이다.

그 연극은 조그만 할렘 교회 안의 모습, 즉 쌓여있는 성경, 템버린, 찬송가, 복음송을 부르는 소박한 회중을 보여주며 열린다. 블루스 리듬을 연주하는 데이비드의 피아노 소리와 볼드윈이 조심스럽게 택한 복음송 구절들은 그 연극 안에서 되풀이되는 후렴구 역할을 한다. 거기에다 다음 합창은 마가렛의 설교를 위한 주제 음악으로 불려진다:

> 지금 당신에게 내가 말하도록 하십시오.
> 내가 그의 보호 안에 있는 동안,
> 나는 나의 구세주의 보호 안에 있습니다.
> 예수께서 그의 두 팔로 나를 감싸 안으십니다.
> 어떠한 사악한 생각들도 나를 해할 수 없습니다.
> 내가 그의 보호 안에서 기뻐하기 때문입니다.[24]

마가렛의 본문은 히스기야 왕에게 전하는 이사야 선지자의 지침이었던 "당신의 집을 정리하시오, 왜냐하면 당신은 죽을 것이고 살지 못할 것이다"에서 나온 것으로, 그녀의 설교는 "성결해지는 길은 어려운 길"로, 술 마시는 것, 담배 피우는 것, 영화관에 가는 것, 카드놀이 하는 것, 웃기는 잡지를 읽는 것, 간음 등에 대해 전혀 여지를 남겨두지 않는 타협이 없는 설교였다.

고대 이스라엘의 예언자들로부터 할렘에 사는 흑인 남성들의 죄악으로 이끌어가는 마가렛의 해석학적 슬라이드는 고통받는 한 여성의 경험

---

24 Baldwin, *The Amen Corner*, 7.

에서 나오는 직관적 내용이었지만 지성적인 것은 아니었다. 확실히 그 연극 안에는 볼드윈이 좋아하는 작은 주제들 중 하나가 들어 있는데, 거기 마가렛에 있는 아주 작은 교회 사람들은 지속적으로 성경 본문과 복음송을 그들 자신들의 자기 이익을 신성화시키는 방법으로 이용한다.

그것은, 겉으로는 경건해 보이는 진부함과 그 속으로는 "진짜" 진행되고 있는 볼드윈이 본 흑인복음주의 교회들의 질병, 아니면 확실히 모든 교회들의 질병 그 사이에서의 변증법적 관계이다. 『아멘 코너』는 마가렛에 속해 있는 흑인 신도들의 무리 역시, 그들의 교제권 밖에 있는 사람들만큼이나 돈이나, 권력이나, 지위나, 계급이나, 질투심이나, 경쟁심이나, 조종하는 것이나, 자기 이익 등으로 마음이 빼앗겨 있다는 것을 보여준다. 볼드윈은 그들의 경건한 언어와 경건치 못한 생각과 행동들을 나란히 놓는 배치에서 즐거움을 찾는다.

예를 들면, 무어 자매는 연극을 시작하며 자신을 겸손하게 해 주며, 육신적 욕망들로부터 구하여 주며, 순결을 유지시켜 주는 하나님께 감사한다. 그러나 극이 진행되면서 우리가 알게 되는 것은 그녀는 권력을 몹시 탐내며, 자기만의 독자성을 쉽지 않게 받아들이며, 가차 없는 은밀한 음모가로서의 인물이란 것이다.

연극이 진행되는 내내 마가렛 및 그 교회 장로들과 복서(Boxer) 남매 사이에, 그 남매가 술파는 회사 트럭 운전수 일자리를 취하려는 일에 대해 의견의 불일치가 이어진다. 마가렛은 "하나님의 말씀"은 두 주인을 섬길 수 없다고 말하지만, 연극 후반부에서는 예배를 흥겹게 하기 위해 자매 교회의 음악가들을 끌어들이려고 하고 있을 때, 복서의 아내는 마가렛을 어떤 민간신학화(주술적 요소가 들어간) 과정과 연관시킨다.

마가렛 자매님!

저는 (땅속에) 묻힌 그 무엇을 파내려는 게 아니에요. 그러나 당신은 조엘과 나에게 그가 그 트럭(술배달 차량)을 운전하는 직업을 가질 수 없다고 했지요. 지금 당신은 드럼과 트럼펫을 필라델피아에서 가지고 내려오려는데 당신은 사물 안에는 악한 것이 없고 그것으로 무엇을 하는지가 중요하다고 말합니다.

그렇다면 그 트럭도 하나의 사물이 아닐까요?

그리고 만약 교회 안에서 트럼펫을 부는 것이 괜찮은 것이라면, 왜 그 트럭을 운전하는 것이 조엘을 위해서 괜찮은 것이 아닙니까?

그렇다면 그는 조금 더 하나님의 집에 기여할 수 있는데 말입니까?

이 교회는 가난합니다.

마가렛 자매님!

우리는 당신을 태우고 돌아다닐 자동차가 없습니다. 필라델피아에 있는 사람들처럼 말입니다.

그렇다면 그것이 우리가 가난하게 머물어야만 한다는 것을 의미합니까?[25]

마가렛은 교회 안에서 찬양음악을 연주하는 것과 술을 나르는 트럭을 운전하는 것 사이에는 차이가 있다는 전통적 답변을 하는데, 볼드윈은 이 사소한 대화를 사용하여 흑인의 종교 문화 안에 있는 성스러운 것들과 불경스러운 것들, 부유함과 빈곤, 그리고 권력과 조종 사이의 관계 같은 더 큰 문제들을 탐험한다.

---

25 Ibid., 54.

이 문제들은 더욱 비참한 방법으로 표면 위로 드러나는데, 마가렛과 그녀의 남편 루크 사이에 깨진 관계 안에서 말이다. 이들 부부는 그 연극이 본격적으로 진행되기 십 년 전에 이혼했지만, 재즈 트럼본 연주자인 루크는 죽기 전에 아내와 아들을 보려고 돌아온다.

그들의 지난 관계에서 결정적 시점은 마가렛이 사산아를 출생하였을 때였다. 그 때 그녀는 종교로 돌아서게 된 반면, 루크는 재즈와 위스키만을 의지하게 되었다. 그러면서 각자 상대편의 선택을 원망하였다. 마가렛은 물을 잠잠하게 하셨으며, 암흑의 세력들을 저지하신 주님을 재앙 안에서 찾았고 믿었으며, 자신을 새로운 여성으로 만들었다고 믿었다.

루크는 이것을 다르게 보았다. 그는 자신의 양팔로 들고 있던 "그 유쾌하며, 재빠르게 말하는, 열정적인 것을 잃었고" 그 대신 억제된 죄책감과 분노와 그녀의 진로를 설교자로 바꿔버린 종교적인 자동인형으로 남겨지게 되었다.

마가렛은 어린 자식의 죽음을 루크와 그녀의 죄악된 삶에 대한 하나님의 심판으로써 해석한 반면, 루크는 그 일을 빈곤과 영양실조로 인한 암울한 자연적인 결과로 해석했다. 마가렛은 자신이 하나님의 저주를 받게 되었다고 생각했다. 반면 루크는 빈곤이 그 진정한 저주라고 생각하였다.

루크가 누운 채 죽어갈 때, 그의 임무는 그가 마음 속에 지니고 있던 그의 아내와 아들을 위한 그 사랑을 다시 발견해야 하는 것이었던 반면, 마가렛의 임무는 그의 영혼을 구해야 하며, 그가 자신의 아버지의 음악적 재능을 나누어 가진 아들 데이비드를 타락시키는 것을 막는 것이었다.

루크는 마가렛의 품 안에 안겨 죽지만, 마가렛은 다시 태어나는 것에 대한 감사를 하나님께 하지 못했다. 반면 그녀의 남편은 재결합하지 못했지만, 그들이 함께 다시 재출발하기를 원하는 마음을 가졌었다.

『아멘 코너』를 피상적으로 읽을 때, 볼드윈이 흑인복음주의 기독교 안에서 아무것도 좋은 것을 보지 않았다는 결론을 내릴 수 있다. 그들을 둘러싼 문화의 사악함에 의해 더럽혀지지 않는 안전하고 신중한 교제를 창조하기 위한 그들의 노력 안에 머문 마가렛 자매의 할렘 제자들은 거의 매력이 없는 존재들이다.

그들은 루크가 옆방에 쓸쓸하게 누워 죽어가는 동안에도 끊임없이 돈을 놓고 논쟁을 벌인다. 그들은 주님의 뜻을 알기 원한다고 주장하지만, 대부분 그들의 이기적인 의도들을 신성화시킨다. 그들은 지속되는 험담과 중상으로 신뢰를 서서히 파괴해 나간다. 당연히 루크가 결론을 내린 것은 사람들은 좀처럼 변하지 않는다는 것이었다. 그래서 오직 주님이 마음을 바꿀 수 있다는 마가렛의 신앙심 깊은 대꾸를 무시하며 이렇게 말한다.

> 당신은 많이 바뀌지 않았어, 전혀―당신은 조금 다르게 옷을 입었을 뿐이야.[26]

그러면서 볼드윈이 말하고자 하는 것은 흑인 교회들이 빈곤, 인종 문제, 성정체성, 그리고 인간 본성의 문제들을 진실되게 대처하길 거부함으로, 안전함이 정직함 위에서 특권을 얻는 경건한 도피처의 조그만 하위 문화를 창조한다는 것이다. 따라서 데이비드는 음악의 길로 나가기 위해 그 교회와 어머니의 영향력을 벗어난다. 그 이유들은 더 이상 거짓

---

[26] Ibid., 28.

말을 피하기 위해서, 남자가 되기 위해서, 그의 예술가적인 잠재력을 실현시키기 위해서, 그리고 진지하게 세상에 뛰어들기 위해서이다. 이것들은 그 교회를 떠나는 볼드윈 자신의 이유들과도 가깝다.

『아멘 코너』를 대충 읽으면 이러한 결론들로 갈 수 밖에 없지만, 흑인 기독교에 대한 볼드윈의 치료법은 전반적으로 부정적이지만은 않다. 그 연극 내내 마가렛의 여동생으로 나오는 오데사의 조용하고, 지혜로우며, 정직한 목소리는 그 할렘 교회 회중의 낮은 구성도에 비해 선한 힘으로 등장한다. 무어 자매와는 다르게 그녀는 자신의 독신을 하나님의 호의에 대한 증표로 사용하거나 마가렛과 자신의 관계를 다른 이들 위에 군림하는 변명으로 사용하기를 거부한다.

자신의 권한 내에서 그녀는 용기와 겸손으로 말한다. 복서 자매가 그녀의 독신에 대해 괴롭히자, 그녀는 분명하게 말하였다.

> 나는 후회하지 않습니다. 전혀요!
> 여기에 있는 무어 자매님처럼 나는 내가 순결하다고 주장하지 않겠습니다. 내가 남성들과 아무런 관계도 가지지 않는다고 해서 주님께서 나를 위하여 이런 특별한 계획들(독신이 된 것)을 가지고 있다고 주장하지도 않습니다.
> 형제과 자매님들!
> 만약 여러분이 단지 조금이라도 이웃들의 삶에 대해 알고 있다면, 이웃들이 무엇을 겪고 있는지, 그리고 그들의 발이 그 낮고, 어두운 장소들을 디디고 있음을 안다면 당신들은 이 오후에 이곳에서 모임을 가졌을 것입니다.

나는 당신들이 주님을 아는 것처럼 주님을 알지 못합니다. 그러나 나는 다른 어떤 것은 알고 있습니다. 내가 알고 있는 것은 남성들과 여성들이 어떻게 함께 모이고, 서로를 변화시키고, 서로를 고통 받게 만들고, 서로를 기쁘게 만드는지 말입니다. 만약 당신들이 나의 자매를 이 교회에서 쫓아낸다면, 당신들은 나 또한 쫓아내는 것입니다.[27]

오데사는 마가렛의 남편의 죽음, 그녀의 하나뿐인 아들의 떠남, 그리고 그 교회 신도들의 반란을 다 겪으면서도 마가렛과 (끝까지) 함께 하기를 고수한다. 마가렛는 오데사의 경건한 언어와 설교적 모습에 결국 무너진다. 그리고 어쩌면 10년 전 자신의 어린애가 죽은 후 처음으로 그녀는 정직한 진실을 말한다.

여러분!
나는 주님을 사랑한다는 것이 무엇을 의미하는지 지금에야 발견하게 되었습니다. 이것은 노래 부르는 것과 소리 지르는 것 안에 있지 않습니다. 이것은 성경을 읽는 것 안에도 있지 않습니다.(그녀는 그녀의 주먹을 조금 편다.)
이것은 심지어—이것은 심지어—다른 사람들을 완전히 얕보며 하늘나라에 가기 위해서 노력하는 것 안에도 있지 않습니다.
주님을 사랑하는 것은 그의 모든 자녀들을 사랑하는 것입니다.
그들 모두, 모두를 다!

---

27 Ibid., 75.

그리고 그들과 함께 고난을 당하고, 그들과 함께 즐거워하고, 그리고 그 값을 세지 않는 것입니다.[28]

모순적이게도 (이와 같은) 통찰력이 보인 그 순간, 즉 마가렛이 그 교회 신도들에 의해 자신이 가장 약한 존재로 받아들여지게 되었을 때, 그녀는 가장 강한 곳에 있게 되었다는 점이다. 복서 자매는 하나님의 선물이 그녀로부터 떠났다고 생각하였으며, 무어 자매는 그 낡아빠진 초라한 쿠데타의 성공을 더럽혀진 찬사로 축하하기 위해 남게 되었다.

그 연극에 대한 그의 기록에서 분명한 것은, 볼드윈은 독자들과 청중들이 그가 무엇을 이야기하고 있는지에 대한 의미를 놓치기를 원하지 않았다는 점이다. 왜냐하면 마가렛 자매는 바로 자기 어머니이자, 무자비한 인종차별 국가 안에서의 모든 흑인들의 어머니를 대표하기 때문이었다. 그의 기록들은 충분히 재현하기에 가치가 있다. 왜냐하면 그것들은 어떤 것보다 미국 내 인종과 종교와 문화에 대한 그의 이론적 집대성에 가깝기 때문이다.

왜냐하면 나는 마가렛 자매가 무엇을(어떻게) 겪고 있는지, 그녀의 아들이 무엇에 위협받고 있는지 알기 때문이다. 사람들이 백인과 흑인의 관계에 발전이 있다는—말도 안 되는 소리!—희망을 확인받으려고 나에게 물을 때, 나는 어찌할 바를 모르겠다.

확실히 마가렛 자매의 딜레마, 즉 남편과 아들을 남성들로 대우하는 법

---

[28] Ibid., 88.

과 동시에 이 사회에서 남자로 인정받으려 노력한 결과인 유혈사태로부터 그들을 보호하는 법이라는 딜레마를 해결하기 위한 충분한 발전은 없었다. 흑인 남성들과 여성들에게 행한 것에 대해 얼마나 비싼 청구서를 지불해야 할는지에 대해 아직 아무도 모르거나, 최소한 생각하려고 준비하는 사람조차 없다.

그녀가 그 교회 안에 있을 수밖에 없는 것은, 그 사회가 그녀에게 사회의 (어떤) 공간도 남겨주지 않았기 때문이다. 그녀의 현실에 대한 감각은 그 사회의 가정(assumption)에 의해 영향을 받게 되는데, 그 감각은 열등감으로 자리잡아, 그녀 자신의 것이 되고 만다. 인간의 단언(affirmation)과 복수에 대한 그녀의 욕망이 그녀의 무자비한 경건 안에서 스스로를 표현한다. 그리고 실재적이지만, 그 역시 그녀의 진실되며 전적으로 정당한 공포에 휘둘리는 그녀의 사랑이 그녀를 전제군주적인 여성 족장으로 변모시킨다.

이 모든 것 안에서, 그녀는 옛 자아를 잃어버린다. 루크가 사랑했던 그 불같이, 속사포처럼 말하는 조그만 흑인 여성 말이다. 그녀의 승리, 그 또한, 만약 내가 그렇다고 말할 수가 있다면, 다시 말하면 이 국가 안에서 흑인들의 역사적 승리는, 그녀가 마침내 보고 인정하는 것이며, 비록 그녀가 모든 것을 잃어버렸음에도 불구하고 그 왕국으로 가는 그 열쇠들을 얻는다. 그 왕국은 사랑이며, 그 사랑은 이기심이 없다. 비록 오직 그 자아만이 자신을 그곳으로 이끌어 갈 수 있지만 말이다. 그녀는 그녀 자신을 얻는다.[29]

---

29 Ibid., xvi.

볼드윈에게는 흑인복음주의 교회들은 음악과 예배에서의 모든 생명력 때문에, 그리고 (그들 안에서의) 교제와 리더쉽, 의미를 찾게 해주는 모든 기회 때문에, 본질적으로 둘 다 인종차별주의와 불평등의 협력자가 되기도 하고 피해자가 되기도 했다.

(흑인 교회) 남자들과 젊은이들의 안전을 위해 그들은 오직 그들을 남성적이지 않게 그리고 부정직하게 만드는 것에 성공하였다. 그리고 (흑인) 여성들의 순결을 위해서 그들은 오직 그들을 경건의 매춘부들로 만드는 데 성공하였다.

기독교에 대한 볼드윈의 양면 가치는, 그 양면 가치가 종교 전통에 대한 그의 관점에 대한 올바른 단어라면, 그 전통은 백인과 부동산 소유주들과 이성애자들만을 위한 특권을 의미하였고, 그 가치는 그가 죽을 때까지 깊고도 해결되지 않은 가치였다.

환멸을 느낀 복음주의자들과 함께, 볼드윈은 약하고 가난한 자들을 위한 사랑, 희생, 연민을 강조하는 분명한 복음과 압도적인 백인 위주의 서양 기독교권에서 잘난 체하는 독선 사이의 간격을 들여다보는 날카롭고도 냉소적인 시각을 가지고 있었다. 그는 단지 죽기 몇 년 전에 쓴 그의 논픽션 모음집 서문에서 이렇게 말했다.

> 만약 일부의 사람들이(그리고 그들이 옳았을 수도 있다) 나에게 절대로 떠나면 안 된다고 주장한 강대상 위에 내가 여전히 있다면, 나는 나와 같은 사람들에게 스스로 맞서는 기도를 하라고, 그리고 속죄받기 전에 마

음을 깨끗하게깨트리라고 말해 주겠다."³⁰

그 마음과 영혼 안에서의 이와 같은 고통스런 문제들 속에서 볼드윈은, 미국의 개신교는 대량으로 개종시키는 것으로 대체되었고, 그 결과 아무것도 바꾸지 못했으며, 거듭나는 것(중생)에 대해 싸구려 강조를 하였으며, 그것은 단순한 부동산 계약서나 다름없다고 주장하였다. 그는 "오늘날(지금의 현실)의 굉장히 극적인 회개의 '거듭남'은 예수님을 따르기 위해 이 세상을 포기해야 한다는 것을 거부했다. 오히려 그들은 예수님을 데리고 시장으로 가서, 거기서 지금도, 그리고 과거에도 그랬던 것처럼 영원히, 예수님을 자신들을 위한 감각있는 분이자 부동산 중개업자로 증거로 이용한다"³¹라고 그는 보았다.

이후에 같은 서문에서 볼드윈은 백인 그리스도인들이 국가권력에 대한 콘스탄틴적 유산을 자신들만이 갖고 있다고 주장하는 한, 흑인과 백인 크리스천 사이에는 진정한 교제가 이루어질 수 없다고 말했다. 볼드윈은 사회에서 낙오된 설교자의 가르침과 희생으로 시작했지만 (결국) 백인 재산소유자들의 권위주의적인 가치로 끝나버리는 종교적인 전통과는 평화를 절대로 이룰 수 없었다.

그렇다면 그 소년 설교자(볼드윈)의 종교로 남은 것은 무엇인가?

최근 들어 볼드윈에 대한 비평 문학에서 눈에 띨만한 움직임이 있었는데 그것은 그가 어린 시절의 종교적 틀을 대부분 버린 것처럼 보는 관점

---

30   James Baldwin, Introduction to *The Price of the Ticket*, xviii.
31   Ibid., xviii.

에서 벗어나, 비록 볼드윈이 "고백 크리스천들(입에 발린 신앙고백을 하기만 하는)과 제도화된 교회의 죄악에 대해 악담을 하긴 하지만, 하나님 안에서 그리고 그리스도인의 이상 안에서 그가 가졌던 깊지만 괴로운 신앙은 모두 (우리가) 알아차리지 못한 채 지나가버렸다"는 더욱 뉘앙스가 많은 방향으로 점점 접근하고 있다.[32]

이러한 관점을 위한 증거는 주로 볼드윈의 초기 작업에 대한 보다 정교한 해석에서 주어진다. 자주 경시된 볼드윈의 후기 작품들을 더욱 조심스럽게 읽어볼 때, 그리고 그가 때때로 즉석에서 받은 질문을 받았을 때 대답한 인터뷰 기록 내용들에 더욱 주의를 기울인다면, 그리고 피해가는 대답을 보다 명확히 해달라는 요청에 그가 대답하지 않을 수 없는 상황에서의 내용 등에서도 그것을 찾아볼 수 있다는 것이다.[33]

이와 같은 인터뷰 중에서 (그를) 가장 잘 보여주는 인터뷰는 저명한 인류학자 마가렛 미드(Margaret Mead)와 함께한 7시간 반 동안의 마라톤 인터뷰였다.[34] 미드는 볼드윈에게 프랑스로 떠나 스스로 자처한 유배생활을 한 관점에서 미국인이란 정체성의 본질에 대해 질문했다.

볼드윈은 (자신은 그 정체성의) 일부였으며, 그 (정체성이) 자신의 일부였다는 것을 깨닫기 위해 조국(미국)을 떠나야만 했었다고 자신의 의견을 말하면서 다음과 같이 진술했다.

---

32 Michael F. Lynch, "Just Above My Head: James Baldwin's Quest for Belief," *Literature and Theology* 11, no. 3 (1997): 284-98.
33 Baldwin의 나중에 나온 소설들에 대한 도움 되는 주석은 다음을 볼 것. Lynn Orilla Scott, *James Baldwin's Later Fiction* (East Lansing: Michigan State University Press, 2002).
34 이 인터뷰는 1970년 8월 26일 녹음되었으며 녹음 내용은 다음에 출판되었다. Margaret Mead and James Baldwin, *A Rap on Race* (Philadelphia and New York: J. B. Lippincott, 1971), 86-96.

예를 들자면 종교에 대한 전반적인 질문이 언제나 나를 집착하게 만들었습니다. 나는 그 교회에서 자랐고 17살 때 교회를 떠났는데, 그 이후에는 절대로 어떤 데에도 합류하지 않았습니다. 심지어 승마학교까지도 말이죠.

결코 말이죠.

나는 절대로 백인들의 기독교를 이해하지 못했으며 지금도 나는 이해를 못합니다.

볼드윈이 이해하지 못했던 그 무엇은 어떻게 희생적인 사랑을 바탕으로 세워진 종교의 추종자들이 인종차별주의, 분리, 폭력 그리고 잔혹함을 지지할 수 있었는지에 대한 것이다.

그가 (백인 기독교를 이해하지 못한다고) 내놓은 두 가지 예시들 중 첫 번째는 남부지방의 학교에서 흑인과 백인이 같이 공부하도록 하는 흑백통합 위기 때 뉴올리언즈에서 자기 아기들을 팔에 안고 서있던 백인 여성들이 (마찬가지로) 자기 아기들을 팔에 안고 있는 흑인 여성들에게 침을 뱉었던 것 일이었다.

두 번째는 유대인 대학살(Holocaust) 사건이다. 볼드윈은 제2차 세계대전 때 한 잘생긴 어린 소년을 나치 비밀경찰(Gestapo)이 둘러싼 후 단지 유대인이란 이유만으로 "그리고 기독교의 이름으로!" 죽이는 장면의 사진으로 인한 망령 같은 괴롭힘에 사로잡히게 되었다는 고백이었다.

미드는 유대인 대학살이 직접적으로 기독교에 의해서라는 것을 거부하면서 이들의 대화는 그가 방금 말했던 그 같은 종류의 도덕적인 판단을 하게 되는 볼드윈의 토대가 무엇인가로 옮겨갔다. 미드의 질문 공세에 볼드윈은 자신의 도덕적인 감각은 성경이나 교회가 아닌, 그리스도인 어머니로부터 생기게 되었다고 분명하게 말했다. 어머니는 어떻게든지 자신의 자녀들이 "다른 어떤 것보다 서로 사랑하며, 그 무엇보다 다른 사람을 사랑하는 것이 중요하다"는 것을 믿도록 하셨다고 말했다. 미드는 사랑의 지고함에 대한 강조는 기독교의 정수이며 동시에 문명에 있어 가장 위대한 선물이라고 볼드윈을 설득하였다.

볼드윈을 향한 미드의 요점은 왜 반체제 미사여구적 호소로부터 벗어나, 그가 기독교의 본질을 그의 어머니의 사랑 안에서 보기보다는 위선과 잔혹한 행위들 안에서 보기를 선호하였는지였다. 볼드윈은 이에 대해 이렇게 답변했다.

> 기독교인들이 하지 않는 것으로 보이는 그 무엇은 그 자신들을 그들이 그들의 구세주라 부르는, 그리고 결국에는 매우 평판이 좋지 않았던 그 남자와 동일시하지 않는 것입니다.... 그래서 나의 경우는 도덕적인 사람이 되기 위해서, 그것이 무엇이든, 나는 세금 걷는 사람들과 죄인들, 매춘부들과 마약중독자들과 어울려야만 하며 거짓말 외에는 우리에게 아무것도 말해주지 않는 교회에서 나와야 했습니다.

그것이 정확하게 예수님이 하신 것었다는 미드의 대꾸에, 볼드윈은 "오직 그러한 의미 안에서 나는 기독교인이라고 불릴 수 있을 것"이라 말했다. 미드는 볼드윈에게 개인적인 고백을 하라는 압력을 가하려는 의도를 가지고 있지는 않았다. 단지 그녀는 기독교가 문명에 어느 만큼 좋은 부분에 기여하였음을 그가 인정하도록 하려는 것이었다.

만약 기독교가 내면화하지 않는다면 그것은 의미 없는 것이며, 입으로는 고백하면서 행동은 다른 짓을 하는 것은 끔찍한 범죄라고 말하면서, 이런 일들은 18세기 초 이후부터 내려온 경건주의와 성결주의 전통의 경구(呪文)이었다는 볼드윈의 반응은 놀랍도록 복음주의적 언어로 (비기독교적인) 교회 티만 내는 기독교를 비판한 점들을 보여준다.

비슷한 요점들이 또 하나의 인터뷰인 "고백들"(Confessions) 중 일부에도 나온다. 1965년 BBC방송과 가진 인터뷰에서, 콜린 맥키네스(Colin MacInnes)는 볼드윈에게 종교 작가라고 (스스로) 생각하고 있는지, 그리고 어떠한 의미에서든 (기독교)신자였는지 물었다.

볼드윈은 "나는 나를 내다버린 교회, 그런 교회의 의미에서 본다면 믿는 자가 아닙니다. 나는 믿습니다. 내가 무엇을 믿느냐고요? 나는... 매우 뻔하게 들리겠지만 사랑을 믿습니다"라고 대답했다.

맥인네스는 그의 말에 끼어들며 자기는 (볼드윈이 말하는) 그 사랑을 진부한 것으로 여기지 않는다고 했다. 이어 볼드윈은 사람들은 서로 다른 이들을 섬겨야 하는 의무를 가지고 있으며, 사랑의 힘은 흔해 빠지거나 수동적인 것이 아니란 믿음을 갖고 있다고 말했다.

> 내가 의미하는 것은 활동적이고 불과 같은 그 어떤 것이고, 마치 바람 같은 것, 당신을 변화시킬 수 있는 그 어떤 것입니다. 내가 의미하는 것은 에너지입니다. 내가 의미하는 것은 열정적인 믿음, 인간이 무엇을 할 수 있는지에 대한 열정적인 지식, 그리고 인간이 그 자신이 사는 이 세상을 바꾸기 위해 (그가) 무엇을 할 수 있는지에 대해서입니다.

비록 그가 개인적으로 그리고 권한을 부여하시는 하나님을 향해 호소하지 않지만, 이 말들은 복음주의 설교자의 말이다.[35] 5년 후 존 홀과 가진 인터뷰에서 볼드윈은 그의 시대에 있어 가장 유명한 흑인 작가로서의 책무를 반추하면서 열정이 재능보다 중요하며 자신의 일보다 중요하다고 말한다. "내가 어릴 적 아마도 부분적으로 교회로부터나, 그리고 성령의 그늘 아래 자랄 때 머릿속에 떠오른 생각으로부터 깨달은 것은 당신의 것은 아무 것도 없다는 것"[36]이라고 말했다.

볼드윈의 전 작품에 대한 한 비평가의 논평은 볼드윈이 구원에 이르게 하는 세가지 바람직한 길을 제시한 강력한 개인적 신학을 가지고 있었다는 것이다. 볼드윈이 본 그 세가지 구원관은 다음과 같다.

> (첫 번째 구원은) 살아남기 위해 그리고 사랑하기 위해 능력을 개발하여 자신을 구하는 것,
>
> (두 번째) 편애적인 아니면 에로스적인 사랑을 통해 다른 이를 구하는 것, 그리고 그들의 고난을 포함하여,
>
> (세 번째) 모든 사람을 위한 책임을 수용하는 것에 기초를 둔 이기심 없는 행위를 통해 다른 사람들을 구하는 것이다.

물론 백인들의 제도적 기독교와 그들이 예배하는 그 하나님의 추종자들의 겹겹이 쌓인 위선에 대해 차가운 시선을 던진다면, 당연히 이 모든

35　James Mossman, "Race, Hate, Sex, and Colour: A Conversation with James Baldwin and Colin MacInnes," in Standley and Pratt, *Conversations*, 46-58.
36　John Hall, "James Baldwin Interviewed," in Standley and Pratt, *Conversations*, 106.

것(세가지 구원의 길)들은 통합될 수 있었다.

볼드원의 글과 그가 낸 성명서 등을 조심스럽게 취사선택하여 본다면 일부 해석가들의 해석처럼, 볼드원은 단순히 1960-70년대 흑인 해방신학자들에 맞선 예술가적 상대(counterpart)였다는 것이며, 백인과 흑인 모두를 망라한 기독교 기성 체제에 대해 거의 모든 측면에서 싸우자고 나선 프라미티비스트(promitivist[소박한 형태 및 사상을 가장 가치 있다고 보는 철학, 예술, 문학적 사조 주창자—편집자 주]) 기독교인으로 남았다고 결론 내리려는 유혹을 받는다. 그러나 사실 그 증거는 이러한 깔끔한 결론을 지지하지 않는다.

볼드원은 그 자신과 그의 문화를 충분히 알고 있었는데, 그것은 성결적 (전통의) 오순절 교회의 다양성에서 나온 대중주의적 복음주의 기독교가 그의 사상과 그의 언어와 그리고 그의 정체성을 형성하는 데 도움을 주었다는 점, 그리고 자신의 인종을 (백인들에게) 복종시키고 진정으로 박애주의적인 열망들을 왜곡시킨 책임이 있다고 믿는 신앙과 전통과 자신의 도덕적 거리를 유지해야 한다는 점도 잘 알고 있었다. 기독교에 대한 볼드원의 양면성은 그가 기독교에 대해 생각한 것과 그의 죽음 전에 절대로 해결되지 않은 것의 중심에 있다.

기독교에 대한 볼드원의 양면 가치 부분은 인간의 사랑, 성적 정체성, 그리고 그 기독교 전통 안에서 그 관습적인 위치에 대한 그의 태도와도 관련되어야 했다. 어떠한 전통, 즉 동정녀 잉태, 신성화된 금욕주의, 변두리로 내몰린 성적 욕구, 그리고 저주받은 동성애 등을 떠받드는 전통은 볼드원이 받아들일 수 없었다.

그의 소설과 연극에는 세속적이고 끈적거리는 성적 묘사가 가득한데,

그것은 단순하게 성적으로 흥분시키기 위해 묘사된 것이 아니라, 사랑과 인생과 소외와 계시 같은 복잡한 (상황들에) 마주치도록 묘사된 것이다. 문자 그대로 처녀가 아이를 낳았다는 전통은 볼드윈에게 내재적으로 문제점을 가지고 있었다.

그의 두 번째 중요한 연극 작품이었던 "찰리씨를 위한 블루스"(Blues for Mister Charlie)에서 살해당한 어린 시절의 연인을 사랑하는 후아니타는 쓰라리게 그녀의 죽음을 비탄하며 그녀가 임신했기를 바란다. 후아니타는 자신의 신체적 상태, 성적인 특성, 그리고 생식력에 대한 포용과 그녀의 어머니의 하나님 안에서의 믿음과 존경할 만한 태도를 비교하면서, 다음과 같이 분명하게 말한다.

> 내가 추측하기는 하나님이 엄마를 위해 해주는 것은 리처드가 나를 위해서 해주었던 것이다.
> 후아니타! 나는 신경 쓰지 않는다! 나는 신경 쓰지 않는다!
> 나는 애인을 원하는 데, 살과 피로 만들어진 애인 말이다. 나처럼 살과 피를 가진 애인 말이다. 나는 하나님의 어머니가 되기를 원하지 않는다! 그분은 자신의 얼음 같은 눈처럼 하얀 하늘나라를 가질 수 있다![37]

안전성, 냉담함, 그리고 순백(純白)은 전통적인 기독교의 그 압제된 성윤리에 대한 볼드윈의 관점에 대한 좋은 묘사들이다. 흑인 종교의 성적인 금기들로 부과된 억제보다는 사랑, 삶, 그리고 성적 정체성을 높이는

---

37 James Baldwin, *Blues for Miter Charlie* (New York: Dial, 1964), 94. See also Scott, *Baldwin's Later Fiction*, 94-97.

후아니타의 혼잣말은 볼드윈이 자기 작품 안에서 흑인 여성들을 묘사하는 데 있어 예외적인 것이 아니다.

트루디어 헤리스(Trudier Harris)는 볼드윈이 어떻게 그 많은 여성 인물들을 (작품 안에서) 만들어냈었는지 보여주었는데, 그 여성 인물들은 "인간성에 대한 죄책감과 의심의 그늘에서부터 인생과 삶을 살아가는 것을 즐거이 노래하는 자리로 이동하여 나온다"라고 보았다.

그럼에도 불구하고 볼드윈의 여성들이 어느 정도까지 교회로부터 해방되었고 존경의 가치들를 이룩하였든, 그녀들은 대부분 남성들에 의하여 자신들을 위해 만들어진 바로 그 자리에만 있어야 하는 여성들이었다.[38] 때로 그가 그 주제에 대해 말하지 않았음에도 불구하고, 더욱 대담한 "표출"을 원하던 일부에게 실망감을 준 것은, 동성애에 대한 볼드윈의 관점은 인간의 성적 정체성에 대한 기독교의 영향력에 대한 보다 광범위한 비평의 일부였다는 점 때문이었다.

그의 초기 수필 중 하나인 『순전함의 보존』(Reservation of Innocence)에서 볼드윈은 자연 안에서 선명하게 발견되는 것을 비자연적이라고 하는 것은 심각하게 비합리적이라고 주장하였다. 동성애를 비자연적으로 만들었던 것은 불임(不姙)이 아니다. 왜냐하면 불임은 결혼하지 않은 사람들, 가난한 사람들, 그리고 허약한 사람들의 운명이기도 하기 때문이다. 동성애를 비자연적으로 만든 것은 하나님을 만들어낸 인간이다. 인간은 하나님을 만들어냄으로써 순수함을 죽이고, 선한 것과 악한 것, 죄악과 구원의 이중성을 세워 놓았다.

---

38   Trudier Harris, *Black Women in the Fiction of James Baldwin* (Knoxville: University of Tennessee Press, 1985), 11.

볼드윈에 따르면,

> 동성애자가 정죄를 받는 것은, 자연의 관점 안에서가 아니라 하나님의 관점에서이다. 이것은 개념의 심각하며 위험한 실패를 말해준다. 왜냐하면 세상의 헤아릴 수 없는 인간들이 생명보다 덜한 것으로 인해 정죄 받기 때문이다. 그래서 우리는 당연히 우리 자신들을 제한하지 않고는 이것을 할 수가 없다.[39]

같은 글에서 볼드윈은, 자신이 너무나 개탄스럽게 발견한 미국 문학과 사회의 성별 관계에 관한 관습 이해를 살펴보려고 그 주제의 폭을 넓혔다. 이 이슈들의 불가피한 복잡성을 회피하고, 성숙함(볼드윈의 가장 좋아하는 주제)으로 가는 것을 피하려고, 미국인들은 여전히 더욱 위험한 고정관념들을 만들어냈다고 그는 말한다.

"미국인들이 순전함을 보전하며, 성년 상태에 도달하려고 행한 경이로운 시도는 마음이 빠진 괴물이자 거친 녀석을 만들었으며 완벽했다; 그리고 그의 남성다움은 가장 유아적이고 초보적인 외면에서 찾을 수 있으며, 여성들을 향한 그의 태도는 가장 참담한 낭만주의와 가장 달래기 어려운 불신의 결혼"이라고 그는 보았다.[40]

그러므로 동성애자들은 그 시대 문학 안에서 폭력적이고, 무책임하고, 신뢰할 수 없는 존재들이며, 백인 기독교 세상과 『떠도는 소년들』(*The*

---

39 James Baldwin, "Preservation of Innocence" (1949), in *Collected Essays* (New York: The Library of America, 1998), 596.
40 Ibid., 597.

Rover Boys)의 가치 위에서 길러진 모든 편리한 고정관념이었다.

볼드윈이 매우 예민하게 동성애자 작가로 꼬리표가 자신에게 붙여지는 것을 피하였던 중요한 이유는, 꼬리표 그 자체가 사람을 서로 같은 동료로 보므로, 감정과 공감을 방해하는 적군이라는 그의 진지한 믿음 때문이었다. 인간을 포함한 모든 것들이 어떻게 서로 맞둘려있는지에 대한 열정적인 이해가 없이, "우리는 공기가 없는, 꼬리가 콜은 감방 안에서 모든 것을 죽음에 이르도록 질식시키며, 서로를 다른 사람으로부터 격리시키고, 우리를 스스로에게서 분리시킨다."⁴¹

이것은 작가로써 그리고 흑인 지성인으로써 볼드윈의 사명에 가장 가까우며, 그가 어릴적 받아들인 흑인 복음주의 기독교의 교리적 확실성들을 (이제 와서) 받아들이는 것이 그에게는 얼마나 불가능한 것인지를 보여준다.

인간의 성적 정체성이란 복잡한 주제에 대한 볼드윈의 탐험에 대해 글을 쓰는 작가들이 점점 더 늘어나는 데, 이들의 논쟁에 의하면, 볼드윈은 인간의 사랑을 축하하면서도 그 성적 소외와 미국 내 흑인과 백인에 대한 거친 고정관념이 장차 심판을 받게 될 것이란 어두은 경고를 하는 등 복음주의적 설교자의 면모를 드러내고 있다고 보았다.⁴² 성적 정체성에 대한 그의 접근에서 개인적으로 그리고 작가로서, 불드윈은 전통적인 기독교의 이해들을 포용할 수도 전적으로 그들의 영향력으로부터 도망칠 수도 없었다.

---

41   Ibid., 600.
42   Hardy, *James Baldwin's God*, 59-76.

볼드윈이 암으로 죽음에 가까워지면서, 그가 그의 친구이자 자서전기 작가인 데이비드 리밍(David Reeming)과 교회와 종교에 대하여 말한 것이 있다. 리밍은 "그가 깨닫게 된 것은 그의 인생 안에서 교회의 역할은 중대하였으며, 특별히 그가 '내면의 단어'라고 불렀던 것에 경의심을 가지고 있었다고 했다. 더 넓은 범위의 질문에 관해서는 그는 하나님을 '믿지 않았다.' 그러나 그는 특별히 자신이 홀로 있을 때, 바깥 어딘가에 어떤 존재가 있다는 것을 느꼈다."[43]

또 다른 자서전기 작가는 볼드윈은 명백하게 본다면 기독교 신자가 아니었지만 "그의 인생이 유일하게 종교적이라고 불릴 수 있는 신앙 위에 기초하였다. 그의 사상이 종교적인 믿음으로 가득 채워지게 되었던 것처럼 말이다. 그의 경전은 그 오래된 흑인 영가였다"라고 결론 내린다.

> 바로 내 머리 위에서
> 나는 공중에 있는 노래를 듣네.
> 그리고 내가 정말로 믿는 것은
> 그 어딘가에는 하나님이 있다는 것이네.[44]

비슷한 맥락에서 클러렌스 하디(Clarence Hardy)는 볼드윈이 부분적으로 그가 이후에 부인하였지만 결국은 완전히 벗어나지는 못한 흑인 복음주의의 창작품이었다고 결론지었다.[45] 여러 경우에 자신의 삶 속에서 볼

---

43 David Leeming, *James Baldwin* (New York: Knopf, 1994), 384.
44 James Campbell, *Talking at the Gate: A Life of James Baldwin* (New York: Viking Penguin, 1991), 281.
45 Hardy, *James Baldwin's God*, 106-8.

드윈은 양아버지, 하나님, 백인 자유주의자들, (그는 그의 가장 신랄한 산문의 일부를 이들에게 썼다),[46] 흑인 작가들, 흑인들의 피해 의식, 그리고 경제적, 정치적 권력 구조에 대해 분개하였다. 그는 불안정하고, 논쟁적이고, 쉽게 가려내기 힘든 인물이었는데, 그는 어떠한 가능한 영역 안에도 짜 맞추어 들어가지 못했다.

"정직한 사람"이 되기 위한 노력으로, 볼드윈은 처음에는 가족을 떠났으며, 그 다음에는 교회를, 그리고 나서 국가를 (차례로) 떠났지만, 절대로 완전하게 그를 묶어버린 관계들을 벗어나지는 못하였다. 그는 흑인 기독교에 대한 주요 작업들에 집중한 마지막 흑인 미국인 작가 중 하나였고, "그 자신을 그 고립된 영속적인 흑인기관인 흑인 교회로부터 거리를 둔" 첫 번째 인물이었다.

흑인 교회에 대한 볼드윈의 관점은 적절하게 이중 가치적이었다. 1979년 「흑인 대학생」(*The Black Collegian*)과의 인터뷰에서 볼드윈은 칼라뮤 야 살람(Kalamu ya Salaam)에게서 그가 흑인 교회를 흑인들을 위한 대속적인 기관으로 보았었는지 질문받았다. 볼드윈의 답변은 다음과 같았다.

> 기독교의 결과 중 하나는 장전된 총구의 그림자 아래서 성경과 십자가를 받은, 그리고 그것으로 전에 유례가 없는 짓을 행한 흑인의 노예화였다.

---

[46] 다음 에세이를 볼 것. Baldwin's essay "White Man's Guilt," in *The Price of the Ticket*, 여기에서 이 죄의식은 "백인 미국인들이 미국에 있는 흑인, 즉 흑인의 양심으로 즐겁게 해주는 말을 더듬으며 하는 겁먹는 대화에서 보다 더 평범하게 들리는 곳은 어디에도 없다라고 그는 진술한다. 여기의 말더듬의 본질은 간청으로 축소될 수 있다. 나를 비난하지 말라. 나는 거기에 없었고 나는 그것을 하지 않았다.... 그러나 같은 날, 다른 모임이자 그의 심장의 가장 사적인 방에서 항상 백인 미국인은 지불하기를 원치 않는, 그리고 거기서 물질적으로 엄청난 이득을 누려온 그 역사를 여전히 자랑스러워한다"라고 진술한다.

마지막으로, 흑인 역사 안에 있는 모든 것은 흑인 교회로부터 나온다.

볼드윈은 백인 유럽인 기독교 세계의 종교와 미국 흑인 사이에 거리를 두려고 특별히 노력했다.

흑인들이 진정한 종교에 대해서 말할 때, 그들은 실제적으로 '방언으로 말한다.' 이것은 로마에서는 이해하지 못할 것이다.[47]

볼드윈은 흑인 기독교는 미국 흑인들의 정체성을 위조하는 수단이었기에, (흑인 교회처럼) 동일한 힘을 가진 다른 그 무엇에서 (교회 외의) 대안을 찾으려고, 교회에 출석하지 않는 새로운 세대가 어떻게 그 답을 찾을지에 대해 자기는 알 수 없다고 분명히 말한다.

글레런스 하디는 자신의 책 『제임스 볼드윈의 하나님』(*James Baldwin's God*)에 대한 깊고도 개인적인 후기에서 흑인들의 복음주의적 경험에 대한 볼드윈의 양면 가치는 볼드윈 그 자신과 흑인성결주의 문화 안에서 자란 셀 수 없이 많은 이들에게는 얼마나 진실인지를 고백한다. 볼드윈의 경우에는 "예술, 술, 그리고 제대로 살아보겠다는 인생의 위험들을 위해 기꺼이 하나님의 집을 떠나고자 하였으나, 그는 심지어 킹의 죽음 후에도 대속적인 고난 개념들을 유지하였다.

볼드윈은 자신의 활동 기간을 통해 복음주의와 복음주의 그 자체를 양

---

47 Sondra A. O'Neale, "Fathers, Gods, and Religion: Perceptions of Christianity and Ethnic Faith in James Baldwin," in *Critical Essays on James Baldwin*, ed. Fred L. Standley and Nancy V. Burt (Boston: G. K. Hall, 1988), 140; Standley and Pratt, *Conversations*, 182.

쪽 모두 심판의 언어를 사용하여 활발하게 경멸하였다."[48] 요약하면, 볼드윈이 과거의 유럽 백인 경건주의 안에서 유래된 전통이자 신세계의 노예 인구(노예의 후손들) 안에서 가장 오래 지속되는 문화 중 하나를 건설한 그 전통과 연관된 채 자신의 가장 강력한 청소년 시절의 경험을 가진 것으로 본다면 충분히 운이 좋으면서도, 충분히 불행하였다.

그 전통의 모든 측면들에 대해 그가 가진 양면 가치, 즉 그 즐거운 음악, 교회에 어울리는 무대, 종교적인 황홀경, 성적인 것을 반쯤은 받아들이는 청교도주의, 그리고 거의 전적으로 억압된 인간의 가치는 그 시작부터 그곳에 있었고, 북미에서 흑인들의 종교 경험 중심에 현재에도 있다. 하지만 그 누구도 타는 듯한 솔직함과 통찰력으로 이것을 제임스 볼드윈이 한 것보다 더 예민하게 느끼거나 쓰지는 못했다.

---

48 Hardy, *James Baldwin's God*, 111.

제9장   결론
　　　　　　　매혹과 환멸

테론은 오래된 설교 원고를 책상 위에 펼쳤고, 메모장도 내려놓았다. 하지만 그것을 완성하지는 못했다. 자신을 몸에 맡긴 채, 턱을 손에 고이고 마당 안에 있는 진달래를 응시하였다. [쇼팽] 그 경이로운 음악의 영혼이 그에게 되돌아왔다. 그리고 그 날개들 안에 그를 감싸 안았다. 그때, 그와 이전에 알고 있던 그리고 느꼈던 그리고 이전에 했던 모든 것과 자신 사이에 만질 수 있는 하나의 장벽이 스스로 일어서는 것처럼 보였다. 그것은 그의 새로운 탄생이었다.
그 피아노와 함께한 그 놀라운 밤.
한 기발한 착상이 그를 즐겁게 하였다. 그것은 새로 태어난 것은 바로 바로 시인이라는생각이 섬광처럼 지나갔기 때문이었다. 그렇다; 그 이전의 시골의 시골뜨기, 그 편협한 광신자, 시답지 않은 미신들을 뒤쫓아 흑암 속에서 주변을 더듬거리던 그 배우지 못한 노예... 그는 죽었다. 거기에 그의 마지막이자 훌륭한 탈출이 있었다. 그 자리에서 한 명의 시인이 태어나게 되었는데—그는 그 글을 이제 적었다—빛의 아이, 아름다움의 연인, 달콤한 소리들, 르낭과 쇼팽에게도 인정받는 한명의 형제—그리고 쎌리아!

- 헤롤드 프레드릭 『테론 웨어의 그 천벌』,

(*The Damnation of Theron Ware*, 1896)

헤롤드 프레드릭이 19세기 말에 쓴 소설 『테론 웨어의 그 천벌』(*The Damnation of Theron Ware*)에서 그는 한 인물을 설정했는데, 그 인물은 진지한 젊은 감리교 설교자로 출발하였다가 환멸을 느낀 목회자로 (감리교의) 천막 집회들과 부흥회들로 이어지던 세계로부터 부동산업계와 정치적인 웅변가로 진로를 바꾸기 위해 준비하는 인물로 마감된다.[1] 테론 웨어의 편협한 감리교 및 모학계곡(Mohawk Valley)에서의 생활에 대한 환멸은 여러가지 영향 때문이다.

주로 프레드릭의 고향 마을인 뉴욕의 우티카(Utica)를 본떠 그려진 (소설 속의) 옥타비우스란 가상의 마을에서 웨어는 다양한 사람들과 마주치게 되며 영향도 주는데, 사람의 관점에 따라서 그것은 "계몽"도 되고 또는 "변질"로 바뀌기도 한다.

(크리스천) 순례자로서 뒷걸음치게 된 그는, 다윈주의 박사, 자유주의 가톨릭 신부, 그리고 쎌리아에서 한 명의 자유분방한 미인을 만나는데, 그녀는 쇼팽, 그리스 조각 그리고 똑똑한 말로 그를 감질나게 한다. 그는

---

1 Harold Frederic, *The Damnation of Theron Ware,* with an introduction by Scott Donaldson (New York: Penguin Books, 1986).

그의 『젊음의 회상』(Recollection of My Youth) 안에서 르낭의 믿음의 거부를 읽고, 또한 준비가 거의 덜된 프로젝트인 성경 인물 아브라함에 대한 책을 준비하는 과정 속에서 새로운 독일 사상의 일부에 잠깐 관여한다. 그는 직업적 명성을 감리교 교회 안에서 얻어 볼 생각에 경건한 인물에 대해 써보겠다고 시작하였지만, 그가 인지하지 못한 것은 히브리어 성경 해석의 새로운 흐름에 대해 무지하였다는 것이며, 딱하게도 그의 앞에 놓인 그 작업의 대단한 복잡성을 과소평가하였다는 것이다.

이 짧은 묘사에서, 테론 웨어가 19세기 말 무렵에 정통 기독교를 혼란시킨 새로운 지적 세력의 종교적 피해자임을 가정할 수도 있다. 그리고 그것은 부분적으로 사실이었다. 하지만 프레드릭이 그 세력들을 이해하면서 소통하려고 힘들게 노력하였음에도 불구하고, 그것이 그의 우선적인 접근 관점은 아니다.

프레드릭은 기본적인 감리교 신학교육만 받은 테론 웨어의 덜 준비된 마음에 작용한 이러한 새로운 도전들을 과소평가하지 않는 반면, 웨어의 환멸의 그 뿌리들이 그 자신의 열망과 한계 내부에 깊숙이 있다는 것을 보여주느라 힘들어 했다.

테론은 실제적이고 허구적인 다른 많은 복음주의 설교자들처럼, 그 자신의 목소리에서 나오는 음성을 좋아하였으며, 그 자신의 종교 전통 내부의 위대한 인물이 되려는 야망을 가졌다. 또한 그는 돈으로 살 수 있는 모든 것들을 좋아했다. 가난한 감리교 설교자가 대충 꾸민 설교 장소에서 설교해야 하는 경제적 궁핍함과, 새로 사귄인물들의 매우 사치스럽고 우아한 모습의 대조는 이 소설의 주된 주제 중 하나이다.

프레드릭은 옥타비우스 마을에서 사회적, 지적 지식인들과 테론의 새로운 연합이 어떻게 그 마을의 원시 감리교도들의 인색하게 구는 협소함을 비난하였으며, 무엇보다도 자신의 사랑하는 감리교도 아내의 그 겸허한 신앙심마저 비난하도록 그를 이끌고 가는지 보여주는 것에 특히 성공적이었다.

그의 새로운 친구들의 삶이 더욱 매력적으로 다가올수록 그 자신의 환경들은 덜 매력적이 된다. 그는 그 마을의 부유한 미인에게 열중하게 되면서, 그 여인의 꽁무니를 쫓아다니는 바보로 그 자신을 만들었다. 그녀는 한때 테론을 생활에서 새롭고 신선한 얼굴을 한 "옥타비안의 소유물"로 보았다. 하지만 이후에 그녀는 그를 거부하였으며, 그 이유는 알고보았더니 그는 눈치없고 수다스러우며 입신출세적인 "따문한 사람"이었기 때문이었다.

부유한 보헤미안 여왕과 함께 세상을 항해하려는 테론의 완벽히 비현실적인 열망들은 거칠게 산산조각났고, 그는 소울스비(Soulsby) 부인에 의해 어느 정도 되돌아왔다. 그녀는 세상적으로 유식한 디킨스류의 인물이자 교회 모금자로서 현실적인 진로를 결정하기 전까지 여러 번의 험난한 경험들을 겪은 여인이었다.

그 소설의 결말에서 테론은 그의 첫 번째 직업(목사)인 열렬한 구식 종교나 진보적인 현대주의자의 계승자로써보다는, 소울스비 자매의 뜻대로 조작된 실용주의를 인생의 변화를 위한 보다 확실한 진로로 받아들이게 된다. 결국 그는 그 감리교 목회를 그만두고 아내와 화해를 하였으며, 유서깊은 빅토리아 시대 문학 전통에 따라 "서부로 향한다."

시애틀에서 새로운 인생을 시작하기 위해서!

프레드릭의 소설을 이 정도 길이로 묘사하는 그 이유는 19세기 후반 미국 공동체의 종교적 실상 및 복음주의의 환멸에 대해 잘 보여줄 뿐만 아니라, 또한 본서의 주요한 주제를 다루는데 있어서 소설가들이 역사가들보다 더욱 쉬우면서도 더욱 어려운 작업을 동시에 가지고 있음을 설명하기 위해서이다. 소설가의 작업이 어렵다는 것은 등장 인물을 만들어 내고, 그 인물들을 확실한 지적, 사회적 상황들 안에서 설정해야 하는 것 때문이다. 그리고 나서 독자들이 신뢰하며 즐겁도록 하는 방법으로 그것을 제시해야 한다.

그들의 작업이 쉽다는 것은 자신이 창조한 인물들의 내적, 외적 삶을 완전히 장악하기 때문이다. 더 중요한 것은 그들은 관계들과 더욱 넓은 사회적 맥락에 의해서 어떻게 인물이 바뀌게 되는지를 조종할 수 있다는 것이다.

대조적으로 역사가들은 종교적 환멸을 다루는데 더욱 힘든 작업을 한다. 왜냐하면 인간의 경험의 깊은 개인적 영역에 대해, 역사가들은 오직 남아있는 증거물이 허용하는 곳까지만 닿을 수 있기 때문이다.

프레데릭이 그의 인물인 테론 웨어를 통해 기민하게 관찰한 것처럼, 종교적 환멸은 개인의 내면적 상황에 대한 외부 영향력들의 상호작용에 의해 발생하는 복잡한 현상이다. 역사학자들의 문제는 개인적 정황보다 외부적 영향력을 파악하기가 더욱 쉽다는 것이다.

이 책이 보여준 것은 깊이 박혀있는 성적 정체성, 개인적 열망, 사회적 지위, 성별, 인종적 인식, 그리고 기질적 특징들이 해당 인물들의 영적 여정들을 종종 종합적으로 결정하도록 도와준다는 것이다. 거기에 관계적 역동성, 실망스러운 이상주의, 그리고 인생 주기의 변화들이 더 많은 복잡성을 추가한다.

추가적으로 역사학자는 대부분 출판된 원전들을 연구해야 한다. 그 원재료들은 종종 뒤섞인 내용들을 전달한다. 종교적 환멸의 영역에서 사람들이 자신들의 위치를 설명하고 변호하는 방법들은, 언제나 심도 있게 드러내긴 하지만, 심지어 증명 가능한 세부사항의 요점들조차 완전하게 신뢰할 수 없다. 왜냐하면, 삶의 어느 시점에서 복음주의적 이상주의에게 얻어맞은 이들에게는 보통 가능한 가장 명확하게 그들의 계속되는 환멸을 보여주려는 경향이 있기 때문이다. 만약 그 전통으로부터의 탈출구가 있어야 한다면, 환경과 동기는 보통 그것보다 더욱 뒤섞여있다고 할지라도, 더 높은 도덕적 토대 위에 두려고 할 것이다.

자기평가를 얼마나 정직하게 하든, 아니면 완벽하고 전문적인 자서전을 쓰는 방법을 아무리 동원한다 해도, 어떤 사람이나 어떤 자서전 작가도 무엇이 종교적 매혹이나 환멸인지, 또는 믿음이나 배교를 초래하는지 확신할 수 없다.

그렇긴 하지만, 많은 수의 공통의 주제나 공유된 특징들은 본서에 제시된 (인물들의) 삶 안에서 밝혀질 수 있었다고 말할 수 있다. 이 주제들은 복음주의적 전통의 본성에 대해 많은 것을 밝혀줄 뿐만 아니라, 환멸에 대한 공통된 동기들과 결과물들의 일부를 부각시킨다.

아마도 여기서 가장 분명한 점을 강조한다면 복음주의의 세뇌를 당해 선택의 여지가 주어지지 않았던 에드먼드 고스만을 제외하면, 다른 이들은 그들의 삶의 어느 한 시점에서 그 복음주의 전통 안에서 매혹적인 어떤 것을 발견하였다는 점이다. 이들 대부분은 매혹되었으며, 일부는 매혹된 상태로 남았다. 바로 예수 그리스도의 인격과 함께 사랑, 용서, 그리고 희생에 대한 그의 강조 속에서 말이다.

그들 대부분은 스승이나 친구의 영향으로 이 지점까지 이끌렸다. 그들을 통해, 그리고 그들이 열망한 자질들을 보여준 이들을 통해 예수님이나 성경책을 알게 되었다.

복음주의가 첫 번째와 두 번째 세대로 넘어가면서, (복음주의) 추종자들의 다수가 젊은이들에게 영향과 영감을 줄 수 있는 일정 위치까지 빠르게 올라갔다는 것은 놀랍지 않다. 학교의 남성 교장, 여성 교장, 목회자들 그리고 설교자들, 간행물 편집자들, 봉사 조직들의 조직가들, 수업 인도자들과 주일학교들의 선생님들, 이 모두가 젊은 복음주의자들의 개종 이야기 안에 등장한다.

그것은 조지 엘리엇과 프랜시스 뉴먼 같은 이들에게 그들의 모범을 따르도록 영감을 준 모범적인 삶의 수준에 대한 존경의 표시이다. 물론 현실에서나 가상에서 당연히 복음주의적 전통 안에 일정 숫자의 위선자들과 이기주의자들은 존재한다. 그러나 그들은 그 전통의 중심에 있기보다는 매번 변두리에 있었다.

복음주의적 회심 이야기에 대한 연구는 대부분의 회심들이 일찍 일어났으며, 청소년기나 이른 청년기였고, 종종 개인적 위기의 어떠한 형태와 관련되어 있음을 보여준다.[2] 대부분의 경우 회심은 예수 그리스도의 인격을 향한, 그리고 세상에서 변화를 만들어 보려는 이상주의적 결단을 향한 강력한 헌신에 의해 일어났다.

예수의 이야기는 희생적 사랑의 설득력 있는 모범을 보여주었으며, 기독교 역시 새로운 역량과 가족, 지역, 그리고 사회적 관습들의 단조로운

---

2   D. Bruce Hindmarsh, *The Evangelical Conversion Narrative: Spiritual Autobiography in Early Modern England* (Oxford: Oxford University Press, 2005).

지루함에서 탈출하는 한 방법을 제시했다. 반면, 환멸은 복음주의적 기독교가 단지 영웅적인 구세주를 따르는 것에 대한 것만이 아니라, 그것과 함께 신조와 교리, 개념과 방침을 이어받는 유산도 함께 따르는 것임을 점점 더 깨달으면서 생겨났다.

본서에 소개된 이들 대부분처럼, 보다 진지한 개종자들 중에 깊은 성경 읽기와 자성을 통한 회심도 뒤따르게 되었다. 그런데 바로 이곳에서 어느 정도의 인식적 불협화음이 생겼다. 왜냐하면 그들은 성경책이 오직 사랑과 용서의 책일 뿐만 아니라, 또한 폭력성과 심판과 그리고 영원한 형벌의 개념들을 포함하고 있다는 것을 발견했기 때문이다.

일부 학자들은 성경책을 읽는 것이 성경 이야기 안에 있는 가혹한 가르침과 자신을 믿음으로 이끈 사랑을 일치시킬 수 없는 그리스도인의 삶 속에서 어떻게 세속화된 역동성이 될 수 있는지를 보여주었다.[3] 일부 사려 깊은 복음주의자들에게는 성경비평주의와 다윈주의 진화론에 의해 제시된 어려움이 성경 윤리에 대한 도덕적 거부보다 우선이었으며 더 중요했다. 이러한 지적 도전들은 많은 의심과 불신을 야기시키기보다 오히려 합리화하고 정당화했다.

이해하기 어려운 가르침들과 강경한 신조들은 신학적 제도와 마찰을 빚은 창조적이며 직관적인 사람들이 수용하기에 더욱 어려웠다. 더 호소력이 없는 신조들일 수록, 그들은 더 큰 어려움들을 겪었다. 일부는 지적으로 수용하기 힘든 내용으로 인해—여기에는 삼위일체, 성경의 무오설, 기적 같은 신조들이 포함된다—도전받았다. 또 일부는 그들의 인지된 윤

3　Susan Budd, *Varieties of Unbelief: Atheists and Agnostics in English Society, 1850-1960* (London: Heinemann, 1977).

리적 부정직 때문에 도전받기도 했다. 그리고 여기에는 대속, 예정론, 영원한 형벌, 그리고 복음주의적 개신교인들만을 위한 선택구원 교리도 포함된다. 여전히 다른 이들도 자신들이 보았을 때 그것들이 이 세상 안에서 인간 행동의 반경을 제한하는 것으로 인해 도전받았다. 여기에는 이 세상에서의 삶을 다가오는 그 삶을 위한 단순한 몸풀기식의 행동 정도로 여기는 다양한 천년왕국적 도식들이 포함된다.

세상은 (하나님의) 거룩한 제거를 당할 수밖에 없는 실패한 실험이라는 주장보다 더 강하게 젊은 복음주의적 이상주의자들의 열정을 흐리게 하는 것도 없었다. 이 모든 아이디어가 더 강조되고, 좁아지며 배타적이 될수록 더욱 수용할 수 없는 것이 되었다.

복음주의에 대한 충실함이 필연적으로 환영받지 못하는 교리체계를 수반한다는 인식이 환멸을 품은 자가 직면한 가장 큰 문제였다면, 두 번째 문제는 복음주의와 권력구조 사이의 불행한 관계일 것이다. "사회악"을 개혁하려는 이상주의적 욕망으로 복음주의자가 된 사람들에게 있어서, 복음주의자들이 타락한 천사들처럼 악마의 편이 될 가능성이 있는 불쾌한 현실은 짊어지기 힘들었다. 문제가 노예제, 인종 또는 남녀평등이든, 섹스나 돈과 관련된 도덕적으로 단순한 것이든, 많은 환멸을 느낀 사람들은 복음주의가 사회 개혁의 엔진으로보다는 브레이크로서 더 많이 작용할 수 있다고 생각했다.

많은 동역하는 종교인들이 자신들을 위해 협상 불가능한 문제 편에 서지 않고, 그 반대편에 줄을 서는 유감스러우면서도 냉담한 현실보다 복음주의적 이상주의자들의 확신을 침식시키는 것은 없었다. 복음주의적 이상주의자들을 반대하는 자들은 노예 제도, 인종, 성별, 성적 정체성에 대한 자신들의 입장을 성경에 근거하여 방어하였다. 그리고 그 사실은 이미 입은 상처에 모욕을 추가하는 결과를 초래하였다. 환멸의 가장 일관된 요인 중 하나는 신학교, 교회, 자발적 조직의 복음주의 지도자들이 반동적 세력으로 간주되는 자들과 동맹을 맺었다는 것이다.

본서에 등장하는 사람들 대부분은 이상주의자들이었다. 그리스도를 위해 이슬람을 건지고자 했던 뉴먼의 열망부터 미국의 노예 제도를 종식시키기 위해 캠페인을 했던 테오도르 드와이트 웰드의 선거 운동에 이르기까지, 그리고 힘겹게 살아가야 했던 벨기에 광부들에게 희생적인 사랑을 보이려 했던 빈센트 반 고흐의 소망에서부터 할렘 지역의 가난한 사람들에게 복음을 전하려 했던 제임스 볼드윈의 촉구, 나아가 미국 남부 사회의 무기력함에 대한 사라 그림케의 거부로부터 세상의 술을 없애려 했던 프랜시스 윌라드의 열망에 이르기까지, 변화를 원했던 복음주의자들이었다.

이러한 열망이 비전형적인 것이 아니라, 전통의 전형인 것이라는 사실은 복음주의적 사회행동주의에 관한 많은 중요한 책에서 그것의 오랜 역사를 통해 추론될 수 있다.[4] 대부분의 복음주의자들의 그러한 행동주의는 실망이나 후퇴로 인해 쉽게 좌절되지는 않았다. 적어도 일부 지역에서는 높은 수준의 사상자가 있었음에도 불구하고, 그리고 성공률이 낮았음에도 불구하고 수세기 동안 번창해 온 복음주의 선교사업보다 이 점에 있어서 더 분명한 것은 없다. 진정으로. 경건에 의해 적절히 이해되고 성

---

4   예를 들면 Kathleen Heasman, *Evangelicals in Action: An Appraisal of Their Social Work* (London: Geoffrey Bles, 1962); and John Wolffe, *The Expansion of Evangelicalism: The Age of Wilberforce, More, Chalmers and Finney* (Downers Grove, IL: Intervarsity, 2007).

화된 반대(opposition)는 사실 기대되어야 할 뿐만 아니라 역설적으로 그 목표의 바람직함을 뒷받침한다. 그러나 몇몇 다른 복음주의자들에 있어서는 선교적 열심과 사회적 행동주의가 성경을 읽을 때 생기는 인지적 부조화(cognitive dissonance)와 동일한 효과를 준다.

그 원하는 목표가 복음주의적 수단들에 의해 획득될 수 없거나 성취할 수 없는 것으로 인지될 때 어떤 일이 일어나는가?

그것은 노예 제도와 관련하여 웰드가 도달했던 위치이고, 여성 해방과 관련하여 스탠턴이, 그리고 흑인 해방과 관련하여 볼드윈이 도달한 곳이었다.

실망되고 좌절된 이상주의는 복음주의에 대한 환멸의 산파였다. 동료 복음주의자들에 대한 나쁜 경험도 마찬가지였다. 엘리엇은 불행한 컴밍 박사를 향해 그녀의 복받치는 감정을 퍼부었으며, 웰드는 그가 알고 있는 일부 복음주의자들의 성적 스캔들에 격분하였으며, 뉴먼은 다비에게 실망하여 그와 결별하였다.

반 고흐는 자신의 벨기에 복음주의선교사의 감독들을 조롱했다. 볼드윈은 그가 알고 있는 흑인 설교자들(자신과 계부를 포함) 중 일부에게 별로 매혹되지 않았다. 인물, 행동 및 동료 복음주의자들의 의견에 대한 깊은 환멸보다 더 빨리 각성을 가져온 것은 없었다. 영어 소설과 드라마의 역사에서 복음주의자를 대할 때 가장 반복적인 이야기 중 하나는, 복음주의자가 위선자라는 생각이며, 경건한 주장이 그들 자신의 삶의 질과 일치하지 않는 사람들이라는 것이다.[5] 설교와 실천의 그 간격 사이에 생긴

---

5   David Hempton, *The Religion of the People* (London: Routledge, 1996), 49-72.

공간에 환멸의 씨앗들이 싹트기 위해 자리 잡아갔다.

본서에서 많은 사람들의 예술적 감각과 지적인 탁월함을 고려할 때, 복음주의가 독단주의와 독점를 향해 더 가깝게 항해할 수록 그들이 받아들일 수 있는 것이 더 적다는 것을 발견하는 것은 놀라운 일이 아니다.

복음주의 전통에는 항상 다양한 지지자와 의견이 포함되어 있다. 학자들은 시대착오적이거나 부적절한 용어를 사용하지 않고서는 그 범위를 정하고 설명하기가 어렵다는 것을 알게 되었다. 아마도 하나의 범위가 아니라 범위들이 서로 겹치는 것(만화경처럼)으로 여기는 것이 더 좋을 것이다. 그 중 일부는 사교적인 계급, 양식 및 문화와 관련 있지만, 다른 것들은 교리, 교단 및 성경 해석학과 관련 있다.

게다가 이러한 범위는 고정되어 있지 않고 오히려 문화적인 변화에 반응하며 변화한다. 일반적으로 말하면, 복음주의 전통이 주변 문화로부터의 압박감을 느끼면 느낄수록 신학, 정치나 사회적 행동에서 보수적이고 방어적인 입장을 취할 확률이 높아진다. 그런 의미에서 복음주의는 용어 자체가 오래 전에는 근본주의적 성향을 보여 왔다.

그러나 오랜 후 1920년대에는 현대주의자들의 신학과 성경비평이 함의하는 것들에 대항하여 묘사하기 위해 이용되었다.[6] 복음주의에 환멸을 느낀 사람들에게는 복음주의자가 더 좁고, 독단적이며, 보다 종파적으로 될수록, 그 전통의 창조적인 끝자락에 있는 사람들에게 덜 매력적이 되

---

6 단순한 불인정을 넘어 근본주의를 정의하고 이해하기 위한 통찰력 있는 노력은 다음을 볼 것. Martin E. Marty and R. Scott Appleby, *Fundamentalisms Comprehended* (Chicago: University of Chicago Press, 1995), and George Marsden, *Understanding Fundamentalism and Evangelicalism* (Grand Rapids, MI: Eerdmans, 1991); and his *Fundamentalism in American Culture* (New York: Oxford University Press, 2006).

었음은 당연하다. 엘리엇은 복음주의적 가르침의 나쁜 영향력에 공격의 초점을 맞추려고 근본주의자의 원형을 선택했다. 웰드는 그의 친구인 찰스 스튜어트가 복음주의적 정통성을 한 항목, 한 교리, 한 명제마다 통제하려고 시도하는 것을 보면서 관심을 잃었고, 결국에는 그가 말한 "복음주의적 진수들"을 거부했다.

고스는 친절한 플리머스형제단에 속한 자신의 아버지가 온 나라의 시민들이 로마 가톨릭 신자이기 때문에 지옥에 갈 것이라고 분명히 선언할 수 있는 당당함을 보면서 매우 소름끼쳤다. 뉴먼은 그리스도인의 배타성을 알게 되었지만, 이 배타성이 위장되어 있으며, 국내외에서 종교 간, 종파 간 분쟁의 조산사였고, 그래서 결국 그것이 세상을 불행한 곳으로 만들었음을 보게 되었다.

반 고흐는 신학 교수들과 복음주의 관료들의 교수법을 공식화한 종교적 수사법을 싫어했다. 이는 복음의 메시지가 담긴 요점을 놓치게 만드는 것처럼 보였기 때문이었다. 요컨대, 사랑과 용서의 메시지로 인해 복음주의를 받아들인 사람들은 동일하게 교리와 법의 문장에 대한 강조로 인해 복음주의를 부인할 가능성도 높았다.

앞 단락에서 보여주려고 했던 것은 내가 선택한 신앙 여정의 주제들이 독특하며, 사건들마다 환멸을 초래하는 복잡한 요소들이 있지만, 일부 공유할 수 있는 공통점들이 있다는 것이다. 그들의 삶에 대한 복음주의의 영향도 마찬가지였다.

복음주의의 특징을 결정하는 일부 요소로는 도덕적 열성, 증거하고 설교하려는 열망, 불우한 사람들을 위한 사회 운동에의 헌신, 그리고 진리에 대한 관심 등이 포함된다.[7] 이것들은 또한 이들의 개인적인 삶 속에서 양육된 자질들이며 그들이 복음주의 전통에 대한 환멸을 느낀 후에도 변형된 형태로 그들 안에 살아남았다.

예를 들어 엘리엇의 소설을 읽고, 그녀가 창작한 인물들의 성격에 엄격한 도덕적 잣대를 들이댄다고 결론 내리지 않는 것은 불가능하다. 또한, 그들의 선택이 자기이익이나 이타주의에 의해 형성된 여부와 상관없이, 그들이 어떤 종류의 사람들인지를 결정한다고 결론 내리지 않는 것도 불가능하다.

마찬가지로 많은 문학 평론가들은 볼드윈이 결코 설교자가 되는 것을 포기하지 않는다는 점을 지적한다. 그는 단순히 자신의 메시지 내용, 표현된 장르 그리고 그가 말한 관객만을 바꾸었을 뿐이다. 웰드와 뉴먼은 그들의 삶의 대부분을 고귀한 신조에 바쳤는데, 적어도 그 삶의 일부분은 초기 복음주의의 도덕적 개혁에서 비롯되었다.

본서는 본서의 인물들이 복음주의에 환멸을 느끼기 전과 그 이후의 그 주제들에 대한 삶의 우월성이나 열등함을 강조하는 단순한 도덕적 표상에 찬성하지 않는다는 것을 강조하는 것도 또한 중요하다.

예를 들어, 엘리엇의 복음주에 대한 환멸이 그녀의 위대한 소설의 특징인 보다 광범위한 인간애로 이어진다고 말할 수 있는 것처럼, 웰드의 복음주의 단계는 자신의 삶에서 가장 역동적이고 생산적인 것이었다고 말할 수 있다. 마찬가지로, 고스의 몇몇 문제들에 대한 보다 자유로운 견해는 그의 아버지의 좁은 근본주의의 일부보다 현대 관객에게 분명히 더

---

7   이러한 가치들에 대해 좋은 논의를 한다면 다음을 볼 것. Ian Bradley, *The Call to Seriousness: The Evangelical Impact on the Victorians* (London: Jonathan Cape, 1976).

마음에 들것이다. 하지만 그의 아버지는, 빅토리아 여왕 시대의 모든 엄격함에 관한한, 자기애적인 아들에게 없는 숭고한 품격을 지니고 있었다.

반 고흐는 자신의 복음적인 단계에서 혼란스러운 종교적 극단주의를 보였을지도 모른다. 그러나 복음주의에 대한 그의 거부가 그의 예술의 질을 향상시켰음에도 불구하고, 불안정한 행동을 약화시키지는 못했다. 그러므로 종교적 신념들이라는 한쪽과 인간 심리학 및 기질이라는 다른 쪽 사이의 복잡하면서도 단선적이지 않는 관계가 존재하다.

예를 들어, 본서에서 주제들의 더욱 흥미로운 측면 중 하나는 얼마나 많은 사람들이 (특히 뉴먼과 그리고 볼드윈) 명제적 진리 주장을 버린 후에 오랫동안 복음주의 전통의 찬송가와 성스러운 노래에 대해 사랑을 유지했는가 하는 점이다. 그들의 생각들이 다른 방향으로 움직였음에도 불구하고 시, 운율 및 음악은 환멸을 느끼게 된 복음주의자들의 마음속에 오래된 감정의 지속적인 울림을 남겼다.[8]

본서에 포함된 종교적 전기의 견본들이 지난 2세기 동안의 복음주의와 그리고 사회에 관한 보다 일반적인 논평을 하기에는 너무 적지만, 삶의 방식이 더 넓은 문화적 변화에 의해 형성된다는 암시적 힌트는 제공한다. 예를 들자면, 유럽에서 복음주의 환멸이 미국과 다르게 작용했다고 제안할 수 있는 몇 가지 근거가 있다.

두 개의 위대한 영국대학교에 입학하기 위해 서명해야만 하는 믿음의 조항을 가진 제도권 교회의 존재, 그리고 가족의 종교적 전통이 대중의 존경의 중요한 부분이었던 영국에서, 개인의 신앙적 타협은 중요한 공적

---

[8] 복음주의 전통에서 찬송의 중요성을 설명한 시도는 저자의 다음 책을 볼 것. *Methodism: Empire of the Spirit* (New Haven: Yale University Press, 2005), 68-74.

결과를 낳았다. 영국 교회에서 옥스브릿지(Oxbridge)와/또는 성경(Holy Order)을 받은 뉴먼과 같은 이들에게 있어서는, "39개 조항"에 대한 서명 불가는 이유가 무엇이든 심각한 문제였다. 마찬가지로, 엘리엇 같은 중산층의 존경할 만한 여성이 교회를 떠나거나, 미혼으로 남자와 함께 사는 것은 중요한 사회적 의미들을 지니고 있었다.

영국의 『국가 전기 사전』(Dictionary of National Biography)을 보면, 빅토리아 여왕 시대의 유명인들의 신앙 위기는 불신앙에 의해서든 로마 가톨릭 교회(다른 대규모 집단)로의 개종에 의해서든, 공개적인 변호나 공개적인 발언이 요구되는 문제였다.[9] 많은 사람들에게 종교적 방향의 변화는 진로의 변화 또는 대중 수용성의 저하를 포함했다. 종교적인 불신앙이나 교단의 변화들은 공공의 광장에서 관심사였으며, 개인 양심에 한정되지는 않았다.

비록 그러한 결과들이 미국 안에 전혀 없는 것은 아니나, 종교체계가 상대적으로 빈약하고, 훨씬 더 많은 종교적 다원주의가 존재하였기에, 개개인들은 보다 유연하고 그리고 공개적으로 덜 불명예스럽게 신앙 전통을 들락날락하게 되었다. 덜 위태롭기에, 공적 기록이 적고 개인적인 신앙 전환들을 공개적으로 보호해야 할 필요성이 적었다. 그러므로 빅토리아 여왕 시대의 위대한 신앙의 변명서나 신앙의 결여에 대한 것과 정확히 일치하는 것이 미국에는 없다.

웰드의 삶의 과정에서 그는 여러 신앙의 전환기를 거쳤다. 때로는 친

---

9 왜 일부 복음주의자들이 로마 가톨릭이 되는지에 대한 좋은 분석은 다음을 볼 것. David Newsome, The Parting of Friends: A Study of the Wilberforces and Henry Manning (London: Murray, 1966).

구들의 분노를 일으켰으며 자신의 지지자들을 실망도 시켰다. 그러나 그의 삶의 해석자들은 그것들을 쉽게 찾을 수 없다. 반면, 뉴먼은 모든 사람이 자신의 책에서 자신의 의심을 볼 수 있게 출판했으며, 잉글랜드 국교회에서 나온 후, 몇가지 공공사업을 위한 길이 이제 자신에게 닫힌 것을 인정했다.

그것은 개개인들이 유럽에서보다 미국에서 신앙과 의심에 대한 덜 강렬한 개인적 경험들을 체험했다는 것이 아니다. 단지 교회 구조들과 더 넓은 문화가 더 쉬우면서도 덜 처벌을 받는 편으로 전환할 수 있게 허용되었다는 것이다.

본서의 또 다른 함축된 논의는 비록 나의 특별한 초점이 복음주의 환멸에 초점을 맞추고 있지만, 그러한 환멸을 일으키는 많은 요인들이 복음주의에만 국한된 것이 아니라, 19세기와 20세기의 지적인 삶의 보다 일반적인 세속화에서도 작용했다는 것이다.[10]

정통 기독교가 직면한 어려움은 가공스러웠다. 독일의 성경비평과 철학적 신학의 새로운 발전은 고대의 본문과 그들의 초자연적 가정들에 대한 전적인 신뢰에 새로운 위협을 제기했다. 긴 지구의 역사에 대한 설득력 있는 증거와 다윈의 자연 선택에 의한 종의 진화 이론을 포함한 과학적인 진보는 전통적인 창조론에 대한 의문을 던졌으며, 타락으로 인한 자연 질서의 불완전성과 죽음에 대한 설명, 그리고 인간의 독특성에 대

---

10 Owen Chadwick, *The Secularization of the European Mind in the Nineteenth Century* (Cambridge: Cambridge University Press, 1990). 사회문화적 역사에 더 근거를 둔 유럽의 세속화에 대한 설명은 다음을 볼 것. Hugh McLeod, *Secularization in Western Europe, 1848-1914* (New York: St. Martin's, 2000). 비록 사회학적 분석이긴 하나, 보다 철학적인 관점으로부터의 최근의 해석은 다음을 볼 것. Charles Taylor, *A Secular Age* (Cambridge, MA: Harvard University Press, 2007).

한 기독교 강조에 대해 어려운 질문을 제기했다. 비록 개신교 선교의 부상과 세계 다른 지역의 문화와 종교에 관한 정보의 증가로 신앙인들에게 기독교, 상업, 문명의 보급에 대한 따뜻한 이야기가 전해졌지만, 문화인류학과 비교종교학 분야에서 불편한 의문을 제기했다.

기독교의 독특성이 정확히 무엇이고, 창조 신화, 희생 제물 그리고 의식 실행에 대한 강조가 어느정도까지 다른 종교와 유사한가?

어떤 이들에게는 이런 질문만으로도 회의주의를 증진시키기에 충분했으며, 다른 사람들에게는 성경 이야기와 역사를 통한 기독교의 얼룩덜룩한 기록에 대한 기존의 윤리적 불안에 대한 지적인 합리성을 제공했다.

회의주의에 대한 순수하며 지적인 토대에, 추가로 현실주의 문학의 새로운 전통과 예술적 표현의 새로운 실험들의 더욱 은밀하게 스며든 세속화 움직임이 추가되었다. 어떤 의미에서 지식인들이자 창조적 예술가였던 복음주의자들은 다른 정통 기독교인들보다 이 질문들로 고통이 적었다. 그러나 다른 의미에서는 이 질문들로 인해 더 큰 고통을 받았다.

동정녀 잉태와 예수 그리스도의 육체적 부활과 같은 초자연적 사건의 중요성과 성경의 영감과 권위 위에 많은 것을 쌓은 전통은 새로운 사고 풍토에 특히 취약했다. 본서에서 제시된 인물들이 이러한 문제들을 해결하기가 더욱 어려웠던 이유는, 새롭고 위협적인 질문에 대한 압박 아래, 복음주의 기독교가 근본주의자들의 대답에 쉽게 기울어지면서, 사려 깊은 복음주의자들을 위한 호소력을 더 약화시켰기 때문이다.[11] 이 사람들에게 복음주의 기독교의 바람직한 구조는 근본주의 주장의 증가에 비례

---

11 다음 예를 볼 것. Mark Noll, *The Scandal of the Evangelical Mind* (Grand Rapids, MI: Eerdmans, 1994), and Charles Marsh, *Wayward Christian Soldiers: Freeing the Gospel from Political Captivity* (New York: Oxford University Press, 2007).

하여 감소했다.

또한 복음주의 환멸 이야기 안에 있는 담론 형태에 대해서도 더 말할 필요가 있다. 예를 들어, 복음주의 전통의 입구와 출구 사이에는 강력한 비대칭성이 있다. 복음주의 전통의 입구는 새로운 신자를 신앙공동체의 환영과 함께 두 팔로 받아들이는 것을 포함한다. 교회 회원 증표로 세례와 환영 의식이 공통적으로 진행되면서 신앙 공동체 안에 새로운 입교를 기념하고 축하한다. 더욱이 회심 이야기는 환멸의 표현들과는 다른 병리학을 포함한다.[12] 비록 죄와 죄책감에 직면하게 되지만, 고통과 걱정이 남아있을지라도, 기쁨, 해방과 그리고 수용으로 끝난다.

그러나 환멸은 다른 일이다. 이곳에는 앞서 묘사된 형식이나, 축하 의식들이나, 환영하는 공동체나 (대부분), 그리고 새로운 삶에 대한 이상주의적 흥분이 없다. 그러므로 환멸은 마지막에 황홀한 해방이 없는 고통스럽고 외로운 경험이 될 수 있다. 때때로 엘리엇과 반 고흐처럼 환멸에는 교리의 제약으로부터 벗어나는 해방감을 누리지만, 반드시 행복한 경험이라고는 할 수 없다.

티모시 라슨(Timothy Larsen)이 지적한 것처럼, 호전적 세속주의자들은 때로 대체된 불신앙 공동체를 만들었는데, 역설적이게도 그들이 도망친 교회의 동일한 이기적인 권력을 차지하려는 다툼이 특징을 이루는 교회들을 다시 세웠다는 사실이다.[13]

그럼에도 불구하고 환멸은 일반적으로 행복한 경험은 아니었다. 따라

---

12 D. Bruce Hindmarsh, *The Evangelical Conversion Narrative: Spiritual Autobiography in Early Modern England* (Oxford: Oxford University Press, 2005), 32.
13 Timothy Larsen, *Crisis of Doubt: Honest Faith in Nineteenth-Century England* (New York: Oxford University Press, 2006).

서 본서 안에 환멸에 대한 이야기들은 당연히 경쾌한 것도 즐거운 일도 아니다. 물론 탁월한 유머 감각을 지닌 세속주의자들이 종교 전통과 그 신성한 본문, 즉 성경의 부조리를 보여주기 위해 즐겁게 관객을 맞이한 많은 역사적 사례도 많다.

19세기 말 웅변가이자 유머 작가인 로버트 잉거솔(Robert Ingersoll)은 그 장르를 훌륭하게 활용하여 미국 역사상 가장 유명한 강사 중 한 사람으로 틈새시장을 개척했다.[14] 더 최근의 스코틀랜드 코미디언 빌리 코널리(Billy Connolly)도 같은 일을 했다. 비교할 수 없을 정도로 더 외설적이고 불경한 형태로 말이다. 종교를 공격하는 유머의 형태를 비교하는 것은 그 자체로 사회적 관습의 변화들을 드러내는 것이다.

볼테르와 스코틀랜드 시인 로버트 번스(Robert Burns)에게 반종교적 풍자를 배웠다고 자인한 잉거솔은 살아 있는 종교인을 공격하거나 신성 모독에 너무 가깝게 항해하지 않도록 항상 주의했다. 반면 콘놀리는 그런 것에 대해 신경도 쓰지 않았다.

그러나 본서의 사람들은 그 전통 안에 있지 않았다. 고스는 조금 예외적이다. 그는 잉거솔과 같이, 아버지를 미워하지 않고 종교적인 아버지의 종교를 거부했으며, 근본주의의 부조리들에 대해 말하는 것을 즐거워했기 때문이다. 본서의 다른 인물들은 때때로 찢겨진 영혼들이다. 엘리엇과 고스 모두 복음주의적 종교를 기를 죽이는 풍자에 종속시킬 수 있는 능력이 있었다. 하지만 이해관계가 지나치게 많아서 어느 누구도 단

---

14 Mark A. Plummer, Robert G. *Ingersoll: Peoria's Pagan Politician* (Macomb, IL: Western Illinois University, 1984). 나는 Kip Richardson이 Robert Ingersoll의 삶과 유머어에 대해 소개해 준 것에 감사한다.

순한 풍자의 담론을 받아들일 수 없었다.

오늘날과 달리 환멸 이야기들의 매우 고통스러운 진실한 음조는 어쩌면 종교가 문화의 도덕적인 안정감을 제공한 19세기와 20세기 전반부의 특징이었다. 다른 시대는 다른 장르를 가져온다. 예를 들면, 현재 전직 복음주의자들(ex-evangelicals), 회복하는 복음주의자들, 도망친 근본주의자들 등이 만든 수많은 블로그와 웹사이트가 있다.

실제로, 사이버 공간은 이전 시대에는 불가능했던 방식으로 종교적으로 환멸을 느끼게 된 자들을 위한 일종의 세계화된 공동체를 제공한다고 주장할 수도 있다. 과거에도 정기 간행물, 서적, 그리고 강의가 광범위한 상호작용을 위해 그리고 새로운 아이디어와 주장을 설명하는 장을 제공했지만, 공동체라는 느낌을 주는 경우는 드물었다.

그러므로 복음주의 신앙으로부터 다른 것으로의 여행이 아무리 개인적인 차원에서 이루어졌다고 해도 과소평가될 수 없다. 그리고 이 연구의 많은 인물들이 고정된 거주지가 없는 순례자처럼 틈이 있는 인물들이었으며, 아니면 스스로를 그런 존재로 여겼다는 것은 놀랄 일이 아니다.

복음주의로부터 환멸이 소수만의 길이었으며 지금도 그렇다는 것이나, 환멸의 시기 이후에 매력(물론 첫 경험과는 그 성격이 달랐지만)을 다시 찾은 반대 사례들이 많지 않았음을 부정하는 것이 본서가 의도하는 부분은 아니다.[15] 실제로 미국의 신흥 교회 운동에 열렬히 참여한 많은 사람들

---

15   Larsen, *Crisis of Doubt*은 19세기 세속주의 리더들로부터 이 이야기들을 능숙하게 풀어내고 있다. 이 패턴의 보다 최근의 예들은 다음을 볼 것. Frank Schaeffer, *Crazy for God: How I Grew Up as One of the Elect, Founded the Religious Right, and Lived to Take All (Or Almost All) of It Back* (New York: Carroll and Graf, 2007). 비슷한 이야기들이 신문, 정기간행물, 그리고 좌담회 등에서 계속 나오고 있다. Pulitzer상을 받은 저널리스트인 Les Payne의 개인적인 이야기는 다음에서 볼 것. "My Dance with Faith," *AARP Magazine* (March-April 2008): 84-86.

이 지난 사반세기(25년) 동안 미국 복음주의의 보수적인 전통의 궤적으로부터 환멸을 느낀 복음주의자라고 주장할 수 있다. 그러므로 나의 목표는 세속화 이론, 모더니즘과 포스트모더니즘의 출현, 혹은 그런 종류의 어떤 것과 어깨를 나란히 하는 거창한 담론을 제시하려는 것이 아니었다.

나의 주제들은 그러한 거창한 주장을 하기에는 당연히 미약하다. 그럼에도 불구하고 나는 근본주의, 이슬람 문명, 페미니즘, 인종, 예술 및 창조성, 정치개혁, 사회 정의, 종교와/또는 과학에 대한 새로운 지식과 복음주의의 관계에 대해 본서가 제기하는 이슈들은 시끄럽게 떠드는 많은 전통의 전형이라기보다 평범한 복음주의자들의 사색 및 영혼 성찰의 근거가 되어야 할 것이다.[16]

나의 의도는 과거의 중요한 인물들에 대한 알려지지 않은 이야기를 제시하는 것이었다. 그 인물들은 한 번 복음주의적 개신교 신앙을 받아들였고, 그리고 후에 다른 것을 위해 그것을 부인했다. 그들이 복음주의 전통에 어떻게 들어왔는지, 왜, 어떻게, 그리고 어떤 결과를 남겼는지는 오늘날 세계에서 가장 크고 빠르게 성장하는 신앙 전통 중 하나의 장단점을 잘 보여준다. 이 이야기는 전통으로부터의 부끄러운 일탈이 아니라 그 전통의 일부이다. 들을 가치가 있는 이야기로서 말이다.

---

16 비록 복음주의에 대한 것만은 아니지만, 바나 그룹에 의해 수집되고 다음 책으로 제출된 내용을 볼 것. David Kinnamon and Gabe Lyons, *Unchristian: What a New Generation Really Thinks About Christianity—and Why It Matters* (Grand Rapids, MI: Baker, 2007).

성령의 제국 감리교

데이비드 햄튼 지음 | 이은재 옮김 | 신국판 양장 | 391면

본서는 감리교의 발흥에 관한 생생한 역사를 다루고 있으며 1730년대 영국에서 그다지 가망성이 보이지 않았던 출발로부터 시작해서 1880년대 국제적으로 그 중요성을 인정받기까지 감리교 운동의 발달 과정을 입체적으로 보여준다. 또한 감리교의 현상적인 성장을 영국과 웨일스를 넘어 미국과 전 세계에 펼쳐진 여정을 따라 탐구하며, 왜 감리교가 폭 넓게 호소력을 가질 수 있었는지에 대한 복잡한 이유들을 조사하고 있다.